Hartmut Gagelmann

MOZART
hat nie gelebt ...

Hartmut Gagelmann

MOZART
hat nie gelebt ...

Eine kritische Bilanz

Herder

Freiburg · Basel · Wien

Für wertvolle Hinweise
danke ich den Herren:

Dr. phil. Thomas C. Klinnert,

Dr. med. Stefan Mariacher

und

Dr. med. Walter Munz

2., durchgesehene Auflage

Alle Rechte vorbehalten – Gedruckt in Deutschland
© Verlag Herder Freiburg im Breisgau 1990
Reproduktionen: Schaufler GmbH, Reproelektronic, Freiburg
Satz: Barbara Herrmann, Freiburg
Belichtung: Johannes Schimann, Pfaffenhofen
Druck und Bindung: Freiburger Graphische Betriebe 1991
ISBN 3-451-22061-X

Inhalt

Wolfgang Amadeus Mozart.
Silberstiftzeichnung von Doris Stock, 1789

Mozart hat nie gelebt ...

Natürlich hat er gelebt. Seine Werke, die ihn überlebt haben, beweisen es. Rund 200 Jahre Mozart-Forschung haben so ziemlich alles Wissenswerte ans Licht gebracht: Echtheitsfragen sind weitgehend geklärt, Entstehungszeiten und Uraufführungsdaten sind bekannt. Man weiß, wann Mozart selbst dirigierte oder am Klavier saß. Sogar welchen Frack er dabei trug, wird hin und wieder berichtet. Nur einer bleibt bei all dem im Dunkeln, nämlich der Mensch, der in diesen Kleidern steckte, die Persönlichkeit Mozarts. Man weiß nicht, wie dieser Mann wirklich gelebt hat und was er erlebt hat. Man weiß nicht einmal, wie er gestorben ist.

Sein Tod wurde für die Nachwelt zu einem Rätsel, denn die wenigen Aussagen über seine letzten Tage und Stunden wurden erst nach jahrzehntelangem Schweigen gemacht. Sie sind widersprüchlich, beschreiben die Symptome der Todeskrankheit ungenau und lassen keine sichere Diagnose zu. Mozarts Leiche verschwand spurlos. Mit der damals geltenden Begräbnisordnung ist das nur notdürftig zu erklären. Völlig ungeklärt ist hingegen, warum sich jahrelang kein Mensch für das Grab Mozarts interessiert hat; kein Freund, kein Freimaurer, niemand. Selbst Mozarts Witwe hielt es erst nach siebzehn Jahren für nötig, den Friedhof von St. Marx zu betreten. Dort soll Mozarts Leichnam in ein Gemeinschaftsgrab gelegt worden sein. Aber es gibt keinen wirklichen Beweis dafür, und es gab vor allem keinen Augenzeugen.

Schon bald nach Mozarts Tod hieß es in der Presse, daß er vergiftet worden sei. Verdächtige wurden allerdings erst mit Namen genannt, als alle Beteiligten längst tot waren oder im Sterben lagen. Auf diese Weise erlangte Salieri eine Unsterblichkeit, die er sich durch seine Kompositionen nicht sichern konnte. Er soll Mozart aus Neid vergiftet haben. Einer anderen Theorie zufolge sollen die Freimaurer ihn ermordet haben, weil er durch die „Zauberflöte" angeblich wichtige Geheimnisse ihres Bundes verraten habe. Sogar Constanze Mozart wurde als Mordverdächtige nicht ausgeschlossen. Sie selbst hat zu diesem Verdacht durch ihr Verhalten, vor allem aber durch ihr Schweigen nach Mozarts Tod nicht unwesentlich Anlaß gegeben. Ob sie mit Franz Xaver Süßmayr, dem

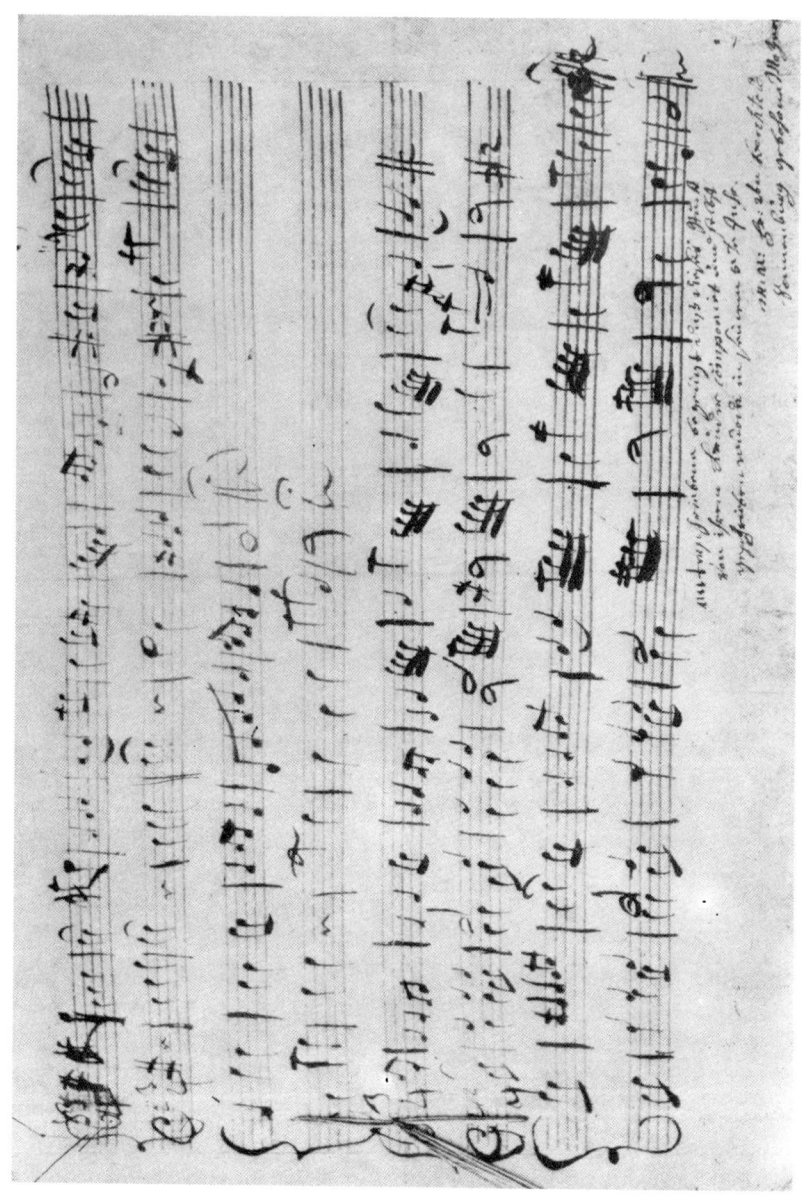

*Mozarts Handschrift eines Menuetts (KV Nr. 1), das er im Alter von
6 Jahren komponierte*

Schüler ihres Mannes, ein Verhältnis gehabt hat, läßt sich nicht mehr nachprüfen. Und die Tatsache, daß Mozarts jüngstes Kind auf die Vornamen Süßmayrs getauft wurde, ist kein ausreichendes Indiz für einen Ehebruch Constanzes. Posthumen Gerüchten zufolge soll es auch Mozart selbst mit der Treue nicht allzu genau genommen haben. Seine Schülerin Magdalena Hofdemel war im fünften Monat schwanger, als Mozart starb. Dies wäre uninteressant, wenn nicht ihr Mann Franz einen Tag nach Mozarts Tod Magdalenas Gesicht mit einem Rasiermesser entstellt und anschließend Selbstmord begangen hätte. Auf diese Weise geriet auch der Selbstmörder Hofdemel in den Kreis derer, die als Mörder Mozarts verdächtigt wurden. Die verschiedenen Vergiftungstheorien sind weit populärer geworden und geblieben als ernsthafte medizinische Untersuchungen. Diese kommen zwar auch zu unterschiedlichen Ergebnissen, können jedoch mehr Recht auf Wahrscheinlichkeit beanspruchen als jede noch so brillante Spekulation über einen Giftmord. Eine endgültige Diagnose von Mozarts Todeskrankheit kann es allerdings nicht geben, und lediglich aufgrund der überlieferten Symptome lassen sich Vermutungen anstellen. Wenn Mozart eines natürlichen Todes starb, dann erlag er einem Nierenversagen oder einem Herzversagen. Mit Herzversagen endet aber jedes Leben, und ein Nierenversagen ist in jedem Fall ein Vergiftungstod, wobei zu klären bliebe, ob das Nierenversagen die Vergiftung verursacht hat, oder ob umgekehrt eine Vergiftung das Nierenversagen ausgelöst hat. Ganz ähnlich verhält es sich bei einem Herzversagen, das sowohl Folge als auch Ursache sein kann. Im Fall Mozart kann schließlich auch ein Tod durch Behandlung, zum Beispiel durch übermäßige Aderlässe, nicht ausgeschlossen werden.

Über all das läßt sich nur noch mehr oder weniger glaubwürdig spekulieren. Bewiesen werden kann nichts, und so bleibt Mozarts Tod ein Rätsel.

Weit rätselhafter ist allerdings die Kindheit Mozarts. Sie ist zwar immer wieder mit mehr oder weniger Pathos beschrieben und nacherzählt worden, aber nie wurde ernsthaft untersucht, ob der Begriff Wunderkind auf den Knaben Johann Wolfgang Gottlieb überhaupt anwendbar ist. Mit dem Wissen darum, daß dieser Knabe zu einem der bedeutendsten Komponisten geworden ist, hat man das Wunderkind als zwar bestaunenswert, aber im Grunde selbstverständlich hingenommen. Der Vater Leopold Mozart, welcher allen Ehrgeiz in die Karriere seiner Kinder gesetzt hat, war zusammen mit Wolfgangs besonderer Begabung bisher eine offensichtlich ausreichende Erklärung. Wenn es jedoch nach dem Ehrgeiz der Väter ginge, würde die Welt von Mozarts wimmeln.

Anna Maria Mozart, die Mutter Wolfgangs. Ölgemälde (um 1770) von Lorenzoni (?) – und Leopold Mozart, der Vater Wolfgangs. Ölgemälde (um 1765) von Lorenzoni (?) – beide: Salzburg, Mozart-Museum

Aber die Welt hat nur einen Mozart gehabt. Gewiß hat Leopold seinem Sohn alles musikalische Wissen vermittelt, das ihm selbst zur Verfügung stand. Das Kind war ihm jedoch bei diesem Erziehungsprozeß ganz eindeutig immer um einen Schritt voraus. Wie sonst hätte der zehnjährige Wolfgang seinen 36 Jahre älteren Vater als Musiker übertreffen können? Und dies sowohl als Klavierspieler wie auch als Komponist. Es wäre einmal nachzurechnen, welche Zeit das Kind Mozart zum Klavierüben, zum Geigeüben oder zum Studium der Kompositionsregeln eigentlich gehabt hat. Zumal das alles neben einem guten Unterricht in Allgemeinbildung und Sprachen, neben strapaziösen Reisen, neben ständigen Empfängen und neben zahllosen Konzertauftritten stattfinden mußte. Die einfache Rechnung ergibt, daß Mozart zum Üben und Komponieren im Grunde überhaupt keine Zeit gehabt hat.

Und diese verwirrende Tatsache sollte sein ganzes Schaffen bestimmen. Sein Leben, das kaum 36 Jahre dauerte, reichte aus, um ihn ein Werk hervorbringen zu lassen, über dessen Umfang andere Komponisten 70 und mehr Jahre alt geworden sind. Allein dies macht Mozart einzigartig und entzieht ihn jedem Vergleich. Mozart hatte nie Zeit, und er brauchte auch keine Zeit, denn wenigstens soviel ist sicher, daß er seine Werke immer in größter Eile, dabei fast fehlerlos und eigentlich nebenbei niederschrieb. All jene Anekdoten von den Ouvertüren, die in letzter Minute komponiert wurden, von dem Trio, das er beim Kegeln notierte, oder von dem „Zauberflöten"-Quintett, das beim Billard entstand, erlangen ihren Wahrheitsgrad durch die schlichte Feststellung, daß es kaum anders gewesen sein kann. Um so brennender wird daneben die Frage, was in dem Menschen Mozart vorgegangen sein mag, der offenbar ohne jeden Zwang zur Konzentration in der Lage war, ein qualitativ und quantitativ gewaltiges Werk zu schaffen, für das rein von der Zeit her in seinem Leben eigentlich kein Platz war.

Unter diesem Gesichtspunkt erscheint es auch fraglich, ob Mozart in seinen Werken irgendwelche gezielt außermusikalischen Absichten gehabt hat, seien es politische, ethische, tonartensymbolische, freimaurerische oder andere. So sehr etwa die „Zauberflöte" Anlaß zu Deutungen in jeder Richtung gibt, so wenig kann Mozart auch nur einen Bruchteil dessen gelesen haben, was seine Biographen in jahrelanger Arbeit studiert haben. Merkwürdig ist nur, daß alles, was heute aus Mozarts Werken herausgelesen oder in sie hineininterpretiert wird, tatsächlich darinnen zu sein scheint. Trotzdem dürfte es schon aus Zeitgründen ausgeschlossen sein, daß diese zusätzlichen Inhalte über Mozarts Bewußtsein gegangen sind. Hier bleibt nur die Suche nach dem Unbewußten, und das Rätsel Mozart wird damit noch rätselhafter.

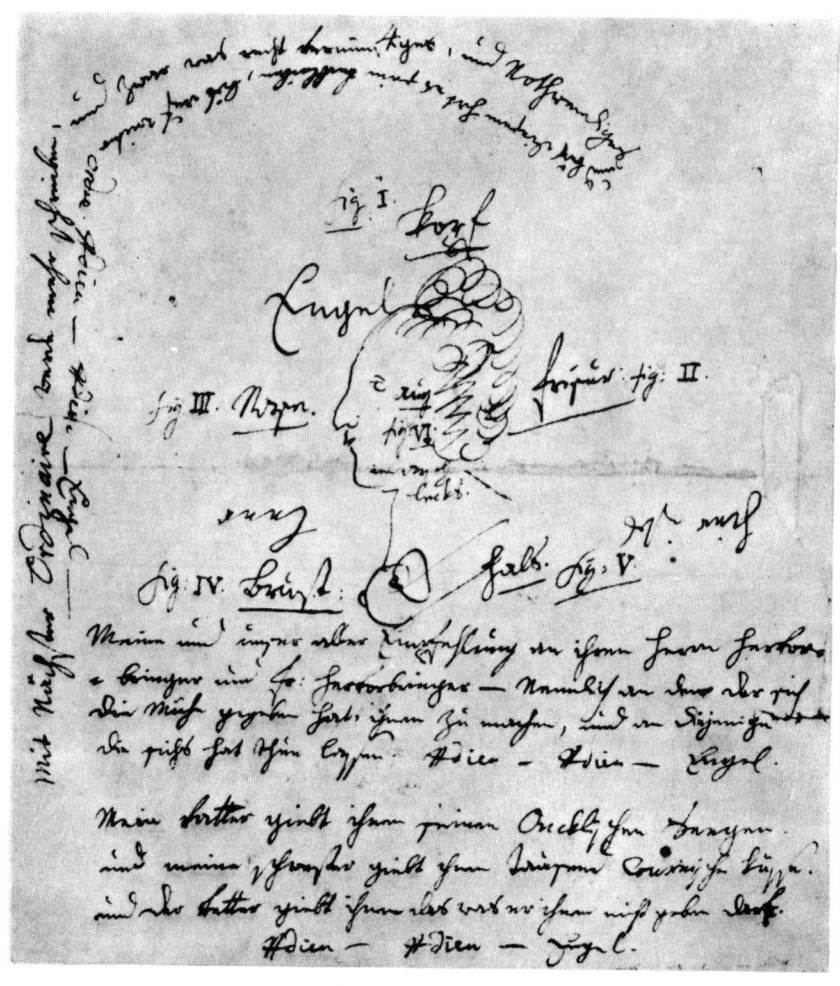

Mozarts Brief (dritte Seite) vom 10. Mai 1779 an Maria Anna Thekla Mozart, das Bäsle aus Augsburg

Das Interesse für die Persönlichkeit Mozarts wird ohnehin nur durch sein Werk ausgelöst, und der gewöhnliche Zugang zu Mozart findet beispielsweise über die „Zauberflöte", nicht aber seinen Großvater in Augsburg statt. Wenn es Mozarts Musik nicht gäbe, würde sich niemand für seine Person interessieren. Insofern scheint es angebracht, Mozarts Leben nicht in Form einer chronologischen Biographie zu untersuchen, welche der Reihe nach die Stationen dieses Lebens von der Geburt bis zum Tode wiedergibt. Weit vielversprechender ist eine Aufschlüsselung vom Ende her; nur dort, wo sich alle Fäden verknotet haben, sind sie vermutlich auch wieder zu lösen. Das Wunderkind Mozart war durchaus keine Garantie für das Entstehen der „Zauberflöte", der letzten Symphonien oder des Requiems. Aber diese Werke sind es, die ein Licht auf das Wunderkind Mozart werfen und seine Existenz erklären können. Ähnlich könnte es sich mit Mozarts Tod verhalten. Nicht die Reisestrapazen und Erkrankungen des Knaben erklären das frühe Ende des Mannes, denn seine Schwester Nannerl, welche die ersten großen Reisen mitmachte, wurde immerhin 78 Jahre alt. Es könnte tatsächlich in der Umkehrung so sein, daß Mozarts Tod ein Schlüssel zu seinem Leben ist. Natürlich bleibt es ein Wagnis, das Prinzip von Ursache und Wirkung umzukehren. Aber dieser Versuch muß unternommen werden, nachdem es bisher nicht gelang, Mozarts Werk eindeutig aus seiner Persönlichkeit abzuleiten. Möglicherweise war es sogar das vielschichtige Werk, das den widersprüchlichen Charakter seines Schöpfers schuf.

Über Mozarts Charakter lassen sich in der Tat nur schwer konkrete Aussagen machen, und wenn, dann widersprechen sie sich. Da erscheint einerseits der ernsthafte junge Künstler, der sich mit den dramaturgischen Problemen eines Opernlibrettos auseinandersetzt, wie etwa beim „Idomeneo". Derselbe Mozart schreibt an sein Augsburger Bäsle Briefe, die wegen ihrer Unanständigkeiten häufig der Zensur der Biographen zum Opfer gefallen sind, damit das verklärte Bild von einem reinen Mozart gerettet werde. Andererseits sind sie oft als Jugendsünden abgetan worden, wobei übersehen wurde, daß sich Mozart auch noch kurz vor seinem Tode dieser Sprache bediente, wenn er zum Beispiel an seine Frau schrieb und seinen Schüler Süßmayr zur Zielscheibe seines Spottes machte.

Kraß im Gegensatz stehen dazu alle Briefe, in denen Mozart gezwungen war, sich mit dem Tod auseinanderzusetzen. Da sind die merkwürdigen Briefe aus Paris, mit denen Mozart den Tod seiner Mutter beklagt und gleichzeitig beiseite schiebt. Oder da ist der letzte Brief an seinen todkranken Vater, in dem er vor allem von sich selbst spricht. Und da

Constanze Mozart, geb. Weber, Mozarts Frau. Ölgemälde wohl von ihrem Schwager Joseph Lange, 1782. – Glasgow, Universität, Hunterian Museum

sind all jene Unterlassungen, wenn Mozart auf Todesfälle, die ihn eigentlich ganz direkt angehen, gar nicht reagiert. Es ist möglich, mit einem einzigen Satz Mozarts zu beweisen, daß er zum Tod ein abgeklärtes Verhältnis hatte. Aber es ist ebenso leicht möglich, mit dem vorhergehenden oder dem folgenden Satz das völlige Gegenteil zu belegen. Es gibt bei Mozart keine Aussage, die nicht durch eine andere widerlegt werden könnte. Ohne einseitige Festlegungen ist Mozarts Charakter kaum zu beschreiben. Seine Undurchsichtigkeit ist fast schon wieder eine Durchsichtigkeit, die zwar vieles sichtbar, aber nichts greifbar werden läßt.

Ähnliches gilt für Mozarts menschliche Bindungen. Sicher ist nur, daß die Heirat mit Constanze, die innere Lösung vom Vater und der äußere Bruch mit dem Salzburger Arbeitgeber Colloredo einen einzigen Aufbruch darstellen, der kaum durch seine einzelnen Vorgänge zu erklären ist. Wie aber Mozarts Ehe in Wirklichkeit war, bleibt ein Geheimnis, zumal Constanze, die nach Mozarts Tod noch fünfzig Jahre Zeit hatte zu reden, beharrlich geschwiegen hat. Es gibt nur zwei Äußerungen von ihr, mit denen sie ihre beiden Ehen pauschal erwähnt und die Liebe ihrer Gatten Mozart und Nissen in einem Atemzug nennt. Gleichzeitig hat sie dafür gesorgt, daß auf die spätere Vater-Sohn-Beziehung zwischen Leopold und Wolfgang kein Licht fiel, indem sie vor allem Leopolds Briefe zum großen Teil vernichtete. Zusätzlich verschwand auch noch fast das gesamte Tagebuch, das Mozarts Schwester geführt hat.

Zu den Fragen, die als weiße Flecken in der Biographie Mozarts stehengeblieben sind, gehört auch der umstrittene Niedergang von Mozarts Karriere in Wien, der von außerordentlichen finanziellen Schwierigkeiten begleitet war. Die Bettelbriefe an den Logenbruder Puchberg zeigen einen Mozart, der existentiell vor dem Abgrund stand. Sie haben die Legende gestützt, daß Mozart verarmt gestorben sei. Nachrechnungen ergaben jedoch, daß Mozart in den letzten Jahren Einnahmen hatte, die fast das Zehnfache von dem ausmachten, womit sein Vater zuletzt in einem Haus mit acht Zimmern und dem Unterhalt eines Enkels problemlos auskam. Das Vermögen, welches Mozart mit der Summe aus Honoraren und geliehenen Geldern verbrauchte, floß in unbekannte Kanäle, denn die Krankheiten und Kuraufenthalte von Constanze können derartige Beträge unmöglich verschlungen haben.

Was bleibt, sind Fragen, und es ist auch nach 200 Jahren Mozart-Forschung nicht möglich, eine Mozart-Biographie zu schreiben, in der nicht das wichtigste Satzzeichen das Fragezeichen wäre. Aber da von allen Biographen erwartet wird, daß sie Antworten bereithalten, sind auf dem Papier bereits alle Fragen beantwortet worden. In der unüberseh-

Mozart im Alter von 14 Jahren.
Scherenschnitt (um 1770). Salzburg,
Mozart-Museum

baren Mozart-Literatur finden sich auf jede Frage mehrere Antworten, und die meisten widersprechen sich. Dadurch wird der Berg von Biographien bei genauem Hinsehen zu einem Abgrund der Verwirrung.

Aus diesem Grund soll hier ein anderer Weg versucht werden. Er setzt den Mut zum Fragezeichen voraus. Denn die voreilige Beantwortung einer einzelnen Frage bestimmt im voraus die Antworten auf andere Fragen. Vielleicht ist es daher an der Zeit, die Fragen einmal stehenzulassen, damit sich der eigentliche Fragenkomplex herausschält. Dieser wird allerdings eine ganz neue Frage auslösen, die womöglich die eigentliche Frage im Leben Mozarts ausmacht. Und wahrscheinlich ist es am besten, wenn auch diese Frage unbeantwortet bleibt. Sie sei hier vorweggenommen und lautet: War Mozart ein Medium? Das heißt: hat er überhaupt als ein bewußt gestaltender Künstler gelebt und gearbeitet. Noch schärfer formuliert müßte die Frage lauten: war Mozart unschuldig an seinem Werk? War er in seiner eigenen Lebensgeschichte, die sich streckenweise wie ein Kriminalprotokoll ausnimmt, kein Täter, sondern eher ein Opfer? Hat er gelebt oder wurde ihm sein Leben diktiert? Und wenn es ihm diktiert wurde, bleibt immer noch offen, von wem. Und gerade diese letzte Frage könnte einfacher sein, als es zuerst scheint. Vielleicht war es nicht Mozart, der seine Musik geschaffen hat. Vielleicht war es umgekehrt eine Musik, die sich ihren Mozart geschaffen hat. Er selbst ist hinter seinem Werk verschwunden, und womöglich ist es vergeblich, ihn dahinter wieder aufspüren zu wollen. Vielleicht ist es angebracht, sich die Frage zu stellen, ob Mozart in dem Sinne, wie man sich einen Komponisten vorstellt, überhaupt gelebt hat.

Text und Dokumentation sind im folgenden durchgehend getrennt und werden parallel geführt. Dadurch ist ein ständiger Einblick in die Quellenlage gewährleistet. Anmerkungen und Fußnoten erübrigen sich.
Angaben zu Briefen der Familie Mozart beziehen sich auf die Ausgabe von Bauer und Deutsch bei Bärenreiter, Kassel.

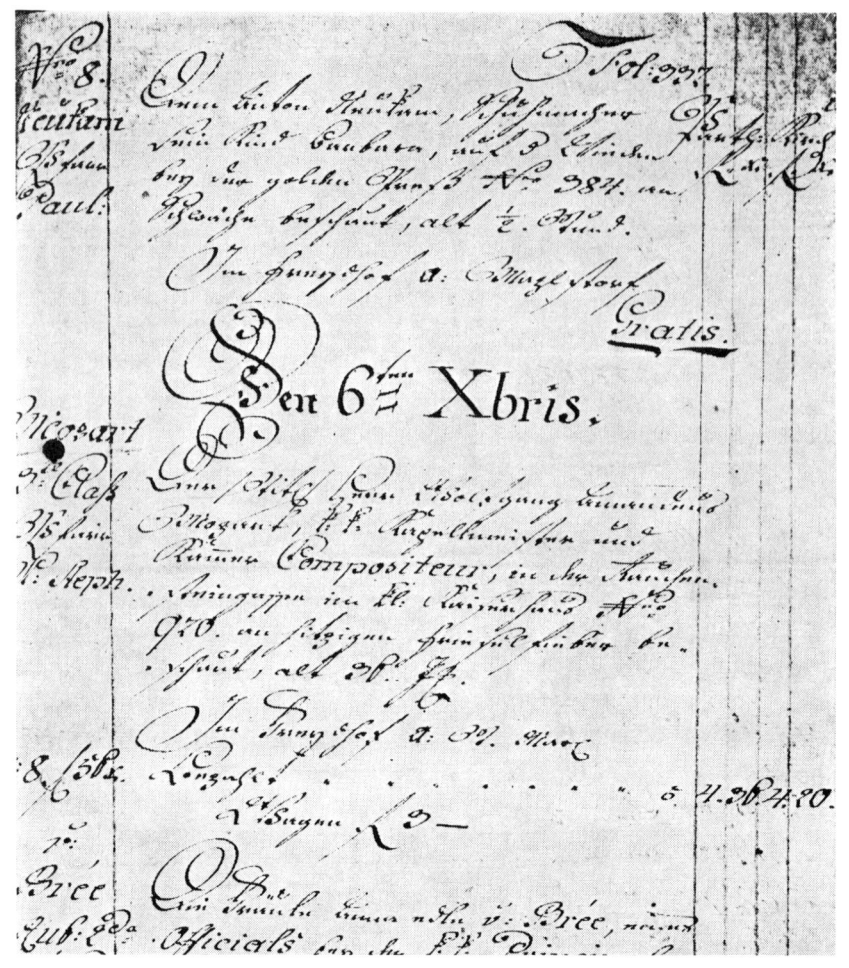

Eintrag im Bahrausleihbuch der Dompfarrkanzlei St. Stephan in Wien unter dem 6. Dezember über eine Beerdigung 3. Klasse für Mozart

MARIANNE V. BERCHTOLD: *April 1792*

Nach erhaltener Nachricht aus Wien ist er den 5ten december 1791. (55 minuten nach Mitternacht.) in einem hitzigen Friesel Fieber gestorben.   *Briefe IV, S. 198.*

18

Eine Leiche verschwindet –
und keinen kümmert's

Montag, 5. Dezember 1791. Es ist 55 Minuten nach Mitternacht, als Mozart stirbt. Bei ihm sind seine Frau Constanze, seine Schwägerin Sophie und der behandelnde Arzt Dr. Closset. Gegen Morgen kommt Graf von Deym und nimmt die Totenmaske ab. Joseph Deiner bahrt den Toten im Arbeitszimmer auf. Schließlich erscheint Baron van Swieten und ordnet die billigste Bestattungsart an, ein Begräbnis dritter Klasse für 8 Gulden und 56 Kreuzer. Die Eintragung ins Sterberegister der Domkanzlei erfolgt noch am selben Tag. Auch die Totenschau findet am 5. Dezember statt. Am Nachmittag des 6. Dezember wird die Leiche in oder vor einer Seitenkapelle des Stephansdoms eingesegnet. In dieser Kirche war vier Monate vorher Mozarts jüngster Sohn getauft worden, hier hatte sich Mozart im selben Jahr als unbesoldeter Hilfsorganist anstellen lassen, und hier hatte er neun Jahre zuvor Constanze geheiratet.

Wer nun bei der Trauerfeier zugegen war, ist ungewiß, sicher ist nur, daß Constanze fehlte. Sie hatte noch an Mozarts Todestag das Trauerhaus in der Rauhensteingasse No. 970 verlassen und war zuerst zu Joseph von Bauernfeld, dem Teilhaber Schikaneders, und dann zu Joseph Goldhahn gebracht worden. Die Trauerzeremonie fand also ohne die Witwe statt, und anschließend fuhr der Totenwagen, von niemandem begleitet, zum Stubentor hinaus und brachte die Leiche auf den vier Kilometer entfernten Friedhof zu St. Marx. Dort wurde sie in ein Gemeinschaftsgrab gelegt und wahrscheinlich am nächsten Morgen mit Kalk und Erde bedeckt.

An diesem Bericht, der bis heute die offizielle Version darstellt, gibt es keinen einzigen Punkt, der nicht mit einem Fragezeichen zu versehen wäre. Oder anders ausgedrückt: kein Wort daran muß wahr sein – jedenfalls nicht in der überlieferten Form. Fest steht lediglich, daß Mozarts Leiche spurlos verschwand.

Bereits die genaue Angabe von Mozarts TODESSTUNDE mit 0.55 Uhr ist eine Information aus zweiter Hand. Sie stammt von seiner Schwester

19

VINCENT NOVELLO: 1829

Madame Haibl legte ein feuchtes Tuch auf seine Stirne. Sogleich ging ein leichtes Beben durch Mozarts Körper und kurz darauf hauchte er in ihren Armen seine Seele aus. In diesem Augenblick waren nur Madame Mozart, der Arzt und sie selbst im Zimmer anwesend. *Novello: „Eine Wallfahrt zu Mozart", S. 179; vgl. Deiner.*

„WIENER ZEITUNG": 7. Dezember 1791

In der Nacht vom 4. zum 5.d.M. verstarb allhier der K.K. Hofkammerkompositor Wolfgang Mozart. Von seiner Kindheit an durch das seltenste musikalische Talent schon in ganz Europa bekannt, hatte er durch die glücklichste Entwickelung seiner ausgezeichneten Naturgaben und durch die beharrlichste Verwendung die Stufe der größten Meister erstiegen; davon zeugen seine allgemein beliebten und bewunderten Werke, und diese geben das Maß des unersetzlichen Verlustes, den die edle Tonkunst durch seinen Tod erleidet.

AUS ZINZENDORFS TAGEBUCH: 6. Dezember 1791

... Tems doux et brouillard frequent.

Deutsch: „Dokumente", Addenda u. Corrigenda, S. 73.

KARL HIRSCH: 4. November 1855

Endlich ist der Umstand richtig, daß zur Zeit des Leichenbegängnißes eine sehr ungünstige Witterung war, daher auch Niemand als die Familie Albrechtsberger die Leiche begleitete.

Cloeter: „Die Grabstätte W. A. Mozarts", (1941) S. 37;
vgl. Dolezalek und Deiner

AUS DEM DEINER-BERICHT: 1856

Es war an einem kalten und unfreundlichen Novembertage des Jahres 1791, als Mozart in das Bierhaus zur „silbernen Schlange" in Wien eintrat, das er häufig zu besuchen pflegte. Dieses Bierhaus befand sich in der Kärnthnerstraße und trug damals die Nummer 1112, jetzt ist es das Haus Nr. 1074. Dort pflegten sich auch Schauspieler, Sänger und Musiker einzufinden. An dem erwähnten Tage fand Mozart in dem ersten Extrazimmer mehrere fremde Gäste; er begab sich daher sogleich in das nächste, kleinere Zimmer, wo nur drei Tische standen...

Den andern Morgen um 7 Uhr begab sich Deiner in die Rauhensteingasse, in das Haus Nr. 970, das „kleine Kaiserhaus" genannt, an dessen Stelle der jetzige Mozarthof Nr. 934 steht. Als er im ersten Stock an der Thüre zu Mozart's Wohnung klopfte, öffnete ihm die Magd, die ihn kannte und ihn daher eintreten ließ. Diese erzählte ihm, daß sie in der Nacht habe den Doktor holen müssen, da der Herr Kapellmeister sehr krank sei. Dessenungeacht wurde Deiner von Mozart's Frau ins Zimmer gerufen. Mozart lag in einem weiß überzogenen Bette, das in einer Ecke des Zimmers stand. Als er Deiner reden hörte, schlug er die Augen auf und sagte kaum hörbar: „Josef, heute ist nichts; wir haben heute zu thun mit Doktors und Apotheken." ...

Am 28. November hielten die Ärzte über Mozart's Zustand ein Konsilium. Der damals renommirte Dr. Elossek und Dr. Sallaba, Primararzt des allgemeinen Krankenhauses, waren zugegen ...

Da Mozarts Krankheit mit jeder Minute einen bedenklicheren Charakter annahm, ließ seine Gattin am 5. Dezember 1791 abermals den Dr. Sallaba holen. Er kam und bald darauf auch der Kapellmeister Süßmeyer, welchem Sallaba im Stillen vertraute, daß Mozart diese Nacht nicht überleben werde. Dr. Sallaba verschrieb jetzt auch Mozarts Gattin eine Medi-

Nannerl, die im Frühjahr 1792 für den ersten Mozart-Biographen, Friedrich Schlichtegroll, einen kleinen Aufsatz über die Jugend ihres Bruders schrieb. Als Nachschrift vermerkte sie dort den Tod Mozarts mit Datum und Stunde. Von wem Nannerl diese Angabe aus Wien erhalten hat, ist unklar.

Auch die Frage, wer bei Mozarts Tod anwesend war, hat unterschiedliche Antworten gefunden. Wie Sophie den Novellos erzählte, war außer den beiden Schwestern nur der Arzt bis zuletzt im Zimmer. Dem Deiner-Bericht zufolge ging der Arzt jedoch vorher, und Süßmayr, der noch am Abend von Mozart Anweisungen zur Vollendung des Requiems erhalten hatte, blieb bei dem Sterbenden.

Die erste Pressemeldung erschien am 7. Dezember. Wenn Mozart – wie angenommen wird – am 6. Dezember oder in der Frühe des 7. begraben wurde, dann kam diese Meldung für all jene, die an der Beerdigung hätten teilnehmen wollen, zu einem Zeitpunkt, als Mozart bereits unter der Erde war.

Über den Tag der BEERDIGUNG herrscht äußerste Unklarheit. Da im Sterberegister der Domkanzlei von St. Stephan der 6. Dezember angegeben ist, galt es bisher als selbstverständlich, daß dies der Tag von Mozarts Beisetzung auf dem Friedhof zu St. Marx war. Dieser Annahme widersprechen mehrere Berichte, die darin übereinstimmen, daß am Tag von Mozarts Beerdigung schlechtes Wetter gewesen sei. Es soll gestürmt haben, und Schneeregen soll gefallen sein. Dies wurde auch jeweils als der Hauptgrund dafür angeführt, daß niemand dem Leichenwagen gefolgt ist. Aus dem Tagebuch des Grafen Zinzendorf sowie aus den Aufzeichnungen der Wiener Sternwarte geht jedoch hervor, daß am 6. Dezember kein Niederschlag fiel und daß praktisch Windstille, also Windstärke Null, herrschte.

Der Deiner-Bericht, der vorerst als die einzige Schilderung der Begräbnisvorgänge berücksichtigt werden muß, gibt als Tag der Beerdigung den 7. Dezember an, und an diesem Tag war tatsächlich das unfreundliche Winterwetter zu verzeichnen. Doch sind damit die Widersprüche keineswegs aufgehoben, weil Deiner sagt, daß noch am 5. Dezember ein Arzt geholt wurde.

Am 5. Dezember war Mozart aber bereits tot. Überhaupt enthält der Deiner-Bericht einige Ungenauigkeiten und Irrtümer. So hieß das Gasthaus nicht zur *silbernen*, sondern zur *goldenen* Schlange, und auch die Hausnummer ist falsch angegeben. Ferner ließ Constanze nicht Dr. Sallaba holen, sondern Dr. Closset, und das geschah eben am 4., und nicht am 5. Dezember.

zin, da sich dieselbe ebenfalls unwohl fühlte, und nachdem er noch einen Blick auf Mozart gerichtet hatte, empfahl er sich.

Süßmeyer blieb an der Seite des sterbenden Tondichters. Um 12 Uhr Nachts richtete sich Mozart im Bette empor, seine Augen waren starr, dann neigte er sich mit dem Kopfe gegen die Mauer und schien wieder einzuschlummern. Um 4 Uhr morgens war er eine Leiche. ...

Am Morgen wurde Mozart auf die Bahre gelegt und mit einem Todten-Bruderschaftsgewandte von schwarzem Tuche bekleidet, was damals Sitte war, und welcher Gebrauch sich bis ins Jahr 1818 erhielt. Die Leiche wurde in das Arbeitszimmer gebracht und in der Nähe seines Klaviers aufgestellt.

Die Leiche Mozarts wurde am 7. Dezember um 3 Uhr Nachmittags bei St. Stefan eingesegnet, aber nicht im Innern der Kirche, sondern an der Nordseite derselben, in der Kreuzkapelle, an der sich die Capistrans-Kanzel befindet. Die Beerdigung fand mit dem Kondukt dritter Klasse statt, wofür 8 fl. 36 kr. bezahlt wurden. Außerdem kostete der Todtenwagen 3 fl.

Die Todesnacht Mozarts war finster und stürmisch, auch bei seiner Einsegnung fing es an zu stürmen und zu wettern. Regen und Schnee fielen zugleich, als wollte die Natur mit den Zeitgenossen des großen Tondichters grollen, die sich nur höchst spärlich zu dessen Beerdigung eingefunden hatten. Nur wenige Freunde und drei Frauen begleiteten die Leiche. Mozarts Gattin war nicht zugegen. Diese wenigen Personen standen mit Regenschirmen um die Bahre, welche sodann durch die große Schullerstraße nach dem St. Marxer Friedhofe geführt wurde. Da das Unwetter immer heftiger wurde, entschlossen sich auch die wenigen Freunde, beim Stubenthore umzukehren und begaben sich zur „silbernen Schlange".

Morgen-Post Wien, 28. Januar 1856.

AUS DEM TOTENPROTOKOLL: 5. Dezember 1791

Mozart, Wohledler Hr: Wolfgang Amadeus, k.k. Kapellmeister und Kammer Compositeur, verh. von Salzburg gebürtig, ist in kleinen Kaiserh: No. 970 in der Rauhensteingaße, an hizigem Frieselfieber bht. worden. alt 36 Jr.

Archiv der Stadt Wien.

AUS DEM STERBEREGISTER DER DOMKANZLEI VON ST. STEPHAN:

1791
Xbris
den 5^t
(Stadt) N^{ro} 970 Titl Herr Wolfgang Amadeus Mozart k:k: Kapellmeister und Kammer Compositor (Katholisch) 1 (Männlich) 1 (Lebensjahre) 36 (Krankheit und Todesart) hiziges Friesel Fieber (Ort, wohin, und Tag, an welchem die Begräbniß beschehen) Den 6te dito [Xbris] deto [Freydhofe ausser St: Marx]

Deutsch: „Dokumente", S. 367.

SANITÄTS-VERORDNUNG:

Kein todter Mensch soll vor Verlauf zweimal 24 Stunden, es wäre denn, daß selber an den schwarzen Petetschen, oder an der Pest gestorben, begraben werden.

Anmerkung:

In jenen Sterbefällen, wo eine hizige Krankheit, etwa gar mit Ausschlage vorhergegangen ist, und die Gewißheit des Todes durch den üblen Geruch als das Merkmal der vorhandenen Fäulung anzeiget, anbei auch von dem Medikus ein schriftliches Zeugnis beigebracht wird, daß er von dem Tode der Person vergewissert sei, kann der Leichnam nach obwaltender Beschaffenheit um mehrere Stunden früher begraben und hiezu von der Obrigkeit die Erlaubnis ertheilet werden; gleichwie aber alles von dem Urtheile des Medikus abhängt, also muß auch ein Medikus jedesmal dafür haften, und, wenn er ein solches Zeugniss unvorsichtig abgäbe, auf das schärfste bestrafet werden.

Johann D. John: „Lexikon der k.k. Medizinalgeschichte", 6 Bde, Prag 1790, Bd. 2, S. 198.

22

All das deutet darauf hin, daß Joseph Deiner, den Mozart seinen „Primus" nannte und der als Hausmeister im Wirtshaus zur „goldenen Schlange" arbeitete, diesen Bericht nicht selbst verfaßt hat. Auf jeden Fall hat er ihn nicht im Erscheinungsjahr 1856 geschrieben, denn das war 100 Jahre nach Mozarts Geburt. Und wie alt hätte da ein Zeitgenosse des jung verstorbenen Mozart gewesen sein müssen? Einer der Fehler im Deiner-Bericht zeigt jedoch, daß ihm schriftliche Aufzeichnungen zugrunde liegen. Es werden nämlich die Namen der beiden Ärzte Mozarts genannt, wobei ausgerechnet der wichtigere entstellt ist. Diese Entstellung geht eindeutig auf einen Lesefehler und nicht auf einen Hörfehler zurück. In älteren Handschriften ist es durchaus möglich, ein C für ein E und ein t für ein k zu halten, was hingegen auf akustischem Wege undenkbar ist. Folglich gab es irgendwelche Deiner-Aufzeichnungen, die als Deiner-Bericht verändert und damit verfälscht veröffentlicht wurden. Das schlechte Wetter scheint aber keine zusätzliche Ausschmückung zu sein, da es auch an anderer Stelle und unabhängig vom Deiner-Bericht erwähnt wird. Es muß also gefragt werden, wieweit die amtlichen Dokumente überhaupt Aufschluß über das Datum der Beerdigung geben.

Das Totenschau-Protokoll vermerkt unter dem 5. Dezember, daß die Leiche im kleinen Kaiserhaus an der Rauhensteingasse beschaut wurde. Mozarts Leichnam befand sich folglich zu diesem Zeitpunkt noch zu Hause.

Der Eintrag ins Sterberegister gibt zwar unter der Rubrik „Ort und Tag" den Friedhof von St. Marx und den 6. Dezember an, aber dieser Eintrag ist mit dem 5. datiert. Er erfolgte also am Todestag und enthält bezüglich des Begräbnisses nichts weiter als eine Art Absichtserklärung. Die Kosten für eine Beisetzung dritter Klasse sind laut Bahrausleihbuch am 6. Dezember und wahrscheinlich vor der Beerdigung beglichen worden.

Diese Dokumente helfen also nicht weiter, wenn es darum geht, den Tag von Mozarts Begräbnis zu bestimmen. Dafür, daß es am 7. Dezember stattgefunden haben könnte, spricht eine Verordnung, die der Leibarzt der Kaiserin Maria Theresia, Gerhard van Swieten, erlassen hatte. Danach sollte, außer bei Seuchengefahr, kein Toter vor Ablauf von zweimal 24 Stunden unter die Erde gebracht werden. Der Grund für diese Bestimmung lag in der damals ausgeprägten Angst vor einem Scheintod. Für Mozarts Bestattung wäre somit als frühester Termin der 7. Dezember in Frage gekommen, was wiederum gegeben wäre, wenn die Leiche zwar am Abend des 6. Dezember zum Friedhof gebracht, dort

GEORG NIKOLAUS NISSEN:

Durch Mozart's Tod verfiel die Wittwe selbst in eine schwere Krankheit, daher besorgte Baron van Swieten die Beerdigung der Mozart'schen Leiche, und weil er dabey die grösstmöglichste Ersparniss für die Familie berücksichtigte, so wurde der Sarg nur in ein gemeinschaftliches Grab eingesenkt und jeder andere Aufwand vermieden.

Nissen: „Biographie W. A. Mozarts", S. 576.

„DER HEIMLICHE BOTSCHAFTER" WIEN: 16. Dezember 1791

Alles wetteifert um Mozarts hinterlassene Wittwe, ihren Verlust einigermassen zu ersetzen, und sie zu trösten. So hat der verdienstvolle Freyherr von Suitten den Knaben, welcher schon vortrefflich Klavier spielt, und die Gräfinn von Thun das Mädchen an Kindesstatt angenommen.

VAN SWIETEN; GOTTFRIED BERNHARD (1733-1803), Sohn des kaiserlichen Leibarztes Gerhard van Swieten. Ab 1755 im diplomatischen Dienst, 1770 Gesandter am preußischen Hof. In Wien ab 1777 Präfekt der k.k. Hofbibliothek und ab 1781 Vorsitzender der Studienkommission. Erste Bekanntschaft mit Mozart 1768. Später wirkte Mozart bei den Hauskonzerten van Swietens mit und bearbeitete für den Baron vier Werke Händels: 1788 „Acis und Galathea" KV 566 und 1789 den „Messias" KV 572, 1790 „Das Alexander-Fest" KV 591 und die „Ode auf St. Cäcilia" KV 592

CONSTANZE MOZART IM STAMMBUCH IHRES MANNES:

Was Du einst auf diesem Blatte an deinen freund schriebst,
eben dieses schreibe nun ich tiefgebeugt an dich
Vielgeliebter Gatte! mir, und ganz Europa unvergeßlicher Mozart –
auch dir ist nun wohl – auf ewig wohl!! – – –
Um 1. U. nach Mitternacht vom 4.ten zum 5.ten dezember dieß jahres
Verließ er in seinem 36.ten jahre – O! nur allzufrühe! –
diese gute – – aber undankbare Welt – – O Gott! –
8 jahren knüpfte uns daß zärtlichste, hinieden unzertrennliche Band! –
O! könnte bald auf ewig mit dir verbunden seyn.
        deine äußerst betrübte Gattin
        Constance Mozart neè Weber
Wien den 5.ten decem: 1791   *Briefe IV, S. 175*

JOSEPH II., HOFDEKRET: 23. August 1784

... Von nun an sollen alle Gruften, Kirchhöfe oder sogenannte Gottesäcker, die sich inner dem Umfange der Ortschaften befinden, geschlossen, und anstatt solcher die ausser den Ortschaften in einer angemessenen Entfernung ausgewählt werden.

2. Sollen alle und jede Leichen wie bisher so auch künftighin von ihrem Sterbehause aus nach der letztwilligen Anordnung der Verstorbenen, oder nach Veranstaltung ihrer Angehörigen nach Vorschrift der Stoll- und Konduktsordnung bey Tage oder auf den Abend in

aber erst am nächsten Morgen bestattet wurde. Es ist jedoch unerheblich, ob Mozart 24 Stunden früher oder später in einem Massengrab beigesetzt wurde.

Viel bedeutsamer ist die Frage, wer dafür verantwortlich war. Angeblich war es Gottfried van Swieten, der Sohn des kaiserlichen Leibarztes, der an Mozarts ärmlichem Begräbnis die Schuld tragen soll. Nach Nissens Bericht ist er am Todestag Mozarts zu Constanze gekommen und hat ihr zu einem Begräbnis der billigsten Art geraten. Dieses Verhalten stünde allerdings ganz im Gegensatz zu der weltmännischen und großzügigen Art, die van Swieten ausgezeichnet haben muß. Ausgerechnet dieser gebildete und wohlhabende Mensch, für den Mozart mehrere Werke Händels bearbeitet hatte, sollte nun so kleinlich gewesen sein, der Witwe einen derart peinlichen Vorschlag zu machen. Ihm, der sich später der Mozart-Söhne angenommen hat, hätte es eher angestanden, mit einer Geste der Großzügigkeit die Kosten für ein ehrenvolles Begräbnis zu übernehmen. Van Swieten dürfte außerdem am 5. Dezember 1791 ganz andere Sorgen gehabt haben, denn an diesem Tag wurde er durch ein Handbillett Kaiser Leopolds aus dem Staatsdienst entlassen.

Daß gerade er für das Verschwinden von Mozarts Leiche verantwortlich sei, dürfte von Constanze stammen, denn diese Behauptung erscheint erstmalig in Nissens Mozart-Biographie von 1828, zu einem Zeitpunkt, als van Swieten bereits 25 Jahre tot war. In Niemetscheks Biographie, die bereits 1798 erschien, fällt in diesem Zusammenhang der Name van Swieten nicht.

Verantwortlich für Mozarts Beerdigung war ganz allein Constanze, und sie hätte nein sagen können, sie hätte zu einem solchen Vorschlag van Swietens nein sagen müssen. Bei den Schulden, die Mozart hinterließ, wäre es auf ein paar Gulden mehr für seine Beerdigung nicht angekommen. Wer die Beerdigungsformalitäten erledigt hat, läßt sich nicht mehr feststellen. Nissens Behauptung, daß Constanze zu Bauernfeld, den er fälschlich Bauernfeind nennt, und dann zu Goldhahn gebracht wurde, scheint jedenfalls zweifelhaft. Denn am 7. Dezember unterschrieb Constanze in ihrer Wohnung gemeinsam mit Goldhahn die Nachlaßsperre des Magistrats, und auch bei der Inventarisierung der Kleider und Möbel am 9. Dezember war sie zugegen. So unbeteiligt, wie es dargestellt wurde, war sie an den Vorgängen nach Mozarts Tod also nicht.

Am 23.8.1784 hatte Kaiser Joseph II., der sich mit seinen Reformen in alle Lebensbereiche seiner Untertanen einmischte, jene BEGRÄBNISORDNUNG erlassen, die für das spurlose Verschwinden von Mozarts

die Kirche getragen oder geführt, sodann nach abgesungenen gewöhnlichen Kirchengebetern eingesegnet und beygesetzt, von dannen aus aber hernach von dem Pfarrer in die ausser den Ortschaften gewählten Freythöfe zur Eingrabung ohne Gepränge überbracht werden. ...

4. Da bey der Begrabung kein anderes Absehen seyn kann, als die Verwesung so bald als möglich zu befördern, und solcher nichts hinderlicher ist, als die Eingrabung der Leichen in Todtentruhen: so wird für gegenwärtig geboten, daß alle Leichen in einen leinenen Sack ganz blos ohne Kleidungsstücke eingenähet, sodann in die Todtentruhe gelegt, und in solchen auf den Gottesacker gebracht werden sollen.

5. Soll bey diesen Kirchhöfen jederzeit ein Graben von 6 Schuh tief und 4 Schuh breit gemacht, die dahin gebrachte Leiche aus der Truhe allemal herausgenommen und wie sie in den leinenen Sack eingenäht ist, in diese Grube gelegt, mit ungelöschtem Kalk überworfen, gleich mit Erde zugedeckt werden. Sollten zu gleicher Zeit mehrere Leichen ankommen: so können mehrere in die nemliche Grube gelegt werden; jedoch ist unfehlbar die Veranstaltung zu treffen, daß jeder Graben, in welchen todte Körper gelegt werden, alsogleich mit Erde angefüllt und zugedeckt werde, auf welche Art dergestalt fortzufahren ist, daß jederzeit zwischen den Gräbern ein Raum von 4 Schuh zu lassen ist.

6. Zur Ersparung der Kösten ist die Veranlassung zu treffen, daß jede Pfarre eine ihrer Volksmenge angemessene Anzahl gut gemachter Todtentruhen von verschiedener Grösse sich beyschaffe, welche jedem unentgeltlich darzugeben sind; sollte aber dennoch jemand eigene Todtentruhen für seine verstorbenen Verwandten sich beyschaffen: so ist es ihm unbenommen; jedoch können die Leichen nie mit den Truhen unter die Erde gebracht werden, sondern müssen aus solchen wieder herausgenommen, und diese zu anderen Leichen gebraucht werden.

7. Soll den Anverwandten oder Freunden, welche der Nachwelt ein besonderes Denkmaal der Liebe, der Hochachtung, oder der Dankbarkeit für den Verstorbenen darstellen wollen, allerdings gestattet seyn, diesen ihren Trieben zu folgen; diese sind aber lediglich an dem Umfang der Mauern zu errichten, nicht aber auf den Kirchhof zu setzen, um da keinen Platz zu benehmen. ...

„Vollständige Sammlung aller seit dem glorreichen Regierungsantritt Joseph des Zweyten für die k.k. Erbländer ergangenen höchsten Verordnungen und Gesetze", Wien 1788/89.

NISSEN:

Mozart's sterbliche Hülle wurde auf dem Todtenacker vor der St. Marxer-Linie bey Wien begraben, auf demselben, wo sein inniger Freund Albrechtsberger und auch J. Haydn seit 1809 gelegt wurden.

... Zu der Zeit, wo Mozart starb, wurden nach der Angabe des Todtengräbers die Leichen in der dritten und vierten Reihe vom Kreuze an, welches auf dem St. Marxer Kirchhofe steht, begraben. Der Flecken, auf welchem Mozart's Gebeine ruhen, konnte 1808, wo man sich unterrichten wollte, nicht mehr bestimmt werden, weil die Gräber periodisch wieder umgegraben werden.

a.a.O., S. 576.

Leiche eine Erklärung liefern könnte. In dieser Neuregelung von Beerdigungen walteten vorrangig die Gesichtspunkte der Hygiene und der Sparsamkeit. Zuerst einmal ging es darum, die Friedhöfe aus dem Inneren der Städte nach außerhalb zu verlegen. Dies war als sanitäre Maßnahme und im Kampf gegen Seuchen sicher sinnvoll. Die Anordnung, Särge einzusparen und die Toten in Säcken bestatten zu lassen, stieß hingegen bei der Bevölkerung auf erheblichen Widerstand und mußte schon ein Jahr später zurückgenommen werden, was Kaiser Joseph II. denn auch einigermaßen beleidigt tat. Geblieben war die Anordnung, mehrere Leichen zugleich in eine Grube zu legen, was ebenfalls nicht gerade auf die Sympathie der jeweiligen Hinterbliebenen gestoßen sein dürfte. Sie hat auch einen Gluck, einen Michael Haydn, einen Ditters von Dittersdorf oder einen Leopold Mozart nicht betroffen. Denn sie und viele andere, wie Mozarts Schwiegermutter Cäcilia Weber, verließen diese Welt nicht auf anonymen Wegen. Die Beisetzung von mehreren Leichen in unbezeichneten Gemeinschaftsgräbern war somit nicht die Regel, sondern eine Klassenfrage. Und für die Klasse, der Mozart angehörte, bildet seine Beerdigung eine unerhörte Ausnahme.

Es ist ohnehin anzunehmen, daß die Bestattung in Gemeinschaftsgräbern eine Anordnung für die unteren Bevölkerungsschichten darstellte, was eigentlich einem Armenbegräbnis gleichkam. So war die im Bahrausleihbuch vor Mozart angegebene Person tatsächlich gratis bestattet worden. Mozart hingegen erhielt laut Papier ein Begräbnis dritter Klasse. Er bekam somit kein Armenbegräbnis. Es ist wohl möglich, daß Josephs Reformen äußere Vorgänge drastisch verändern konnten. Unwahrscheinlich dagegen ist es, daß sie das Bewußtsein einer ganzen Bevölkerung verändert haben.

Da man im Jahre 1791 eindeutig anders bestattet werden konnte als Mozart, geht die Frage nach Mozarts Grab gar nicht an die Josephinische Begräbnisordnung, sondern an die Hinterbliebenen. Wer hat am 5. Dezemeber 1791 Mozart für ein Begräbnis der billigsten Art bestimmt? In diesem Zusammenhang fällt die absolute Interesselosigkeit auf, mit der die Ehefrau, die Freunde, die Gönner und die Freimaurer auf jede Nachforschung nach Mozarts Grab verzichteten. Nur der Organist Albrechtsberger soll einen Tag nach der Beerdigung zum Friedhof gegangen sein, um Mozarts letzte Ruhestätte zu finden. Aber das hat wiederum erst 1855 ein Totengräber erzählt, dem es die Witwe Albrechtsberger 1813 gesagt haben soll.

Als nächste nach Albrechtsberger dürfte sich erst wieder Constanze auf die Suche begeben haben. Aber das war nicht vor dem Jahre 1808 und folglich 17 Jahre zu spät. Dieses allseitige Desinteresse ist auch mit

JOHANN DOLEZALEK: 20. November 1855

Ich bin im J. 1799 nach Wien gekommen, daher ich aus eigener Erfahrung nichts über das
Grab Mozarts aussagen kann, jedoch habe ich v. dessen 2 Schülern des Mozart Freystädtler
u. Hatwig nachträglich in Erfahrung gebracht, daß Mozart ohne Zweifel am St. Marxer
Friedhofe in einem allg. Grabe liege, jedoch an welchem Orte, konnte ich nicht erfahren,
weil diese beyden Schüler die Leiche des stürmischen Wetters wegen nicht weiter begleiteten, als bis zum Stubenthore, weil sie dem Wagen der so schnell fuhr, nicht folgen konnten,
daher sie nicht im Stande waren, etwas Genaueres über den wahren Ort der Ruhestätte
anzugeben.   *Cloeter, a.a.O., S. 59.*

AUS DEM DEINER-BERICHT:

Der Hausmeister Deiner war auch bei der Einsegnung zugegen. Er begab sich hierauf zu
Mozarts Gattin und fragte sie, ob sie dem Verstorbenen kein Kreuz setzen lassen wolle? Sie
erwiederte: „Er bekommt so Eins!" – Als im Jahre 1832 der König Ludwig von Baiern die
Witwe Mozarts in Salzburg besuchte, welche eine Pension von ihm bezog, fragte er sie, wie
es gekommen sei, daß sie ihrem Gatten keinen Denkstein setzen ließ. Sie erwiederte dem
Könige: „Ich habe oft Friedhöfe besucht, sowohl auf dem Lande als auch in großen Städten
und überall, besonders in Wien, habe ich auf den Friedhöfen sehr viele Kreuze gesehen. Ich
war daher der Meinung, die Pfarre, wo die Einsegnung stattfindet, besorge sich selbst die
Kreuze."
Dieser Irrthum ist die Ursache, daß wir heut zu Tage nicht genau die Stätte bestimmen
können, wo die Asche des großen Tondichters ruht.   *Morgen-Post Wien, 28. Januar 1856.*

MARY NOVELLO:

Herr Streicher verbrachte den Abend mit uns und war sehr gesprächig, er sagt, es sei
Madames Schuld, daß Mozart kein Denkmal errichtet worden sei, aber beweist es nicht.
                                                         a.a.O., S. 161.

einer Begräbnisordnung nicht zu erklären. Es muß tiefer liegen und hat womöglich seine Wurzeln bereits in den letzten Jahren von Mozarts Leben. Die Tatsache, daß niemand dem Leichenwagen zum Friedhof folgte, ist immer durch Äußerlichkeiten und damit oberflächlich erklärt worden. Das schlechte Wetter und der weite Weg von über vier Kilometern sollen Freunde und Verwandte zurückgehalten haben. Und außerdem fuhr der Totenwagen angeblich so schnell, daß selbst zwei Schüler, die ihm folgen wollten, nicht nachkommen konnten. Konnte oder wollte niemand dem Totenwagen folgen? Wenn sie wirklich alle da waren, wie angenommen wird, die van Swietens, die Salieris, die Puchbergs und wie sie alle hießen, dann ist kaum anzunehmen, daß sie alle zu Fuß gekommen wären; zumal das Wetter doch so ausgesprochen schlecht gewesen sein soll. Wenn es überhaupt eine glaubwürdige Anekdote über Mozart gibt, dann ist es die über die Umstände seiner Beerdigung, und in diesem Fall ist es eine Farce.

Constanze hat ihren Mann um 50 Jahre überlebt, und nie hat sie das Datum der Beerdigung genannt, obwohl sie zwei wichtige Mozart-Biographen zu informieren hatte und informiert hat. Das Wissen darüber, wann und wo Mozart begraben wurde, ist auf jeden Fall und für immer verloren. Es ist auch unwesentlich, ob die Leiche 24 Stunden früher oder später verschwand. Es ist unerheblich, ob sie wirklich auf den Friedhof zu St. Marx gebracht wurde, wofür es nicht den geringsten Beweis gibt. Viel bedeutsamer ist, daß dieses Dunkel um sein Ende verschiedenen Vergiftungstheorien Vorschub geleistet hat. Denn im Falle eines vorsätzlichen Mordes ist es immer noch das sicherste, die Leiche verschwinden zu lassen. So bleibt der peinliche Rest, daß der ungeklärte Verbleib einer Leiche mehr Staub aufwirbeln sollte als der Verlust eines Genies.

Schon in Prag kränkelte und medizinirte Mozart unaufhörlich; seine Farbe war blaß und die Miene traurig, obschon sich sein munterer Humor in der Gesellschaft seiner Freunde doch oft noch in fröhlichem Scherz ergoß.

Bey seiner Zurückkunft nach Wien nahm er sogleich seine Seelenmesse vor, und arbeitete mit viel Anstrengung und einem lebhaften Interesse daran: aber seine Unpäßlichkeit nahm sichtbar zu, und stimmte ihn zur düstern Schwermuth. Seine Gattin nahm es mit Betrübniß wahr. Als sie eines Tages mit ihm in den Prater fuhr, um ihm Zerstreuung und Aufmunterung zu verschaffen, und sie da beyde einsamm saßen, fing Mozart an vom Tode zu sprechen, und behauptete, daß er das Requiem für sich setze. Thränen standen dem empfindsamen Manne in den Augen. „Ich fühle mich zu sehr, sagte er weiter, mit mir dauert es nicht mehr lange: gewiß, man hat mir Gift gegeben! Ich kann mich von diesem Gedanken nicht los winden. –"

Zentnerschwer fiel diese Rede auf das Herz seiner Frau; sie war kaum im Stande ihn zu trösten, und das Grundlose seiner schwermüthigen Vorstellungen zu beweisen. Da sie der Meynung war, daß wohl eine Krankheit im Anzuge wäre, und das Requiem seine empfindlichen Nerven zu sehr angreife, so rief sie den Arzt, und nahm ihm die Partitur der Komposition weg.

Wirklich besserte sich sein Zustand etwas, und er war während desselben fähig eine kleine Kantate, die von einer Gesellschaft für ein Fest bestellt wurde, zu verfertigen. Die gute Ausführung derselben und der große Beyfall, mit dem sie aufgenommen ward, gab seinem Geiste neue Schnellkraft. Er wurde nun etwas munterer und verlangte wiederholt sein Requiem fortzusetzen und zu vollenden. Seine Frau fand nun keinen Anstand ihm seine Noten wieder zu geben.

Doch kurz war dieser hoffnungsvolle Zustand; in wenig Tagen verfiel er in seine vorige Melancholie, ward immer matter und schwächer, bis er endlich ganz auf das Krankenlager hinsank, von dem er ach! nimmer aufstand!

Am Tage seines Todes ließ er sich die Partitur an sein Bette bringen. „Hab ich es nicht

Kein Motiv – aber mehrere Mörder?

Die Tatsache, daß Mozarts Grab nicht bekannt ist, war sicher einer der Nährböden, auf denen die verschiedenen Giftmordlegenden wuchern konnten. Constanze, als Hauptverantwortliche für die letzte Ruhestätte ihres Mannes, ist somit auch für das Entstehen der Mordtheorien indirekt mitverantwortlich. Darüber hinaus hat sie selbst Mozart zum Zeugen der Anklage gemacht.

Wie sie durch die Biographen Niemetschek und Nissen verbreiten ließ, hatte Mozart nicht nur TODESAHNUNGEN, die er unter anderem bei einem Spaziergang im Prater geäußert hat, sondern er war sogar überzeugt, daß man ihn vergiftet habe. Dieser Bericht muß wohl aus verschiedenen Gründen angezweifelt werden. Auf den ersten Blick erwecken Constanzes Erzählungen den Eindruck, daß sie Mozarts Befürchtungen ernstgenommen habe. Und zwar so ernst, daß sie ihm die Requiempartitur wegnahm und einen Arzt rief. Doch genau in diesem Augenblick kommen Mozarts Vergiftungsängste nicht mehr zur Sprache. Das ergibt sich eindeutig aus Dr. Clossets Vorgehen sowie aus seiner Unsicherheit bei der Diagnose.

Daß Mozart an eine Vergiftung geglaubt habe, wird tatsächlich erst in Niemetscheks Mozart-Biographie erwähnt, die sich weitgehend auf die Mitteilungen Constanzes stützt. Dies läßt nur zwei Schlüsse zu: Entweder hat Constanze dem Arzt gegenüber Mozarts Befürchtung bewußt verschwiegen, oder sie hat sie dem Biographen gegenüber erfunden. Das erste wird man ihr kaum unterstellen wollen, so daß nur das zweite übrigbleibt. Dafür spricht auch die Ungereimtheit, die entsteht, wenn für jenes Gespräch im Prater ein Termin gefunden werden soll. Ende August und Anfang September war das Ehepaar Mozart in Prag. Nach der Premiere des „Titus" am 6. September und einem Besuch der Freimaurerloge, bei dem Mozarts Kantate „Die Maurerfreude" erklang, reisten sie vor Mitte des Monats nach Wien, wo die Uraufführung der „Zauberflöte" für den 30. September unter Mozarts Leitung anstand. Da er die Komposition noch nicht einmal beendet hatte, die Proben hingegen

vorgesagt, daß ich dieß Requiem für mich schreibe?" so sprach er, und sah noch einmal das Ganze mit nassen Augen aufmerksam durch. Es war der letzte schmerzvolle Blick des Abschiedes von seiner geliebten Kunst – eine Ahndung seiner Unsterblichkeit!

Niemetschek: „Leben des k.k. Kapellmeisters Wolfgang Gottlieb Mozart",
1. Auflage 1798, S. 34 f.

MOZART AN SEINE FRAU: *3. Juli 1791*

Ich habe deinen brief mit dem vom Montecucoli richtig erhalten, und daraus mit vergnügen gesehen, daß du Gesund und wohl bist. –
... was meine Gesundheit anbelangt befinde ich mich recht wohl – meine Geschäfte hoffe ich werden auch so viel möglich gut gehen – ganz ruhig kann ich noch nicht seyn – bis es nicht zu Ende ist – doch hoffe ich es bald zu enden.   *Briefe IV, S. 145.*

VINCENT NOVELLO:

Ungefähr sechs Monate vor seinem Tode kam Mozart der furchtbare Gedanke, daß ihn jemand mit Acqua Toffana vergiften wolle – er kam eines Tages zu ihr und klagte über große Schmerzen in den Lenden und allgemeine Mattigkeit – einer seiner Feinde habe ihm die verderbliche Mixtur beigebracht, die ihn töten würde, und sie könnten den Zeitpunkt seines Todes genau und unweigerlich berechnen.   *a.a.O., S. 80.*

MOZART AN (?) LORENZO DA PONTE: *im September 1791*

Aff^{mo} Signore
Vorrei seguire il vostro consiglio, ma come riuscirvi? ho il capo frastornato, conto a forza, e non posso levarmi dagli occhi l'immagine di questo incognito. Lo vedo di continuo esso mi prega, mi sollecita, ed impaziente mi chiede il lavoro. Continuo, perchè il comporre mi stanca meno del riposo. Altronde non ho più da temere. Lo sento a quel che provo, che l'ora suona; sono in procinto di spirare; ho finito prima di aver goduto del mio talento. La vita era pur sì bella, la carriera s'apriva sotto auspici tanto fortunati, ma non si può cangiar il proprio destino. Nessuno misura i propri giorni, bisogna rassegnarsi, sarà quel che piacerà alla providenza, termino, ecco il mio canto funebre, non devo lasciarlo imperfetto.
Vienna 7bre 1791   *Briefe IV, S. 156.*

schon in vollem Gange waren, dürfte er für Spazierfahrten im Prater und für Todesahnungen kaum Zeit gehabt haben.

Anfang Oktober weilte dann Constanze für etwa zehn Tage zur Kur in Baden. Die Briefe, welche sie dort von Mozart erhielt, deuten eher darauf hin, daß er zu dieser Zeit bei bestem Wohlbefinden war. Am 16. Oktober fuhr er mit seinem Sohn Karl nach Baden, um Constanze abzuholen. Das besagte Gespräch müßte somit zwischen dem 17. Oktober und dem 20. November stattgefunden haben. Das war der Tag, an dem Mozart bettlägerig wurde. Nach den Aufzeichnungen der Wiener Sternwarte kommen für jene Periode überhaupt nur zwei Tage Ende Oktober in Frage, an denen das Wetter eine Spazierfahrt in den Prater erlaubt hätte.

Eine spätere, ganz andere Zeitangabe macht Constanzes Geschichte vollends unglaubwürdig. Im Jahre 1829 erzählt sie nämlich dem Ehepaar Novello, daß Mozart seine Befürchtungen einer Vergiftung ungefähr sechs Monate vor seinem Tod geäußert habe. Das wäre also keineswegs an einem schönen Herbsttag, sondern Anfang Juni gewesen. Damals aber war Constanze vom 4. Juni an mit ihrem Sohn, aber ohne Mann zur Kur in Baden, wo sich ab 8. Juni auch Süßmayr aufhielt. Wenn Mozarts Todesahnungen gehabt hat, dann wäre das eigentlich eine Angelegenheit, die so widersprüchliche Versionen in der Erzählweise kaum zuläßt.

So verbleiben zu diesem Thema noch jene mysteriösen Zeilen, die Mozart im September 1791 an seinen Librettisten Da Ponte gerichtet haben soll. Abgesehen davon, daß ein Original dieses Briefes nicht aufzufinden ist, fallen einige Merkwürdigkeiten ins Auge. Als erste die Datierung auf September 1791, denn in diesem Monat lag Mozarts dringendste Aufgabe bei der „Zauberflöte" und nicht beim Requiem. Sodann ist unklar, warum Da Ponte und Mozart zu dieser Zeit einen Briefwechsel gehabt haben sollen, von dem ausgerechnet nur diese Antwort, und noch dazu nicht original, erhalten ist. Da Ponte war am 25. Januar als Hofpoet entlassen worden und hatte drei Wochen später eine Reise durch Europa angetreten. In seinen Memoiren findet sich kein Hinweis darauf, daß nun noch irgendein Kontakt zu Mozart bestanden habe. Ausgerechnet der sensationslüsterne und geschwätzige Poet sollte ein derart schicksalsträchtiges Dokument in seinen Memoiren nicht einmal erwähnt haben? Es wäre immerhin das einzige, in dem Mozart sein Requiem erwähnt hätte. Das allerdings in einer Formulierung, die eher posthum klingt. Requiem heißt auf italienisch schlicht und einfach requiem, oder, gewählter ausgedrückt, messa funebre. Besonders aber der Schlußsatz des Briefes klingt geradezu so, als hätte der

NISSEN:

Nach Neukomm's Aussage hatte Mozart seit langer Zeit ein Vorgefühl seines nahen Todes; Joseph Haydn habe seinem Schüler Neukomm erzählt, dass Mozart ihm, als er gegen Ende 1790 seine Reise nach London unternahm, beym Abschiede mit thränenden Augen gesagt: Ich fürchte, mein Vater, diess ist dass letzte Mal, dass wir uns sehen. *a.a.O., S. 576.*

SALIERI, ANTONIO (1750-1825), geb. am 18.8.1750 in Legnano, Vertreter der italienischen Oper in Wien. Ab 1774 Hofkomponist und Theater-Kapellmeister, ab 1788 Hof-Kapellmeister und Präsident der Tonkünstler-Societät. Schrieb um die 40 Opern; Oratorien, Kammer- und Kirchenmusik. Bedeutender Lehrer u.a. von Süßmayr, Franz Xaver Wolfgang Mozart, Beethoven, Schubert und Liszt. Zahlreiche musikalische Kontakte zu Mozart. Intrigen sind erwähnt, aber nicht nachgewiesen. Soll in geistiger Verwirrung einen Giftmord an Mozart gestanden haben. Starb am 7.5.1825 in Wien.

„ALLGEMEINE MUSIKALISCHE ZEITUNG" LEIPZIG: 25. Mai 1825

Unser würdiger Salieri kann – nach dem Volksausdrucke – halt nicht sterben. Der Körper leidet alle Schmerzen der Altersgebrechen, und der Geist ist entflohen. In seiner Phantasiezerrüttung soll er sich wirklich zuweilen selbst als Mitschuldigen an Mozarts frühem Tode anklagen: ein Irrwahn, dem wahrlich niemand Glauben beymisst, als der arme, sinnverwirrte Greis. Mozarts Zeitgenossen ist es leider nur allzu bekannt, dass nur angestrengtes Arbeiten und Geschwindleben in übelgewählter Gesellschaft seine kostbaren Tage verkürzte!

AUS BEETHOVENS KONVERSATIONSHEFTEN:

Zwischen dem 21. und 25. Januar 1824
Salieri behauptet, er habe Mozart vergiftet.

Heft 54, Blatt 2 v, Deutsche Staatsbibliothek Berlin.

ca. 25. Januar 1824
Mit Salieri geht es wieder sehr schlecht. Er ist ganz zerrüttet. Er phantasirt stets, daß er an dem Tode Mozarts schuld sey, u. ihm mit Gift vergeben habe – dieß ist Wahrheit – denn er will dieß als solche beichten. – so ist es wahr wieder, daß alles seinen Lohn erhält.

Heft 54, Blatt 6 r, a.a.O.

Ende Januar 1825
Man sagt sich jetzt sehr stark, daß Salieri Mozarts Mörder ist.

Heft 79, Blatt 10 v, a.a.O.

Schreiber gewußt, daß es das Schicksal des Requiems war, unvollendet zu bleiben. Es kommt erstaunlich vieles zusammen, was Mozarts Todesahnungen belegen soll. Wieder auseinandergenommen, zerfällt es aber in einzelne Unwahrscheinlichkeiten. Trotzdem haben vor allem diese Todesahnungen jene Gerüchte unterstützt, nach denen Mozart das Opfer eines Giftmordes wurde.

Im Fall SALIERI steht Aussage gegen Aussage, denn sowohl ein Mordgeständnis als auch einen Widerruf soll er selbst abgelegt haben. Von einer Beichte Salieris, Mozart vergiftet zu haben, berichtet Anton Schindler Ende Januar 1824 dem tauben Beethoven, indem er diese Mitteilung in dessen Konversationsheft schreibt. Allerdings versäumt er dabei anzugeben, woher er diese Geschichte hat. Sie ist ein Gerücht, das durch Wien geistert. Dort weiß man, daß der 73jährige Salieri seit dem Herbst 1823 in einem Zustand geistiger Verwirrung lebt. Fünf Monate später wird ihn der Kaiser mit vollem Gehalt pensionieren, und kaum ein Jahr darauf, am 7. Mai 1825, wird er tot sein. Dies ist ein Anlaß für die Presse, das angebliche Mordgeständnis zur Sprache zu bringen. In der Leipziger Allgemeinen Musikalischen Zeitung wird es am 25. Mai 1825 publik, daß sich Antonio Salieri für mitschuldig am Tode Mozarts erklärt habe. Von nun an soll dieses Gerücht nie mehr zur Ruhe kommen, und was die Musik des Hofkapellmeisters nicht vermochte, das gelingt einer Legende; sie macht ihn unsterblich. Und alle, die Dichtung vor Wahrheit lieben oder die wissen, daß mit Sensationen bessere Geschäfte zu machen sind als mit Fakten, werden sich dieser Legende annehmen.

Wenn die trüben Quellen bezüglich Salieris Giftmord an Mozart überhaupt ernstgenommen werden sollten, dann müßten sie zuerst einmal neu und kritisch gelesen werden. Die Pressemeldung vom 25. Mai 1825 spricht da von einer Mitschuld, während es sich bei einem vorsätzlichen Giftmord um eine Alleinschuld handeln würde. Im Fall Salieris hätte aber eine Drittperson Mozart das Gift verabreichen müssen. Dafür wäre einzig Süßmayr als Schüler beider Komponisten in Frage gekommen, der aber aus verschiedenen Gründen nicht der Täter gewesen sein kann.

Bleibt also noch die Bemerkung Schindlers, die zuerst einmal angibt, daß Salieri *ganz zerrüttet* sei. Damit ist vor jeder weiteren Aussage auf eine geistige Unzurechnungsfähigkeit des Komponisten hingewiesen, wodurch bereits alles Folgende relativiert wird. Sodann heißt es, Salieri *phantasiere*, daß er an Monzarts Tod schuld *sei*, und es heißt nicht: er *sagt*, daß er an Mozarts Tod schuld *ist*. Hier ließe sich zwar über die

IGNAZ MOSCHELES:

Das Wiedersehen ... war ein trauriges; denn sein Anblick schon entsetzte mich, und er sprach mir in abgebrochenen Sätzen von seinem nahebevorstehenden Tode; zuletzt aber mit den Worten: „Obgleich dies meine letzte Krankheit ist, so kann ich doch auf Treu und Glauben versichern, daß nichts Wahres an dem absurden Gerücht ist; Sie wissen ja, – Mozart, ich soll ihn vergiftet haben. Aber nein, Bosheit, lauter Bosheit, sagen Sie es der Welt, lieber Moscheles; der alte Salieri, der bald stirbt, hat es Ihnen gesagt.

Moscheles: „Aus Moscheles Leben", 2 Bde. Leipzig 1872/73.

SALIERIS ZEUGNIS FÜR FRANZ XAVER WOLFGANG MOZART:

Io qui sottoscritto faccio fede che il giovine Signor Wolfgango Amadio Mozart, già bravo suonator di Pianoforte, ha un talento raro per la musica, che per perfezionarsi in quest'arte, di cui egli fa profeßione, dopo aver studiato le regole del contrapunto sotto la scuola del Signor Albrechtsberger Maestro di Capella di S. Stefano, ora pratico sotto di me, e che ne prognostico una riuscita non inferiore a quella del suo celebre Padre.

Antonio Salieri
Vienna   primo Maestro di Capella
30 Marzo 1807   della Corte Imperiale di Vienna.

Archiv der Gesellschaft der Musikfreunde, Wien.

MOZART AN SEINEN VATER: *11. April 1781*

Ich hoffe nächsten Posttag zu lesen, ob ich noch ferners in (salzburg meine jungen jahre und mein talent vergraben solle; – oder ob ich mein Glück, wenn ich es machen kann, machen darf. – oder warten soll bis es zu späth ist). – in vierzehn tägen oder 3 wochen kann ich (es freylich nicht machen, so wenig als in salzburg in tausend jahren). – übrigens ist es doch mit (tausend Gulden das jahr) – angenehmer zu warten, als mit (vier). – denn so weit hab ich es izt schon gebracht – wenn ich will! – (Ich darf nur sagen das ich hier bleibe) – denn, was ich Componiere ist nicht dazu (gerechnet) – und dann, (Wienn), und – (salzburg)? – wenn der (Bono stirbt, so ist Salieri kapellmeister) – dann anstatt (Salieri) – wird (starzer) einrücken, anstatt (starzer) – weis mann noch (keinen). – Basta; – ich überlasse es ganz ihnen mein bester Vatter! –

in () Mozarts Geheimschrift   *Briefe III, S. 105 f.*

Bedeutung des Konjunktivs streiten, der im älteren Sprachgebrauch häufiger und korrekter angewendet wurde als heute, doch gewinnt Schindlers Bemerkung dadurch in keinem Fall den Stellenwert einer wirklich belastenden Aussage. Sie bleibt eine Behauptung, die ebensowenig nachprüfbar ist wie andere Gerüchte, nach denen Salieri einen Selbstmordversuch unternommen haben soll, und so muß das angebliche Mordgeständnis Salieris als nichtig niedergeschlagen werden. Zumal ihm eine Aussage entgegensteht, die von einem Zeugen überliefert ist, der selbst mit Salieri gesprochen hat und der daher mehr Glaubwürdigkeit beanspruchen kann.

Dies war Ignaz Moscheles, der mit seinem auf dem Sterbebett liegenden Lehrer über das Ende Mozarts gesprochen hat. Dabei bat Salieri seinen Schüler, der Welt zu sagen, daß an der ganzen Geschichte kein wahres Wort sei. Das mag man als die Unschuldsbeteuerung eines Verdächtigen abtun. Nicht abtun läßt sich hingegen die Tatsache, daß Salieris vermeintlichem Geständnis, das doch ein öffentliches Geheimnis war, von gerichtlicher oder polizeilicher Seite keinerlei Beachtung geschenkt wurde. Stattdessen hat Constanze Mozart eine Feindschaft zwischen Salieri und Mozart immer wieder für unterstreichenswert gehalten, was sie aber keineswegs daran gehindert hat, ihren Sohn Franz Xaver Wolfgang bei Salieri studieren zu lassen. Allein das müßte ausreichen, um alle Gerüchte über Salieri als Mörder ernsthaft bezweifeln zu lassen.

Es ist wohl möglich, daß Salieri nach dem frühen Ende seines fünf Jahre jüngeren Kollegen diesem gegenüber Schuldgefühle entwickelt hat. Denn er war durchaus in der Lage, die Größe Mozarts zu erkennen und anzuerkennen. Was heute im Rückblick als selbstverständlich erscheint, dürfte ein klarsehender Salieri damals mit Unbehagen gefühlt haben, daß nämlich ein anderer mit mehr Recht an jene Stelle gehörte, die er selbst innehatte, und dieser andere hieß Mozart.

Wenn überhaupt einer der beiden Grund gehabt hätte, den anderen aus der Welt zu wünschen oder gar zu schaffen, dann wäre es Mozart gewesen. Denn als Mozart 1781 endgültig nach Wien kam, bekleidete Salieri das Amt eines Hofkomponisten und Theaterkapellmeisters, welches er 1774 in der Nachfolge seines Lehrers Florian Gaßmann angetreten hatte. Als dann 1788 der Hofkapellmeister Giuseppe Bonno starb, nahm Salieri dessen erste musikalische Stelle bei Hof ein. Auf einer der unteren Stufen dieser Erfolgsleiter hatte sich Mozart offenbar von Anfang an einen Platz versprochen.

Es kam aber anders, und erst nach dem Tode Glucks konnte er 1787 das Amt eines „k.k. Kammer-Musicus" antreten. Das war es auch, was

MOZART AN ERZHERZOG FRANZ VON ÖSTERREICH: *Erste Hälfte Mai 1790*
Euere königliche Ho
Ich bin so kühn Eure k. H. in aller Ehrf. zu bitten bey S: M: dem könige die gnädigste
fürsprache, in betreff meiner unterth. bitte an allerhöchstdieselben, zu führen. – Eyfer
nach Ruhm, liebe zur thättigkeit, und überzeugung meiner kenntnisse, [alles Symt]
heissen mich [an] es [zu] wagen um eine zweyte kapellmeisterstelle zu bitten, beson-
ders da der sehr geschickte kapellm Salieri sich nie dem kirchen Styl gewidmet [hat],
ich [habe] aber vonn Jugend auf mir diesen Styl ganz eigen gemacht habe. der wenige
Ruhm, den mir die Welt meines Spiels wegen auf dem Piano-forte gegeben, ermunterte
mich auch um A. Gnade zu bitten mir die königl famill zum Musiclschen Unterricht
allergndist anzuvertrauen. –
ganz überzeugt daß ich mich an den würdigsten und für mich besonder gnädigen
[Gönner] Mittler gewendet habe, [hoffe ich auch alles, und bin ich bereit durch thätigst
Eyfer, treue und Rechtsch stets darzuthun – an und zwar. – gnade] lebe ich der besten
zuversicht, – und werde [nicht] st... bestr... dinsten best... E... gen zu überzeug daß
(die letzten beiden Zeilen zum Teil unleserlich) Briefe IV, S. 107.

MOZART AN SEINEN VATER: *5. Oktober 1782*
Gestern ist der Grosfürst angekommen; – Nun ist schon der vornehme claviermeister
für die Prinzessin benennt; – Ich darf ihnen nur seine besoldung nennen, so werden sie
auch leicht daraus die Stärke des Meisters schliessen können; – 400 baare gulden. – er
heist Summerer. – wenn es mich verdrüssen könnte, so würde ich das möglichste thun
um es mir nicht merken zu lassen, so aber darf ich mich gott lob und dank nicht
verstellen, weil – mich nur das gegentheil verdrüssen könnte, und ich – Natürlicher
weise eine abschlägliche antwort hätte geben müssen, welches immer unangenehm ist,
wen man sich in dem trauerigen falle befindet, sie einem grossen Herrn thun zu müs-
sen. – Briefe III, S. 236 f.

AUS DEM TEXTBUCH VON PASQUALE ANFOSSIS OPER
„IL CURIOSO INDISCRETO": 30. Juni 1783
Avertimento
Le due arie a carte 36 e a carte 102 sono state messe in Musica dal Signor maestro Mozzart,
per compiacere alla Signora Lange, non essendo quelle state scritte dal Signor Maestro
Anfossi secondo la di lei abilità, ma per altro soggetto. Queste si vuole far noto perchè ne
vada l'onore a chi conviene, senza che rimanga in alcuna parte pregiudicata la riputazione
e la fama del già molto cognito Napoletano. Briefe III, S. 276 / Deutsch: „Dok.", S. 192.
Erinnerung.
Weil die 2 Arien, nemlich Seite 36 und 102 die Musik des Herrn Anfosi für jemand andern
geschrieben, und solche den erhabenen Fähigkeiten der Madame Lange nicht angemessen
war; so hat der Herr Mozztzrt gedachter Madame Lange zu gefallen, eine neue Musik dazu
geliefert. Dieses wird hiemit jedem bekannt gemacht, auf dass die Ehre davon demjenigen
bleibe, dem sie soll, ohne dass der Ruhm des schon genug bekannten Neapolitaners auf was
immer für eine Art verletzet werde. Deutsch: „Dok.", S. 192 f.

LEOPOLD MOZART AN SEINE TOCHTER: *28. April 1786*
Heute den 28ten gehet deines Bruders Opera, Le Nozze di Figaro, das erste mahl in
Scena. Es wird viel seyn, wenn er reußiert, denn ich weis, daß er erstaunliche starke
Cabalen wider sich hat. Salieri mit seinem ganzen Anhang wird wieder Himmel und
Erden in Bewegung zu bringen sich alle Mühe geben. H: und M:^{dme} Duscheck sagten
mir es schon, daß dein Bruder eben desswegen so sehr viele Cabalen gegen sich habe,
weil er wegen seinem besonderen Talent und Geschicklichkeit in so grossem Ansehen
stehe. Briefe III, S. 536.

er im Grunde angestrebt hatte, eine fest besoldete Stelle ohne feste Verpflichtungen. Die Position Salieris hat Mozart mit Sicherheit nie begehrt, denn die Kapellmeisterpflichten bei Hof hätten ihn wieder in jenes Joch gespannt, dem er in Salzburg mit Mühe entkommen war.

Das Gesuch, welches Mozart im Mai 1790 entwarf, um sich für eine zweite Kapellmeisterstelle neben Salieri anzubieten, war sicher aufgrund seiner finanziellen Notlage entstanden. Da nichts weiteres über das Gesuch bekannt ist, und kein solches erledigt wurde, dürfte Mozart es gar nicht eingereicht haben.

Und dafür, daß Mozart 1782 bei der Wahl eines Musiklehrers für die Prinzessin Elisabeth Wilhelmine Louise von Württemberg zugunsten von Georg Summerer übergangen wurde, kann man Salieri wohl kaum verantwortlich machen. Es ist verständlich, daß Mozart seine Enttäuschung nicht zugab und so tat, als hätte er ohnehin keine Zeit gehabt. Im übrigen war Mozart im Wiener Musikleben der Eindringling und er war es, der den etablierten Salieri fürchten mußte. Und daß er dies tat, geht aus seinen Briefen hervor. Salieri hingegen hatte von Mozart nichts zu befürchten, vor allem in dessen letzten Jahren, als sich Mozarts Erfolgskurve in Wien talwärts neigte. Was Salieri zu dieser Zeit für Mozart empfinden konnte, war im besten Fall Mitleid. Der Kontakt zwischen den beiden Komponisten war vielleicht nicht freundschaftlich, aber er war sicher kollegial. Vor allem war er jedoch häufig genug, um Salieri wissen zu lassen, wie es gegen Ende um Mozart stand. Genau dieses Wissen mag später Schuldgefühle bei ihm ausgelöst haben.

Salieris Verhalten läßt überhaupt vermuten, daß er Mozart gegenüber wohlwollend war, während umgekehrt Mozart von einer Angst vor Intrigen beherrscht war. Das ist nur zu verständlich, weil Mozart seine Opern dort an den Mann bringen wollte, wo Salieri der Herr war, und das war am Burgtheater. Aber Mozart übersah dabei die Tatsache, daß es das tägliche Brot eines Hofkapellmeisters, das heißt eines Salieri war, Werke anderer Komponisten aufzuführen. Insofern ist es nicht glaubhaft, daß bei Salieri ein Haß auf Mozart entstanden sein soll, weil dessen „Entführung" 1782 über seine eigene Oper „Der Rauchfangkehrer" triumphierte. Die beiden Premieren lagen ohnehin 14 Monate auseinander. Auch die Erklärung, welche Mozart im Juni 1783 drucken ließ, um die Aufführung seiner drei Einlage-Arien für Pasquale Anfossis Oper „Il curioso indiscreto" zu rechtfertigen, zeugt eher von Mozarts Furchtsamkeit als von Salieris Böswilligkeit.

In dem Briefwechsel der Familie Mozart fällt auch nur zweimal das Wort *cabalen* im Zusammenhang mit Salieri. Das erste Mal berichtet Leopold Mozart seiner Tochter von Intrigen bei den Vorbereitungen zu

MOZART AN MICHAEL PUCHBERG: *Im Dezember 1789*
– *Donnerstag aber lade ich Sie (aber nur Sie allein) um 10 Uhr Vormittag zu mir ein, zu einer kleinen Oper-Probe; – nur Sie und Haydn lade ich dazu.* – *Mündlich werde ich Ihnen Cabalen von Salieri erzählen, die aber alle schon zu Wasser geworden sind – adjeu.*
Briefe IV, S. 100.

„WIENER ZEITUNG": 24. Dezember 1785
Am 22. und 23. d. M. hielt die hiesige Tonkünstlergesellschaft die jährlich gewöhnliche grosse Akademie zum Vortheil ihrer Wittwen und Waisen, und führte dabey das Oratorium: Esther genannt, von dem berühmten Hrn. Ditters v. Dittersdorf, mit vielem Beyfalle auf. Sowohl Se. Maj. der Kaiser, als des Erzherzogs Franz K. H., und die Prinzeßin Elisabeth fanden sich nebst dem hohen Adel, und einem zahlreichen Publikum dabey ein. Zwischen den zwey Abtheilungen liess sich am ersten Tage ... Hr. Joseph Otter ... mit einem Konzert auf der Violine hören ... Am zweyten Tage wechselte Hr. Wolfgang Amade Mozart mit einem Konzert auf dem Forte Piano von seiner eigenen Komposition ab, von dessen vorzüglicher Aufnahme wir nichts erwähnen, weil unser Lob dem verdienten Ruhme dieses eben so bekannten als allgemein geschätzten Meisters überflüssig. ist.

JOSEPH WEIGL: 1819
... Da ich gar keine Lust zur Medizin fühlte, so erlaubte er [mein Vater] mir die Rechte zu hören. Damahls war Studien Präses. Bar. van Swieten, der zugleich ein großer Musikkenner war, u. selbst die Composition von dem berühmten preussischen Kapellmeister Kirnberger erlernt hatte. Alle Sonntage um 12 Uhr Mittags war bei ihm Musik. Nur Bachische, Haendlische u. Graunische Compositionen u. jene der ältesten u berühmtesten Meister wurden gemacht. Mozart accompagnirte auf dem Fortepiano. Salieri, Starzer, Teiber u. der Baron sangen.
Diesen Genuss kann sich Niemand vorstellen. Einen Mozart die schwersten Partituren mit der ihm eigenen Fertigkeit spielen, zugleich singen u. die Fehler der Andern corrigiren zu hören, musste die grösste Bewunderung erregen ...
... So accompagnirte ich Mozart's Figaro, Juan, etc. bei allen Proben zu seiner Zufriedenheit indem ich nach den 3 ersten Vorstellungen an welchen Mozart selbst am Clavier dirigirte seinen Platz bei allen übrigen Vorstellungen übernehmen musste. ...
Weigl: Selbstbiographie, Nationalbibliothek Wien.

„WIENERBLÄTTCHEN": 26. September 1785
Uiber die glückliche Genesung der beliebten Virtuosin Madame Storace, hat der k.k. Hoftheater-Poet Herr Abbate da Ponte ein italienisches Freudenlied verfertiget: Per la Ricuperata Salute di Ophelia.
Dieses ist von den berühmten drey Kapelmeistern Salieri, Mozart, und Cornetti in die Musik zu singen beym Clavier gesetzt worden, und wird in der Kunsthandlung Artaria Compagnie auf dem Michaelsplatz um 17 kr. verkauft.

„WIENER ZEITUNG": 15. Februar 1786
Sonnabends den 11. dies. erschienen zum erstenmal in dem k.k. Hoftheater nächst dem Kärntnerthor die beyden Neuigkeiten, welche für das Gartenfest zu Schönbrunn abgefaßt

„Figaro" im Frühjahr 1786 und das zweite Mal, kurz vor der Uraufführung von „Cosi fan tutte" Ende des Jahres 1789 schreibt Mozart selbst etwas Ähnliches an seinen Gläubiger und Logenbruder Puchberg. In beiden Fällen ist jedoch nicht nachzuweisen, daß Salieri direkt in irgendwelche Machenschaften gegen Mozart verwickelt war. Außerdem hatte Salieri nicht nur im Theater mit Mozarts Werken zu tun. Als Präsident der Tonkünstler-Societät war er für einen Hauptfaktor des Wiener Konzertlebens verantwortlich und genau dort hat er mehrfach Mozartsche Kompositionen zur Aufführung gebracht.

Von der großen Symphonie Mozarts, die Salieri am 16. und 17. April 1791 dirigierte, nimmt man mit ziemlicher Sicherheit an, daß es sich um die g-moll-Sinfonie KV 550 gehandelt hat. Schon 1789, am 22. Dezember, hatte Salieri ein Werk Mozarts uraufführen lassen, nämlich das Klarinettenquintett KV 581. Obwohl Mozart der Tonkünstler-Gesellschaft „Zum Vorteil der Wittwen und Waisen" nicht angehörte, trat er dort mit Salieri gemeinsam auf. So am 23. Dezember 1785, als Salieri das Oratorium „Esther" von Dittersdorf dirigierte und Mozart zwischen dessen beiden Teilen sein Klavierkonzert KV 482 spielte. Den Erinnerungen Joseph Weigls zufolge haben die beiden Komponisten sogar bei den Hauskonzerten, die Baron van Swieten sonntags um 12 Uhr in seinem Haus abhielt, zusammen musiziert.

Auch anläßlich der Krönungsfeierlichkeiten im August 1791 in Prag dürfte Salieri Werke seines angeblichen Rivalen dirigiert haben. Darunter mit großer Wahrscheinlichkeit das Misericordias KV 222 sowie eine Chorbearbeitung aus Mozarts „Thamos". Auf jeden Fall hatte Salieri nach Prag, wohin auch Mozart für seine Oper „Titus" gereist war, das gesamte Notenmaterial von drei Mozart-Messen mitgenommen. Es handelte sich um KV 258, KV 317 und KV 337. Die Partitur der letzteren enthält sogar Notizen von Salieris Hand. Es ist anzunehmen, daß Salieri wenigstens eine dieser Messen in Prag zur Aufführung brachte, möglicherweise die mittlere, die Krönungsmesse.

Allein diese recht intensive ‚Mozart-Pflege' durch Salieri wiegt schwer gegen eine Giftmordbeschuldigung. Wie schizophren müßte ein Musiker sein, der einerseits die Werke seines Konkurrenten dirigiert, während er andererseits dem Feind „mit Gift vergibt"?

Mozart und Salieri haben sogar kompositorisch zusammengearbeitet. Im Juni 1785 hatte die Sängerin Ann Storace ihre Stimme verloren, und zu ihrer Genesung verfaßten drei Komponisten gemeinsam ein Freudenlied. Zwei von ihnen hießen Salieri und Mozart. Weit wichtiger war jedoch der Anlaß am 7. Februar 1786 in Schönbrunn, bei dem Mozarts „Schauspieldirektor" als Auftakt zu Salieris „Prima la musica e poi le

wurden; erstlich gaben die Nationalhofschauspieler: den Schauspieldirektor, ein Gelegen-
heitsstück in einem Aufzuge, wozu die Musik vom Herrn Kapellmeister Mozart ist. Hierauf folgte von den Italienischen Hofoperisten das komische Singspiel: Prima la Musica, poi
le parolle, genannt, die Musik dazu ist von Herrn Kapellmeister Salieri.

MOZART AN SEINE FRAU: *14. Oktober 1791*

*Gestern Donnerstag den 13:ten ist Hofer mit mir hinaus zum Carl, wir speisten da-
raus, dann fuhren wir herein, um 6 Uhr hohlte ich Salieri und die Cavalieri mit den
Wagen ab, und führte sie in die Loge – ...*   *Briefe IV, S. 161.*

MARY NOVELLO:

Salieris Feindschaft begann mit Mozarts Komposition von „Così fan tutte". Er hatte die
Oper selbst begonnen, aber aufgegeben, da er sie für unwürdig hielt, in Musik gesetzt zu
werden. Der Sohn stellt es in Abrede, daß er (Salieri) Mozart vergiftet habe, obwohl der
Vater es glaubte und Salieri es in seinen letzten Tagen gestand.   *a.a.O., S. 79.*

FREIMAURER (freemasons) hervorgegangen aus dem Zusammenschluß der Steinmetze.
Die erste Großloge wurde 1717 in London gegründet. Ab 1725 verbreitete sich das
Freimaurertum auf dem Festland, später weltweit. Frühe prominente Mitglieder waren
Friedrich der Große (damals noch Kronprinz) ab 1738, sowie Kaiser Franz I. (als Her-
zog von Lothringen) ab 1742. Obwohl sich die Freimaurer als eine humanitäre und
tolerante Bruderschaft im Dienste von Staat und Gesellschaft verstanden, wurden sie
immer wieder verfolgt oder verboten. So 1738 durch Papst Clemens XII., 1743 durch
Kaiserin Maria Theresia und 1784 durch den Kurfürsten Carl Theodor von Bayern und
ab 1794 durch Kaiser Franz II.
Bei Staat und Kirche machten sich die Freimaurer, ähnlich wie die Illuminaten und
Rosenkreuzer, auch deshalb verdächtig, weil ihr Ritual unter strenger Geheimhaltung
stand.

ANKÜNDIGUNG DER LOGE „ZUR WOHLTHÄTIGKEIT"
AN DIE WIENER SCHWESTERLOGEN: 5. Dezember 1784

Vorgeschlagen: Kapellmeister Mozart. – Unser abgegangener Secr: Br: Hoffmann vergass
diesen vorgeschlagenen bey den sehr ehrw: Schwester ☐☐ auszuschreiben, er ist schon vor
4 Wochen bey der hochw: Districts ☐ angesagt, und wir wollten daher kommende Woche
zu seiner Aufnahme schreiten wenn die sehr ehrw: Schwester ☐☐ nichts gegen ihn einzuwenden hätten
W. i. O. [Wien im Orient]

                                                      Schwanckhardt: Secr:

$\frac{5}{57 \overline{XII} 84}$

                        Staatsarchiv, Wien, Vertrauliche Akten, Faszikel 108

parole" aufgeführt wurde. Daß Mozarts Honorar nur die Hälfte von dem Salieris betrug, nämlich 50 Dukaten, erklärt sich aus dem unterschiedlichen Umfang der beiden Werke.

Die letzte nachgewiesene Begegnung zwischen Mozart und Salieri hat am 13. Oktober 1791 stattgefunden, als sie gemeinsam eine Vorstellung der „Zauberflöte" besuchten. Angesichts der recht regen Zusammenarbeit der beiden Komponisten nimmt es wunder, wie das Feindbild Salieri-Mozart überhaupt entstehen konnte.

Eine realistische Zusammenfassung muß betonen, daß alles, was Antonio Salieri als mozartfreundlich zeigt, dokumentiert und beweisbar ist. Alles dagegen, was Salieri als mozartfeindlich hinstellen möchte, basiert auf Vermutungen. Wenn überhaupt eine gefühlsmäßige Irritation zwischen beiden Männern bestand, dann lag sie auf Mozarts Seite.

Das Kapitel Salieri zerfällt in Fakten, die für ihn sprechen, und in Gerede, das gegen ihn spricht. Constanze hat sich an das letztere gehalten, denn das Wort Feindschaft wählte sie in diesem Zusammenhang den Novellos gegenüber. Salieri war, als dieses Gespräch stattfand, schon 4 Jahre tot, und Mozart lebte seit 38 Jahren nicht mehr.

Die Tatsache, daß Mozart FREIMAURER war, ist immer wieder überbewertet worden. Nicht nur von denen, die Mozarts ‚Brüder' zu seinen Mördern stempeln wollten, sondern auch von jenen, die in der „Zauberflöte" eine Freimaureroper von tiefstem Symbolgehalt und von höchster Weisheit sehen möchten.

In beiden Fällen wird übersehen, daß es in bezug auf Mozarts Freimaurerzugehörigkeit eine erhebliche Dokumentationslücke gibt. Mozart wurde am 14. Dezember 1784 in die Wiener Loge „Zur Wohltätigkeit" aufgenommen. Von da an läßt sich seine Verbindung zu den Freimaurern genau bis zum 14. Januar 1786 belegen, an dem die erste Versammlung der Loge „Zur neugekrönten Hoffnung" stattfand. Danach ist für die folgenden fünf Jahre das Stichwort Freimaurer aus Mozarts Biographie verschwunden. Ein vermutlicher Logenbesuch Anfang 1787 in Prag kann nur vermutet, aber keineswegs nachgewiesen werden. Erst im Spätsommer 1791 ist wieder ein Logenbesuch in Prag bekannt. Diesem folgt nur noch Mozarts letztes Auftreten als Dirigent bei der Einweihung des neuen „Tempels" der Loge „Zur neugekrönten Hoffnung". Für dieses Ereignis hatte Mozart sein letztes Werk, „Eine kleine Freimaurerkantate" geschrieben.

Mozarts Zugehörigkeit zu den Freimaurern ist also nur über 13 Monate dokumentiert, worauf eine Dokumentationslücke von 5 Jahren folgt. Da das Fehlen von Dokumenten nichts besagen muß, geht es darum

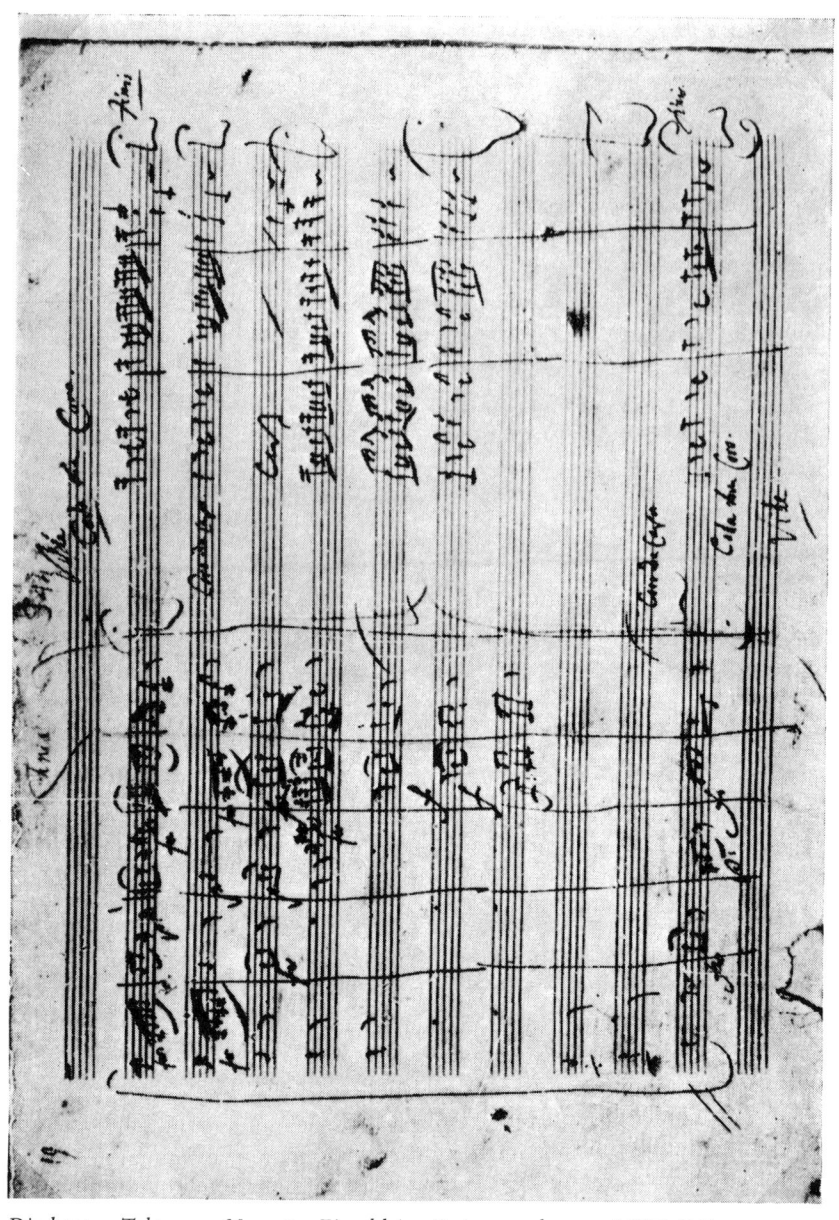

Die letzten Takte von Mozarts „Eine kleine Freimaurerkantate" (KV 623)

herauszufinden, ob Mozarts Kontakte zu den Freimaurern in den besagten fünf Jahren nachgelassen oder womöglich ganz aufgehört haben könnten. Dafür besteht zumindest ein Indiz, und zwar Mozarts Freimaurer-Kompositionen, besser gesagt das Fehlen derartiger Werke zwischen 1786 und 1791.

Tatsächlich gibt es nur eine Handvoll Freimaurer-Kompositionen aus Mozarts Feder, und davon fallen vier in das Jahr 1785. Ab Dezember 1785 schweigt der Freimaurerkomponist Mozart ein halbes Jahrzehnt, um sich erst im November 1791 mit der „Kleinen Freimaurerkantate" KV 623 wieder zu Wort zu melden. Sein letztes vollendetes Werk hat als Anhang und „Zum Schluß der Loge" jenen Chor, der mit dem später unterlegten Text „Brüder reicht die Hand zum Bunde" populär geworden ist. Der Verdacht, den Mozarts fünfjähriges Verstummen als Freimaurerkomponist aufkommen läßt, scheint sich durch die wechselvolle Geschichte der Wiener Logen zu bestätigen.

Am 14. Mai 1731 war der Herzog von Lothringen zum Freimaurer geweiht worden. Ab 1742 stand er, jetzt Kaiser Franz I., einer der ersten Wiener Logen als Großmeister vor, diese wurde jedoch schon am 7. März 1743 auf Anordnung der Kaiserin Maria Theresia mit Polizeigewalt aufgelöst. Erst nach dem Tode der Kaiserin 1780 konnte sich das Freimaurertum in Österreich stärker verbreiten.

Diese Blüte sollte allerdings nur wenige Jahre dauern, denn schon am 11. Dezember 1785 sah sich Kaiser Joseph II. veranlaßt, das Freimaurertum unter staatliche Kontrolle zu nehmen. Die acht Provinziallogen mußten zu zwei, laut Anordnung höchstens drei Logen zusammengefaßt werden. So gingen die Logen „Zur wahren Eintracht", „Zum Palmbaum" und „Zu den drei Adlern" in die Loge „Zur Wahrheit" ein. Aus der „Gekrönten Hoffnung", der „Wohltätigkeit" und den „Drei Feuern" entstand die Loge „Zur neugekrönten Hoffnung", welcher Mozart angehörte. Zwei weitere Logen wurden ganz aufgelöst. Ab sofort mußten alle Versammlungen amtlich angemeldet werden, und die Mitgliederlisten waren vorzulegen.

Durch den Zusammenschluß der Logen war die Zahl der Brüder erheblich geschrumpft. Da eine Loge höchstens 180 Mitglieder haben durfte, war man gezwungen, den Bestand auf fast ein Drittel zu reduzieren, was durch Los mit schwarzen und weißen Kugeln geschah. Heutigen Schätzungen zufolge gab es in Wien vor 1786 zwischen 600 und 1000 Freimaurer. Nach Kaiser Josephs Dekret nahm die Loge „Zur neugekrönten Hoffnung" am 14. Januar 1786 ihre Arbeit mit 116 Mitgliedern wieder auf, während die Loge „Zur Wahrheit" bei ihrer Eröff-

MOZARTS LOGENBESUCHE (soweit dokumentiert):

1784	am 14. Dez.	Aufnahme als Lehrling in die „Wohltätigkeit"
	am 24. Dez.	Besuch der Loge „Zur wahren Eintracht"
1785	am 7. Jan.	Beförderung zum Gesellen
	am 14. Jan.	Besuch der Loge „Zur wahren Eintracht", aus gesundheitlichen Gründen abgesagt(?)
	am 28. Jan.	Besuch der Loge „Zur wahren Eintracht"
	am 6. April	Aufnahme Leopolds als Lehrling in die „Wohltätigkeit"
	am 16. April	Leopold und Sohn besuchen die Loge „Zur wahren Eintracht", Leopold wird zum Gesellen befördert
	am 22. April	Leopold wird zum Meister befördert
	am 24. April	Mozarts „Maurerfreude" aufgeführt
	am 12. Aug.	Mozart besucht die Loge „Zur wahren Eintracht"
	am 20. Okt.	Mozart spielt (mit Stadler) auf Einladung der Logen „Zu den drei Adlern" und „Zum Palmbaum"
	am 17. Nov.	in der „Gekrönten Hoffnung" wird Mozarts „Maurerische Trauermusik" aufgeführt
	am 15. Dez.	Konzert in der „Gekrönten Hoffnung" (u.a. Mozarts „Maurerfreude")
	am 19. Dez.	Mozart besucht die „Wahre Eintracht"
1786	am 14. Jan.	In der Loge „Zur Gekrönten Hoffnung" werden Mozarts Chöre „Zur Eröffnung ... und Zum Schluß der Loge" gesungen
1791	ca. 10. Sept.	wird in der Prager Loge „Zur Wahrheit und Einigkeit" Mozarts „Maurerfreude" aufgeführt
	am 18. Nov.	Mozart dirigiert in der „Gekrönten Hoffnung" seine „Kleine Freimaurerkantate"

MOZARTS FREIMAURER-KOMPOSITIONEN:

1785	im März	die „Gesellenreise" KV 468
	im April	„Die Maurerfreude" KV 471
	im Nov.	die „Maurerische Trauermusik" KV 477 (479a)
	im Dez.	„Zerfließet heut', geliebte Brüder", „Ihr unsre neuen Leiter" KV 483 u. 484
1791	im Nov.	„Eine kleine Freimaurer-Kantate" KV 623

AUS DER MAURERREDE AUF MOZARTS TOD: 1792

Lassen Sie mich, meine Hoch- und Verehrungswürdigen Brüder! die Stimmung Ihrer Gemüther benutzen, und Sie auf einen für uns alle höchst traurigen und schmachvollen Gegenstand zurück bringen. Dem ewigen Baumeister der Welt gefiel es, eines unserer geliebtesten, unserer verdienstvollesten Glieder aus unserer Bruderkette zu reissen. Wer kannte ihn nicht? – wer schätzte ihn nicht? – wer liebte ihn nicht? – unsern würdigen Bruder Mozart – Kaum sind einige Wochen vorüber, und er stand noch hier in unsrer Mitte, verherrlichte noch durch seine zauberischen Töne die Einweihung unseres Maurertempels. Wer von uns, meine Brüder! hätte ihm dazumahl den Faden seines Lebens so kurz ausgemessen? Wer von uns hätte gedacht, dass wir nach drey Wochen um ihn trauern würden? Es ist wahr – es ist das traurige Loos der Menschheit, mitten im Keimen die oft schon ganz ausgezeichnete Lebensbahn verlassen zu müssen; Könige sterben mitten in ihren Planen, die sie unausgeführt der Nachwelt überlassen; in ihren Planen, die so oft erst nach Jahrhunderten zum Wohl ihrer Mitmenschen zweckten; – Künstler sterben, nachdem sie die ihnen verliehene Lebensfrist anwandten, die Vervollkommnung ihrer Kunst auf den höchsten Grad zu bringen – allgemeine Bewunderung folgt ihnen in ihr Grab – ganze Staaten bedauern sie – und das allgemeine Loos dieser grossen Männer ist – vergessen zu werden von ihren Bewunderern. Nicht so wir, meine Brüder! Mozarts früher Tod bleibt für die Kunst

nung am 6. Januar nur 100 Anwesende zählte. Innerhalb eines Jahres verringerte sich die Zahl der Brüder noch einmal um die Hälfte.

Aus der Abfolge von Mozarts Logenbesuchen im Jahre 1785 wird ersichtlich, daß die Zusammenkünfte offenbar noch wöchentlich stattfanden. „Die Wahrheit" tagte dagegen ab Sommer 1786 im Schnitt nur noch alle 2 Monate, zählte schließlich nur noch 24 Brüder und löste sich 1789 ganz auf. Die bedeutende, aber schwierige Persönlichkeit des Großmeisters Ignaz von Born dürfte zu dieser Entscheidung mit beigetragen haben. Aber auch Mozarts Loge unter Otto von Gemmingen stellte 1787 ihre Arbeit zeitweilig ein, und nach der Wiederaufnahme zählte man zwei Jahre später weniger als 80 Brüder. Um diese Zeit trat Franz Hofdemel Mozarts Loge bei. Die Freimaurerei lebte also weiter, was ihre Zusammenkünfte betrifft, lassen jedoch Mozarts Briefe an Puchberg vermuten, daß man sich über längere Zeiträume nicht sah.

Erst der Tod Kaiser Josephs II. am 20. Februar 1790 und die Nachfolge durch Leopold II. scheinen der Freimaurerei ein Aufatmen und Mut zu neuem Aufschwung gebracht zu haben, und so dürfte die Einweihung des neuen „Tempels" der Loge „Zur neugekrönten Hoffnung" am 18. November 1791 für die ‚letzten' etwa 100 Wiener Freimaurer ein Neubeginn gewesen sein. Dies auch für Mozart, der nun nach genau fünf Jahren wieder ein musikalisches Werk beisteuerte.

Mozarts Werkverzeichnis sowie der krisenhafte Verlauf der Wiener Freimaurerbewegung zwischen 1785 und 1790 legen die Vermutung nahe, daß Mozart in dieser Zeitspanne nur noch formell als Freimaurer anzusehen ist.

Daraus würde sich auch die erschreckende Zurückhaltung erklären, welche die Freimaurer während Mozarts letzter Krankheit und nach seinem Tode an den Tag legten. Gewiß haben sie eine Trauerrede auf den Toten gehalten und verschickt, aber von Mozart ist darin kaum die Rede; das Ganze wirkt wie eine vorgefertigte Schablone. Nur dort, wo der Name des Toten einzusetzen wäre, findet sich ein Hinweis auf den Komponisten Mozart. Dieser erwähnt interessanterweise nur die „Kleine Freimaurerkantate". Was Mozart fünf Jahre zuvor für seine ‚Brüder' geschrieben hatte, schien bei seinem Tode bereits in Vergessenheit geraten zu sein.

Die Frage, wie sehr Mozart den Freimaurern nahestand, bekommt sofort ein anderes Gewicht, wenn das Stichwort „Zauberflöte" fällt. Diese Oper soll für die Freimaurer ein Grund gewesen sein, Mozart wegen Geheimnisverrates zu vergiften. Abgesehen davon, daß eine solche Tat allen humanitären Idealen der Freimaurer widersprochen hätte, wäre der geschwächte und eben erst wieder auflebende Bund für einen solchen ein unersetzlicher Verlust – seine Talente, die er schon im frühesten Knabenalter äusserte, machten ihn schon dazumahl zum seltensten Phänomen seines Zeitalters – halb Europa schätzte ihn – die Grossen nannten ihn ihren Liebling – und wir – nannten ihn Bruder. So sehr es aber die Billigkeit erfodert, seine Fähigkeiten für die Kunst in unser Gedächtniss zurück zu rufen – eben so wenig müssen wir vergessen, ein gerechtes Opfer seinem vortrefflichen Herzen zu bringen. Er war ein eifriger Anhänger unseres Ordens – Liebe für seine Brüder, Verträglichkeit, Einstimmung zur guten Sache – Wohlthätigkeit – wahres, inniges Gefühl des Vergnügens, wenn er einem seiner Brüder durch seine Talente Nutzen bringen konnte, waren Hauptzüge seines Charakters – er war Gatte – Vater – Freund seiner Freunde – Bruder seiner Brüder – nur Schätze fehlten ihm, um nach seinem Herzen Hunderte glücklich zu machen – – –   *Nationalbibliothek Wien.*

Dieter Kerner:

Nach dem Stand der Dinge kann nicht daran gezweifelt werden, daß Mozart einer Quecksilber-Vergiftung zum Opfer fiel, welche im Sommer 1791 zunächst mit unterschwelligen Dosen systematisch eingeleitet wurde, bevor er schließlich in der zweiten November-Hälfte die tödliche Restdosis erhielt, so daß Arme wie Beine anzuschwellen begannen.

Kerner: „Krankheiten großer Musiker", Bd. I, S. 46.

Dalchow, Duda, Kerner:

... die Zahl 8 in Mozarts „Zauberflöte" ...

So weist das Titelkupfer zum ersten Textbuch auf der Säule links 8 Merkur-Allegorien auf, denn die Zahl 8 war nach der Alchemie identisch mit Quecksilber, und dieses war dem Merkur geweiht. Die Symbole 8, Merkur und Quecksilber-Hg drücken im Grunde mithin dasselbe aus. Sie, die 8, erscheint ferner in den 8 Buchstaben des Namens Sarastro, welcher im Weisheitstempel regiert, in seinem 8 Auftritten, in den 8 Auftritten des Sprechers. 8 Takte lang ist zudem Taminos Flöten-Solo im ersten Akt, denn „aus dem Ton der Flöte offenbart sich das heilige Mysterium" (R. Müller-Sternberg). In 8 Noten ist ferner das „Tetragrammaton" aus „Feuer, Wasser, Luft und Erden" gefaßt. 8 Halbtöne umspannen die Quinten-Zirkel, auf welche die einzelnen Musikstücke dieser Oper mitunter so merkwürdig abgestimmt sind. Und Mozarts Todesgift *war* Quecksilber, identisch mit dieser Zahl 8, die ihrerseits erneut in der Zahl 18 zum Ausdruck kommt und Mozarts Schicksal umschließt wie der Bernstein ein Insekt, das darin sein Ende fand – gleich einem genialen Baumeister, den man in seine Pyramide einmauerte!

Dalchow, Duda, Kerner: „Mozarts Tod 1791-1971", S. 50 f.

Dalchow, Duda, Kerner:

Zahlreiche Musiknummern („Bald prangt, den Morgen zu verkünden", „Triumph! Du edles Paar ...!", „Heil sei euch Geweihten!") sind ihrer Anlage nach auf diese Zahl 18 abgestellt, am stärksten jedoch springt sie bei Sarastro, dem Hohepriester, ins Auge: Er wird im 18. Auftritt des 1. Aktes eingeführt, der ihn begleitende Chor, schon im vorherigen Auftritt von innen her angekündigt, ist genau 18 Takte lang und beginnt mit den Worten „Es lebe Sarastro!" 18 Jahre ist das Mädchen Papagena, wenn sie dem Papageno von Sarastro verliehen wird. 18 Priester begleiten Sarastro, 18 eigene Stimm-Einsätze hat Sarastro, er singt in beiden Akten rund 180 Takte. *18 mal wird sein Name in diesem Opern-Text gesprochen und 18 mal gesungen!* Und wenn in II/6 die Priester „von innen her schreien" – 18 Noten sind es genau! –: „Entweiht ist die heilige Schwelle, hinab mit den Weibern zur Hölle!", dann soll das wohl so viel bedeuten, als hätten sie diese Zahl für sich allein gepachtet. In der Tat, eine gewaltige Anhäufung von symbolträchtigem Mysteriengut, das sich unter der Oberfläche von vertontem Wort und sinnfälliger Dreieinigkeit verbirgt wie ein reißender Strom unter einer ruhenden, massiven Eisdecke!

a.a.O., S. 51 f.

Mord gar nicht organisiert gewesen. Und darüber hinaus hätte auch nur der leiseste Verdacht das Ende der Freimaurerei in Wien und damit im ganzen Kaiserreich zur Folge gehabt. Doch damals kam gar kein Verdacht auf. Er wurde erst 1861 durch Georg Friedrich Daumer in die Welt gesetzt und 1910 durch Hermann Ahlwards Buch „Mehr Licht" geschürt. Geradezu rassenfanatische Züge bekam er durch die Veröffentlichungen Mathilde Ludendorffs von 1928 und 1936.

Neuere Verfechter der These, daß die Freimaurer Mozart mit Quecksilber vertgiftet hätten, stützen sich in starkem Maße auf die Zahlensymbolik, welche in der „Zauberflöte" aufgezeigt werden kann. Damit wird allerdings der Boden einer medizinischen Argumentation verlassen. Der Versuch, die Zahlensymbolik der „Zauberflöte" als Indiz gegen die Freimaurer zu verwenden, geht gleich von zwei falschen Voraussetzungen aus. Die erste ist die, daß die Zahlen Acht und Achtzehn als unbedingte Hinweise auf Merkur und Quecksilber angesehen werden. Dies mag innerhalb der Zahlenmystik stimmen, kann aber nicht ohne Einschränkungen auf die „Zauberflöte" übertragen werden. Was die Zahl Acht betrifft, so hätte man Mozart schon im Kindesalter vergiften müssen, da er als achtjähriger achttaktige Phrasen unter Verwendung von Achteln und Oktaven komponierte. Zu be-acht-en wäre doch zuerst einmal, daß die Zahl Acht und, durch Summierung kleinerer Einheiten, auch die Zahl Achtzehn in der tonalen Musik elementar verankert sind.

Während die Acht ein Grundbaustein ist, ergibt sich die Achtzehn durch Gruppen von 3x6 oder 2x8+2 Takten. Das klassische Beispiel für die erste Kombination ist Susannas „Rosenarie", die leider nicht in der „Zauberflöte", sondern im „Figaro" steht. Die zweite Variante entsteht immer dann, wenn Mozart zwei achttaktige Phrasen durch einen Trugschluß erweitert. Der Trugschluß der Zahlenmystiker ist nun der, daß sie Ursache und Wirkung vertauschen. Nicht die Zahlensymbolik bringt die Musik hervor, sondern die Musik schafft ihrerseits eine eigene Zahlensymbolik. Lediglich in außermusikalischen Bereichen kann hinter der Zahl Achtzehn eine bewußte Absicht vermutet werden. Aber welche Absicht könnte hinter den achtzehn Priestern oder hinter Papagenas achtzehn Jahren (und 2 Minuten) stehen, die mit Mozarts Tod etwas zu tun hätte. Wenn Acht und Achtzehn bei den Freimaurern Symbole für Quecksilber waren, und wenn sie dieses gegen Mozart eingesetzt hätten, dann wäre Mozarts Umgang mit diesen Zahlen vollends unverständlich. Der Komponist müßte als wissendes Opfer bei einem solchen Ritualmord mitgespielt haben. Das käme einem Selbstmord gleich, der aber unter ganz anderen Vorzeichen vermutet worden ist.

Titelbild des Textbuchs der Oper „Die Zauberflöte". Stich (1791) von Ignaz Alberti

Gottfried van Swietens Vater hatte schon Jahrzehnte vorher versucht, Syphilis-Erkrankte durch Verabreichung eines Quecksilber-Sublimates zu kurieren. Von da aus über die Freundschaft Mozarts mit van Swieten wird geschlossen, daß Mozart einer unsachgemäßen Selbstbehandlung zum Opfer gefallen sein könnte. Auch dieser Gedankengang ist kausal völlig verdreht. Die Tatsache, daß Mozart mit dem Sohn eines Arztes befreundet war, welcher einst die Syphilis mit Quecksilber behandelt hatte, im übrigen aber schon neunzehn Jahre tot war, ist wohl alles andere als ein Verdachtsmoment für eine Lues-Erkrankung Mozarts. Denn mit Syphilis wird man nicht infiziert durch die Bekanntschaft mit einem Arztsohn, sondern man erwirbt sie durch Geschlechtsverkehr. Da zu diesem Punkt keine ausreichenden Beweise vorliegen, ist dieser Fall nicht weiter zu behandeln.

Das meiste, was sich um die „Zauberflöte" und um die Ritualmordlegende rankt, wird übrigens gegenstandslos, wenn einmal das auseinandergehalten wird, was nicht zusammengehört. Da die „Zauberflöte" weder von den Freimaurern angeregt wurde, noch für diese geschrieben ist, muß für die Gewichtung von Mozarts Freimaurertum von den restlichen fünf Werken ausgegangen werden. Diese aber stellen in Mozarts Gesamtwerk einen Bruchteil von etwa 45 Minuten Spieldauer dar und haben nie die Popularität und die Bedeutung des eigentlichen Œuvres erlangen können. Die ganze Verwirrung ist lediglich durch die „Zauberflöte" entstanden.

Mozart hat die „Zauberflöte" weder angeregt noch geschrieben. Er schrieb die Musik zur „Zauberflöte", und das ist etwas anderes. Die „Zauberflöte" schrieb Emanuel Schikaneder oder andere mit ihm, wie das spätere Untersuchungen als möglich erscheinen lassen. Die, wenn überhaupt, ‚verräterische' Komponente des Werkes kann zuerst einmal nur im Text liegen. Beispielsweise in der Sprecherszene, die als Rezitativ quantitativ ohnehin den kleinsten Beitrag Mozarts enthält. Und was kann Musik an Gedanklichem überhaupt transportieren? Mit Es-Dur im 4/4-Takt lassen sich nur schwerlich gedankliche und aufklärerische Geheimnisse weitergeben oder verraten. Es ist einfach nicht möglich, von der „Zauberflöte" zu sprechen und dabei so zu tun, als trüge Mozart für das Gesamtprodukt die alleinige Verantwortung. Nur aus einer derartigen Verallgemeinerung lassen sich Mordlegenden oder Einweihungsverherrlichungen ableiten. Mozart hat dem Text der „Zauberflöte" zwar etwas hinzugefügt, was deren Worte unsterblich gemacht hat, aber das ist ihm auch bei anderen, weit schwächeren Libretti gelungen. Wenn die Freimaurer überhaupt Grund gehabt hätten, wegen der „Zauberflöte" jemanden umzubringen, dann hätte Emanuel Schikaneder ihr Opfer

HOFDEMEL, FRANZ, geb. um 1755. Kanzlist der Obersten Justizstelle mit einem Jahresgehalt von 400 Gulden. Seine Frau MAGDALENA, 1766 geboren als Tochter des Virtuosen Gotthard Pokorny, war höchstwahrscheinlich Mozarts Klavierschülerin. Hofdemel, der im März 1789 im Begriff stand, Mozarts Loge beizutreten, wurde um diese Zeit dessen Gläubiger. Am 6.12.1791 verübte Hofdemel ein Attentat auf seine Frau und beging anschließend Selbstmord.

MOZART AN FRANZ HOFDEMEL: *Ende März 1789*

liebster freund! –
Ich bin so frey sie ohne alle Umstände um eine gefälligkeit zu bitten, – könnten oder wollten sie mir bis 20:t des künftigen Monaths 100 fl: lehnen, würden sie mich sehr verbinden; – am 20:ten fällt mir das Quartal meiner gage zu, wo ich dann meine schulde mit dank wieder zurückstatten werde. –
Ich habe auf 100 duckaten / die ich von ausland zu erhalten habe / auch zu sehr verlassen; – da ich sie aber bis zur Stunde noch nicht erhalten /: sie aber täglich erwarte:/ habe ich mich zu sehr vom Gelde entblösst, so daß ich augenblicklich geld vonnöthen habe, und deswegen mein Vertrauen zu ihnen genommen, weil ich ihrer freundschaft gänzlich überzeugt bin; –
Nun werden wir uns bald mit einem schönern Namen nennen können! – ihre sache ist dem Ende sehr Nahe! –   *Briefe IV, S. 77 f.*

„PRESSBURGER ZEITUNG":   21. Dezember 1791

Wien den 18ten Dezember.
Die Witwe des Selbstmörders ... welcher, wie man jetzt weiß, sich mehr aus Kleinmuth als aus Eifersucht entleibt hat, lebt noch, und nicht nur viele Damen sondern Se. Majest. die Kaiserin selbst haben dieser Frau, dessen Aufführung als untadelhaft bekannt ist, Unterstützung zugesichert.
Für die Wittwe des verstorbenen Hrn. Kapellmeisters Mozart ist auch gesorgt. Se. Maj. der Kaiser haben ihr den ganzen Gehalt ihres Mannes gelassen, und ihren Sohn hat der Baron van Swieten in Versorgung genommen.

werden müssen. Und dies mit doppelter Motivation, denn Schikaneder war ein ‚Abtrünniger‘, der von der Augsburger Loge im Jahre 1789 wegen seines freizügigen Lebenswandels ausgeschlossen worden war. Die Freimaurer haben gewußt, daß Schikander an der „Zauberflöte" schrieb, und sie haben ebenso gewußt, daß Mozart sie vertonte. Schon deshalb, weil ihr ‚Bruder‘ Ignaz Alberti das Textbuch und den Titelkupfer mit zahlreichen Freimaurersymbolen druckte. Ferner waren mehrere Ensemblemitglieder der Uraufführung Freimaurer. Wenn der Bund also die „Zauberflöte" hätte verhindern wollen, dann war er früh genug informiert. Die Freimaurer haben die „Zauberflöte" jedoch nicht verhindert. Warum hätten sie dann noch so etwas wie einen Akt der Bestrafung vornehmen sollen?

Ein anderer Verdacht entstand durch die Ereignisse, welche sich in unmittelbarer zeitlicher Nähe zu Mozarts Tod abspielten. Am frühen Morgen des 6. Dezember 1791, also gut 24 Stunden nach Mozarts Tod, entstellt Franz HOFDEMEL das Gesicht seiner Frau Magdalena mit einem Rasiermesser, verletzt sie am Hals und an den Armen und begeht anschließend Selbstmord. Magdalena, die das Attentat überlebt, ist 25 Jahre alt und zu diesem Zeitpunkt im fünften Monat schwanger. Den ersten Zusammenhang zwischen dem Fall Hofdemel und Mozarts Tod stellte – sicherlich unbeabsichtigt – die Preßburger Zeitung vom 21. Dezember her, indem sie in einem Atemzug von den Witwen Hofdemel und Mozart berichtete. Ein Zusammenhang bestand, da Magdalena Hofdemel Mozarts Schülerin und Franz Hofdemel Mozarts Gläubiger gewesen war.

Am 2. April 1789 hatte sich Mozart bei Hofdemel jenen Betrag ausgeliehen, den er einen Monat später wieder von seinem Logenbruder Puchberg erbat, weil er ihn angeblich einem Galanteriewarenhändler schuldete. Ob Mozart nur dies eine Mal in die Schuld Franz Hofdemels geriet, ist nicht geklärt, und ebenso unklar ist, ob die Schulden zurückgezahlt wurden.

Von Magdalena Hofdemel wurde behauptet, daß sie nicht nur Mozarts Schülerin war. Gerüchten zufolge soll Mozart mit seinen Schülerinnen mehr als nur Klavier gespielt haben. Ob Magdalenas Sohn, Johann Alexander Franz, ein Produkt solcher Spiele war, läßt sich nicht mehr nachprüfen. Das Kind wurde am 10. Mai 1792 getauft, und zu diesem Zeitpunkt bestand für eine Diskussion über die Vaterschaft kein Anlaß mehr. Da Magdalena Hofdemel nie eine Aussage über die möglichen Tatmotive ihres Mannes gemacht hat, sind nur Vermutungen möglich. Wenn die Presse behauptete, daß Hofdemel sich „mehr aus Kleinmut

„GRÄTZER ZEITUNG":   6. Januar 1792

Die Frau Hofdemel ist jetzt außer aller Gefahr und kann bereits wieder sprechen ... Sie will
übrigens schlechterdings [nicht] gestehen, was zu diesem gräßlichen Auftritte Anlaß gab,
und begnügt sich bloß zu sagen, sie habe ihren Gatten geliebt und werde nie aufhören, ihn
aufrichtig zu bedauern.

„GRÄTZER ZEITUNG":   9. Februar 1792

Die durch ihren plötzlich rasend gewordenen Ehemann so sehr mißhandelte Frau Hofdemel ist nun durch die Geschicklichkeit und den rastlosen Fleiß der Herren Aerzte Peter
Roßmann und Günther schon so weit hergestellt, daß sie ihren Dank den höchsten und
hohen Herrschaften persönlich abstatten kann. Wie sehr das Schicksal dieser Unglückli-
chen das Mitleid beinahe aller Bewohner Wiens erregt, wie sehr Jeder theil an ihrem Leiden
nahm, ist zu bekannt, als daß ich hiervon einige Meldung machen sollte. Unsere große
Kaiserin ließ sich genau um das Befinden erkundigen, ihr Trost zusprechen und ihre
Schmerzen durch die gnädigste Verheißung lindern, daß die Monarchin Sorge für ihr künf-
tiges Schicksal tragen werde. Viele erhabene Menschenfreundinnen wetteiferten, die Un-
glückliche zu trösten und ihre Schmerzen zu lindern. Unter diesen glänzen vorzüglich die
Gräfin von Stahrenberg und die Gräfin von Choteck ...

SÜSSMAYR, FRANZ XAVER (1766-1803), geb. in Schwanenstadt. Erster Musikunter-
richt durch den Vater. Mit 22 Jahren kam Süßmayr nach Wien, wo er Schüler von
Mozart und Salieri wurde. Er vollendete Mozarts Requiem und soll auch die Rezitative
zur Oper „Titus" geschrieben haben.
Nach Mozarts Tod wurde er Kapellmeister bei Schikaneder und 1794 Hofkapellmeister.
Komponierte Instrumentalwerke, Kirchenmusik und Opern, u.a. 1794 für Schikaneder
die Oper „Der Spiegel von Arkadien".

als aus Eifersucht entleibt" habe, so mag das für den Selbstmord zutreffen. Bei dem Angriff auf seine Frau könnte es sich jedoch um einen Anfall von Eifersucht gehandelt haben. Insofern sind beide Taten Hofdemels mit Sicherheit im Affekt geschehen, wobei der Selbstmord wahrscheinlich die entsetzte Reaktion auf das war, was er in besinnungsloser Wut seiner Frau angetan hatte. Die Sensation, daß sich ein Gläubiger Mozarts, der womöglich auch bezüglich der Treue seiner Frau ein Gläubiger des Klavierlehrers war, einen Tag nach Mozarts Tod derart vergißt, verführt natürlich schnell zu bestimmten Vermutungen. Sollte Hofdemel aus Eifersucht den Nebenbuhler beseitigt haben, und hat diese Tat jene verhängnisvolle Kettenreaktion ausgelöst? Man kann davon ausgehen, daß Hofdemel am 6. Dezember, also zur Tatzeit, von Mozarts Ableben Kenntnis hatte. Wenn er Mozart tatsächlich vergiftet hätte, dann wäre das ein vorsätzlicher Mord gewesen, der ein kaltblütiges und berechnendes Vorgehen vorausgesetzt hätte. Das hätte aber einen völlig anderen Täter verlangt, als den besinnungslos wütenden Franz Hofdemel vom 6. Dezember. Selbst wenn ein Eifersuchtsmotiv in Verbindung mit Mozart in Frage kommt, dann ist der Selbstmörder als Mörder kaum vorstellbar.

Es ist ferner ein ganz anderer Grund, durch den Franz Hofdemel als Mordverdächtiger ausscheidet.

Die Behauptung, jemand habe Mozart vergiftet, ist noch schnell in die Welt gesetzt. Hier müßte jedoch sofort die realistische Frage folgen, wer Mozart das Gift verabreicht haben könnte. Ganz gleich, ob es sich nun um Quecksilber oder um das arsenhaltige Acqua Tofana gehandelt hat, in beiden Fällen hätte das Gift kontinuierlich und in genauer Dosierung verabreicht werden müssen. Wie bekannt, pflegte Mozart fast immer auswärts oder bei Freunden zu essen. Manchmal ließ er sich auch von Joseph Deiner das Essen bringen. Deiner kommt aber als Täter, und auch nur als gedungener, schon deshalb nicht in Frage, weil es Zufall war, ob Mozart überhaupt seine Dienste in Anspruch nahm. Ein möglicher Auftraggeber hätte also absolut keine Garantie gehabt, daß seinem Opfer das Gift regelmäßig verabreicht würde.

So sind denn sogar jene beiden Personen in Verdacht geraten, die Mozart am nächsten standen, nämlich seine Frau CONSTANZE und Franz Xaver SÜSSMAYR. Süßmayr war 1788 nach Wien gekommen und später Schüler von Salieri und Mozart geworden. In Mozarts Briefen taucht sein Name zum ersten Mal am 7. Juni 1791 auf, was nichts darüber sagt, wie lange die Bekanntschaft mit den Mozarts schon bestand. Von nun an entsteht der Eindruck, daß Mozart seinen zehn Jahre

MOZART AN SEINE FRAU: *7. Juli 1791*

Dem Sauermayer lasse ich sagen, daß ich nicht Zeit hätte immer zu seinem Primus zu laufen – und so oft ich hingekommen bin, war er nie zu Hause – gieb ihm nur die 3 Florén, damit er nicht weint –   *Briefe IV, S. 150.*

MOZART AN SEINE FRAU: *8. Oktober 1791*

Dem ...* meinen Namen ein paar tüchtige Ohrfeigen, auch lasse ich die ...* welche 1000mal küsse / bitten, ihm ein paar zu geben – lasst ihm nur um göttes willen keinen Mangel leiden! – ich möchte um alles in der Welt heut oder morgen von ihm den vorwurf nicht haben als hättet ihr ihn nicht gehörig bedienet und verpfleget – – gebt ihm lieber mehr schläge als zu wenig –
gut wär es, wenn ihr ihm einen krebsen an die Nase zwiktet, ein Aug ausschlüget, oder sonst eine sichtbare Wunde verursachtet, damit der kerl nicht einmal das, was er von euch empfangen, abläugnen kann; –
* Je ein Wort von Nissen gestrichen.   *Briefe IV, S. 158 f.*

MOZART AN SEINE FRAU: *9. Oktober 1791*

– küsse die Sophie in meinem Namen. dem Siessmayer schicke ich ein paar gute Nasenstüber, und einen braven Schopf-beitler, dem Stoll tausend Complimenten. adieu – die Stunde schlägt – – lebe wohl! – wir sehn uns wieder! –   *Briefe IV, S. 161.*

MOZART AN SEINE FRAU: *15. Oktober 1790*

Aus Deinen Briefen sehe ich, daß Du noch keinen Brief aus Frankfurt von mir empfangen hast, und ich habe Dir doch 4 geschrieben – dann glaube ich zu bemerken, daß Du an meiner Accuratesse oder vielmehr an meinem Eifer zweifelst Dir zu schreiben, welches mich sehr schmerzet. Du sollst mich doch besser kennen – o Gott! liebe mich nur halb so wie ich dich liebe, dann bin ich zufrieden.   *Briefe IV, S. 118.*

NISSEN:

Mozart hinterliess von sechs Kindern, nämlich von vier Knaben und zwey Mädchen, nur zwey Söhne, wovon der jüngere vier Monate alt war, als der Vater starb.   *a.a.O., S. 585.*

Dabey war er Ehemann, zeugte vier Kinder, pflegte der Liebe treulich, und auch ausser der Ehe gab es manche Galanterie, was ihm seine gute Frau gern übersah.   *a.a.O., S. 569.*

jüngeren Schüler als eine Art Hofnarren betrachtet hat. In den letzten Briefen, die Mozart nach Baden schreibt, wird Süßmayr mit ausgefallenen Spitznamen und recht derben Komplimenten bedacht. Es ist sicher nicht ganz unverdächtig, daß Nissen in Übereinkunft mit Constanze den Namen Süßmayrs aus Mozarts Briefen praktisch überall getilgt hat. Mit Recht ist jedenfalls gefragt worden, warum Süßmayr im Juni und, wie aus Mozarts Briefen vom 8. und 9. Oktober 1791 hervorgeht, auch im Oktober 1791 mit Constanze in Baden weilte. Schließlich war er Mozarts und nicht Constanzes Schüler. Hatte Mozart, der es in kaum einem Brief an seine Frau an sittlichen Ermahnungen fehlen ließ, keine Angst, sie mit einem 25jährigen Mann allein zu lassen? Oder hoffte er gutgläubig, daß Süßmayr die Rolle eines Aufpassers spielen würde? Am 26. Juli wurde Mozarts jüngster Sohn geboren und erhielt die Taufnamen Franz Xaver Wolfgang; Taufpate wurde Johann Thomas Trattner. Neun Monate vorher jedoch befand sich Vater Wolfgang auf der Rückreise von Frankfurt, und Franz Xaver Süßmayr weilte in Wien. Was hatte Mozart seiner Frau noch am 15. Oktober aus Frankfurt über das Maß seiner und ihrer Liebe geschrieben? Da Mozart 258 Tage vor der Geburt des Kindes nach Wien zurückkam, muß es sich, wenn er der Vater war, um eine verfrühte Niederkunft gehandelt haben.

Es ist verständlich, daß die Übereinstimmung der Vornamen von Süßmayr und Mozarts Sohn immer wieder als ein Verdachtsmoment angesehen wurde. Sie könnte aber ebensogut das genaue Gegenteil sein. Die Schande, der sich Mozarts Augsburger Bäsle ausgesetzt hatte, als sie ein uneheliches Kind von einem Geistlichen bekam, läßt keine Zweifel daran, daß es damals eine unerhörte Kühnheit gewesen wäre, auf den wirklichen Vater eines Kindes durch eine verräterische Namensgebung hinzudeuten. Viel eher ist anzunehmen, daß die Wahl der beiden ersten Namen eine Hommage an Mozarts Freund Franz Xaver Gerl war, der in der Uraufführung der „Zauberflöte" den Sarastro sang.

Die Zweifel an Mozarts Vaterschaft sind damit trotzdem nicht ausgeräumt. Nissen hat sie mit seiner ausführlichen Mozart-Biographie eher noch genährt. Wo es um die Anzahl von Mozarts Kindern geht, ist ganz richtig von sechs Kindern die Rede, von denen vier bald nach der Geburt starben. An anderer Stelle, und hier wird ausdrücklich von der Zeugung gesprochen, läßt Nissen in einem Zitat die Zahl Vier stehen. Hat er selbst diesen Widerspruch nicht bemerkt? Oder wußte er es etwa besser? Das Buch über seinen Vorgänger an der Seite Constanzes läßt sogar vermuten, daß schon damals Gerüchte im Umlauf waren. Denn Nissen bemüht sich, die Ähnlichkeit zwischen Franz Xaver Mozart und seinem Vater zu unterstreichen. Den ‚Beweis' für die Vaterschaft

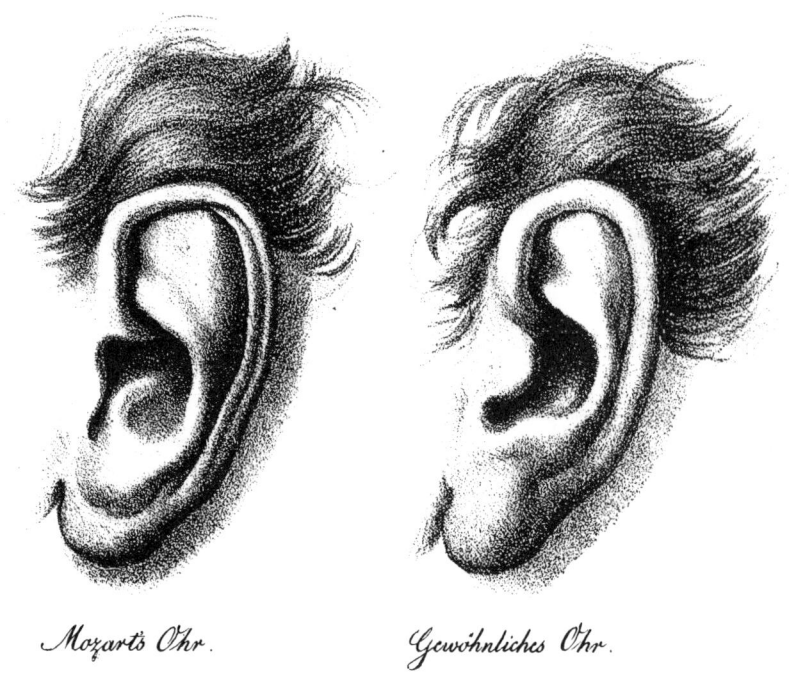

Mozarts Ohr. *Gewöhnliches Ohr.*

Die Gesichtszüge und Ohren des Sohnes Wolfgang sind denen des Vaters ähnlich. Was ausserordentlich merkwürdig zu seyn scheint, ist der Bau von Mozart's Ohren, ganz verschieden von den gewöhnlichen, und die, im Vorbeygehen gesagt, nur sein jüngster Sohn von ihm geerbt hat. Aus dieser beyliegenden Abbildung ist es ersichtlich, worin der Unterschied besteht.

a.a.O., S. 586.

CONSTANZE AN ABBÉ MAXIMILIAN STADLER: 31. Mai 1827

Setzen wir den Fall, daß Süßmayer Trümmer von Mozart gefunden hatte (zum Sanctus etc) so wäre ja das Requiem doch nur noch Mozarts Arbeit. – Daß ich's Eybler'n angetragen habe, es fertig zu machen, kam daher, weil ich eben (ich weiß nicht warum) böse auf Süßmayer war, und selbst Mozart viel auf Eybler gehalten hat, und ich mir dachte, daß es ein jeder ausführen könne, indem die Hauptstellen alle ausgesetzt waren ... *Briefe IV, S. 491 f.*

DR. EDUARD GULDENER V. LOBES AN GIUSEPPE CARPANI: 10. Juni 1824

Con piacere comunico a vostra signoria illustrissima tutto ciò che mi è noto della malattia e sulla morte di Mozart. Egli si ammalò nell'autunno già inoltrato di una febbre reumatico-infiammatoria, che in quell'epoca essendo quasi generale fra noi, assaliva molte persone. Lo seppi soltanto dopo alcuni giorni quando il di lui stato si era già assai peggiorato. Non lo visitai per qualche riguardo, ma mi informai di lui presso al sig. dottor Closset, col quale io mi trovava quasi tutti i giorni insieme. Questi riteneva pericolosa la malattia di Mozart e ne temeva fino dal principio un cattivo esito, cioè un deposito alla testa. Un dì incontrò egli il dott. Sallaba e gli disse positivamente: Mozart è perduto, non è più possibile di rattenere il deposito. Sallaba mi comunicò all'istante questa notizia, ed infatti Mozart morì

58

Mozarts glaubt Nissen mit der ganzseitigen Abbildung zweier Ohren zu liefern, die zeigen soll, daß Franz Xaver, genau wie sein Vater, eine höchst ungewöhnlich geformte Ohrmuschel gehabt habe. Da das Geschlecht Mozart mit Franz Xaver Wolfgang und Carl Thomas ausstarb, ist die Frage müßig, ob sie beide echte Mozarts waren. Und die Frage, ob Constanze mit Süßmayr ein Verhältnis hatte, ist nicht mehr zu beantworten. Die Vermutung, die beiden könnten Mozart vergiftet haben, erscheint hingegen gänzlich unsinnig. Ihr Motiv hätte doch nur sein können, daß Mozart ihrem gemeinsamen Glück im Wege stand.

Einem solchen Glück widerspricht völlig das gespannte Verhältnis, das gleich nach Mozarts Tod zwischen Constanze und Süßmayr entstand. Hier spielte auch Mozarts unvollendetes Requiem eine Rolle, das Constanze zuerst Joseph Eybler zur Vollendung übertrug, weil sie auf Süßmayr gerade *böse* war, ohne sich später erinnern zu können, warum. Nur weil Eybler die Arbeit ablehnte, kam sie schließlich doch zu Süßmayr. Aber gerade die Umstände, welche die Entstehung des Requiems begleiten, sind es, die Constanze und Süßmayr von einem Mordverdacht freisprechen. Denn ihre Bemühungen um die Fertigstellung des Requiems beweisen, daß es für beide besser gewesen wäre, wenn Mozart länger gelebt hätte – und sei es nur für einige Wochen.

Im Jahre 1824 bemühte sich der Haydn-Biograph Giuseppe Carpani, die Gerüchte, daß Salieri Mozart vergiftet habe, zu entkräften. Zu diesem Zweck wandte er sich an Dr. Eduard Vincenz GULDENER von Lobes, den ersten Stadtphysikus Wiens, der seit 1814 niederösterreichischer Landesprotomedicus war. Hier wurde sozusagen die höchste Instanz als Zeuge aufgerufen, obwohl Dr. Guldener als Augenzeuge wohl kaum in Frage kommen dürfte. Was Guldener unter dem 10. Juni 1824 schrieb, ist das erste ärztliche Attest über Mozarts Tod, und ein Dokument, das eine Generation zu spät kam. Es enthält auch keine Neuigkeiten, vor allem nicht jene, auf die die Nachwelt gewartet hat, nämlich eine genaue Beschreibung der Krankheitssymptome. Als Todesursache wird ein *rheumatisches Entzündungsfieber* genannt. Guldener betont gleich zweimal, nämlich zu Anfang und auch am Schluß seines Schreibens, daß dieses fast allgemein gewesen sei, und daß es viele Personen in jener Zeit befiel. Dagegen nimmt es sich allerdings merkwürdig aus, daß in den Sterbelisten Wiens vom Winter 1791 nur bei Mozart die Angabe *„hitziges Frieselfieber"* auftaucht und sonst nirgends.

Bei Guldener, von dessen Schreiben kein Original existiert, heißt es, daß die genaue Besichtigung der Leiche nichts Außergewöhnliches ergeben habe. Diese Formulierung läßt offen, wer die Leiche besichtigt

alcuni giorni dopo con i soliti sintomi di un deposito alla testa. La di lui morte destò un generale interesse, ma a nessuno è venuto in mente di presumere il benchè più lontano sospetto di un avvelenamento. Lo videro tante persone durante la malattia, tante s'informavano di lui, la sua famiglia lo ha assistito con tanta premura, il suo medico altamente considerato da tutti, l'ingegnoso e sperimentato Closset, lo ha trattato con tutta l'attenzione di un medico scrupoloso, e coll' l'interessamento di un amico da molti anni, cosicchè non gli sarebbe certamente sfuggito qualora si fosse fatta sporgere la benchè più lieve traccia di un avvelenamento. La malattia ebbe il suo solito corso, e la sua ordinaria durata: Closset l'aveva osservata e conosciuta con tanta giustezza, che ne ha predetto l'esito quasi sull'ora. La malattia assalì contemporaneamente parecchi abitanti di Vienna, ed ebbe per non pochi tra essi il medesimo esito mortale e coi medesimi sintomi come per Mozart. L'esatta visita del cadavere non ha offerto essa pure alcuna cosa d'insolito.
Ecco tutto ciò ch'io mi trovo in grado d'indicare sulla morte di Mozart. Avrò sommo piacere se ciò può contribuire ad ismentire l'orribile calunnia dell'eccellente Salieri. Non mi resta che di chiedere a vostra signoria illustrissima scusa se non prima d'ora le rassegno queste poche righe. Sempre nuovi affari ed una continua indisposizione che calmò alquanto solo dopo un salasso, hanno sempre opposto nuovi ostacoli alla mia migliore volontà.

Son col maggior rispetto
Dobling, il 10 giugno 1824.

Suo servitore dev.
Guldner.

Biblioteca Italiana, Mailand, Juli bis August 1824, Jg. IX. Heft XXXV, S. 275.

ZUSATZ IN DER ENGLISCHEN ÜBERLIEFERUNG:

I saw the body after death, and it exhibited no appearances beyond those usual in such cases ...

vollständig abgedruckt bei Carl Bär: „Mozart, Krankheit – Tod – Begräbnis", 2. Aufl. S. 59 f.

NISSENS GEKÜRZTE UND FEHLERHAFTE ÜBERSETZUNG:

Mozart erkrankte im Herbste 1791 an einem rheumatischen Entzündungsfieber, welches damals fast allgemein herrschte und viele Menschen dahinraffte. D. Closset, der seine Krankheit behandelte, hielt sie für gefährlich und fürchtete gleich anfangs einen schlimmen Ausgang, nämlich eine Gehirnentzündung. Einige Tage vor Mozart's Tode sagte D. Sallaba: Mozart's Krankheit ist nicht mehr zu heilen, er ist verloren. Mozart starb hernach auch wirklich an den gewöhnlichen Symptomen der Hirnentzündung. Die Krankheit nahm übrigens ihren gewöhnlichen Gang und unter denselben Symptomen sind mehre Menschen gestorben. Bey der Untersuchung des Cadavers hat sich nichts Ungewöhnliches gezeigt.

a.a.O., S. 575 f.

hat. Nun ging aber noch ein fast gleichlautendes Attest an den Haydn-Schüler Sigismund Neukomm nach Paris, der sich ebenfalls um Entlastung Salieris bemüht hatte. In dieser auf englisch überlieferten Version des Attests fällt eine gravierende Abweichung auf, indem es heißt, daß Guldener Mozarts Leiche selbst gesehen habe. Damit erscheint er als Augenzeuge, für den jedoch überhaupt kein Grund vorlag, Mozarts Leiche in Augenschein zu nehmen. Denn nach allem, was noch rekonstruierbar ist, ergibt sich eine Unlogik, die den englischen Zusatz mehr als fragwürdig macht. Guldener selbst gibt zu, daß er um verschiedener Rücksichten willen den todkranken Mozart nicht aufgesucht habe. Wenn Guldener dann aber doch zur Besichtigung des Leichnams ging, so kann er es eigentlich nur – und so wird es auch angenommen – in Begleitung von Dr. Closset getan haben. Da Closset die Totenschau einem Amtsarzt überließ, hatte er eigentlich keinen Grund, noch einmal zurückzukommen. Wenn er es trotzdem tat, warum brachte er dann noch einen Kollegen mit, zumal es ja laut Guldener an der Leiche nichts Außergewöhnliches zu sehen gab? Einen zweiten Arzt hatte Dr. Closset nur einmal zu Rate gezogen, und das, weil er bezüglich der Diagnose von Mozarts Krankheit unsicher war. Jener Arzt war jedoch Mathias von Sallaba und nicht Guldener. Guldener dagegen behauptet, Closset habe die Krankheit so richtig beobachtet und erkannt, daß er den tödlichen Ausgang fast auf die Stunde genau vorausgesagt habe. Vielleicht konnte Dr. Closset deshalb am Abend des 4. Dezember so ruhig im Theater sitzen und das Ende der Oper abwarten; bis 0.55 Uhr war schließlich noch Zeit.

So bringt Guldeners Attest leider keineswegs eine Klärung. Im Grunde wirft es nur ein neues Stichwort in die Diskussion. Es ist das vom „rheumatischen Fieber". Mit 33 Jahren Verspätung tauchte damit zum ersten Mal ein Begriff auf, der einen medizinischen Anhaltspunkt für die Bestimmung von Mozarts Todesursache liefern könnte.

NISSEN:

Die Schwägerin meynt, Mozart sey in seiner Krankheit nicht zweckmässig genug behandelt worden, denn statt dass man auf andere Weise das Friesel noch mehr heraustreiben sollte, hätte man ihm zur Ader gelassen und kalte Umschläge auf den Kopf gemacht, worauf die Kräfte zusehens geschwunden und er in Bewusstlosigkeit gefallen sey, aus der er nicht wieder zu sich kam. Selbst in seiner schweren Krankheit sey er nie ungeduldig geworden, und zuletzt sey sein feines Gehör und Gefühl nur noch gegen den Gesang seines Lieblings, eines Kanarienvogels, der sogar aus dem Nebenzimmer entfernt werden musste, weil er ihn zu stark angriff, empfindlich gewesen. *a.a.O., S. 575.*

SOPHIE HAIBEL: 7. April 1825.

... Nun zur letzten Lebenszeit Mozarts. M:t bekam unsere selige Mutter immer lieber und selbe ihn auch, daher M. öffters auf die Wieden (wo unsere Mutter u. ich beym goldenen Pflug logirten) in einer Eile gelaufen kam, ein Säckgen unter dem Arme trug, worinnen Cofée und Zucker war, überreichte es unserer guten Mutter und sagte: Hier, liebe Mama, haben Sie eine kleine Jause. Dies freute sie denn wie ein Kind. Dies geschah sehr oft. Kurz, M. kam nie leer zu uns.

Nun, als M. erkrankte, machten wir beyde ihm die Nacht-Leibel, welche er vorwärts anziehen konnte, weil er sich vermög Geschwulst nicht drehen konnte; und weil wir nicht wussten, wie schwer krank er seye, machten wir ihm auch einen wattirten Schlafrock (wozu uns zwar zu allem das Zeug seine gute Frau, meine liebste Schwester, gab), dass, wenn er aufstehete, er gut versorgt sein möchte, und so besuchten wir ihn fleissig; er zeigte auch, eine herzliche Freude an dem Schlafrock zu haben. Ich ging alle Täge in die Stadt, ihn zu besuchen, und als ich einmahl an einem Sonnabend hineinkam, sagte M. zu mir: Nun, liebe Sophie, sagen Sie der Mama, dass es mir recht sehr gut gehet, und dass ich ihr noch in der Octave zu ihrem Namensfeste kommen werde, ihr zu gratuliren. Wer hatte eine grössere Freude als ich, meiner Mutter eine so frohe Nachricht bringen zu können, nachdeme selbe die Nachricht immer kaum erwarten konnte; ich eilte dahero nach Hause, sie zu beruhigen, nachdem er mir wirklich auch selbsten sehr heiter und gut zu sein schien. Den andern Tag war also Sonntag; ich war noch jung und, gestehe es, auch eitel – und putzte mich gerne, möchte aber aufgeputzt nie gerne zu Fuss aus der Vorstadt in die Stadt gehen, und fahren war mir ums Geld zu thun; ich sagte dahero zu unserer guten Mutter: Liebe Mama, heute gehe ich nicht zu Mozart – er war ja gestern so gut, so wird ihm wohl heute noch besser sein, und ein Tag auf oder ab, das wird wohl nichts machen. Sie sagte darauf: Weisst du was, mache mir eine Schale Cofée, und nachdeme werde ich dir schon sagen, was

Ein natürlicher Tod – gibt es den?

Ein natürlicher Tod liegt genaugenommen nur dann vor, wenn er durch Altersschwäche eintritt. Ein solches Auslöschen geschieht in der Regel friedlich und läßt sich als ein Schritt im Gang der Natur hinnehmen. Jeder andere Tod dagegen ist gewaltsam, selbst wenn es sich bei dem Mörder um ein Virus handelt. Für die Biographie eines Menschen ist es nun allerdings von erheblichem Interesse, ob die ‚Täter‘ Freimaurer waren oder Streptokokken. Da bereits Mozarts Leben als ungewöhnlich angesehen werden muß, besteht von vornherein die Neigung, auch hinter seinem Tode Ungewöhnliches zu vermuten. Unter diesem Blickwinkel sind selbstverständlich die Freimaurer oder Gestalten wie Salieri und Hofdemel weit interessanter und ergiebiger als irgendwelche Krankheitserreger, von denen man sich schon den Namen kaum merken kann. Und da es bei einem Genie jeweils darum geht, Zusammenhänge zwischen Leben und Werk und womöglich auch zwischen Tod und Werk aufzuzeigen, blieb den Streptokokken der Eingang in die Mozart-Literatur bis in unser Jahrhundert verwehrt. Dabei kam Mozart mit ihnen wahrscheinlich sehr viel früher in Berührung als mit den Freimaurern. Doch wurden die Bakterien erst im letzten Jahrhundert als Krankheitserreger erkannt, und dadurch stoßen heutige medizinische Untersuchungen von Mozarts Todeskrankheit auf eine doppelte Schwierigkeit. Die erste liegt in der Entwicklungsgeschichte der Medizin selbst. Da Mozarts Ärzte weder über das heutige Wissen noch über die Diagnosemöglichkeiten, Behandlungsmethoden und Medikamente unserer Zeit verfügten, müssen ihre Vorstellungen sowie ihr Vorgehen in die medizinische Sprache des 20. Jahrhunderts ‚übersetzt‘ werden. Einer der Übersetzungsfehler, die dabei entstanden sind, führte zu der Annahme, daß Mozart an einer Gehirnhautentzündung gestorben sei, und dies nur, weil Guldener in seinem Attest von einem *„deposito alla testa“*, also einer Absetzung im Kopf gesprochen hat, was damals eine ganz andere Bedeutung hatte.

Die zweite Schwierigkeit besteht in der Unvollständigkeit und Widersprüchlichkeit der wenigen Berichte über Mozarts letzte Krankheit. Da

du thun sollst. Sie war ziemlich gestimmt, mich zu Hause zu lassen, denn die Schwester weiss, wie sehr ich immer bey ihr bleiben musste. Ich ging also in die Küche. Kein Feuer war mehr da; ich musste ein Licht anzünden und Feuer machen. Mozart ging mir denn doch nicht aus dem Sinne. Mein Cofée war fertig, und mein Licht brannte noch. Nun sah ich, wie verschwenderisch ich mit dem Licht gewesen, so viel verbrannt zu haben. Das Licht brannte noch hoch auf, jetzt sah ich starr in mein Licht und dachte, ich möchte doch gerne wissen, was Mozart macht, und wie ich dies dachte und ins Licht sehe, löschte das Licht aus, und so aus, als ob es nie gebrannt hätte. Kein Fünkgen blieb an dem grossen Dochten, keine Luft war nicht, dies kann ich beschwören; ein Schauer überfiel mich, ich lief zu unserer Mutter und erzählte es ihr. Sie sagte: Genug, ziehe dich geschwinde, aus und gehe hinein, und bringe mir aber gleich Nachricht, wie es ihm gehet. Halte dich aber nicht lange auf. Ich eilte, so geschwinde ich nur konnte. Ach Gott, wie erschrak ich nicht, als mir meine halb verzweifelnde, und doch sich moderiren wollende Schwester entgegen kam, und sagte: Gott Lob, liebe Sophie, dass du da bist; heute Nacht ist er so schlecht gewesen, daß ich schon dachte, er erlebt diesen Tag nicht mehr. Bleibe doch nur heute bey mir, denn wenn er heute wieder so wird, so stirbt er auch diese Nacht. Gehe doch ein wenig zu ihm, was er macht. Ich suchte mich zu fassen und ging an sein Bette, wo er mir gleich zuruffte: Ach gut, liebe Sophie, dass Sie da sind. Sie müssen heute Nacht da bleiben, Sie müssen mich sterben sehen. Ich suchte, mich stark zu machen und ihm es auszureden, allein er erwiederte mir auf alles: Ich habe ja schon den Todten-Geschmack auf der Zunge, und: Wer wird denn meiner liebsten Constance beystehen, wenn Sie nicht hier blieben. Ja, lieber M., ich muss nur noch zu unserer Mutter gehen, und ihr sagen, dass Sie mich heute gerne bey sich hätten, sonst gedenkt sie, es seie ein Unglück geschehen. Ja, das tun Sie, aber kommen Sie ja bald wieder. – Gott, wie war mir da zu Muthe. Die arme Schwester ging mir nach und bat mich um Gottes willen, zu denen Geistlichen bey St. Peter zu gehen, und [einen] Geistlichen zu bitten, er möchte kommen, so wie von ungefähr. Das tat ich auch, allein selbe weigerten sich lange, und ich hatte viele Mühe, einen solchen geistlichen Unmenschen dazu zu bewegen. – – Nun lief ich zu der mich angstvoll erwartenden Mutter; es war schon finster. Wie erschrak die Arme. Ich beredete selbe, zu der ältesten Tochter, der seligen Hofer, über Nacht zu gehen, welches auch geschah, und ich lief wieder, was ich konnte, zu meiner trostlosen Schwester. Da war der Sissmaier bei M. am Bette; dann lag auf der Decke das bekannte Requiem, und Mozart explicirte ihm, wie seine Meinung seie, dass er es nach seinem Todte vollenden sollte. Ferner trug er seiner Frau auf, seinen Todt geheim zu halten, bis sie nicht vor Tag Albregtsberger davon benachrichtigt hätte; denn diesem gehört der Dienst vor Gott und der Welt. Glosett, der Doktor, wurde lange gesucht, auch im Theater gefunden; allein er musste das Ende der Piece abwarten – dann kam er und verordnete ihm noch kalte Umschläge über seinen glühenden Kopfe, welche ihm auch so erschütterten, dass er nicht mehr zu sich kam, bis er nicht verschieden. Sein Letztes war noch, er mit dem Munde die Pauken in seinem Requiem ausdrücken wollte, das höre ich noch jetzt. Nun kam gleich Müller aus dem Kunst Cabinett und drückte sein bleiches erstorbenes Gesicht in Gips ab. Wie grenzenlos elend seine treue Gattin sich auf die Knie warf und den Allmächtigen um seinen Beystand anrufte, ist mir, lieber Bruder, unmöglich zu beschreiben. Sie konnte sich nicht von ihm trennen, so sehr ich sie auch bat; wenn ihr Schmerz noch zu vermehren gewesen wäre, so müsste er dadurch vermehrt worden sein, dass den Tag auf die schauervolle Nacht die Menschen scharenweis vorbey gingen, und laut um ihn weinten und schrien. Ich habe M. in meinem Leben nicht aufbrausend, viel weniger zornig gesehen.

... Lieber, vergebe mir, wenn ich weitläufig in meinem Brief gewesen; allein ich weiss mich nicht zu erinnern, ob ich meiner Schwester die mir so auffallende Begebenheit mit dem Licht gesagt habe, indem ich immer sorgfältig vermiede, ihre Wunden zu erneuern. ...

Deutsch: „Dok.", S. 449 ff., (Briefe IV, S. 462 ff.).

es außer Guldeners Schreiben und dem Begriff „hitziges Frieselfieber" keine ärztlichen Angaben gibt, ist der Mediziner von heute gezwungen, sich dem Fall Mozart genauso zu nähern, wie das bei einem lebenden Patienten geschieht. Es muß nach den Symptomen gefragt werden, nach dem Krankheitsverlauf und außerdem nach früheren Erkrankungen. Da in unserem Fall der Patient nicht mehr befragt werden kann, bleiben zuerst einmal nur die überlieferten Angaben seiner Angehörigen. Über die Krankheiten des Knaben Mozart hat Vater Leopold in den Reisebriefen an Lorenz Hagenauer, den Salzburger Wohnungsgeber, jeweils sehr genau berichtet. Meist erläuterte er auch noch seine Behandlungsmethoden, so daß die Krankheiten des jungen Mozart auch heute noch ziemlich sicher diagnostiziert werden können. Die Angaben über Mozarts Todeskrankheit sind hingegen äußerst dürftig und noch dazu ungenau.

Das wichtigste Zeugnis ist in diesem Zusammenhang der Bericht Sophie Haibels über die TODESNACHT, der allerdings erst 33 Jahre später niedergeschrieben wurde. Als Nissen um 1825 an seiner umfangreichen Mozart-Biographie arbeitete, bat er Sophie, ihm Genaueres über Mozarts Ende mitzuteilen. Andere Berichte von der letzten Nacht finden sich nicht in seinem Buch, also auch keiner von Constanze. Wie genau Sophies Auskünfte nun sind, läßt sich kaum noch feststellen. Deutlich spürbar ist jedoch, daß es sich hier weniger um einen unmittelbaren Bericht handelt, sondern vielmehr um Erinnerungen, die sich im Laufe dreier Jahrzehnte zum Teil verselbständigt haben. Darauf deutet schon die Nachschrift hin, welche Sophie auf der Innenseite des Couverts angebracht hat. Darin befragt sie sich selbst, ob sie jemals vorher von dem Verlöschen des Lichtes gesprochen habe, und gleichzeitig versucht sie zu erklären, warum sie nie davon gesprochen hat. Dabei gehören Ereignisse dieser Art zu den Lieblingsthemen von trauernden Hinterbliebenen.

Sophie will also Mozarts Verlöschen geahnt haben, noch bevor sie zu dem Sterbenden kam. In der Rauhensteingasse angekommen, erfuhr sie von Constanze, daß Mozart offenbar schon in der vorhergehenden Nacht dem Tode nahe gewesen war. Es wird nicht erwähnt, ob inzwischen ein Arzt geholt wurde. Dies geschah erst nach 19 Uhr, was eigentlich recht spät war, wenn der Kranke schon am Nachmittag den Totengeschmack auf der Zunge gespürt hatte. Und obwohl er Sophie bat, ihn sterben zu sehen, war es für sie dringlicher, ihre Mutter zu benachrichtigen. Dabei hätte Cäcilia Weber beim Ausbleiben der Tochter wahrscheinlich vermuten können, daß es um Mozart besorgniserre-

NACHRUF FÜR BENEDIKT SCHACK: 1827

... Mozart, so erzählte er unter vielem Andern, was nicht hieher gehört, erhielt für die Composition des Requiem funfzig Dukaten, die Hälfte davon vorausbezahlt. Da ihm keine Eile in der Arbeit anbefohlen war, so reiste er in der Zwischenzeit noch nach Frankfurt. Den grössten Theil seines Requiem schrieb er auf der Laimgrube in dem Trattnerschen Garten. Sobald er eine Nummer vollendet hatte, liess er sie sogleich singen und spielte dazu die Instrumentation auf seinem Piano. Selbst an dem Vorabende seines Todes liess er sich die Partitur des Requiem noch zum Bette hinbringen und sang (es war zwey Uhr Nachmittags) selbst noch die Altstimme; Schack, der Hausfreund, sang, wie er es denn vorher immer pflegte, die Sopranpartie, Hofer, Mozart's Schwager, den Tenor, Gerle, später Bassist beym Mannheimertheater, den Bass. Sie waren bey den ersten Takten des Lacrimosa, als Mozart heftig zu weinen anfing, die Partitur bey Seite legte, und eilf Stunden später um ein Uhr Nachts, verschied (5ten Dec. 1791, wie bekannt).

Allgemeine Musikalische Zeitung, Leipzig, 25. Juli 1827.

IGNAZ VON SEYFRIED AN GEORG FRIEDRICH TREITSCHKE: 1840 (?)

... Am Abend des 4ten Dec: lag M: schon in Fantasien, u: wähnte im Wiednertheater der Zauberflöte beizuwohnen; fast die letzten, seiner Frau zugeflüsterten Worte waren: „Still! still! jetzt nimmt die Hofer das hohe F; – jetzt singt die Schwägerinn ihre zweyte Arie: ,Der Hölle Rache'; wie kräftig sie das B anschlagt, u: aushält: ,Hört! hört! hört! der Mutter Schwur!' –"

Mozarteum, Salzburg.

NISSEN:

Seine Todeskrankheit, wo er bettlägerig wurde, währte 15 Tage. Sie begann mit Geschwulst an Händen und Füssen und einer beynahe gänzlichen Unbeweglichkeit: derselben, der später plötzliches Erbrechen folgte, welche Krankheit man ein hitziges Frieselfieber nannte. Bis zwey Stunden vor seinem Verscheiden blieb er bey vollkommenem Verstande;

a.a.O., S. 572.

gend stand. Sophie ging jedenfalls noch einmal nach Hause, und an dieser Stelle ihrer Schilderung tauchen wenigstens indirekte Zeitangaben auf, die über den Verlauf der allerletzten Krankheitsphase Aufschluß geben könnten. Sopie wird am Nachmittag gekommen sein, denn etwas später, als sie zu den Geistlichen von St. Peter ging, war es bereits finster. Entsprechend der Jahreszeit muß es nach 17 Uhr gewesen sein. Für den Umweg zum Stephansplatz und den Heimweg in die Wiedener Hauptstraße 8, heute 23, wird Sophie mindestens eine Stunde gebraucht haben, und wahrscheinlich kam sie erst gegen 19 Uhr zurück. Um diese Zeit war Mozart offenbar noch fähig, Süßmayr letzte Anweisungen für das Requiem zu geben.

Was das Requiem betrifft, soll Mozart noch am Vorabend seines Todes vom Bett aus eine Probe abgehalten haben, was nach seinem Zustand in der vorhergegangenen Nacht eigentlich unwahrscheinlich ist. Diese Requiemprobe wird in einem Nachruf auf den Tenor Benedikt Schack erwähnt. Die leider nicht zu beantwortende Frage, ob besagte Requiemprobe stattgefunden hat, wäre insofern interessant, als sie Aufschluß über Mozarts Befinden am letzten Tag seines Lebens gegeben hätte. Wenn er am späten Nachmittag noch mit Sophie und am Abend mit Süßmayr sprechen konnte, kann sein Fieber noch nicht bedrohlich hoch gewesen sein.

Dem widerspricht der Mozart-Schüler Seyfried, wenn er schreibt, daß Mozart schon am Abend des 4. Dezember in Phantasien gelegen habe. Doch da nicht einmal bekannt ist, woher Seyfried diese Information hat, verdient Sophies Bericht die größere Glaubwürdigkeit. Ihm folgt Nissen, der angibt, daß Mozarts Bewußtlosigkeit etwa zwei Stunden vor dem Tod eingetreten sei. Constanze allerdings erzählt den Novellos, daß sie nur wenige Augenblicke gedauert habe. Sozusagen als Ersatz für letzte Worte bietet Sophie an, daß Mozart mit dem Munde die Pauken aus dem Requiem andeuten wollte. Zu dieser Angabe ist zweierlei zu bemerken: Erstens sind die wenigen Paukentakte, die Mozart zum Requiem geschrieben hat, nicht typisch für das Werk. Zweitens aber hatte das Requiem nach Mozarts Tod eine äußerst dramatische Geschichte, die von Constanze möglichst geheimgehalten wurde, damit das Requiem seinen Nimbus als Mozarts „Schwanengesang" behielt. Insofern könnte Sophies Auslegung von Mozarts aufgeblasenen Wangen eine nachträgliche Einbildung sein.

Aus all dem ergibt sich, daß bei einer ärztlichen Diagnose von Mozarts Todeskrankheit über Fieber nichts ausgesagt, und nur Sophies Erwähnung des glühenden Kopfes herangezogen werden kann. Bei Nissen ist noch von einem plötzlichen Erbrechen die Rede, doch war

VINCENT NOVELLO:

Gegen Abend sandten sie nach dem Arzt, der aber im Theater war und dem Boten antwortete, er würde kommen, „sobald die Oper vorüber wäre". Bei seiner Ankunft wies er Madame Haibl an, Mozarts Schläfen und Stirne in Essig und kaltem Wasser zu baden. Sie fürchtete, daß die plötzliche Kälte dem Leidenden schaden könnte, dessen Arme und Beine sehr entzündet und geschwollen waren. *a.a.O., S. 179.*

„MUSIKALISCHES WOCHENBLATT", BERLIN: (31.? Dezember) 1791

Prag, den 12ten Decemb.

Mozart ist – todt. Er kam von Prag kränklich heim, siechte seitdem immer: man hielt ihn für wassersüchtig, und er starb zu Wien, Ende voriger Woche. Weil sein Körper nach dem Tode schwoll, glaubt man gar, dass er vergiftet worden. *Deutsch: „Dok.", S. 380.*

JOSEPH EYBLER: 1826

Ich habe das Glück gehabt, seine Freundschaft bis zu seinem Tode unversehrt zu behalten, so daß ich ihn auch in seiner schmerzvollen Todeskrankheit gehoben, gelegt und warten geholfen habe.

Eybler: Selbstbiographie, Allgemeine Musikalische Zeitung, Leipzig 1826.

ANTON NEUMAYR:

Da die Symptomatik eines unbehandelten akuten Gelenkrheumatismus, die den damaligen Ärzten sehr genau bekannt war, eine eventuelle Verwechslung mit schmerzlosen Schwellungen bei Nierenkrankheiten unmöglich macht, sei auszugsweise die Schilderung dieses Krankheitsbildes aus dem renommierten „Lehrbuch der praktischen Medizin innerer Krankheiten" von H. Eichhorst aus dem Jahr 1899, also bereits nach der 1876 eingeführten Behandlung mit Salizylpräparaten, angefügt. Dort heißt es unter anderem: „... Das konstanteste Symptom ist der Schmerz, der schon spontan in der Ruhelage vorhanden ist und sich bei der leisesten Bewegung zu größter Heftigkeit steigern kann ... So können die Kranken, wenn eine größere Zahl von Gelenken befallen ist, einen äußerst hilflosen Eindruck machen ... Die notwendigsten Veränderungen der Lage, so beim Umbetten oder bei der Defäkation verursachen die quälendsten Schmerzen ..."

Neumayr: „Musik und Medizin", S. 107.

solches damals kein wirkliches Symptom, sondern eher eine Modeerscheinung, weil die Ärzte bei jeder Gelegenheit Brechmittel verabreichten.

So bleiben vor allem die SCHWELLUNGEN zu berücksichtigen, die Sophie in ihrem Brief als Geschwulst erwähnt. Später hat sie sich den Novellos gegenüber noch etwas genauer ausgedrückt, indem sie von entzündlichen Schwellungen an Armen und Beinen sprach. Wenn Nissen Hände und Füße nennt, dann ist nach süddeutschem Sprachgebrauch sicher dasselbe gemeint. Noch genauer als Sophie ist Nissen jedoch mit der wichtigen Angabe, daß Mozarts Krankheit mit diesen Schwellungen angefangen habe. Ganz im Gegensatz dazu steht die immer wieder zitierte Zeitungsmeldung aus Berlin, die schon 7 Tage nach Mozarts Tod in Prag geschrieben wurde und von Schwellungen des Körpers wissen wollte, die wohlgemerkt nach dem Tode aufgetreten sein sollen. Es ist nun von großer Bedeutung, welcher Art die Schwellungen bei Mozart wirklich waren. Schwellungen durch eine rheumatische Erkrankung treten besonders an den Gelenken auf und sind jedenfalls äußerst schmerzhaft. Dagegen sind die Schwellungen infolge einer Nierenerkrankung oder auch einer Vergiftung mit Schädigung der Nieren schmerzlos und sogar gegen Druck unempfindlich. Ähnliches gilt für Ödeme aufgrund eines Herzleidens. Es wäre daher wichtig zu wissen, ob und wo Mozart Schmerzen hatte. Nur Eybler spricht von einer „schmerzvollen Todeskrankheit", und bei Guldener ist von einer „painfull period" die Rede, wobei beide Formulierungen auch eine psychische Bedeutung haben könnten. Lediglich Sophie liefert einen konkreten Hinweis darauf, daß Mozart Schmerzen gehabt haben muß. Wenn sie schreibt, daß er sich vermög Geschwulst nicht drehen konnte, dann gibt es nur zwei Möglichkeiten: entweder waren Bewegungen für den Kranken schmerzhaft, was auch dafür spräche, daß Mozart kaum noch am Requiem gearbeitet hat, oder aber die Geschwulst hatte Ausmaße, durch die sie zum körperlichen Hindernis wurde. Eigentlich besteht kein Grund, Sophies Angaben bezüglich der Schwellungen zu bezweifeln, denn weder sie noch Nissen konnten ein Interesse daran haben, Mozarts Krankheitsbild in irgendeine Richtung zu verändern. Auf jeden Fall sind die Schwellungen als ein wesentliches Symptom zu berücksichtigen, und 200 Jahre nach Mozarts Tod werden von ärztlicher Seite im wesentlichen folgende Diagnosen vertreten: ein längeres Nierenleiden, akutes rheumatisches Fieber oder eine Schönlein-Henoch-Purpura, welche auch in den Formenkreis der rheumatischen Erkrankungen gehört, jedoch von einer Nierenentzündung beglei-

CARL BÄR:

Mit der Diagnose eines rheumatischen Fiebers für Mozarts Todeskrankheit ist nun aber auch die wissenschaftlich fundierbare Aussage erschöpft.

Zur Beantwortung der Frage, wie nun diese Krankheit nach einem Verlauf von wenig mehr als zwei Wochen zum Tode geführt hat, ist man mangels exakter medizinischer Aussagen über die eigentliche Todesursache, vor allem eines Sektionsbefundes, auf Hypothesen angewiesen, deren Untermauerung durch objektive Tatsachen wohl für alle Zeiten ein vergebliches Bemühen bleiben wird.

In den folgenden Ausführungen soll diejenige Annahme vertreten werden, die weitaus den größten Wahrscheinlichkeitsgrad für sich beanspruchen darf.

Wie die modernen Statistiken ausweisen, führen 73 Prozent bis 98 Prozent aller rheumatischen Jugenderkrankungen zu einem Herzschaden ... Mozart hat zwischen seinem 6. und 11. Lebensjahr nicht weniger als drei Anfälle von akutem Gelenkrheumatismus durchgemacht. Wenn man weiß, daß „das Herz erfahrungsgemäß wiederholte Krisen selten schadlos übersteht ...", darf man mit guten Gründen bei Mozart einen in der Jugend erworbenen Herzschaden voraussetzen ...

Daß die Aderlässe Mozarts Tod unmittelbar verschuldet haben könnten, ist eine bisher übersehene, aber in erster Linie in Betracht zu ziehende Möglichkeit. Beweisen läßt sich jedoch in dieser Beziehung nichts. Daneben muß offen bleiben, ob nicht die Krankheit selbst oder eine überlagernde Staphylo- oder Streptokokkeninfektion zu einem akuten Herzversagen geführt haben. Damit muß die Erklärung von Mozarts Tod sein Bewenden haben. Jede weitere Präzisierung überschreitet die Forderungen, die man auch für eine Hypothese an die Quellen stellen darf.

Bär: „Mozart. Krankheit – Tod – Begräbnis", 2. Auflage, S. 108/118.

ALOYS GREITHER:

Heute vermögen wir nicht mehr mit Sicherheit auszumachen, welche der vielen Streptokokken-Infektionen Mozart sein chronisches Nierensiechtum eingebracht hat. Es drängt sich bei genauer Analyse seiner Pathographie der Verdacht auf, daß es die Zeit seiner ersten Italienreise mit dem Vater (Dezember 1769 bis März 1771) gewesen sein müsse.

Greither: „Die sieben großen Opern Mozarts – mit einer Pathographie Mozarts", S. 254.

70

tet wird. Andere Krankheiten wie Tuberkulose oder Morbus Basedow werden inzwischen ausgeschlossen.

Der Begriff RHEUMATISCHES FIEBER war zum ersten Mal in Guldeners Attest von 1824 aufgetaucht. Obwohl in jener Zeit eine genaue Kenntnis über die Herkunft dieser Krankheit fehlte, dürfte das gleiche Krankheitsbild gemeint sein wie heute. Der Schweizer Arzt Dr. Carl Bär hat diese Diagnose in einer gründlichen Studie vertreten, die erstmalig auch Genaueres über Mozarts Ärzte und deren Vorstellungsweisen darlegt. Carl Bär war es auch, der bestätigte, daß es sich bei Mozarts Arzt um Thomas Franz Closset und nicht um dessen Bruder Nikolaus gehandelt haben muß. Die Rheumadiagnose stellt sich im wesentlichen so dar: Mozart erkrankte im Kindesalter mit Sicherheit zweimal, möglicherweise dreimal an einem rheumatischen Fieber. Der erste angenommene Schub erfolgte im Oktober 1762 in Wien. Leopold berichtete, daß der Sechsjährige über Schmerzen am Gesäß und an den Füßen klagte und schmerzhafte rote Flecken zeigte. Was der Vater damals für Scharlach hielt, wurde 1939 in einer Dissertation von Hans Holz als Knotenrose erkannt, die nicht unbedingt rheumatischer Genese sein muß. Diese Diagnose wurde in neuerer Zeit von Dr. Dalchow bestätigt. Ein rheumatisches Fieber ist nun in jedem Fall keine Primärerkrankung, sondern es ist immer die Folgeerscheinung einer Streptokokkeninfektion. Diese findet einige Wochen vorher im Bereich der oberen Atemwege statt und macht sich als Mandelentzündung, Katarrh, Angina oder Zahnvereiterung bemerkbar. Mozart hatte in Linz vierzehn Tage vor der Knotenrose einen Katarrh. Zwei spätere Erkrankungen, im Januar 1763 und im November 1766, sind jedenfalls heute eindeutig als rheumatische Fieber erkannt. Diese Krankheit kann im Kindesalter von einer partiellen Herzentzündung begleitet werden und einen Herzfehler hinterlassen. Auf dieser Basis sind spätere Entzündungsschübe nicht ausgeschlossen. Als einen solchen Rückfall, der in der Regel nur in Verbindung mit einem Herzfehler tödlich endet, beschreibt Carl Bär Mozarts letzte Krankheit.

Anderer Meinung ist Dr. Aloys Greither, der ein NIERENLEIDEN als Todesursache annimmt. Diese Ansicht war bereits 1905 von Dr. J. Barraud vertreten worden. Greither hat die Gründe für eine solche Diagnose 1970 in einer Pathographie Mozarts zusammengefaßt. Danach hat sich Mozart auf seiner ersten Italienreise Anfang 1771 infolge einer Streptokokkeninfektion ein Nierenleiden zugezogen, worauf eine briefliche Äußerung seiner Schwester vom 2. Juli 1819 bezüglich eines Portraits hinweist. Sie besagt, daß der eben sechzehnjährige Wolfgang nach einer

GREITHER:

Fassen wir zusammen: Mozarts Leben war voller Krankheiten und stand unter dem Schicksal einer fortgesetzten Auseinandersetzung mit den Streptokokken. Wenn er auch so schwere Krankheiten wie zwei Schübe von akutem Gelenkrheumatismus, einen Abdominaltyphus, ja sogar die echten Pocken überstand, so brachte ihm irgendeine der vielen Fokalinfekte – für die das Erythema nodosum ein besonders wichtiger Hinweis ist – eine unerkannte und nicht ausgeheilte Nachkrankheit in Form einer langsam fortschreitenden Glomerulonephritis ein, aus der sich, nach langer Latenz, schließlich die Urämie entwickelte. Sein letztes Krankenlager begann unter unbestimmten und wenig alarmierenden Zeichen, verlief aber dann, möglicherweise über einen zusätzlichen Infekt infolge einer schnell aufgetretenen Herzinsuffizienz foudroyant. *a.a.O., S. 265.*

PETER J. DAVIES:

Ich habe postuliert, daß Mozart sich als Komplikation des Schönlein-Henoch-Syndroms im August 1784 eine Nierenkrankheit zuzog, und daß diese (chronische Glomerulonephritis) im April 1787 und von April bis August 1790 erneut auftrat ...
Seine Depressionen wurden schlimmer, und Todesgedanken befielen ihn. Im Zusammenhang damit bildeten sich paranoide Züge in seiner Persönlichkeit heraus ...
Mozart zog sich noch eine weitere Streptokokkeninfektion zu, als er am 18. November 1791 während einer Epidemie einer Logenversammlung beiwohnte. Die Streptokokkeninfektion rief eine Verschlimmerung des Schönlein-Henoch-Syndroms hervor und außerdem Nierenversagen, das sich als Fieber, Polyarthritis, Krankheitsgefühl, Gliederschwellungen, Erbrechen und Purpuraausschlag äußerte ...
Ein oder mehrere Aderlässe wurden vorgenommen, und diese könnten das Nierenversagen verschärft und zu seinem Tod beigetragen haben. Das Schönlein-Henoch-Syndrom hatte eine Verstärkung des Überdrucks zur Folge, die an seinem nächtlichen Erbrechen maßgeblich beteiligt war und einen Schlaganfall verursachte. Seine teilweise Lähmung war eine Hemiplegie (einseitige Lähmung) infolge einer Gehirnblutung. Ungefähr zwei Stunden,

schweren Krankheit mit einer gelblichen Gesichtsfarbe aus Italien zurückgekommen sei. In sein 16. Lebensjahr ging Mozart allerdings erst nach der 2. Italienreise des Winters 1770/1771, und das von der Schwester erwähnte Portrait entstand sogar erst im Frühjahr 1773. Über den Zeitpunkt der Erkrankung sind also nur Vermutungen möglich. Auf ein früher erworbenes Nierenleiden läßt jedoch eine Wiedererkrankung Mozarts im September 1784 schließen, die von schweren Koliken und nachfolgendem Erbrechen bestimmt war. Es dürfte sich dabei um eine Blasen- und Nierenbeckenentzündung gehandelt haben. Das Nierenleiden hat schließlich die letzten Lebensmonate Mozarts überschattet, in denen er als kränkelnd beschrieben wird. Als äußere Anzeichen gelten eine leichte Aufgedunsenheit sowie häufiges Durstgefühl. Depressive Verstimmungen und Wahnideen werden als Teil des Krankheitsbildes gesehen. Greither kommt zu dem Ergebnis, daß die im Endstadium bei Mozart aufgetretenen Schwellungen das Zeichen einer Nierenwassersucht waren, und daß der Tod infolge einer Harnvergiftung eintrat.

Am Rande sei noch eine These erwähnt, die von Mozarts mißgebildetem Ohr auf eine parallele Mißbildung der Nieren schließt. In diesem Fall wäre es allerdings verwunderlich, daß Mozarts Sohn Franz Xaver, der das gleiche Ohr gehabt haben soll, und daher auch die gleiche Nierenmißbildung gehabt haben müßte, an einem Magen- und Leberleiden starb.

Der australische Arzt Dr. Peter J. Davies geht von Mozarts Erkrankung im September 1784 aus und diagnostiziert sie als eine SCHÖNLEIN-HENOCH-PURPURA. Dies ist eine Gefäßkrankheit, welche sich über die kleinen Blutgefäße auf die Nieren, den Magen-Darm-Trakt, auf die Gelenke und auf die Haut auswirkt. Das Wort Purpura bezeichnet die entzündliche Veränderung der Blutgefäße. Was im Totenprotokoll Mozarts als *„Friesel"* bezeichnet wird, wäre in diesem Fall ein Hauptsymptom, während bei akutem Rheuma und Nierenleiden Hautausschläge als Nebensymptome gelten. Bei der Schönlein-Henoch-Purpura besteht nun ein Zusammenhang zwischen Hautausschlag und Gelenksymptomen und gleichzeitig eine Verbindung zwischen den auftretenden Darmkoliken und einer Nierenerkrankung. Eine derartige Symptomhäufung scheint vorzuliegen, wenn Leopold Mozart in seinem Brief vom 14. September 1784 Wolfgangs Koliken und ein rheumatisches Fieber unmittelbar nacheinander nennt. Dr. Davies geht davon aus, daß Mozart hier im Gefolge einer Streptokokkeninfektion an einem Schönlein-Henoch-Syndrom litt, welches sich in Koliken und Erbrechen äußerte und mit entzündlich-rheumatischen Symptomen endete.

Durch zwei Rückfallerkrankungen in den Jahren 1787 und 1790 ma-

bevor er starb, fiel er in Krämpfe und Koma. Dann, eine Stunde später, versuchte er sich aufzusetzen, öffnete weit die Augen und fiel zurück, den Kopf zur Wand gedreht; die Wangen waren aufgeblasen. Diese Symptome sprechen für eine Paralyse durch eine Koppelung von Seh- und Gesichtsnervenlähmung, was auf eine massive Gehirnblutung schließen läßt ...

Mozart starb an folgendem:
Streptokokkeninfektion – Schönlein-Henoch-Syndrom – Nierenversagen – Aderlässen – Gehirnblutungen – endgültige Todesursache Bronchopneumonie.

Musical Times Nr. 125, Okt. 1984, S. 554/561, Übersetzung Barbara Dietz.

BÄR:

Der in unserem Jahrhundert durch allgemeine Hebung des Lebensstandards und durch zweckmäßige Behandlung offensichtlich im Rückgang begriffene „Akute Gelenkrheumatismus" (rheumatisches Fieber) ist nach heute gültiger Ansicht Folgeerscheinung einer bakteriellen Infektion. Er wird durch Bakterien der Gattung der Streptokokken ausgelöst, wobei zu sagen ist, daß die Art und Weise der Krankheitsentstehung noch nicht restlos geklärt ist.

a.a.O., S. 88.

GREITHER:

Mozart hat in seiner Kindheit und Jugend eine Reihe von Krankheiten mehr oder minder gut überstanden: außer zahlreichen mehr harmlosen Unpäßlichkeiten, Anginen, „Zahngeschwülsten", grippösen Infekten usw. auch ernste, wie zwei Schübe eines akuten Rheumatismus, einen Abdominaltyphus und sogar die echten Pocken. Sein weiteres Leben bleibt von Fokalinfekten bestimmt: von dem Kampf gegen die Streptokokken, von dem bereits das Erythema nodosum und die beiden Rheuma-Schübe zeugen, ist seine ganze Pathographie, die der Veil-Schüler H. Holz gänzlich „fokalbedingt" sah, überschattet.

a.a.O., S. 253 f.

DAVIES:

Nach meiner Ansicht litt Mozart damals (1784) an einer Streptokokkeninfektion, die er sich während einer Epidemie zugezogen hatte, und die durch die Entwicklung eines Schönlein-Henoch-Syndroms kompliziert wurde.

a.a.O., S. 437.

VINCENT NOVELLO: 1829

Welche wunderbaren Werke sind der Welt durch seinen unglückseligen, frühen Tod verlorengegangen, denn, wie unvergleichlich auch seine Werke sein mögen, bin ich doch sicher, daß er, wenn er gelebt hätte, noch schönere geschrieben haben würde, wie Oratorien und andere große Werke epischer Natur.

a.a.O., S. 81

nifestierte sich dann eine chronische beidseitige Nierenentzündung. Ähnlich wie Dr. Greither spricht Dr. Davies von Persönlichkeitsveränderungen, die sich als Wahnvorstellungen (Grauer Bote), Todesahnungen und Depressionen sowie Eifersucht äußern und paranoide Züge erkennen lassen. Bei Mozarts letzter Krankheit kamen laut Davies folgende Komplikationen zum Nierenversagen hinzu: eine halbseitige Lähmung sowie eine Lähmung der Seh- und Gesichtsnerven infolge einer Gehirnblutung, worauf eine weitere schwere Gehirnblutung schließlich den Tod herbeiführte.

Diese Feststellungen von Dr. Davies beschwören eine eher grauenvolle Szenerie herauf, welche die Vorstellung von einem heiter sterbenden Mozart endgültig zunichte macht. Das Bemerkenswerte am Schönlein-Henoch-Syndrom sind nun weniger die erschreckenden Folgen, wie sie für Mozart beschrieben werden, sondern vielmehr das Zusammenfallen einer Nierenerkrankung mit gleichzeitigen Symptomen eines entzündlichen rheumatischen Fiebers. Dadurch scheint sich gewissermaßen eine Synthese aus Bär und Greither anzudeuten. Überhaupt wäre es sinnvoll, die verschiedenen Diagnosen von Mozarts Todeskrankheit nicht länger gegeneinander auszuspielen. Denn sonst hört das Fragen nach Mozarts Schmerzen, nach seinen Schwellungen, nach seinem Fieber, nach seinem Befinden der letzten Monate und nach seinem Bewußtseinszustand der letzten Stunden nie mehr auf. Es gibt in diesen Punkten eben keine eindeutigen, sondern nur verwirrende Überlieferungen. Das Interessante an den Untersuchungen von Bär, Greither und Davies liegt tatsächlich nicht dort, wo sie im Ergebnis völlig auseinandergehen, sondern vielmehr da, wo sie in den Ausgangspunkten völlig übereinstimmen. Erstens: Mozarts Todeskrankheit ist in jedem Fall keine akute Ersterkrankung, sondern sie hat ihre Wurzeln in einer lange zurückliegenden Vorerkrankung, die in jüngeren oder ganz jungen Jahren auftrat. Zweitens: Ganz gleich, um welche Art von Vorerkrankung es sich handelte, ihre Ursache war in jedem Fall eine Streptokokkeninfektion. Gegen deren Toxine hatte Mozart dabei keine Immunität erworben, so daß im weitesten Sinne eine Immunschwäche vorlag. Damit wäre die Frage nach der Ursache für Mozarts Tod geklärt. Jede Antwort, die darüber hinausgeht, ergibt sich aus Vermutungen und ist somit auf Sand gebaut.

Weil Mozart so jung starb, steht hinter der Frage nach seiner Todesursache im Grunde eine andere, bei der es um die SINNGEBUNG geht. In der romantisierenden älteren Mozart-Literatur sind immer wieder zwei Gedanken aufgetaucht, die in ihrer Form heute nicht mehr annehmbar

NISSEN:

Er war eine früh gereifte Frucht, deren Existenz nur kurz dauert. In dem zarten Alter, wo die Natur noch am Hervorbringen und Sammeln der Lebensgeister arbeitet, hinderte er ihr Geschäft nicht nur durch sitzende Lebensart, sondern consumirte auch schon anahltend einen Theil der Lebensgeister durch ununterbrochenes Componiren. Auch beschleunigte diese Begierde zu schreiben noch seinen Tod, wozu seine Celebrität nur zu vielen Anlass gab. Wie war einem von Natur schwachen und durch Krankheit zerrütteten Körper möglich, eine Anstrengung wie die der letzten vier Monate zu überstehen? ...

Ein Anonymer stellt Mozart's frühes Ende auf folgende Weise dar:

„Mozart's Geist entwickelte sich früh – sehr früh, und erreichte in den Jahren schon einen großen Grad von Vollkommenheit, wo bey andern gewöhnlichen Menschen sich kaum der Funke des Talents zeigt. Er blühte früh, trug frühzeitig Früchte und welkte früh. Betrachten wir sein Leben, sein ausserordentlich thätiges Leben, die Menge seiner Compositionen, die für den kurzen Zeitraum unglaubliche Menge von Compositionen: welches Anstrengen der Einbildungskraft, welches ewige Reiben seines Geistes, welche Exaltation seines Gehirns! Welch ein ununterbrochenes Aufreiben seiner Lebenskraft! Mit einem Worte: sein ganzes Leben war – Lebens-Consumtion. Die Gelehrten-Geschichte zeigt uns eine Menge grosser Geister, die sich – selbst aufzehrten." *a.a.O., S. 565 ff.*

MARY NOVELLO:

Es ist offenbar, daß Überarbeitung den frühen Tod Mozarts herbeigeführt hat. Er konnte sich nie ganz von seinen musikalischen Gedanken losreißen. *a.a.O., S. 89.*

LEOPOLD MOZART AN LORENZ HAGENAUER
ÜBER ERKRANKUNGEN WOLFGANGS: *30. Oktober 1762*

... den 21. waren wir Abends um sieben Uhr abermals bey ihrer Kaiserinnen Maiest: unser Woferl war aber schon nicht recht wie sonst, und ehe wir dahin fuhren, wie auch, da er zu Bette gieng, klagte er s.v. den Hintern und die Füsse. Als er im Bette war, untersuchte ich die orte, wo er die Schmerzen vorgab; und ich fand etliche Flecken in der Grösse eines Kreutzers, die sehr roth und etwas erhoben waren, auch bey dem Berühren ihm Schmerzen verursachten. Es waren aber nur an beiden Schinbeinen, an beiden Ellenbogen, und ein paar am Podex; auch sehr wenig. Er hatte Hitzen, und wir gaben ihm Schwarz Pulver und Margrafen Pulver. Er schlief etwas unruhig. Den folgenden Freytag wiederholten wir die Pulver in der Frühe und Abends, und wir fanden, daß sich die Flecken mehr ausgebreitet hatten; sie waren obwohl grösser; doch nicht mehrer. Wir musten zu allen Herrschaften schicken, wohin wir schon auf 8 Täge hinausbestellet waren, und Tag für Tag absagen lassen. Wir fuhren fort das Margrafen Pulver zu geben, und am Sonntag kam er in einen Schweiß, den wir uns gewunschen, dann bishero waren die Hitzen mehr Trucken. Ich begegnete dem H: Medicum der gräfin v. Sinzendorf /: die eben nicht hier war :/ und erzählte ihm die Umstände. Er kam gleich mit mir. Es war ihm lieb, daß wir so verfahren hatten; er sagt: es seie eine Art eines Scharlach-Ausschlags. *Briefe I, S. 55 f.*

12. Dezember 1765

Kaum war meine Tochter 8. Täge aus dem Bette und hatte gelernet allein über den Stuben-Boden zu gehen; so überfiel den Wolfgangerl den 15. Novb: eine Unbässlichkeit, die ihn in Zeit von 4. Wochen in so elende Umstände setzte, daß er nicht nur absolute unkantbar ist, sondern nichts als seine zarte Haut und kleine Gebeine mehr an sich hat, und nun seit 5. Tägen aus dem Bette täglich in einen sessl gebracht wird; gestern aber und heute führten wir ihn ein paar mahl über das Zimmer, damit er nach

sind. Der erste schließt mit Bedauern die Frage ein, wie viele großartige Werke Mozart noch hätte schaffen können, wenn er nicht so früh gestorben wäre. Dies ist der übliche Umgang mit dem Wörtchen *wenn*, der nicht weiterführt. Denn die nachträgliche Utopie eines zum Greis gewordenen Mozart ist nur auf dem Wege der Erfindung herzustellen. Dabei wäre sie in vieler Hinsicht durchaus interessant. Allein der Versuch, Mozarts Opernschaffen weiterzudenken, würde eine erkennbare Linie in den bestehenden Bühnenwerken voraussetzen. Zum anderen dürfte ein Mozart als Erzieher und Lehrer seiner Söhne ganz wichtige Erkenntnisse über sein eigenes Schaffen gebracht haben. Die Spekulation mit dem Wort *wenn* enthält aber auch ganz andere Möglichkeiten, so etwa das Schicksal eines Robert Schumann, der seine letzten Jahre in geistiger Umnachtung zubrachte, oder das eines Rossini, der sich für den Rest seines Lebens, fern aller Musik, nur noch dem Kochen widmete. Genau hier kommt der andere und entgegengesetzte Gedanke zum Tragen, der folgendes besagt: Mozarts kurzes Leben war so reich an Strapazen und schöpferischer Intensität, wobei beide schon in seiner Kindheit einsetzten, daß eine Fortsetzung dieses Lebens nicht mehr möglich war. Mozart war aufgebraucht, ausgebrannt, und sein Schicksal war somit erfüllt.

Solche Überlegungen wurden merkwürdigerweise schon laut, als Mozart noch ein Kind war und man angesichts seines Genies ein frühes Ende befürchtete. Auf den ersten Blick scheint es überflüssig, solchen Gedanken weiter nachzugehen, und doch enthalten beide einen wesentlichen Kern. Der erste Gedanke erklärt Mozarts Tod für sinnlos, weil damit eine Zukunft verhindert wurde. Die zweite Überlegung betrachtet Mozarts Tod als sinnvoll, indem das Ende mit Vollendung gleichgesetzt wird. Hier und nirgends sonst liegen die Gründe dafür, daß Mozarts Tod bis heute die Gemüter bewegt hat und weiter bewegen wird. Im Grunde interessiert es niemanden, woran ein Bach oder Händel gestorben ist. Denn beide erreichten ein so würdiges Alter, daß ihr Tod als selbstverständlich hingenommen wird. Anders bei Mozart, wo jene Frage bohrt, die immer bohrt, wenn ein junger Mensch stirbt: es ist die einfache Frage, ob das so sein mußte. Um das zu klären, ist die Suche nach eventuellen Mördern eine von vielen Möglichkeiten. Sie führt den Kriminalisten zu Salieris und Freimaurern, und den Mediziner zu Bakterien, oder genauer zu Streptokokken. In beiden Fällen wäre Mozarts Ende zu bedauern, weil es ein vorzeitiges war. Das gleiche gilt auch dann, wenn Mozarts Tod eine Folge der Strapazen war, denen er als Kind ausgesetzt wurde. Vom sechsten Lebensjahr an war er fast ununterbrochen auf Reisen. Die Kutschenfahrten bei jeder Witterung sowie die hygieni-

und nach wieder die Füsse zu bewegen, und auch allein freystehen lernen möge. Sie möchten wissen was ihm gefehlet hat? Das weiß Gott! ich bin müde ihnen Krankheiten zu beschreiben.
Briefe I, S. 211.

15. November 1766

... unsre liebe Frau Hagenauerin wird sich erinnern, daß der Wolfgangerl nach unsrer zurückkunft von Wienn krank geworden, und sehr übl war, so, das man die Blattern förchten muste: und daß es sich am Ende durch die Füsse hinaus zog, an dem er schmerzen klagte etc.

Nun ist es eben so. Er konnte auf keinen Fuß stehen; keinen Zehen und keine Knie bewegen; kein mensch dürfte ihm auf die Nähe kommen, und er konnte 4 nächte nicht schlafen. das nahm ihn sehr mit, und setzte uns um so mehr in sorgen, weil immer, sonderlich gegen die Nacht Hitze und Fieber da waren.
Briefe I, S. 233 f.

10. November 1767

Te Deum Laudamus! Der Wolfgangerl hat die Blattern glücklich überstanden!
Briefe I, S. 244.

ERKRANKUNGEN MOZARTS:

(1756	27. Jan.	in Salzburg	geboren)	
1762	Sept./Okt.	Linz	Katarrh ────────────	
	Okt.	Wien	(Scharlach) =	Knotenrose
1763	Jan.	Salzburg	Polyarthritis	rheumat. Erkrankung
	Sept.	Coblenz	Katarrh	
1764	Febr.	Paris	Angina	
	Mai	London	Angina	
1765	Aug.	Lille	Katarrh = Angina	
	Sept./Okt.	Den Haag	Bauchtyphus	(Nannerl)
	21. Okt.			letzte Ölung
	Nov./Dez.		Bauchtyphus	
1766	Nov.	München	Polyarthritis	rheumat. Erkrankung
1767	Okt.	Olmütz	Blattern	
	Nov.		Blattern	(Nannerl)
1770	März	Italien	Katarrh	
	Nov.		Zahnvereiterung	
1771	Frühjahr			
	oder Dez.	Italien	(gelbe Gesichtsfarbe)	Gelbsucht ?
oder				Nierenerkrankung ?
1773	März	Salzburg	???	
1774	Dez.	München	Zahnerkrankung	
1776	Febr.	Mannheim	Katarrh ???	
1780	Nov.	München	Katarrh	
1783	Mai	Wien	Grippe	
1784	Aug.	Wien	Fieber/Koliken	Nieren ? Rheuma ?
				Schönlein-Henoch ?
1787	April	Wien	???	
1790	April	Wien	Kopfschmerzen, „rheumatisch"	
1791	Herbst	Wien	???	
(1791	5. Dez.	gestorben in Wien)		

schen und sanitären Zustände, die damals herrschten, dazu die ständig wechselnde Ernährung, das alles war der Gesundheit eines Kindes sicher nicht gerade förderlich. Da Nannerl, die zwar einige Jahre älter war, bis kurz vor Wolfgangs dreizehntem Geburtstag alle Reisen mitmachte, welche mehr als fünf dieser sieben Jahre in Anspruch nahmen, ist ein Vergleich möglich. Dieser zeigt zwei lebensgefährliche Erkrankungen beider Kinder. Im Herbst 1765 erkrankt zuerst Nannerl an Bauchtyphus, und zwar so schwer, daß man um ihr Leben fürchtet und ihr am 21. Oktober die Sterbesakramente spendet. Nannerl erholt sich, doch wenige Wochen später erleidet der neunjährige Wolfgang dieselbe Krankheit, offenbar nicht weniger schwer als seine Schwester. Bereits zwei Jahre später, wieder im Herbst, machen beide Kinder die Blattern durch, und diesmal schwebt Wolfgang, der neun Tage nicht sehen kann, in Lebensgefahr. Beide Krankheiten haben aber für die Kinder keine späteren Folgen gehabt, von leichten Pockennarben bei Wolfgang abgesehen. Auffallend ist, daß alle sonstigen Erkrankungen wie Anginen, Erkältungen oder Zahnschmerzen fast nur für Wolfgang belegt sind. Dies zeigt, daß er deutlich anfälliger war als seine viereinhalb Jahre ältere Schwester, die mehr als doppelt so alt wie ihr Bruder, nämlich 78 Jahre wurde. Es liegt der Vorwurf gegen den Vater nahe, daß dieser leichtfertig die Gesundheit seines Sohnes aufs Spiel gesetzt hat. Sicher war Leopold ein strenger Erzieher und vorerst auch ein gnadenloser Manager, was die Karriere seiner Wunderkinder betraf. Trotzdem spricht aus seinen Briefen nicht nur die Sorge ums Geld, sondern gleichfalls eine aufmerksame Fürsorge, besonders für Wolfgang. Der Gedanke ist auch nicht zu Ende gedacht, wenn Leopold für mitschuldig am frühen Tod seines Sohnes erklärt wird. Dieser Sohn war es schließlich, der die Reisen überhaupt veranlaßt hatte, und Leopold war nur der Organisator. Denn ohne Wolfgangs überwältigende Begabung wäre Leopold wohl kaum auf die Idee gekommen, ihn als Wunderkind durch die Welt zu führen. Der Vergleich mit Nannerl zeigt aber, daß Wolfgangs Anfälligkeit durch die Reisestrapazen nur zum Teil erklärt werden kann. Es muß daneben nach Mozarts Konstitution gefragt werden.

Auf der Suche nach der Ursache für seinen Tod verschiebt sich damit die Fragestellung immer weiter in Richtung Geburt. Den Gesetzen der Natur entsprechend, beginnt im Grunde jedes Sterben mit der Geburt. Wer geboren wird, muß sterben, und es ist nur eine Frage der Zeit. Sie wird mitbeantwortet durch die Beschleunigungsfaktoren, welche vom Augenblick der Geburt an wirksam werden. Der letzte Beschleunigungsfaktor in Mozarts Leben war sicher ein Aderlaß, welcher kurz vor dem Ende vorgenommen wurde. Andere Beschleunigungsfaktoren las-

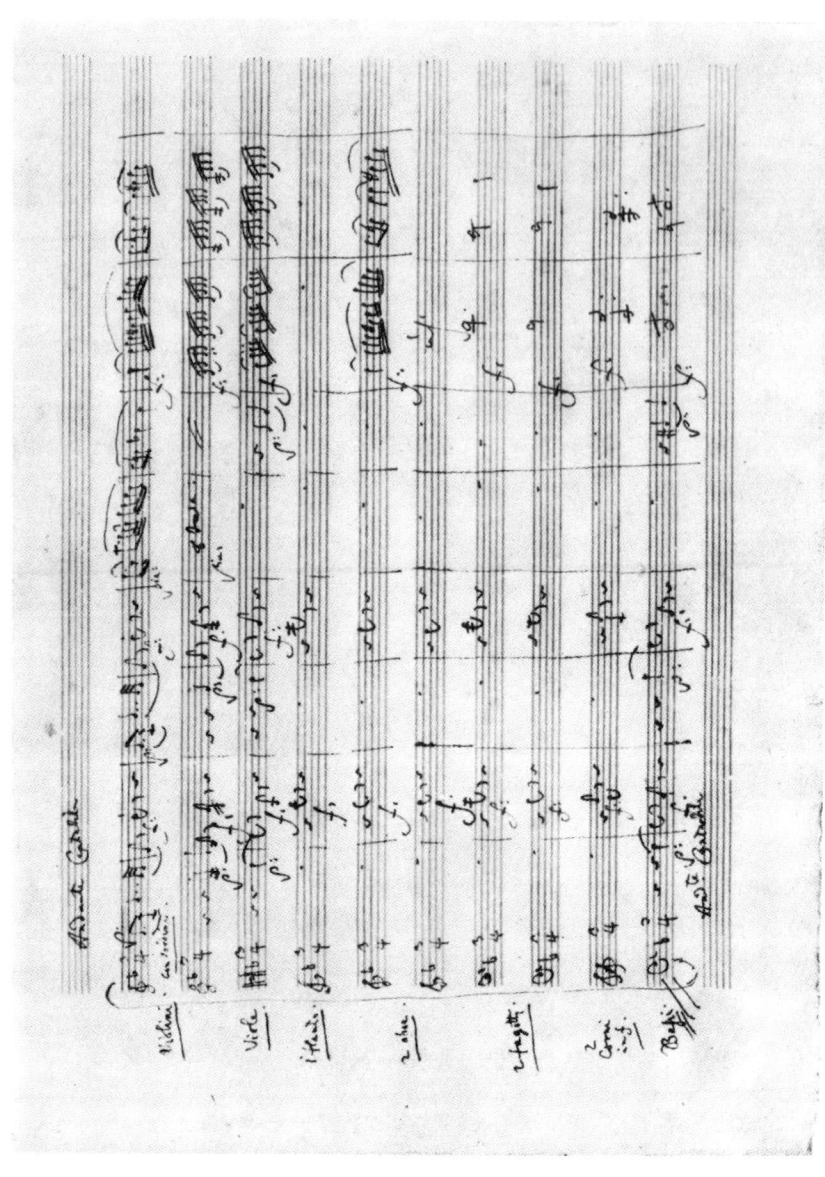

Manuskript von Mozarts C-Dur Symphonie, genannt „Jupitersymphonie".
Anfang des zweiten Satzes

sen sich durch Mozarts ganzes Leben zurückverfolgen bis in die Kindheit. Es bleibt aber die Frage, warum sich Mozart ausgerechnet im Herbst 1791 wieder eine Infektion der oberen Atemwege mit so verheerenden Folgen zuzog.

1791 war das Jahr seiner größten finanziellen und privaten Sorgen, es war das Jahr, in dem er sich mit „Zauberflöte", „Titus" und Requiem einem unmenschlichen Arbeitsdruck ausgesetzt hatte, und es war mit Sicherheit ein Jahr der Erschöpfung. Nach sonstigen Belastungen in Mozarts Leben ist immer wieder geforscht worden. War er ausschweifend? Trank er Alkohol? Suchte er sexuelle Abenteuer? Oder hat er sich ganz einfach zu Tode gearbeitet? Für den Alkohol gibt es keinerlei Beweise, und über erotische Eskapaden, die von Constanze als *Stubenmädelein* abgetan wurden, gibt es nur Gerüchte. Der einzige wirkliche Beweis, der bei Mozart vorliegt, sind über 600 Werke, die in 30 Jahren und in einem atemberaubenden Tempo geschaffen wurden. Wenn er daneben noch Zeit hatte für Alkohol, Billard und Kegeln, Liebschaften, Frau und Kinder sowie das Schlafbedürfnis eines normalen Menschen, dann war er in seinem Privatleben ein größeres Genie als in seiner Musik.

Als das fünfjährige Kind Mozart damit begann, in die verbleibenden drei Jahrzehnte ein Gesamtwerk zu pressen, für das ein guter Kopist mehr Zeit zum Abschreiben benötigt, als Mozart zum Aufschreiben brauchte, da hätte die Frage auftauchen müssen, ob hier nicht eine Lawine in Bewegung kam, die von nun an den Gesetzen der Beschleunigung folgen mußte. Obwohl von Mozart nur belegt ist, daß er sein Komponieren nie als Belastung empfand, daß es seine liebste Arbeit war, und daß er gar nichts anderes wollte, kann sein Werk nicht spurlos durch ihn hindurchgegangen sein. War er, wenn auch gerne, ein Sklave seiner Musik? War er sich seiner Leistung bewußt, und konnte er seinem eigenen Werk überhaupt standhalten? Das heißt: war das Kleinkind Johann Wolfgang Gottlieb Mozart überhaupt jenem Amadeus Mozart gewachsen, der ihn in Gestalt von über 20 Bühnenwerken, etwa 50 Symphonien, mehr als 50 Instrumentalkonzerten und Kompositionen jeder Gattung überleben sollte? Auf jeden Fall war der Mensch Mozart unendlich schwächer als der Komponist Mozart. Er lebte in einer Welt der Töne, und trotz Typhus, Pocken, Zahnweh und Kopfschmerz, Koliken und Müdigkeit, hat er etwas hinterlassen, was heute als selbstverständlich hingenommen wird: einen Mozart, der als Musik weiterlebt.

Grabstein der Constanze Mozart – von Nissen auf dem Sebastiansfriedhof in Salzburg

Attest der Tonkünstler-Societät: 20. Januar 1792

Daß der Verstorbene Herr Wolfgang Amadeus Mozart, k.k. Hof-Kompositor kein Mitglied der Musikal. Wittwen- und Waisengesellschaft ware und dahero seine hinterlassene Wittwe aus besagtem Societaetsfonds weder dermalen eine Pension beziehe, noch in Zukunft anzuhoffen habe, wird hiemit bezeuget.

Pr. Musikal. Wittwen- und Waisengesellschaft.
Wien den 20. Jan. 1792.
Joseph Scheidl
Societ. Secret.

Otto Jahn: „W. A. Mozart." 3. Aufl., Bd. II, S. 705.

Die Witwe räumt auf – und ab

Die Etatsräthin *Constanze, Wittwe von Nissen, früher Wittwe Mozart* und geborene Weber, stirbt am 6. März 1842 in Salzburg, der Geburtsstadt Mozarts. Dieser ist inzwischen bereits 50 Jahre tot, und doch hat er Constanzes Leben, das ihn ein halbes Jahrhundert überdauern sollte, nachhaltig beeinflußt. Denn bei seinem Tode hatte er seiner damals 29jährigen Frau drei Dinge hinterlassen: einen mittleren Schuldenberg, ein gewaltiges Werk, von dem nur ein Bruchteil zu seinen Lebzeiten gedruckt worden war, und die Pflicht, der Nachwelt Informationen über seine letzten zehn Jahre zu liefern, die er an Constanzes Seite verbracht hatte. So stand auch über Constanzes zweiter Ehe mit Georg Nikolaus Nissen immer der Name Mozart.

Constanze hat ihre Verpflichtungen als Witwe Mozart unterschiedlich erfüllt. Die Geldprobleme hat sie schnell, zäh und tüchtig aus der Welt geschafft, so daß ihre finanzielle Situation schon bald sehr viel günstiger aussah. Dies beweist, daß Constanze mit GELD sehr wohl umgehen konnte. Nach dem Tode ihres Mannes war vorerst die Zukunft für sie und ihre Kinder durch nichts gesichert. Da Mozart nur zwei Jahre als Hof-Musik-Compositor in kaiserlichen Diensten gestanden hatte, ergab sich für seine Witwe keinerlei Anspruch auf eine Pension. Auch von der „Wittwen- und Waisengesellschaft" konnte sie keine Unterstützung erwarten, weil Mozart der Tonkünstler-Societät nie beigetreten war. Dazu wäre ein Taufschein nötig gewesen, dessen Beschaffung aus Salzburg Mozart versäumt hatte.

Constanze stand also zuerst einmal vor dem Nichts. Mit zwei Kindern, von denen eines sieben Jahre und das andere fünf Monate alt war, und einem Schuldenstand von ungefähr 3000 Gulden war ihre Situation bedenklich. Außerdem wußte die Witwe, was auf sie zukam: Mozarts Vermögen und seine Wohnung wurden wie üblich vom Magistrat der Stadt gesperrt, wobei sich das Vermögen als ein Schuldkonto erwies und der Haushalt immerhin 14 Monate vorher verpfändet worden war. Constanze mußte mit mehreren amtlichen Vorladungen rechnen,

SCHULDEN NACH MOZARTS TOD:

- unbezahlte Rechnungen   918 Gulden
- bei Puchberg   1000 Gulden
- Schuldverschreibung
  vom 1. Oktober 1790
  fällig am 1. Oktober 1792   <u>1000 Gulden</u>
    2918 Gulden

BESCHEID AUF KONSTANZES GESUCH: 13. März 1792

Seine Majestät haben der Bittstellerin sammt ihren zweien Kindern das Drittel von dem Gehalte ihres Ehegatten pr. 800 fl. mit 266 fl. 40 xr. zur Pension vom 1. Jäner d.J. aus der Universalcameralcasse aus besonderer höchster Gnade und ohne Consequenz zu ertheilen geruht.   *Staatsarchiv Wien.*

„PRESSBURGER ZEITUNG":   31. Dezember 1791

Die Wittwe Mozard hat zu ihrem Vortheile die allerhöchste Erlaubniß erhalten, vergangenen Freytag eine musikalische Akademie im Nationaltheater geben zu dörfen, bey welcher nicht nur allein der gesammte Hof sondern auch eine zahlreiche Menge Publikum sich einfanden; von Hofe aus hat sie 150 Dukaten erhalten, und in allem belief sich ihre Einnahme auf 1500 Gulden.

„WIENER ZEITUNG":   13. Dezember 1794

Die k.k. oberste Theatralhofdirektion hat der Unterzeichneten gnädig erlaubt, in gegenwärtiger Adventzeit eine musikalische Akademie zu ihrem Vortheile zu geben. Sie bestimmet hiezu eines der beßten und letzten Werke ihres, für sie und für die Kunst, zu früh verstorbenen Mannes, des seel. k.k. Hofkammerkompositors, Wolfgang Amade Mozart, nämlich die von ihm auf die Metastasische Oper La Clemenza di Tito, geschriebene, hier noch nicht aufgeführte Musik. Der allgemeine Beyfall, womit Mozarts musikalische Produkte jederzeit aufgenommen worden sind, macht sie hoffen, das verehrungswürdige Publikum werde auch die Aufführung eines seiner letzten Meisterstücke mit seiner Gegenwart beehren. Der Tag der Aufführung dieser Musik, und die singenden Personen, werden durch den gewöhnlichen Anschlagzettel zu seiner Zeit bekannt gemacht werden.

    Mozart, gebohrne Weber.

„WIENER ZEITUNG":   21. März 1795

Forte Piano und Clavicourt zu verkaufen.

Es ist ein grosses Forte piano, und ein Clavicourt vom verstorbenen Mozart täglich zu verkaufen. Kauflustige belieben sich deßhalb in der rothen Thurmgasse beym schwarzen Elephanten, wo das Kaffeehaus ist, im ersten Stock rechts früh bis 1 Uhr anzufragen.

darüber hinaus hatte sie einen rechtlichen Vertreter einzusetzen. Sie wählte Michael Puchberg, der zum Glück soviel Charakter besaß, der Witwe 1000 Gulden zu stunden. Andere Gläubiger wurden öffentlich aufgefordert, sich zu melden, blieben jedoch aus. Constanze wandte sich mit einem Gesuch an den Kaiser, und obwohl sie das in einer Audienz persönlich tat, brauchte es dann doch drei Monate, bis ihr ein Drittel dessen bewilligt wurde, was Mozart vorher als Taschengeld bekommen hatte. Bei der Audienz soll Kaiser Leopold ihr zu einem Wohltätigkeitskonzert geraten haben, beziehungsweise dürfte Constanze um dessen Bewilligung gebeten haben. Ein solches Konzert ist aber nur durch eine Meldung der Preßburger Zeitung vom 31. Dezember 1791 bekannt. In Prag wurde laut Niemetschek noch im Dezember eine Musikalische Akademie *zugunsten der Witwe und der Kinder Mozarts* gegeben, doch ist nur eine vom 13. Juni 1792 nachgewiesen. In diesem Monat hatte Mozarts Wiener Freimaurerloge zu einer Geldsammlung für seine Hinterbliebenen aufgerufen. Constanzes nächste Einnahmequelle war eine Requiemaufführung, die Baron van Swieten am 2. Januar 1793 veranstaltete. Salieri soll den Proben beigewohnt haben. Auch die Einnahmen eines Prager Konzertes vom 7. Februar 1794 waren wahrscheinlich für Constanze bestimmt. Sie selbst veranstaltete in Wien zwei Akademien, bei denen es sich um konzertante Aufführungen der Oper „Titus" handelte. Die erste fand am 29. Dezember 1794 im Kärntnertortheater statt, und die zweite folgte am 31. März 1795 im Burgtheater. Ebenfalls *„zum Besten von Mozarts Witwe und Sohn"* wurde am 4. September in Graz der „Titus" gegeben. Im Schnitt ergab das für Constanze jährlich eine Wohltätigkeitsveranstaltung, aus deren Erlös sie ihre magere Pension aufbessern konnte. Anscheinend brachte das zuwenig ein, denn im März 1795 bot Constanze Mozarts Fortepiano sowie sein Clavichord zum Verkauf an. Beide Instrumente tauchten später im Nachlaß ihrer Söhne auf; sie wurden also womöglich gar nicht verkauft oder zurückgekauft.

Im Herbst 1795 trat Constanze mit ihrer Schwester Aloysia eine Konzertreise durch Deutschland an, und nach genau zwölf Jahren wagte sie sich wieder als Sängerin an die Öffentlichkeit. Es scheint verständlich, daß sie während ihrer Ehe mit Mozart das Singen aufgegeben hatte, war doch ihr Mann von den besten Sopranistinnen seiner Zeit umgeben gewesen. Constanzes späte Tätigkeit als Mozart-Sängerin führte sie über Leipzig, wo am 11. November ein Konzert im Gewandhaus stattfand, nach Hamburg. Dort ist kein Konzert nachgewiesen, doch gastierte Aloysia am 7. Februar 1796 als Sesto im „Titus". Nach einem Konzert in Berlin, für das Friedrich Wilhelm II. das Opernhaus zur

HANDSCHREIBEN FRIEDRICH WILHELMS II.: 14. Februar 1796

Sr. Königliche Majestät von Preußen u.u. machen sich ein wahres Vergnügen, durch die Gewährung des Wunsches der Wittwe Mozart zu beweisen, wie sehr Sie das Talent ihres verstorbenen Mannes geschätzt und die ungünstigen Umstände bedauert haben, welche ihm die Früchte seiner Werke einzuerndten verhinderten. Allerhöchst dieselben bewilligen der Wittwe Mozart zur Aufführung dessen letzter Komposition, La Clemenza di Tito das große Opernhaus, so wie Dero eigenes Orchester, haben auch dieserhalb die nöthigen Befehle an den Kammerherrn Freyherrn von der Reck erlassen, an welchen sich selbige nunmehr zu wenden hat, und wegen des hiezu zu bestimmenden Tages und wegen des übrigen Details mit ihm sich gehörig zu besprechen. *Niemetschek, a.a.O., S. 43.*

CONSTANZE NISSEN AN E. UND K. HUMMEL: *Salzburg am 23. jäner 1838*

Mit dem größten Leidwesen vernahm ich aus den öffentlichen Blättern das allzu frühe Hinscheiden meines so sehr geliebten Ziehsohnes, Ihres theuren Herrn Vaters. Ich will Ihren Schmerz um einen so großen Verlust nicht erneuern, doch kann ich es auch nicht unterlaßen, Ihnen mein tiefstes Beyleid zu bezeugen. Was ich dabey empfinde, bin ich nicht im Stande auszudrücken, da ich ihn als Ziehsohn so lieb gewann und seines Talentes wegen meinen eigenen Söhnen weit vorzog.

Mit dieser liebevollen Erinnerung an ihn verbindet sich ein Gefühl, welches mich bewegt, an die Söhne des theuren Mannes eine Frage zu richten, die Sie mir gewiß vergeben werden.

Sollte dieser große Mann bey seinem Tode nicht auch an mich, seine ehemalige Pflege-mutter gedacht haben? Da er doch so oft mir mündlich versprach, daß, wenn er einmal in günstige Verhältniße kommen und glücklich seyn werde, er gewiß alle meine Mühe, Liebe, Sorgfalt und Ausgaben für Kost, Quartier und Lehrstunden, die er bey meinem seligen Gatten Mozart genoß, reichlich vergüten werde. Zürnen Sie mir nicht, wenn ich Ihnen sage, daß dieß mir geschah, sondern halten Sie mir es zu gut, daß ich nun an den Edelsinn seiner Söhne appellire. Ich bin zufrieden, wenn dieselben von dem Be-deutenden, welches der Selige Ihnen hinterlaßen hat, mir irgend ein Andenken für alles, was ich ihm einst Gutes erwiesen habe, überschicken wollen. Sey es, was es wolle, ich werde mich gerne gegnügen, um nur sagen zu können: dieß ist von meinem Zieh-sohn, dem berühmten Hummel! –

Und nun empfehlen Sie mich Ihrer Frau Mutter unbekannterweise, und geben Sie eine geneigte Antwort

Ihrer

    ergebenen

                                 Constanze Etatesräthin

                                 von Nißen gewesene

                                 Wittwe Mozart

Meine adreße ist wie meine unterschrift."

(Nur Datum und Unterschrift von Constanzes Hand)

                                 Mozart-Jahrbuch 1964, Kassel, S. 143.

Verfügung gestellt hatte, reisten die Schwestern wieder nach Leipzig. Der Pianist Anton F. J. Eberl, der bisher mit ihnen aufgetreten war, hatte sich inzwischen wieder nach Wien begeben. Im ersten der beiden Leipziger Konzerte vom 20. und 25. April stand unter anderem Mozarts Requiem auf dem Programm. Den Abschluß der Reise bildete im Mai ein Konzert in Dresden, worauf Constanze über Prag nach Wien zurückgekehrt sein dürfte, denn in Prag war ihr Sohn Carl Thomas bei Professor Niemetschek in Pflege, und während der Reise war auch Franz Xaver dort untergebracht. Es sieht so aus, als habe Constanze mit ihrer Tournee nicht schlecht verdient, denn nach weiteren Konzerten in Linz und Graz konnte sie der Sängerin Josepha Duschek im folgenden Jahr ein Darlehen von 3500 Gulden geben.

Ein weniger günstiges Licht fällt auf ihr Finanzgebaren durch den Streit mit der Familie Hummel, welcher zeigt, daß ihr nichts zu teuer war, wenn es ums Geld ging. Johann Nepomuk Hummel war als Knabe für ungefähr zwei Jahre Mozarts Schüler gewesen und hatte in dieser Zeit bei den Mozarts Quartier. Ob Unterricht und Logis bezahlt wurden, ist nicht bekannt. Als Hummel später ein berühmter Komponist und gesuchter Lehrer wurde, war einer seiner Schüler Franz Xaver Wolfgang Mozart. Constanze hatte von Hummel keine besonders gute Meinung, was aus dem Bericht der Novellos hervorgeht, wo Constanze aus Hummels zweijähriger Lehrzeit nebenbei fünf Jahre machte. Nach Hummels Tod 1837 hatte sie nichts Eiligeres zu tun, als den Söhnen des Verstorbenen einen Kondolenzbrief zu schreiben, der weniger ihr Beileid als vielmehr gewisse Forderungen ausspricht. Die Hummel-Erben waren nicht gewillt, darauf einzugehen, und brachten die Angelegenheit vor die Landesregierung in Weimar; Constanzes Versuch, noch Honorare einzutreiben, die 50 Jahre vorher fällig gewesen wären, schlug daraufhin fehl.

Im übrigen scheint auch Constanzes Umgang mit dem musikalischen NACHLASS Mozarts eher von finanziellen als von künstlerischen Interessen bestimmt gewesen zu sein. Dafür spricht der Schwindel mit dem Requiem, bei dem Constanze nur so gehandelt hat, wie die Witwe eines jeden Handwerkers auch gehandelt hätte. Neben allen Schulden war noch ein Auftrag im Haus, der Geld bringen konnte, wenn er zu Ende geführt wurde. Constanze handelte rasch, und dies aus zwei Gründen. Sie konnte nur mit einer vollständigen Bezahlung der Totenmesse rechnen, wenn das Werk schnellstens und als vollständige Arbeit ihres Mannes abgeliefert würde. Andernfalls hätte sie womöglich die geleistete Anzahlung zurückerstatten müssen. Außerdem wollte sie das Requiem

Signatur Mozarts auf dem Manuskript „Ave verum corpus"

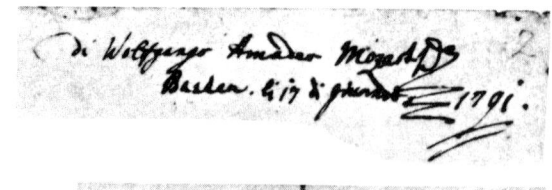

Gefälschte Mozart-Signatur auf dem „Requiem"

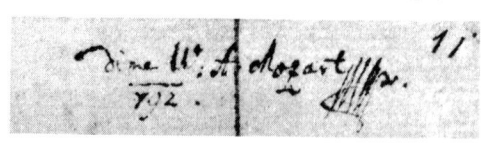

MARY NOVELLO:

... Madame bemerkte richtig, daß nach den Skizzen und genauen Anweisungen Mozarts jedermann geschrieben haben konnte, was er geschrieben, und daß nichts, was Süßmayr vorher oder nachher geschaffen, von einem ähnlichen Talent Zeugnis gegeben.

a.a.O., S. 108.

CONSTANZE MOZART AN BREITKOPF & HÄRTEL: *Wien 18 Oct. 1799*

höchstgeehrte herren,
zu meinem Erstaunen lese ich im Frankfurter Statsristretto ein Avertissement dH.
Gayl und Hedler des Inhalts:
„daß ich Ihnen die Originalpartitur des Requiems überlassen habe".
Wenn Sie mich nicht wegen aller Forderungen des edlen Anonymus, den ich stets nach meiner Schuldigkeit respectirt habe, wovon auch mein briefwechsel mit Ihnen, namentlich unterm 25 Mai und 15. Jun. zeugt, gänzlich beruhigen können, so bin ich meiner Ehre wegen und aus Pflicht gegen den Anonymus gezwungen, eine Gegenerklärung in alle Zeitungen, wo es nöthig ist, einrükken zu lassen. Ich kann begreifen, daß dieses Ihnen unangenehm seyn wird, und deswegen thue ich es ungerne, und nicht ehe ich Ihre Antwort erhalte, wenn Sie mir sie bald geben. Auf alle Fälle ist es noch überdem ja ganz schnurgerade wieder die wahrheit, daß ich Ihnen die Originalpartitur überlassen habe, bey welchem lezteren Ausdruk das Publicum und der Anonymus verstehen wird, daß ich Ihnen das Werk verkauft und dem Anonymus, der es noch nicht erlaubt hat, also nicht Wort gehalten habe. Dieses müssen wenigstens Sie durch eine andre Anzeige in allen Zeitungen, worin die falsche befindlich ist, berichtigen.
Sie wissen den ganzen Zusammenhang sehr genau; doch will ich ihn noch wiederholen.
Ich wollte Ihnen das Requiem allerdings einmal verkaufen, aber, wie ich Ihnen verschiedene Male gemeldet habe, erst nachdem ich die Erlaubniß des Anonymus in den Zeitungen verlangt hätte. *Briefe IV, S. 277 f.*

(Handschrift Nissens, Unterschrift Constanzes.)

Constanzes Entwurf für einen Aufruf durch die Presse, siehe hier S. 108.

weiterverkaufen, und sie tat das schon drei Monate nach Mozarts Tod, indem sie es für 450 Gulden dem Gesandten des Preußischen Königs Friedrich Wilhelm II. anbot.

Es ist kaum anzunehmen, daß es Constanze darum ging, der Welt einen vollendeten „letzten Mozart" zu schenken, zumal das Requiem als ein Werk des Auftraggebers Walsegg gelten sollte. Doch dieser Plan war durch Mozarts Tod vorerst durchkreuzt worden, und nun galt es, aus dem hinterlassenen Material Kapital zu schlagen. Dazu aber mußte das Requiem schleunigst, wenn auch nicht vollendet, so doch wenigstens beendet werden. Dieser Versuch allein zeigt, wie naiv Constanze dem Schaffen Mozarts gegenüberstand. Sie hätte eigentlich wissen müssen, daß aus diesem Requiemfragment nie mehr ein vollendeter Mozart werden konnte. Constanze war offensichtlich anderer Meinung und täuschte damit nicht nur sich selbst, sondern auch den Auftraggeber. Ihr Handlanger war Süßmayr, der die Partitur fertigstellte und obendrein noch mit dem Namen Mozart signierte. Bis das erkannt wurde, hat die Jahreszahl 1792 die gesamte Musikwelt irregeführt.

Wahrscheinlich ist der ganze Requiemstreit der einfachen Tatsache zu verdanken, daß eine junge Frau den geerbten Schuldenberg abtragen wollte, indem sie die letzten Noten ihres Mannes vervollständigen ließ, damit sie in klingende Münze umgesetzt werden konnten. In dieser Hinsicht ist Mozarts Requiem ein Werk Constanzes. Wieviel sie daran verdient hat, ist unbekannt, und auch darüber, wie Süßmayr bezahlt wurde, weiß man nichts.

Spätestens ab 1795 war Constanze in der Lage, Werke Mozarts auf eigene Kosten drucken zu lassen. Schon während ihres Hamburger Aufenthaltes stand sie mit den Verlegern André sowie Breitkopf & Härtel in Kontakt. Und von da aus bahnte sich der lange Kampf um eine erste Mozart-Gesamtausgabe an. In musikalischen Fragen wurde der Abbé Maximilian Stadler Constanzes engster Mitarbeiter, der den Nachlaß sichtete und ordnete. In ihrer Verkaufstaktik, die darin bestand, die Autographen möglichst einzeln herzugeben und nicht als Gesamtpaket zu verkaufen, wurde Constanze von Nissen unterstützt. Die Zusammenarbeit mit dem Leipziger Verleger Gottfried Christoph Härtel geriet um 1800 vor allem durch das Requiem in eine endgültige Krise, und Constanze verkaufte kurzerhand alle noch vorhandenen Originale nach Offenbach an André. Dieser bot ihr für 15 Pakete Noten 2550 und insgesamt 3150 Gulden. Dieser Betrag entspricht etwa den Schulden, die Mozart hinterlassen hatte. Reich geworden ist Constanze durch Mozart nicht. Wenn auch nach ihrem Tod 1842 ein Betrag von 27191 Gulden verblieb, so ist nicht gesagt, daß dies der Ertrag aus ihren Mozart-Ge-

Constanze Mozart. Ölbild von Hans Hansen (um 1802). Salzburg, Mozart-Museum

schäften war. Die Summe wird vielmehr durch Nissens Erbe mitbestimmt gewesen sein. Dennoch stand sich Constanze finanziell gesehen mit dem toten Komponisten eindeutig besser als mit dem lebenden.

Was nun Constanzes Beitrag zu unserem Wissen über Mozarts Leben betrifft, so scheint sie in diesem Punkt versagt oder sich versagt zu haben. Ihre Mitarbeit an den ersten wichtigen BIOGRAPHIEN hat für erhebliche Lücken und Unklarheiten gesorgt. Welche Motive Constanze dafür hatte, ist schwer zu durchschauen. Unsere fehlende persönliche Nähe zu Mozart und der zeitliche Abstand machen es leicht, Constanze zu verurteilen, aber fast unmöglich, sie gerecht zu beurteilen. Auf jeden Fall hat sie mit einem anderen Mozart zu tun gehabt als wir. Sie war mit einem Freischaffenden verheiratet, der zwar immer wieder größere Geldbeträge ins Haus brachte, dem es jedoch gelang, sein Vermögen auf mysteriöse Weise in Schuldscheine und Verpfändungsurkunden umzuwandeln. In den neun Jahren ihrer Ehe war Constanze sechsmal schwanger, und doch dürfte aufgrund von Mozarts ständigen Verpflichtungen und durch seine oft unregelmäßigen Arbeitszeiten ein geregeltes Familienleben kaum stattgefunden haben. Constanze hatte ein gewisses Recht, den privaten Mozart für sich zu behalten, wobei sie wohl kaum in der Lage war zu entscheiden, in welchen Belangen die Nachwelt ein Anrecht auf ihr Wissen anmelden würde. Constanze war auf die Unsterblichkeit ihres Mannes nicht eingestellt, und wenn sie gewußt hätte, was für große Verwirrungen durch ihre kleinen Korrekturen in die Welt gesetzt wurden, dann hätte sie wahrscheinlich manchen Fehler vermieden.

Zu ihren Lebzeiten entstanden vier wichtige Bücher über Mozart, die heute zu den Hauptquellen zählen. Es sind dies der Nekrolog Schlichtegrolls von 1793, die Biographie Niemetscheks von 1798, Nissens umfangreiche Materialsammlung, die 1828 erschien, und schließlich die Aufzeichnungen des Ehepaares Novello vom Sommer 1829. Auf diese vier Arbeiten hat Constanze direkt oder indirekt Einfluß genommen.

Friedrich SCHLICHTEGROLL, Professor und Mitglied der Münchner Akademie der Wissenschaften, wandte sich vier Monate nach Mozarts Tod an dessen Schwester und bat sie um biographische Angaben über den Verstorbenen. Nannerl ist dieser Bitte sorgfältig nachgekommen. Über die frühe Kindheit des Bruders stellte sie einen Bericht des ehemaligen Hoftrompeters Johann Andreas Schachtner zur Verfügung. Schachtner hatte als Freund der Familie Mozart die ersten musikalischen Schritte des Wunderkindes Wolfgang mitverfolgt. Sodann schrieb

MOZARTS SCHWESTER AN FRIEDRICH SCHLICHTEGROLL:

Die beyden Mozartisch: Eltern waren zu ihrer Zeit das schönste Paar Eheleuthe in Salzburg; auch galt die Tochter in ihren jüngeren Jahren für eine Regelmässige Schönheit. aber der Sohn Wolfgang war klein, hager, bleich von Farbe, und ganz leer von aller Prätenzion in der Physiognomie und Körper. ausser der Musick war und blieb er fast immer ein Kind und dies ist ein HauptZug seines Charackters auf der schattigten Seite; immer hätte er eines Vatters, einer Mutter, oder sonst eines Aufsehers bedarfen; er konnte das Geld nicht regieren, heyrathete ein für ihn gar nicht passendes Mädchen gegen den Willen seines Vaters, und daher die große häusliche Unordnung bei und nach seinem Tod.

(ab „heyratete" von Nissen (?) unleserlich gemacht) *Briefe IV, S. 199 f.*

MOZARTS SCHWESTER AN FRIEDRICH SCHLICHTEGROLL:

Was nun seinem weiteren LebensLauf betrift, müssen Sie sich schon in Wien darnach erkundigen, da ich nichts vorfinden kann, woraus ich was vollständiges schreiben könnte. *Briefe IV, S. 198.*

FRIEDRICH SCHLICHTEGROLL:

In Wien verheirathete er sich mit Constanza Weber, und fand in ihr eine gute Mutter von zwey mit ihr erzeugten Kindern, und eine würdige Gattinn, die ihn noch von manchen Thorheiten und Ausschweifungen abzuhalten suchte. So beträchtlich sein Einkommen war, so hinterließ er doch, bey seiner überwiegenden Sinnlichkeit und häuslichen Unordnung, den Seinigen weiter nichts als den Ruhm seines Nahmens, und die Aufmerksamkeit eines großen Publicums auf sie ...

*Schlichtegroll, „Joannes Chrysostomus Wolfgang Gottlieb Mozart"
in: „Nekrolog auf das Jahr 1791", „Mozarts Leben", Gotha 1793, Kassel 1954, S. 30 f.*

SCHLICHTEGROLL:

Im November des nächsten Jahres schrieb er in München eine Opera seria für das folgende Carneval, und reißte von da aus nach Wien, wohin ihn sein Fürst, der Erzbischof von Salzburg, der sich eben dort aufhielt, berufen hatte. Seit dieser Zeit, also seit seinem 24sten Jahre, lebte er in Wien, und trat in kaiserliche Dienste. Er erfüllte die großen Erwartungen, zu denen seine bewundernswürdigen und früh entwickelten Gaben das ganze musikalische Publikum berechtigt hatten, auf eine vollkommen befriedigende Art, und ward, um mit wenig Worten alles zu sagen, der Lieblingscomponist seines Zeitalters.
Die verschiedenen Werke Mozarts hier einzeln anzuführen, wäre zu weitläufig und selbst überflüssig; denn wer sollte seine Sonaten und Concerte für das Klavier, seine Symphonien und Quartetten nicht kennen, und in wessen Liebhabers Händen wären sie nicht? Einen -gleichen Beyfall erwarben ihm seine Opern, deren er mehrere in Wien verfertigte, und darunter die Zauberflötte besonders einen so vorzüglichen und allgemeinen Beyfall erhielt,

Nannerl einen Aufsatz über Mozarts Jugend, für den sie die Briefe und Aufzeichnungen des Vaters zu Rate zog. Ihr Aufsatz geht bis ins Jahr 1781. Dies war das entscheidende Jahr, in dem sich der 25jährige Mozart von Salzburg lossagte, zu Constanze zog und sich endgültig in Wien niederließ. An diesem Punkt endet Nannerls Bericht unvermittelt, und es folgen nur noch einige Nachschriften, von denen die letzte in einer sehr unfreundlichen Bemerkung über Constanze gipfelt. Ansonsten empfiehlt Nannerl dem Professor, sich für weitere Auskünfte nach Wien zu wenden. Schlichtegroll hat Schachtners und Nannerls Mitteilungen gründlich benutzt und durch einiges ergänzt, was als Urteil oder Anekdote über Mozart im Umlauf war. Nannerls Meinung von Constanze hat er vorsichtshalber in eine wohlwollende Form verkehrt. Trotzdem sollen diese Sätze und die Äußerungen über Mozarts Haushaltsführung Constanze veranlaßt haben, bei einem nochmaligen Erscheinen von Schlichtegrolls Nekrolog einzugreifen. Als die Schrift 1794 in Graz unverändert in 600 Exemplaren nachgedruckt wurde, kaufte sie die ganze Auflage auf und beseitigte sie. War ihre weibliche Eitelkeit wirklich der einzige Grund für dieses Vorgehen, oder verbergen sich etwa hinter der Entstehungsgeschichte des Nekrologs andere Motive?

Für die letzten zehn Jahre Mozarts hatte Nannerl Schlichtegroll nach Wien verwiesen. Wenn der Herr Professor nur einigermaßen seriös war, dann hat er diesen Rat befolgen müssen. Denn in Wien hatte Mozart ab 1781 seine größten Werke geschaffen, und dort war das Material für den Hauptteil seiner Biographie zu suchen. Zunächst scheint es, als habe sich Schlichtegroll nicht näher in Wien erkundigt; sonst wären seine Ausführungen über Mozarts Wiener Zeit nicht so dürftig ausgefallen. Bei der Schilderung von Mozarts Parisreise beschließt der Biograph plötzlich, sich kurz zu fassen: Wolfgangs Reise mit der Mutter und deren Tod werden auf einer halben Seite skizziert und fünf Seiten später hat sich Schlichtegroll seiner Mozart-Pflichten entledigt. In diesem Telegrammtext wird „Idomeneo" gerade noch erwähnt, aber nicht genannt. Von „Figaro", „Don Giovanni" oder „Cosi fan tutte" scheint Schlichtegroll nichts gehört zu haben, und der Erfolg der „Zauberflöte" ist gerade noch an sein Ohr gedrungen. Aber etwas anderes hat Schlichtegroll erfahren, und dies schon in den Jahren 1792/93. Daß Mozart nämlich sein Requiem nicht selbst vollenden konnte.

Und noch einmal muß diese Geschichte von vorne aufgerollt werden. Nannerl hatte über das Leben ihres Bruders nur bis zum Ende seiner Salzburger Zeit referiert und den Biographen für weitere Einzelheiten nach Wien verwiesen. Die folgenden drei Sätze eignen sich nicht mehr zur Nachprüfung, aber sie empfehlen sich zum Nachdenken. Erstens:

daß sie binnen einem Zeitraume von zwölf Monaten hundert Mahl vorgestellt wurde. Schon im Jahr 1785 sagte der große Joseph Haydn zu Mozarts Vater, als dieser eben in Wien war: „Ich sage Ihnen vor Gott und als ein ehrlicher Mann, daß ich ihren Sohn für den größten Componisten anerkenne, von dem ich nur immer gehört habe; er hat Geschmack und besitzt die gründlichste Kenntniß in der Kunst der Composition." Dieses Urtheil eines vor allen dazu berufenen und geeigneten Richters hat eine neue Bestättigung erhalten in der Todtenmesse oder dem sogenannten Requiem, welches Mozart in seinen letzten Tagen setzte, aber nicht ganz vollenden konnte. Das Feyerlich-Pathetische des Ausdruckes, das man darin mit dem höchsten Grade der Kunst auf die zweckmäßigste Art vereinigt findet, hat bey der zum Vortheil der Wittwe und Kinder veranlaßten Aufführung alle Herzen gerührt, und sich aller Kenner Bewunderung erworben.   *a.a.O., S. 27 ff.*

NIEMETSCHEK, FRANZ XAVER (1766-1849), geb. in Sadska, Studium der Philosophie. Professur in Pilsen und Prag. Die Bekanntschaft mit Mozart kam wahrscheinlich durch das Ehepaar Duschek zustande. Er betreute nach Mozarts Tod dessen Söhne, den älteren Carl Thomas sogar über mehrere Jahre. Seine Mozart-Biographie erschien zuerst 1797 anonym unter dem Titel „Mozarts Biographie in musikalischer Hinsicht, von N." in Prag, unter Niemetscheks Namen „Leben des k.k. Kapellmeisters Wolfgang Gottlieb Mozart..." 1798, sieben Jahre später auch in Leipzig. 1808 erfuhr sie eine revidierte Auflage. Ab 1820 lebte Niemetschek in Wien.

NIEMETSCHEK: 1798

Switten. Dieser vortreffliche über alles Lob erhabene Mann blieb stets ein wahrer Freund Mozarts, und ist nun Vater seinen hinterlassenen Waisen.

(In der 2. Auflage von 1808 gestrichen)   *a.a.O., S. 31.*

NIEMETSCHEK, FUSSNOTE ZUM REQUIEM:

Die Wittwe besitzt die Partitur desselben, und verwahrt sie wie eine Reliquie.

(in der 2. Auflage von 1808 gestrichen)   *a.a.O., S. 35.*

NIEMETSCHEK, ERGÄNZUNG DER 2. AUFLAGE ZU MOZARTS ABSCHIED IN PRAG:

Bey seinem Abschiede von dem Zirkel seiner Freunde ward er so wehmüthig, daß er Thränen vergoß. Ein ahnendes Gefühl seines nahen Lebensende schien die schwermüthige Stimmung hervorgebracht zu haben – denn schon damals trug er den Keim der Krankheit, die ihn bald hinraffte, in sich.   *a.a.O., S. 80 f.*

Wenn Schlichtegroll seriös war, dann hat er sich nach Wien gewandt. Zweitens: Wenn es in Wien eine Adresse gab, die für einen Biographen interessant sein konnte, dann war es die Adresse von Constanze Mozart. Drittens: Wenn Schlichtegroll sich nach Wien gewandt hat, dann bekam er dort keine Auskunft oder sogar eine Abfuhr. Er hat auf Wiener Adressen verzichtet oder verzichten müssen. Statt dessen schrieb er im Alleingang einen Satz über das Requiem, der bei Constanze zu dieser Zeit größtes Unbehagen auslösen mußte. Was auch immer sie bewogen hat, Schlichtegrolls Werk verschwinden zu lassen, sie bewies damit, daß sie gewillt war, auf Veröffentlichungen über Mozart Einfluß zu nehmen.

Der zweite Mozart-Biograph hieß Franz Xaver NIEMETSCHEK, und auf dessen Buch hatte Constanze einen direkteren Einfluß, weil sie mit ihm befreundet war. Bei der Arbeit an seiner Mozart-Biographie konnte Niemetschek für Mozarts Jugend auf die Vorlagen von Nannerl, Schachtner und Schlichtegroll zurückgreifen, doch war er für alles weitere hauptsächlich auf Constanze angewiesen. Sie wird auch an den Korrekturen der zweiten Auflage beteiligt gewesen sein, die zehn Jahre nach dem Erstdruck von 1798 erschien.

Bei einem oberflächlichen Vergleich wirken die Änderungen, die für die Neuauflage vorgenommen wurden, geringfügig und unbedeutend. Belanglos ist etwa die Korrektur, welche ergibt, daß Mozart kurz vor seinem Tode aus Ungarn und Amsterdam keine Bestallungen, sondern Bestellungen erhielt; daran zeigt sich nur, was ein einziger Buchstabe ausmachen kann. Interessanter werden die Verbesserungen der zweiten Auflage, wenn Mozart etwa das *Unansehnliche* in seinem Äußeren verliert, oder wenn Baron van Swieten auf einen Lobspruch verzichten muß. Da er seit fünf Jahren tot war, konnte er dagegen ebensowenig Einspruch erheben wie gegen die noch später aufgetauchte Behauptung, daß er Mozarts Begräbnis veranlaßt habe.

Der Abschnitt bei Niemetschek, welcher die letzten Monate von Mozarts Leben und die Requiemübergabe behandelt, wird um einen Satz zum Thema Krankheit erweitert und um eine Fußnote zum Thema Requiem gekürzt. Da Constanze schon acht Jahre vorher zugeben mußte, daß sie das Autograph des Requiems nicht besaß, und da sie auch nie wußte, wo es eigentlich war, ergab sich die Tilgung der Fußnote zwangsweise. Der neue Satz über Mozarts Abschied von den Prager Freunden wird sich allerdings später als der erste Vorbote einer Legende entpuppen.

Georg Nikolaus von Nissen. Ölbild von Ferdinand Jagemann (1809). Salzburg, Mozart-Museum

LEOPOLD MOZART AN SEINE TOCHTER: 2. *Februar 1785*
... – Vom ...* werde dir eine Geschichte schreiben, die wir zwar am Ende vorsahen, uns aber schmerzen muß. desswegen herrschte ein so grosses Stillschweigen. – ...
* Zwei bis drei Worte von Nissen gestrichen. *Briefe III, S. 370.*

Mit dem dritten Mozart-Biographen, Georg Nikolaus NISSEN, war Constanze siebzehn Jahre verheiratet. Er kam 1793 als Legations-Sekretär der dänischen Gesandtschaft nach Wien, wo er noch vor 1798 Constanze kennenlernte. Ab 1798 hat er jeweils die gleiche Adresse wie sie, und er führt praktisch ihre gesamte Korrespondenz. 1809 verlassen Nissen und Constanze Wien, weil Napoleon die Stadt belagert, und ziehen nach Preßburg. Dort werden sie am 26. Juni getraut. Es ist möglich, daß die Legalisierung ihres Zusammenlebens im Hinblick auf Nissens Rückkehr nach Dänemark stattfand. Sie erfolgt ein Jahr später, und bis 1820 lebt das Ehepaar Nissen in Kopenhagen. Nach Nissens Pensionierung zieht das Ehepaar nach Salzburg, wo sich Nissen der Aufgabe widmet, alles Erreichbare über Mozart zu sammeln. Aus diesen „Kollektaneen" geht zwei Jahre nach seinem Tod jene Mozart-Biographie hervor, die Constanze in Zusammenarbeit mit Dr. J. H. Feuerstein 1828 herausgibt.

Für seine Arbeit hatte Nissen in der Hauptsache folgendes Material zur Verfügung: einen Teil der Mozartschen Familienkorrespondenz, Schlichtegrolls Nekrolog, Nannerls Aufzeichnungen und natürlich Niemetscheks Arbeit. Nicht mehr vorhanden waren alle Briefe Leopolds, die dieser seinem Sohn nach dessen Eheschließung geschrieben hat. Da Constanze als Schwiegertochter bei Leopold unerwünscht war, läßt sich denken, warum diese Briefe verschwunden sind.

In den letzten Briefen Mozarts an seine Frau hat Nissen den Namen Süßmayr immer wieder unleserlich gemacht. Auch wenn es um Mozarts Schulden ging, wurden die Namen der Geldgeber gestrichen. Die Bäsle-Briefe hat Nissen in seiner Biographie unterschlagen, und auch sonst waltete der Rotstift, wenn Mozart seine Briefe mit Unanständigkeiten gespickt hatte. Diese Art des Verschweigens ist zu Anfang des 19. Jahrhunderts verzeihlicher gewesen als heute. Es war ein Akt des Anstands, wenn man Mozarts unsittliche Ergüsse dem Publikum vorenthielt, um so den Ruf des Künstlers zu schützen. Aus solchen Gründen versuchte Nissen auch, die Geschichte um das Augsburger Bäsle zu vertuschen, das, wie erwähnt, von einem Geistlichen ein Kind bekommen hatte. Leider übersah Nissen bei der Korrektur von Leopolds Brief, daß in einem späteren Schreiben die Sache noch einmal zur Sprache kam. Kleine Eingriffe dieser Art hat Nissen in seinen „Kollektaneen" überall gemacht, und so konnte es auch nicht ausbleiben, daß er Niemetscheks Biographie für verbesserungsbedürftig hielt.

Die Gegenüberstellung von Niemtscheks Text und Nissens Ergänzungen ist für das Thema Todesahnungen besonders wichtig, und unter den hervorgehobenen Änderungen sind die folgenden besonders zu

NIEMETSCHEK 2. Auflage 1808	NISSEN: 1828
Bey seiner Zurückkunft nach Wien nahm er sogleich seine Seelenmesse vor, und arbeitete mit viel Anstrengung und einem lebhaften Interesse daran: aber seine Unpäßlichkeit nahm sichtbar zu, und stimmte ihn zur düstern Schwermuth. Seine Gattin nahm es mit Betrübniß wahr.	Nach Mozart's Zurückkunft von Prag nach Wien nahm er sogleich seine Seelenmesse vor, und arbeitete mit *ausserordentlicher* Anstrengung und einem lebhaften Interesse daran; aber seine Unpässlichkeit nahm *in demselben Verhältnisse* zu und stimmte ihn zur [ ] Schwermuth. Mit *inniger* Betrübnis *sah* seine Gattin *seine Gesundheit immer mehr* *hinschwinden.*
Als sie eines Tages mit ihm in den Prater fuhr, um ihm Zerstreuung und Aufmunterung zu verschaffen, und sie da beyde einsamm saßen, fing Mozart an vom Tode zu sprechen, ...	Als sie eines Tages *an einem schönen Herbsttage* mit ihm in den Prater fuhr, um ihm Zerstreuung [ ] zu verschaffen, und sie [ ] Beyde einsam saassen, fing Mozart an vom Tode zu sprechen ...
Da sie der Meynung war, daß wohl eine Krankheit im Anzuge wäre, und das Requiem seine empfindlichen Nerven zu sehr angreife, so rief sie den Arzt, und nahm ihm die Partitur der Komposition weg ...	In der Meinung, dass *seine* Krankheit *mehr wachse* und *die Arbeit* des Requiem *ihn* zu sehr angreife, consultirte sie einen Arzt und nahm ihm die Partitur *des Requiem* weg ...
Er wurde nun etwas munterer und verlangte wiederholt sein Requiem fortzusetzen und zu vollenden ...	Er wurde nun etwas munterer und verlangte wiederholt sein Requiem, *um es* fortzusetzen und zu vollenden ...
Gleich nach seinem Tode meldete sich der Bothe, verlangte das Werk, so wie es unvollendet war, und erhielt es. Von dem Augenblicke an sah ihn die Wittwe nie mehr, und erfuhr nicht das mindeste weder von der Seelenmesse, noch von dem Besteller ... *a.a.O., S. 34 f.*	Gleich nach seinem Tode meldete sich der *geheimnisvolle* Bote, verlangte das Werk, so wie es unvollendet war, und erhielt es. Von dem Augenblicke an sah ihn die Witwe nie mehr und erfuhr nicht das Mindeste, weder von der Seelenmesse, noch von dem *unbekannten* Besteller ... *a.a.O., S. 563 f./566.*

VINCENT NOVELLO:

Sie sagte, sie habe den vielen Leuten, die Andenken an Mozart verlangten, fast alles gegeben, was sie besessen. Andenken, die sie mir gab: ein Stückchen einer kleinen Haarbürste, die er täglich benutzte, ein Blatt eines Briefes an seinen Vater. Ich hätte gerne eine Haarlokke gehabt, aber sie sagte, es sei alles zu Staub zerfallen. *a.a.O., S. 77.*

beachten: – Mozarts Unpäßlichkeit wird in einen direkten Zusammenhang mit dem Requiem gebracht, da sie in *demselben Verhältnisse* zunimmt. – Mozarts Gattin nimmt nicht die Unpäßlichkeit und Schwermut ihres Mannes wahr, sondern *sie sieht dessen Gesundheit immer mehr hinschwinden*. Constanze meint nicht, daß eine Krankheit im Anzuge sei, sondern die Krankheit wird als *seine Krankheit* vorausgesetzt, und es wird befürchtet, daß sie *wachse*. – Sodann greift das Requiem nicht nur die Nerven des Komponisten an, sondern *ihn* selbst. – Mozart verlangt nicht, das Requiem fortzusetzen, vielmehr verlangt er es, *um* es fortzusetzen, was einen anderen Sachverhalt darstellt. – Außerdem wird der Bote *geheimnisvoll* und für den Besteller wird erneut betont, daß er *unbekannt* sei. Wiederum wirken auch hier Nissens Eingriffe zuerst einmal unbedeutend und harmlos. Sie stellen aber nach Niemetscheks eigenen Änderungen bereits einen zweiten Schritt dar. Und bei den Aufzeichnungen der Novellos wird sich später zeigen, daß ein weiterer kleiner Schritt ausreicht, um aus der ursprünglichen Geschichte etwas völlig anderes zu machen.

Das Ehepaar NOVELLO hielt sich im Sommer 1829 zweimal für einige Tage in Salzburg auf und führte mehrere Gespräche mit Constanze. Vincent und Mary Novello lernten auch Sophie Haibel und Carl Thomas kennen. Die seit fünf Jahren erblindete Schwester Mozarts konnten die Novellos nur noch am Krankenbett besuchen, und Nannerl starb wenige Monate später am 29. Oktober. Dadurch bekam Constanze noch einmal verschiedene Schriftstücke in die Hand, unter denen sich vor allem Nannerls Tagebuchaufzeichnungen befanden. Seither fehlen davon mehrere, sicher interessante Seiten. Insbesondere werden Teile vermißt, die den Zeitraum von Juli bis Oktober 1784 betreffen. Dies war genau die Zeitspanne, in der das junge Ehepaar Wolfgang-Constanze seinen einzigen Besuch in Salzburg abgestattet hatte. Die entsprechenden Tagebuchblätter wird die ungeliebte Schwiegertochter kaum verschenkt haben, obwohl sie sonst in dieser Beziehung großzügig war. Vincent Novello schenkte sie allerdings nur eine Adresse, die von Mozarts Hand stammte und an den Vater gerichtet war, während sie den dazugehörigen Brief behielt. Dafür durften die Novellos aus Constanzes Reliquiensammlung einige Haare von Mozarts Haupt mitnehmen, obwohl die Witwe noch kurz zuvor versichert hatte, kein einziges Haar von Mozart zu besitzen. Ob die Haare nun echt waren oder nicht, das blieb ein Problem der Novellos. Die Novitäten, die sie aber von Constanze in Sachen Requiem, Todesahnungen und Todeskrankheit vorgesetzt bekamen, sollten zum Problem für die ganze spätere Mozart-Literatur wer-

MARY NOVELLO:

Sie hatte ein paar französische Zeilen in unser Album geschrieben und gab uns überdies eine Locke von Mozarts Haar. Sie sagte, sie hätte wenig davon übrig, aber das Wenige wollte sie mit Vincent teilen. *a.a.O., S. 86 f.*

1798 NIEMETSCHEK, 1. AUFLAGE:

Schon in Prag kränkelte und medizinirte Mozart unaufhörlich; seine Farbe war blaß und die Miene traurig, obschon sich sein munterer Humor in der Gesellschaft seiner Freunde doch oft noch in fröhlichen Scherz ergroß. *a.a.O., S. 34.*

Bey seiner Zurückkunft nach Wien nahm er sogleich seine Seelenmesse vor, und arbeitete mit viel Anstrengung und einem lebhaften Interesse daran: aber seine Unpäßlichkeit nahm sichtbar zu, und stimmte ihn zur düstern Schwermuth. Seine Gattin nahm es mit Betrübniß wahr. Als sie eines Tages mit ihm in den Prater fuhr, um ihm Zerstreuung und Aufmunterung zu verschaffen, und sie da beyde einsamm saßen, fing Mozart an vom Tode zu sprechen, und behauptete, daß er das Requiem für sich setze. Thränen standen dem empfindsamen Manne in den Augen. „Ich fühle mich zu sehr, sagte er weiter, mit mir dauert es nicht mehr lange: gewiß, man hat mir Gift gegeben! Ich kann mich von diesem Gedanken nicht los winden. –" *a.a.O., S. 34.*

1808 NIEMETSCHEK, 2. AUFLAGE, (Zusatz zum vorletzten Zitat):

1) Bey seinem Abschiede von dem Zirkel seiner Freunde ward er so wehmüthig, daß er Thränen vergoß. Ein ahnendes Gefühl seines nahen Lebensende schien die schwermüthige Stimmung hervorgebracht zu haben – denn schon damals trug er den Keim der Krankheit, die ihn bald hinraffte, in sich. *a.a.O., S. 80 f.*

1828 NISSEN:

Mozart schrieb nämlich innerhalb der vier letzten Monate seines Lebens, wo er schon kränkelte und zwey Reisen machte:
... eine Clavier-Cantate ... Die Zauberflöte ... La Clemenza di Tito ... Ein Concert für die Clarinette ... Eine Kleine Freymaurer-Cantate ... das Requiem ...
Schon über der ersten dieser Opern versank er, dem Tag und Nacht gleich war, wenn ihn der Genius ergriff – durch Anstrengung öfters in Ermattung und Minuten lange Ohnmacht und Bewußtlosigkeit. *a.a.O., S. 547 f.*

den. Und das nur, weil ihre Herkunft oder besser ihre Entstehung nie genau geklärt worden ist.

Dies soll im folgenden versucht werden, wobei die Jahreszahlen jeweils auf die entsprechende Quelle verweisen.

Die Stationen der Legendenbildung sind Niemetschek 1. Auflage 1798, Niemetschek 2. Auflage 1808, Nissens Bearbeitung von Niemetscheks Text 1828 und Constanzes mündliche Äußerungen gegenüber den Novellos 1829. Im wesentlichen geht es um drei Punkte. Erstens: Wann wurde Mozarts Unpäßlichkeit von seiner Umgebung als tatsächliche Krankheit erkannt? Zweitens: Wann ist davon die Rede, daß Mozart Todesahnungen hatte? Drittens: Welcher Zusammenhang wird zwischen den Todesahnungen und dem Requiem gesehen?

Im Jahre 1798 heißt es, daß Mozart schon in Prag, also Ende August oder Anfang September, *kränkelte* und *medizinierte*. Zu dieser Zeit war er *blaß* und *traurig*, aber immer noch zu Scherzen aufgelegt. Das ist eine Beschreibung, die aufgrund von Mozarts Krankengeschichte auch früher und für viele Tage seines Lebens zutreffen könnte. Weiter heißt es, daß Constanze nach einem Praterspaziergang vermutete, daß *wohl eine Krankheit im Anzug wäre*. Gleichzeitig, also im Herbst 1791, tauchen Todesahnungen und Vergiftungsängste auf, die aber noch nicht in einen direkten Zusammenhang mit dem Requiem gebracht werden. Es wäre allerdings nicht verwunderlich, wenn ein Komponist, der über der Arbeit an einer Totenmesse erkrankt, solche Gedanken äußern würde.

1808 hört sich dieselbe Geschichte schon anders an. Die *Todesahnungen* sind vorverlegt in den Prager Aufenthalt und bereits hier ist der *Keim der Todeskrankheit* gelegt, obwohl in demselben Text stehenbleibt, daß Constanze erst im Herbst meinte, daß eine Krankheit *im Anzug* wäre.

Zwanzig Jahre später, 1828 also, ergibt sich wiederum eine neue Lesart, wie sie im Vergleich Niemetschek-Nissen aufgezeigt wurde. Mozarts *Unpäßlichkeit* nimmt in *demselben Verhältnisse* zu wie die Arbeit am Requiem, die *Gattin sieht die Gesundheit* ihres Mannes *immer mehr hinschwinden*, und die Krankheit, welche ursprünglich nur im Anzuge war, ist jetzt bereits da und *im Wachsen* begriffen. Nun hat Nissen Niemetscheks Text nicht nur einer ‚Verfeinerung' unterzogen, indem er ihn änderte, sondern er hat ihn gleichzeitig vergröbert, indem er ihn auseinanderriß und ohne Kennzeichnung in andere Texte einstreute, die unter anderem von Friedrich Rochlitz stammen, der von der seriösen Mozart-Literatur ausgeklammert werden muß. Und in diesen ist nun zu lesen, daß Mozart den „Titus" bei *hinschwindenden Kräften* und mit *siechendem Körper* schrieb und daß sogar schon die Arbeit an der

1828 NISSEN:

Bey Allem dem schrieb Mozart den Titus bey hinschwindenden Kräften, denn sein Genius war im Abnehmen begriffen, und mit seinem siechenden Körper musste die Energie seines Geistes um so mehr ermatten.

a.a.O., S. 557 f.

1829 MARY NOVELLO:

Etwa sechs Monate vor seinem Tod war er von dem Gedanken besessen, daß man ihn vergifte. – „Ich weiß, daß ich sterben muß", rief er aus, „jemand hat mir Acqua Toffana eingegeben und hat den Tag meines Todes genau vorher berechnet – und dafür haben sie ein Requiem bestellt – ich schreibe es für mich selbst."

a.a.O., S. 107; vgl. dort S. 80.

1828 NISSEN, ANHANG:

Durch das Dunkel, welches über die Bestellung dieses Requiem verbreitet war, und durch die übrigen Umstände bey seiner damaligen Gemüthsstimmung ward Mozart gleich innig ergriffen. Er versank vom Neuen in tiefes Nachdenken, hörte auf keine Zuredungen und forderte zu seiner Arbeit bald Papier und Dinte, und arbeitete sogleich anhaltend. Mit jedem Tacte schien sein Interesse daran zuzunehmen, denn er schrieb Tag und Nacht. Da sein Körper dieser Anstrengung nicht gewachsen war, so sank er bey der Arbeit wiederholt ohnmächtig hin. Als nach mehreren Tagen es seiner Frau gelang, mit ihm in den Prater zu fahren, so fiel auf, dass er immer still und in sich gekehrt saass. Endlich leugnete er nicht mehr, dass er gewiss glaube, er arbeite jetzt zu seiner eigenen Todesfeyer

Von dieser Idee war er nun nicht mehr abzubringen, und er arbeitete also wie Raphael Sanzio seine Verklärung, stets im Gefühle seines nahen Todes, und lieferte, wie dieser, die Verklärung seiner selbst. Ja, Mozart äusserte über die sonderbare Erscheinung und Bestellung des Unbekannten selbst andere, sehr seltsame Gedanken, und wenn man sie ihm auszureden versuchte, so schwieg er, aber unüberzeugt.

a.a.O., Anhang S. 168 ff.

„Zauberflöte" von *minutenlangen Ohnmachten* und *Bewußtlosigkeiten* gehemmt wurde. Was das Requiem betrifft, so schreibt Mozart es nicht mehr allein *für sich*, sondern er komponiert es *zu seiner eigenen Totenfeier*. Darüber hinaus entwickelt er *andere* und *sehr seltsame Gedanken*, von denen früher nie die Rede war, aber sofort die Rede sein wird.

Denn nun kommt Constanze in den Tagebüchern der Novellos von 1829 zu Wort. Und hier endlich, eine Generation nach Mozarts Tod, ist es schwarz auf weiß zu lesen: Mozart hatte seine Todesahnungen nicht sechs Wochen, sondern *sechs Monate* vor seinem Tode. Und dieser Tod war genau *vorausberechnet*, und Mozart wußte auch von wem, nämlich von den *Bestellern des Requiems*, und Mozart kannte sogar den Namen des Giftes und bezeichnete es als *Acqua Toffana*. Als Constanze das erzählte, übersah sie nur, daß Mozart sechs Monate vor seinem Tod den Auftrag für das Requiem noch gar nicht hatte.

Besonders aufgrund dieser letzten Version läßt sich folgendes feststellen: In der Mozart-Literatur von 1798 bis 1829 sind Mozarts Todesahnungen auf einen erheblich früheren Zeitpunkt verschoben worden, und die ursprüngliche Aussage ist mit ganz neuen Inhalten aufgeladen worden. Zweitens wurde auch der Beginn von Mozarts Todeskrankheit immer weiter vorverlegt, und ihr Verlauf wurde zusehends dramatisiert. Drittens ist ein Zusammenhang zwischen Mozarts Tod und seinem Requiem hergestellt worden, von dem ursprünglich überhaupt keine Rede war.

Damit werden alle Thesen über Mozarts Todeskrankheit, die Persönlichkeitsveränderungen, Wahnvorstellungen und Depressionen in ihre Argumentation einbeziehen, hinfällig. Für sie wurde die Kette Niemetschek-Nissen-Novello zur Falle, weil die schrittweise Umformung der Geschichte nicht zu offensichtlichen Widersprüchen geführt hat, und weil die einzelnen Versionen heute nebeneinanderstehen, obwohl sie nacheinander entstanden sind. Da überall vom Requiem, von Todesahnungen, von Gift und Krankheit die Rede ist, gibt es, wie gesagt, keine Widersprüche. Es gibt nur gewaltige Unterschiede, und entsprechend sieht die Mozart-Literatur der letzten 150 Jahre aus. Die Urheberin dieser ganzen Verwirrung ist niemand anders als Constanze. Mit Niemetschek befreundet, mit Nissen verheiratet und mit den Novellos bekannt, wurde sie zur grauen Eminenz der Mozart-Literatur. Wenn die Frage nach einem ‚Grauen Boten' überhaupt noch gestellt werden soll, dann ist sie an Constanze zu richten, weil sie es war, die Geschichten entwickelt hat, die nicht Geschichte sind.

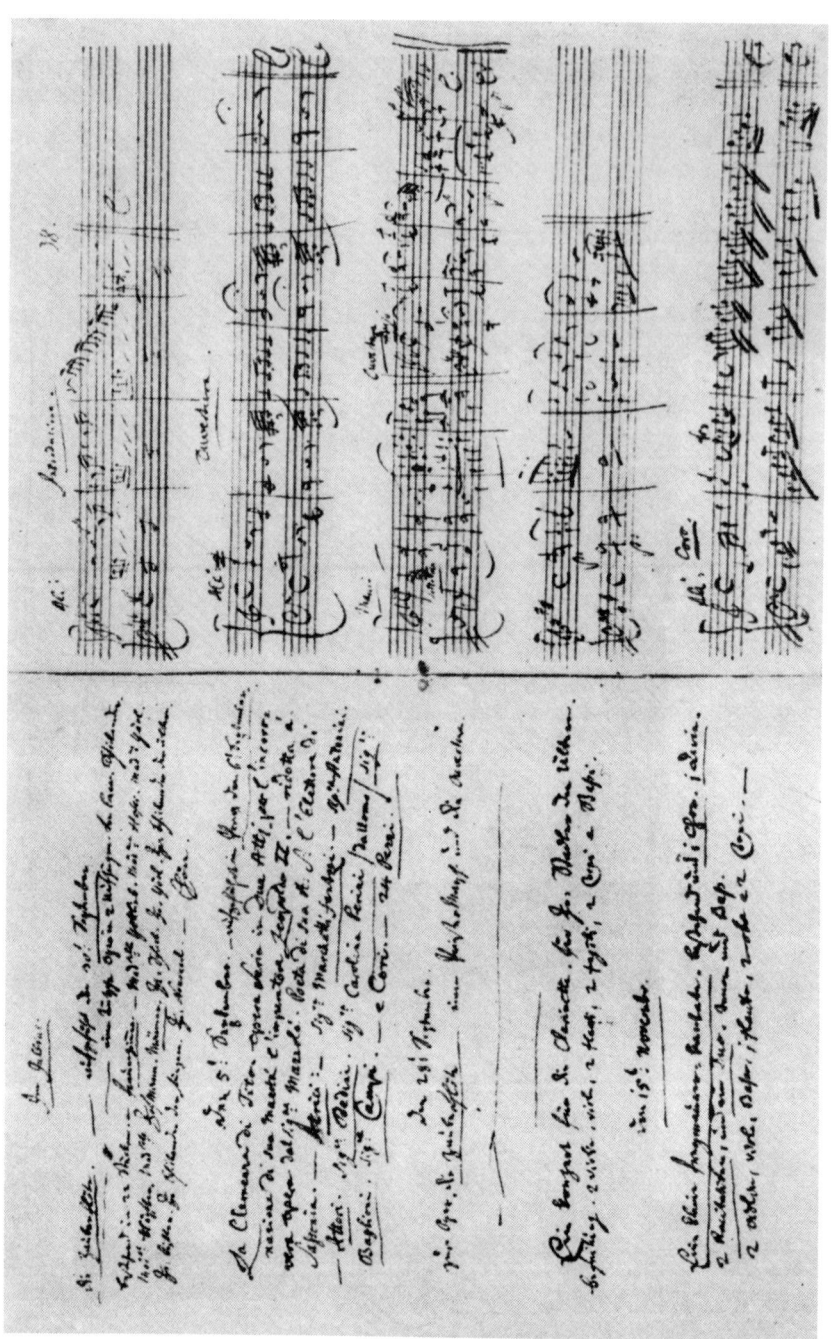

Letzte Doppelseite in Mozarts Werkverzeichnis: Zauberflöte, Titus, Klarinetten-konzert, kleine Freimaurerkantate

Drei Höhepunkte –
ein einziger Abstieg

„Laut verkünde unsre Freude froher Instrumentenschall." So beginnt der letzte Text, den Mozart vollständig vertont, und es ist das letzte Werk, das er selbst dirigiert, und zwar am 18. November 1791 in der Loge „Zur Neugekrönten Hoffnung". Zwei Tage später kommt die Todeskrankheit zum Ausbruch, und zwei Wochen danach ist Mozart tot.

Was in dem halben Jahr vorher geschah, mutet gigantisch und gleichzeitig gespenstisch an. Zu Beginn des Jahres ist Mozart mit seinem letzten Klavierkonzert beschäftigt, er spielt es selbst am 4. März im Jahnschen Saal. Nach diesem Konzert, bei dem auch seine Schwägerin Aloysia Lange singt, wird er nicht mehr öffentlich auftreten. In diesem Frühjahr schreibt Mozart noch zahlreiche Tänze für die Hofbälle, und im April das Quintett KV 614. So wird er erst etwa im Mai mit der Komposition der „Zauberflöte" begonnen haben, aber schon Ende Juni macht er sich an die Instrumentation des ersten Aktes. Die Uraufführung wird Ende September sein. Bis zum Beginn der Proben bleiben dem Komponisten also noch zwei Monate für die Vollendung der Oper.

In diesem Augenblick erreicht ihn der anonyme Auftrag für eine Totenmesse. Mozart müßte eigentlich ablehnen, denn er hat keine Zeit. Aber da er auch kein Geld hat, nimmt er an. Etwa gleichzeitig, kaum aber vor Mitte Juli, wird er durch den Impresario Domenico Guardasoni aufgefordert, für die Krönungsfeierlichkeiten in Prag die Oper „Titus" zu schreiben. Termin ist der 6. September. Die Situation, auf die sich Mozart hier eingelassen hat, ist im Grunde künstlerischer Selbstmord; ein Scheitern scheint unvermeidlich. Aber Mozart scheitert nicht. Ungeachtet seiner privaten Umstände, die sich durch Geldsorgen und zwei Kuraufenthalte der kranken Frau zum Chaos entwickelt haben, vollendet Mozart den „Titus" in ungefähr 18 Tagen. Die „Zauberflöte" wird mit Ouvertüre und Priestermarsch im letzten Moment fertig. Ganz nebenbei komponiert Mozart in diesem halben Jahr noch Meisterwerke wie das „Ave verum corpus" für den Chorregenten Anton Stoll in Baden oder das Klarinettenkonzert für seinen Freund Anton Stadler. Außerdem entstehen noch zwei Kantaten.

NIEMETSCHEK:
Die Geschichte seines letzten Werkes, der erwähnten Seelenmesse, ist ebenso geheimniß-
voll als merkwürdig.

Kurz vor der Krönungszeit des Kaisers Leopold, bevor noch Mozart den Auftrag erhielt
nach Prag zu reisen, wurde ihm ein Brief ohne Unterschrift von einem unbekannten Bot-
hen übergeben, der nebst mehreren schmeichelhaften Aeusserungen die Anfrage enthielt,
ob Mozart eine Seelenmesse zu schreiben übernehmen wollte? um welchen Preis und binnen welcher Zeit er sie liefern könnte?
Mozart der ohne das Mitwissen seiner Gattin nicht den geringsten Schritt zu thun pflegte,
erzählte ihr den sonderbaren Auftrag, und äußerte zugleich sein Verlangen sich in dieser
Gattung auch einmal zu versuchen, um so mehr, da der höhere pathetische Stil der Kirchenmusik immer sehr nach seinem Genie war. Sie rieth ihm den Auftrag anzunehmen. Er
schrieb also dem unbekannten Besteller zurück, er würde das Requiem für eine gewisse
Belohnung verfertigen; die Zeit der Vollendung könne er nicht genau bestimmen; er wünsche jedoch den Ort zu wissen, wohin er das Werk, wenn es fertig seyn würde, zu übergeben habe. In kurzer Zeit erschien derselbe Bothe wieder, brachte nicht nur die bedungene
Belohnung mit, sondern noch das Versprechen, da er in dem Preise so billig gewesen sey,
bey der Absendung des Werkes eine beträchtliche Zugabe zu erhalten. Er sollte übrigens
nach der Stimmung und Laune seines Geistes schreiben, sich aber gar keine Mühe geben,
den Besteller zu erfahren, indem es gewiß vergeblich seyn würde.
Mittlerweile bekam Mozart den ehrenvollen und vortheilhaften Antrag für die Prager Krönung des Kaisers Leopold die Oper Titus zu schreiben. Nach Prag zu gehen, für seine
lieben Böhmen zu schreiben, hatte für ihn zu viel Reiz, als daß er es hätte ausschlagen
können!
Eben als Mozart mit seiner Frau in den Reisewagen stieg, stand der Bothe wie ein Geist da,
zupfte die Frau an dem Rocke, und fragte: „Wie wird es nun mit dem Requiem aussehen?" –
Mozart entschuldigte sich mit der Nothwendigkeit der Reise und der Unmöglichkeit seinem unbekannten Herrn davon Nachricht geben zu können; übrigens würde es seine erste
Arbeit bey der Zurückkunft seyn, und es käme nur auf den Unbekannten an, ob er solange
warten wolle. Damit war der Bothe gänzlich befriedigt.   *a.a.O., S. 32 ff.*

ANTON HERZOG: 1839

Herr Franz Graf von Walsegg, Besitzer der Herrschaften Schottwien, Klam, Stuppach,
Pottschach und Ziegersberg, in Österreich unter der Enns, V.U.W.W. gelegen, lebte seit
seiner Verehelichung mit Anna, geborenen Edlen von Flammberg, auf seinem Schloße zu
Stuppach, als ein zärtlicher Gatte und wahrer Vater seiner Unterthanen. Er war ein leiden-
schaftlicher Liebhaber der Musik und des Theaters; daher wurden alle Wochen, am Dins-
tage und Donnerstage, jedesmal durch volle drey Stunden, pünctlich, Quartetten gespielt, ...

Was in diesen letzten Monaten verwundert, ist die Qualität, mit der Mozart über jeden Zeitdruck hinwegkomponiert. In den letzten Werken findet sich kein einziger Takt, der nach Routine, Flüchtigkeit oder Lieblosigkeit klingt. Mozart befindet sich mit jeder Note auf dem höchsten Niveau seiner Kunst. Nur das Requiem bleibt unvollendet.

Im Sommer 1791 erscheint bei Mozart ein Unbekannter und bestellt das REQUIEM, nicht nur mündlich, sondern sogar schriftlich. Mozart erkundigt sich später, angeblich schriftlich, wohin die Totenmesse zu liefern sei, läßt aber ausdrücklich offen, wann er die Arbeit zu beenden gedenkt. Der Bote kommt ein zweites Mal mit einer Anzahlung, wobei er noch einmal betont, daß der eigentliche Auftraggeber anonym bleiben will. Als das Ehepaar Mozart einige Wochen später gerade im Begriff ist, nach Prag abzureisen, taucht der Bote ein drittes Mal auf, um sich nach dem Stand der Requiemkomposition zu erkundigen. Diese Geschichte, die sich zur Legende vom ‚Grauen Boten‘ verdichten sollte, wurde von Nissen und Constanze auch noch verbreitet, als der Besteller des Requiems längst bekannt war. Franz Graf von Walsegg-Stuppach hatte am 14. Februar 1791 seine 20jährige Frau Anna, Edle von Flammberg, durch den Tod verloren. Zu ihrem Andenken setzte der Graf nicht nur ein Denkmal in seinen Park, sondern er wollte auch eine Totenmesse aufführen lassen. Diese wurde bei Mozart bestellt, eben durch jenen ‚Grauen Boten‘, der mit ziemlicher Sicherheit kein anderer war als Franz Anton Leutgeb, der Verwalter der gräflichen Gipswerke in Schottwien. Graf Walsegg hatte die Angewohnheit, Werke anderer Komponisten abzuschreiben und als seine eigenen auszugeben. Und so geschah es auch mit Mozarts Requiem, das Walsegg allerdings ‚rechtmäßig‘, nämlich durch Kauf, zu seinem Eigentum gemacht hatte. Die erste Entmystifizierung der Legende vom ‚Grauen Boten‘ fand 1839 durch Anton Herzog statt, der aus nächster Nähe die musikalischen Veranstaltungen des Grafen miterlebt hatte, und der über die Herkunft der gräflichen ‚Kompositionen‘ Bescheid wußte.

Damit schienen alle Geheimnisse um das Requiem gelüftet, aber Mozarts Tod hatte eine zusätzliche Verwirrung geschaffen, die ebenfalls bis ins Jahr 1838 anhalten sollte. Aus Prag zurückgekehrt, konnte Mozart nach der Uraufführung der „Zauberflöte" das zur Hälfte bezahlte Requiem nur bis zur Hälfte skizzieren. Dann setzen Krankheit und Tod dieser Arbeit ein Ende. Am 21. Dezember ging das Partiturfragment an Joseph Eybler, der jedoch nur die Instrumentation ergänzte und dann den Auftrag zurückgab.

Als es nach Jahren darum ging, den Mozartschen Anteil an der Kom-

Damit es aber bey so häufigen Productionen nicht an neuen Quartetten mangle, schaffte Hr. Graf nicht nur alle öffentlich herausgegebenen Musikalien dieser Art an, sondern stand auch noch mit vielen Compositoren, aber immer ohne seinen Nahmen zu nennen, in Verbindung, die ihm Werke lieferten, von denen er sich ausschließlich den Alleinbesitz vorbehielt, und sie daher gut honorierte. Nahmentlich hat Hr. Hoffmeister viele Flöten-Quartette geliefert, in welchen die Flötenstimme ganz practikabel, die drey übrigen Stimmen aber ungemein schwer gesetzt waren, damit sich die Spieler recht abarbeiten mußten, wozu Hr. Graf lachte.

Weil Hr. Graf aber nie gestochene Musikalien spielen wollte, ließ er dieselben auf zehnliniges Notenpapier schön ausschreiben, aber nie einen Auctor angeben. Die auf geheimen Wege erhaltenen Partituren, schrieb er gewöhnlich mit eigener Hand ab, und legte sie dann zum Ausschreiben der Auflagstimmen vor. Eine Original Partitur haben wir nie zu sehen bekommen. Die Quartetten wurden dann gespielt, und nun mußten wir den Auctor errathen. Gewöhnlich riethen wir auf den Hr. Grafen selbst, weil er wirklich zuweilen einige Kleinigkeiten komponierte; er lächelte dazu, und freuete sich, daß er uns, nach seiner Meinung, mystifizierte; wir aber lachten, daß er uns für so leichtgläubig hielt. ...

Diese Umstände glaube ich vorausschicken zu müssen, um das, was man bey der Entstehung des Requiem geheimnisvoll nennet, mehr beurtheilen zu können.

Am 14. Februar 1791 entriß der Tod dem Hr. Grafen von Walsegg seine geliebte Gattinn, in der Blüthe ihres Lebens. Er wollte ihr ein doppeltes Denkmahl, und zwar auf eine ausgezeichnete Art, gründen. Er ließ durch seinen Geschäftsträger, Herrn Dr. Johann Sortschan, Hof- und Gerichts-Advokaten, in Wien, bey einem der vorzüglichsten Bildhauer Wiens, ein Epitaphium, und bey Mozart ein Requiem bestellen, von welchem er sich wieder, wie gewöhnlich das alleinige Eigenthumsrecht vorbehielt.

Ersteres, welches über 3000 fr kostete, wurde wirklich in der Aue, nächst dem Schloße Stuppach, nach einer Zeit, aufgestellt, der Leichnam der Verblichenen aus der Familiengruft in Schottwien erhoben, und dort beygesetzt.

Das Requiem aber, das jährlich am Sterbetage der Frau Gräfin aufgeführt werden sollte, blieb länger aus; denn der Tod überraschte Mozart in der Mitte dieser ruhmvollen Arbeit. Nun war guther Rath theuer. Wer sollte sich herbeylassen einem Mozart nachzuarbeiten? Und doch mußte das Werk vollendet werden; denn die Witwe Mozart, die sich wirklich, wie bekannt ist, nicht in den besten Umständen befand, hatte den Betrag von hundert Dukaten dafür zu empfangen. Ob Vorauszahlungen geschehen waren, ist uns nicht genau bekannt worden, obschon Gründe dafür sprechen.

Aus „Wahre und ausführliche Geschichte des Requiem von W. A. Mozart. Vom Entstehen desselben im Jahre 1791 bis zur gegenwärtigen Zeit 1839", Stadtarchiv Wiener-Neustadt.

CONSTANZE NISSEN (ENTWURF):

Da der edle Anonymus, welcher dem sel. Mozart wenige Monate vor seinem Tode den Auftrag gab, ein Requiem zu componiren, solches nach Verlauf von mehr als 7 Jahren noch nicht hat öffentlich bekannt werden lassen, so sieht die Witwe dieses Verfahren mit Dankbarkeit für einen Beweis an, daß Derselbe ihr noch einen etwanigen Vortheil von der herausgabe gönnen wolle. Indeß hält sie es zu mehrerer Sicherheit für sich und als eine Folge der Empfindungen, die Derselbe ihr eingeflößt hat, für ihre Pflicht, den edlen Mann in den Wiener, in den Hamburgschen und in den Frankfurter Zeitungen aufzufordern, ihr Seine Gesinnungen innerhalb 3 Monaten gefälligst zu erkennen zu geben, nach welcher Zeit sie es wagen wird, das Requiem in den sämmtlichen werken ihres Verstorbenen herauszugeben.   *Briefe IV, S. 278.*

MOZART AN SEINE FRAU: *16. April 1789*

à Madame Costance de Mozart / née de Weber / auf dem hohen Markt / im Walseckischen Hause / bei Hrn v Puchberg
   Briefe IV, S. 82; vgl. dort S. 88, 23. Mai 1789 und S. 54, 29. September 1787 (hier S. 180).

position zu identifizieren, behauptete Constanze, daß Eybler das Requiem nie in die Hand bekommen habe. Sie dachte dabei leider nicht an jenes Dokument, mit dem Eybler den Empfang des Autographs bescheinigt hatte. Auf jeden Fall vollendete Süßmayr das Werk. Graf Walsegg erhielt ein fertiges Requiem, das er am 14. Dezember 1793 in der Wiener-Neustadt und am 14. Februar 1794 zu Maria-Schutz am Semmering zur Aufführung brachte. Beide Male dirigierte er das Werk selbst, wobei ihm wahrscheinlich nicht bewußt war, daß eine Uraufführung auf Veranlassung van Swietens bereits stattgefunden hatte.

Zu einem Problem wird das Requiem, als es 1800 durch den Verlag Breitkopf & Härtel zur Drucklegung kommt. Im September 1799 wird die Partitur als Mozarts *vollendetste Musik* in der Presse angekündigt, was eine gezielte Falschspielerei mit dem Wort *vollendet* ist. Der Verlag erfährt erst fünf Monate später von Süßmayr, welchen Anteil dieser an der Komposition gehabt hat. Davon, daß Mozart ihm noch Anweisungen gegeben habe, weiß Süßmayr in seinem Brief allerdings nichts zu berichten. Auf jeden Fall stellt sich jetzt heraus, daß Mozarts Autograph nicht mehr zusammenhängend aufzufinden ist. Obwohl Constanze immer so getan hatte, als besäße sie das ganze Original, befinden sich mehrere Seiten der Mozart-Handschrift bei Graf Walsegg. Was er sonst besitzt, ist täuschend ähnlich von Süßmayrs Hand. Weitere zwei Teile gehen 1831 von Maximilian Stadler und 1833 von Joseph Eybler in den Besitz der Hofbibliothek über. Erst 1838 kommen die fehlenden Seiten aus Walseggs Nachlaß dazu.

Constanze hat folglich nie Mozarts Autograph vollständig besessen. Der anonyme Auftraggeber mußte also gefunden werden, und die Witwe Mozart erwog ernstlich, ihn durch einen Aufruf in den Zeitungen suchen zu lassen. Diese Idee war eigentlich unsinnig, denn Graf Walsegg hätte auf einen Aufruf in der Presse unmöglich reagieren können, ohne sich selbst nachträglich bloßzustellen.

Von hier aus muß auch die ganze, nur scheinbar geklärte Requiem-Geschichte noch einmal aufgerollt werden. Der Auftrag erfolgte im Frühsommer 1791, also wenige Monate, nachdem Walseggs Gattin gestorben war. So liegt es auf der Hand, daß Walsegg die Aufführung für den ersten Jahrestag, also den 14. Februar 1792, vorgesehen hatte. Das geht auch aus dem Drängen des ,Grauen Boten' hervor. Um so merkwürdiger ist es, daß Mozart den Termin der Fertigstellung ausdrücklich offengelassen haben soll. Den konnte er sich eigentlich ausrechnen, und mit großer Sicherheit wird er ihn sogar gewußt haben, denn es kann nur der 14. Februar 1792 gewesen sein.

Daraus erklärt sich, warum das Requiem nicht vollendet wurde. Nach

Mozarts Requiem, Anfang des „Lacrimosa". Wien, Nationalbibliothek

CONSTANZE MOZART AN BREITKOPF & HÄRTEL: *30. Januar 1800*

Sie haben ein Wunderwerk gethan – einen Todten erwekt. Der Eigenthümer und Besteller des Requiems, dessen Name seit 1791. gänzlich verborgen geblieben ist, hat sich eingefunden, nicht – (erkennen Sie meine gewöhnliche Aufrichtigkeit!) – nicht, wie es scheint, um sich über Sie, aber wohl über mich zu beklagen ... Briefe IV, S. 309 f.

NISSEN: 1828

Jeder Leser kann sich leicht vorstellen, dass man sich alle Mühe gab, den räthselhaften Boten auszuforschen, aber alle Mühe und Versuche waren fruchtlos.   *a.a.O., S. 566.*

NIEMETSCHEKS FUSSNOTE ZUR REQUIEMGESCHICHTE:

Der Verfasser erzählt die Begebenheit, wie er sie oftmals aus dem Munde der Wittwe gehört hatte, und überläßt es jedem Leser Betrachtungen darüber anzustellen. *a.a.O., S. 35.*

110

der Uraufführung der „Zauberflöte" war Mozart praktisch ‚arbeitslos'. In den folgenden sechs Wochen bis zu seiner Erkrankung hätte er mit Leichtigkeit eine Messe schreiben können, das hatte er mit „Titus" und anderen Werken bewiesen. Doch seit seinem Weggang aus Salzburg, wo er mindestens 16 Messen komponiert hatte, schien er sich von der Kirchenkomposition ganz entfernt zu haben. Nur die Messe in c-moll KV 427 wurde angefangen und nicht vollendet. Und nicht anders sollte es dem Requiem ergehen. Diesmal meinte Mozart, daß er bis zum Jahresbeginn 1792 Zeit habe, und er konnte nicht wissen, daß ihm der Tod diese Zeit nehmen würde. So wurde das Requiem bis zum 5. Dezember nicht fertig.

Was dann nach Mozarts Tod geschieht, liegt im dunkeln. Der Auftraggeber hat den 14. Februar vor Augen, aber der Komponist ist seit dem 5. Dezember tot. Hat Walsegg wirklich nicht erfahren, daß Mozart nicht mehr lebte, und daß ein anderer an der Arbeit war? In diesem undurchsichtigen Spiel bleibt nur eine einzige Person als Mittelsmann, Verhandlungspartner und Finanzverwalter übrig: Constanze. Entgegen allen späteren Verdunkelungsversuchen wird daraus eines klar: selbst wenn Constanze Walsegg nicht persönlich gekannt hat, so wußte sie doch, wie und auf welchen Wegen er erreichbar war. Zumindest gab es eine Adresse, die schon Mozart während seiner Berlinreise zweimal benutzt hatte. Damals wohnte Constanze bei Puchberg, und dessen Hausbesitzer war kein anderer als Franz Graf Walsegg-Stuppach. Für Graf Walsegg war es sicher wichtig, daß er anonym blieb, noch wichtiger aber war es für Constanze, solange ihre eigenen Geschäfte mit dem Requiem noch nicht abgeschlossen waren. Daß ihr der Auftraggeber des Requiems tot wahrscheinlich lieber gewesen wäre als lebendig, klingt in ihrer Formulierung an, mit der sie den Verlag davon in Kenntnis setzte, daß der Anonymus gefunden sei. Wie er gefunden wurde und wie er hieß, verschwieg sie dabei wohlweislich gleich noch einmal.

Wahrscheinlich wußte sie von Anfang an den Namen dessen, der das Requiem bei Mozart bestellt und bei ihr abgeholt hat. Zum Vergleich mit Walsegg und zum Vergleich der Partituren kam es im Jahre 1800. Wenn Constanze 28 Jahre später in Nissens Biographie immer noch die Behauptung stehenließ, daß man nie mehr etwas von dem Besteller des Requiems gehört habe, und wenn das nur durch eine Fußnote im Anhang richtiggestellt wurde, dann verdient das wohl jene Bemerkung, die schon Niemetschek 1798 unter die Requiemgeschichte gesetzt hat.

NISSEN:

Während dem erhielt Mozart den ehrenvollen und vortheilhaften Antrag, für die Prager zur Krönung des Kaisers Leopold die Opera seria: La Clemenza di Tito zu schreiben.
... Man scheint in Prag erst spät an diese Oper gedacht zu haben, denn die Zeit zur Bearbeitung derselben war so kurz, dass Mozart die unbegleiteten Recitative nicht selbst schreiben konnte, und jede davon gefertigte Nummer, so bald sie fertig war, sogleich in Stimmen aussetzen lassen musste, damit zu rechter Zeit das Ganze fertig war. Somit sah sich Mozart gezwungen, entweder ein mittelmässiges Ganzes zu liefern, oder nur die Hauptsätze sehr gut, und die minder interessanten leicht hin und bloss dem Zeitgeschmacke des grossen Haufens gemäss zu bearbeiten. ...
Um aus La Clemenza di Tito eine wahrhafte Opfer zu machen, musste er also das ganze Werk umgestalten, was er mit aller poetischen Willkürlichkeit that, die ihm zu Gebote stand.
... hier im Titus strich er einen ganzen Act! – Ja, er schmolz nicht allein den ersten und dritten Act wohl oder übel an einander, sondern er liess auch die dialogisirenden Recitative von seinem Schüler Süssmayr fertigen.   *a.a.O., S. 555 ff.*

AUS GUARDASONIS VERTRAG MIT DEN BÖHMISCHEN STÄNDEN: 8. Juli 1791

... betreffend eine große Opera Seria, aufzuführen im hiesigen Nationaltheater, anläßlich der Krönung Ihrer Majestäten anfangs kommenden September ...
1. Ich verpflichte mich, einen Kastraten zu bieten, wie zum Beispiel Marchesini, Rubinelli, Crescentini, Violani oder einen anderen, aber jedenfalls einen ersten Ranges.
Desgleichen verpflichte ich mich, eine Prima Donna, ebenfalls ersten Ranges zu bieten, die frei ist, und die restlichen Rollen dieser Oper aus meiner Compagnie zu besetzen.
2. Ich verpflichte mich, das Libretto verfertigen zu lassen, gemäß einem der beiden Themen, die mir seine Exzellenz der Burggraf gegeben hat, und es von einem berühmten Komponisten vertonen zu lassen; im Fall das jedoch durch den Zeitdruck nicht ausführbar ist, verpflichte ich mich, eine neue Oper zu beschaffen, komponiert auf das Thema „Titus" von Metastasio ...

(Übersetzung v. Verfasser)   *Ital. Originaltext in: Mozart-Jahrbuch 1959, S. 281.*

So abenteuerlich die Ereignisse um das Requiem sind, so phänomenal ist die Entstehungsgeschichte der Oper „TITUS". Von einer Entstehungsgeschichte kann fast nicht die Rede sein, weil es deren mehrere gibt; und alle sind gleichermaßen unglaubwürdig. Sie scheinen eher zu beweisen, daß Mozart diese Oper gar nicht geschrieben haben kann. Da das Werk aber auf nahezu 300 Partiturseiten in seiner Handschrift vorliegt, gibt es keine Zweifel, und nur die Rätsel bleiben. Früheren Annahmen zufolge, wie sie sich bei Niemetschek und Nissen finden, begann Mozart mit der Komposition des „Titus" während der Reise nach Prag und vollendete die Oper dort in 18 Tagen. Durch die Prager Oberpostamtszeitung vom 30. August 1791 ist belegt, daß Mozart dort am 28. August eintraf. Er befand sich in Begleitung von Constanze und Süßmayr, der wegen der Zeitnot die Secco-Rezitative für die Oper geschrieben haben soll. Was nun die Zeitfrage betrifft, so dürfte Mozart am 24. oder 25. August in Wien abgereist sein. Daß er früher abfuhr und die Reise unnötig verlängert hat, ist ausgeschlossen. War es doch bei einem Opernauftrag für den Komponisten das wichtigste, bei der Einstudierung dabeizusein. Und diesmal war es ungeheuerlich spät, denn die Aufführung war für den 6. September angesetzt. Vom 25. August bis zum 6. September sind es nun einmal 12 Tage. Und irgendwann muß die Oper auch noch geprobt worden sein.

Für die Frage, wieviel Zeit Mozart nun tatsächlich hatte, ist der Vertrag, den die Prager Stände mit dem Theater-Impresario Domenico Guardasoni abschlossen, schon aufschlußreicher. Dieser Kontrakt kam überhaupt erst am 8. Juli 1791 zustande. Dabei war immer noch nicht sicher, welche Oper in Auftrag gegeben werden sollte. „Titus" war lediglich in der engeren Wahl, wobei man davon ausging, daß die Vorlage Metastasios noch zu bearbeiten wäre. Dieses Libretto war nämlich schon unzählige Male vertont worden, unter anderem von Hasse, Jomelli, Scarlatti, Anfossi, Sarti, Galuppi, Myslivecek, Wagenseil und Gluck. Daß es aus heutiger Sicht eine opera seria der schwächsten Sorte war, ohne glaubwürdige Charaktere und nichts als ein kaltes Herrscherepos, hat auch Mozarts Oper lange in ein Randdasein gedrängt. Mozart selbst muß geahnt haben, daß er sich da an einem schlechten Opernstoff vergriffen hatte. Aus seiner Anmerkung, daß Mazzola den „Titus" zu einer *vera opera* umgeformt habe, läßt sich keineswegs ableiten, daß Mozart von Anfang an dieser Überzeugung war. Denn die Arbeit Mazzolas und Mozarts lief parallel. Mozart kannte das Libretto letztlich erst ganz, als er es fertig komponiert hatte. Wieder einmal war er ein außerordentliches Risiko eingegangen. Aber seine Musik sollte das für ihn und für die Nachwelt vergessen machen.

SALIERI AN FÜRST ANTON ESTERHÁZY: August 1791

... Und außerdem mußte ich, ohne es zu bedauern, die Komposition der Oper ablehnen, die für die Krönung in Böhmen in Vorbereitung ist, für welche Oper der Impresario fünfmal von Prag nach Wien kam, um mir den Auftrag aufzunötigen, und mir sogar 200 Zechinen (Dukaten) entgegenhielt, einen Auftrag, den ich nicht annehmen konnte, da ich mich allein den Angelegenheiten des Hoftheaters zu widmen hatte. ...

Haydn Yearbook XV, S. 154.

NIEMETSCHEK:

Die Musik zur Zauberflöte war schon im Julius 1791 fertig. In der Mitte des Augustus gieng Mozart nach Prag, schrieb da innerhalb 18 Tagen La Clemenza di Tito, welche am 5ten September aufs Theater kam. In der Mitte dieses Monaths reisete er nach Wien zurück, und schrieb ein paar Tage vor der Vorstellung der Zauberflöte, die am 30. September geschah, die meisterhafte Sinfonie dazu, und den Priestermarsch zum Anfang des 2ten Aktes.

Solche Beyspiele könnten häufig angeführt werden. *a.a.O., S. 56.*

MOZART AN SEINEN VATER: *10. Februar 1784*

... Ich habe ihnen in meinem letzten schreiben wegen des Varesco meine opera* betreffend geschrieben. – dermalen ist gar kein gedanke daß ich sie geben will. – Ich habe dermalen sachen zu schreiben, die mir in diesen augenblick geld eintragen, – später nicht. – die opera – wird mir allzeit bezahlt – und dann – wenn man sich zeit lässt – so geht alles besser. man sieht der Poesie des H: Varesco nur zu sehr die Eyle an! – Ich hoffe er wird es mit der zeit selbst einsehen; – darum wünsche ich nur die Opera / er solle sie nur so gerade hinwerfen :/ im ganzen zu sehen – dann kann man gründliche austellungen machen; – wir haben Ja um gottes willen nichts zu Eilen! – wenn sie das, was meinerseits fertig ist, hören sollten, so würden sie mit mir wünschen, daß es nicht verdorben werden sollte! – und das ist so leicht geschehen! – und geschieht so oft. – meine gemachte Musique liegt und schläft gut. –

* „L'oca del Cairo" *Briefe III, S. 300.*

AUS DEM PROGRAMM DER MUSIKALISCHEN AKADEMIE DER MADAME DUSCHEK IM KÖNIGLICHEN NATIONALTHEATER, PRAG: 26. April 1791

...

4tens. Eine ganz neu verfertigte große Scene von Herrn Mozart.
5tens. Ein Konzert auf dem Forte piano von Hrn. Mozart gespielt von Hrn. Witassek.
6tens. Ein Rondo von Herrn Mozart mit obligaten Basete-Horn.
7tens. ... *National-Museum, Prag.*

MOZART AN SEINE FRAU: *10. April 1789*

– Nach Tisch fuhr ich zu Canal und Pachta, traf aber Niemand zu Hause an; – ich ging also zu Guardassoni – welcher es auf künftigen Herbst fast richtig machte mir für die Oper 200 # und 50 # Reisegeld zu geben. – dan ging ich nach Haus um dem lieben Weibchen, dieß alles zu schreiben. – Briefe IV, S. 80.

114

Als Guardasoni, mit einem Vorschuß versehen um den 14. Juli in Wien eintraf, war also noch alles offen. Die Oper, das Libretto und wahrscheinlich sogar der Komponist. Nach Salieris eigenem Zeugnis wurde er vor Mozart gefragt, ob er die Krönungsoper für Prag schreiben könne. Aber er hatte keine Zeit und sagte nein. Mozart hatte auch keine Zeit und sagte ja. Anfang Juli hatte er noch den ersten Akt der „Zauberflöte" instrumentiert, und der zweite war bis auf den Priestermarsch bei der Abreise nach Prag geschrieben. Die Ouvertüre sollte erst im September entstehen.

Wenn Mozart und mit ihm der Librettist Caterino Mazzola, der Nachfolger Da Pontes, sich tatsächlich am 15. Juli schon an die Arbeit machen konnten, dann blieben noch 41 Tage bis zur Abreise Mozarts nach Prag. In diese 41 Tage fallen aber noch weitgehend die Entstehung des zweiten Aktes der „Zauberflöte" und schließlich die erste Arbeit am Requiem.

Auch wenn man von der früheren Version absieht und annimmt, daß Mozart mit der Komposition des „Titus" Mitte Juli beginnen konnte, werden ihm neben „Zauberflöte", Requiem und anderen Verpflichtungen kaum mehr als 18 Tage für den „Titus" übriggeblieben sein. Um Mozarts Arbeitstempo in dieser letzten Phase begreifen zu können, reicht ein Vergleich mit anderen Komponisten nicht aus. In allen bekannten Fällen haben Musiker, die in Zeitnot waren, auf frühere Arbeiten zurückgegriffen. So hat Bach in sein Weihnachtsoratorium wenigstens zwölf Sätze aus zum Teil weltlichen Kantaten aufgenommen. So hat Händel bei seinem „Messias", der in 24 Tagen entstanden sein soll, auf bereits Geschriebenes zurückgegriffen. Und selbst Rossini, der für seinen „Barbier von Sevilla" doch immerhin 26 Tage brauchte, sah sich gezwungen, zahlreiche Nummern aus früheren Opern zu übernehmen. Zu einer solchen Notlösung hat Mozart hingegen nie gegriffen. Im Gegenteil: Er ließ eher eine halbfertige Oper liegen, wie „Zaide" oder „L'Oca del Cairo" und wandte sich einer ganz neuen Arbeit zu. Davon bildet ein Rondo im „Titus" eine Ausnahme, und es hat folglich große Verwirrung ausgelöst. Schon am 26. April 1791 sang Josepha Duschek in einem Prager Konzert eine Szene, die vor allem wegen ihrer Instrumentalbesetzung als das Rondo der Vitellia aus dem „Titus" identifiziert werden konnte. Dieses Rondo steht im „Titus"-Autograph tatsächlich auf einer abweichenden Papiersorte und die musikalischen Anschlüsse sind verändert. Das hat zu der irrigen Annahme geführt, Mozart könne den Auftrag für „Titus" schon im Frühjahr 1789 während seiner Berlinreise erhalten haben. Damals war mit Guardasoni tatsächlich von einem neuen Opernprojekt gesprochen worden. Aber wenn man sich in Prag noch im Sommer 1791 nicht über „Titus" einig war, warum sollte sich Mozart dann schon

MOZART AN SEINEN VATER: *14. Februar 1778*

... ich habe hier keine ruhige stund. ich kann nichts schreiben, als nachts; mithin kann ich auch nicht früh aufstehen. zu allen zeiten ist man auch nicht aufgelegt zum arbeiten. hinschmieren könnte ich freylich den ganzen tag fort; aber so eine sach kommt in die welt hinaus, und da will ich halt daß ich mich nicht schämen darf, wenn mein Namm drauf steht. dann bin ich auch, wie sie wissen, gleich stuff wenn ich immer für ein instrument / das ich nicht leiden kan :/ schreiben soll.   *Briefe II, S. 281.*

ANNA MARIA MOZART AN IHREN MANN: *5. April 1778*

wür sind beyde gott lob und dack gesund, und hoffen das du und die Nanerl sich in gutter gesundheit befinden, so wird es mit der hilf gottes alles gutt werden, der wolfgang hat sehr vill zu thuen, er mues auf die Kahr wochen für das Consert Spirituell ein Misærere machen wo 3 Chor und ein fuga und tuet und alles darinen sein mues, mit sehr villen Instrumenten Kinfftigen mittwoch soll es schon fertig sein, damit es kan probiert werden, er schreibt es bey den Monsierur le gro der director von den Consertist, wo er die meiste Zeit speisset, bey den Novere kan er auch däglich speissen wie auch bey der Madame depine. hernach hat er für einen duc 2 Consert zu machen, eins für die flautraver, und eines für die harpfe, für das französische theater mues er einen act zu einer opera machen. eine scholarin hat er auch, welche ihm für iede lectcion 6 liver bezalt, nemlich für 12 lectcionen 3 loisdor, die bezalung bekommen wür aber erst wan alles fertig ist, und vor ostern werden wir keinen Xer einnehmen.
                                                          Briefe II, S. 329.

ALFONS ROSENBERG:

Es ist nun offensichtlich, daß die Dreizahl sowohl den gesamten Aufbau der Handlung und der Musik der Zauberflöte, wie auch alle Einzelheiten bestimmt. Die vielfältigen Dreiergruppen sind kennzeichnend für den Aufbau der Oper. So stehen drei ‚Damen‘ im Dienste der Königin der Nacht, dreimaliger Donner und der Ruf: Sie kommt – sie kommt – sie kommt, künden ihr Nahen an. Dreimal tritt die Königin der Nacht in Erscheinung, am Anfang der Handlung als die der Tochter beraubte Mutter, in der Mitte (Rachearie) und am Schluß (um Sarastro und die Eingeweihten zu töten). Auch ihre ‚drei Damen‘ greifen dreimal in die Handlung ein (zu Beginn des ersten Aktes und in den beiden Quintetten). Die Prüflinge werden begleitet und behütet von den drei Genien oder Knaben, die geistig und handlungsmäßig den Gegenpol zu den drei verführerischen Damen bilden. Als Luftgeister erscheinen sie dreimal dem Trio der Prüflinge Tamino, Pamina und Papageno.

Rosenberg: „Die Zauberflöte", S. 147.

zwei Jahre vorher diesem Stoff zuwenden, noch dazu mit nur einer einzigen Arie. Abgesehen davon, daß der Text dieser Arie in Metastasios Libretto gar nicht vorkommt, wäre es völlig gegen Mozarts Art gewesen, auf Vorrat oder auf Verdacht zu arbeiten. Er hat immer nur das geschrieben, was gerade anfiel, was gebraucht wurde, und vor allem, was bezahlt wurde.

Und sehr viel anders war es wohl auch nicht, als Schikaneder im Frühjahr 1791 mit einem Projekt zu Mozart kam. Es war die „ZAUBERFLÖTE". Die Behauptung, daß Mozart die Flöte nicht mochte, ist ein fester Bestandteil der Mozart-Literatur geworden. Schuld daran ist Mozart selbst, denn als der damals 22jährige auf seiner Parisreise in Mannheim weilte, machte er den Fehler, seinem Vater eine abfällige Bemerkung über die Flöte zu schreiben. In jener Situation war das verständlich, weil Mozart mit mehreren Flötenkompositionen unter Arbeitsdruck stand. Hätte er geahnt, daß die Nachwelt jedes seiner Worte auf die Goldwaage legen würde, dann hätte er jenen Satz vom 14. Februar 1778 sicher unterdrückt. Zumal dieser Satz in gar keinem Verhältnis zu all jenen Werken steht, in denen Mozart die Flöte bedacht hat. Hier zeigt sich, wie gefährlich es ist, einzelne briefliche Äußerungen grundsätzlich zu nehmen. Jedenfalls hat sich Mozart durch seine ihm nachgesagte Geringschätzung der Flöte nicht davon abhalten lassen, eine Oper zu schreiben, in der dieses Instrument eine Hauptrolle spielt. Dort taucht die Flöte sogar in drei Gestalten auf. Neben Taminos wunderwirkender Querflöte spielt auch Papagenos fünftönige Panflöte eine wichtige Rolle. Und aus dem Orchester wird als musikalisches Attribut des Monostatos die Piccoloflöte hörbar.

Damit erscheint zum ersten Mal die Zahl Drei, welche der Oper eine Flut von Deutungen eingetragen hat. Da sind nicht nur drei Damen, sondern auch drei Knaben, wenn auch ein dritter Geharnischter fehlt. Vor allem aber gibt es neben mehreren Textwiederholungen die drei Akkorde am Anfang der Ouvertüre. Sie sind immer wieder als symbolischer Auftakt zur Oper gedeutet worden. Und da Mozart der Freimaurerloge „Zur neugekrönten Hoffnung" angehörte, wurde der Schlüssel zur Symbolik der „Zauberflöte" natürlich bei den Freimaurern gesucht. Leider ist es die Eigenart von Symbolen, daß sie für etwas anderes stehen, ohne dieses andere preiszugeben. Und auch Mozart hat nichts preisgegeben, weder in der „Zauberflöten"-Partitur noch in seinen Briefen. Was bleibt, sind Vermutungen. Vielleicht steht die Zahl Drei für die Freimaurerideale *Weisheit, Schönheit* und *Stärke*. Diese lägen sehr nahe bei den drei Tempelinschriften *Natur, Vernunft* und *Weisheit*, die auch

Cimarosa: Ouvertüre zu
„Die heimliche Ehe" 1792

Mozart: Intrada zu
„Apollo et Hyacinthus"
1767

Mozart: Ouvertüre zu
„Die Zauberflöte" 1791

Terzett Nr. 19 aus der „Zauberflöte"

bei „Zauberflöten"-Inszenierungen immer wieder verwendet wurden. Der stark ägyptische Einschlag, welcher der damaligen Mode entsprechend in der „Zauberflöte" herrscht, könnte auch an Isis und Osiris mit ihrem Sohn Horus denken lassen. Das verweist schon weiter auf die griechische Philosophie, in der nach Platon Mann und Frau aus einer androgynen Einheit zur Zweiheit hervorgehen und durch Wiedervereinigung zur Dreiheit finden. Doch dachten die Freimaurer bei aller mystizistischen Rückwärtsgewandtheit auch aufklärerisch vorwärts, weshalb sie bei der Französischen Revolution keine unwesentliche Rolle gespielt haben. Trotzdem sind die drei Schlagworte *liberté, egalité* und *fraternité* eher mit Mozarts Figaro in Verbindung gebracht worden. Näher bei der Freimaurersymbolik liegen die drei Einweihungsgrade des Lehrlings, des Gesellen und des Meisters, oder aber das dreimalige Anklopfen, welches zum Einlaß in die Loge verlangt wurde.

Dieses dreimalige Klopfen führt allerdings auf eine ältere und nüchternere Interpretation der „Zauberflöten"-Akkorde. Die sogenannte französische Ouvertüre hatte als Schema einen dreimaligen Akkord zum Auftakt. Das geht zurück auf das dreifache Klopfen mit dem Stock, womit der Zeremonienmeister um Ruhe und Aufmerksamkeit bat. Ein solches Stockaufschlagen am Boden war lange Zeit auch als Dirigiertechnik gebräuchlich. Die Zahl Drei spielt auch ohne Freimaurer und ohne Mystik in der Musik eine grundsätzliche Rolle. Denn das Ausgangsmaterial der Musik ist der Dreiklang, und drei Dreiklänge formieren sich zur Kadenz. Damit ergibt sich eine weitere mystische Zahl, weil die drei Akkorde die sieben Töne der Tonleiter enthalten. Die Acht mit der Oktave eröffnet dagegen einen neuen Bereich; das gleiche kehrt auf einer höheren Ebene wieder. Auch die Zahl Zwölf ist eine Basiszahl der Musik. So ergibt eine viertaktige Periode von Dreiertakten die Zahl Zwölf, welche sich auch in sechs Alla-breve-Takten findet. Insofern scheint es eine etwas verwegene Deutung, wenn man am Schluß des „Zauberflöten"-Terzetts Nr. 19 („Soll ich Dich, Teurer, nicht mehr sehn!") zwölf Uhrschläge hören will. Und das nur, weil Sarastro dem Tamino bedeutet hat, daß dieser nun fort muß. Mozart hat viel zu oft seine viertaktigen Schlußphrasen durch einen Trugschluß zu sechs Takten erweitert, als daß man an dieser Stelle etwas Besonderes heraushören müßte. Zweimal sechs ergibt nun einmal zwölf, und das nicht nur bei Mozart. Im übrigen schlägt es bei genauer Zählung, nämlich ab der Eins, in solchen Phrasen Dreizehn. Die tonale Musik ist nun einmal von vornherein eine zahlenmystische Angelegenheit. Denn ihre Zahlengeheimnisse liegen im Tonmaterial selbst, und das war es, womit Mozart in erster Linie zu tun hatte. Vom fünften Lebensjahr an war er Musiker, und mit vierzehn

ROSENBERG:

... die Drei ist die Schlüsselzahl sowohl der Musik wie des Textes der Zauberflöte. Es ist naheliegend, die Drei als Grundprinzip der Oper auf den Einfluß der freimaurerischen Symbolik zurückzuführen, mit der Schikaneder wie Mozart vertraut waren. Denn das Ritual des Freimaurer-Bundes ist grundlegend durch die Dreiheit, sowohl räumlich wie zeitlich, geistig wie sinnlich, bestimmt. Bekannt sind die drei freimaurerischen Grade oder Einweihungsstufen Lehrling, Geselle und Meister. Dreimal muß der Suchende anklopfen, dreimal wird der Lehrling am ‚Altar‘ des Meisters vorbeigeführt. Durch drei Säulen werden die Ideale der Freimaurer: Weisheit, Stärke und Schönheit gesinnbildet. *a.a.O., S. 141.*

JACQUES CHAILLEY:

Bevor noch der Vorhang aufgeht, leitet das Orchester die Handlung mit einer Reihe von Akkorden ein, die von allen Wissenschaftlern ohne Ausnahme als die „drei Freimaurer-Akkorde" besprochen wurden.

Es ist wirklich merkwürdig, daß eine so große Zahl erlesener Geister sich befleißigt hat, ihre Unfähigkeit, bis fünf zu zählen, zu beweisen. Es sind nicht drei Akkorde, sondern fünf, die in regelmäßigem Rhythmus (longa, brevis, longa, brevis, longa) stehen. Wir finden diese fünf Noten mit ihrem charakteristischen Rhythmus an mehreren bezeichnenden Stellen wieder: beim ersten Auftreten der drei Kinder, beim Finale des ersten Aktes, als Pamina zum ersten Male Sarastro gegenübersteht, beim Finale des zweiten Aktes, wenn die Königin der Nacht mit ihrem Gefolge versinkt.

Nun aber hat die Ziffer „fünf" einen ganz präzisen Sinn. Sie bedeutet in der allgemeinen, von den Freimaurern angenommenen Symbolik die Zahl der weiblichen Initiation, wobei sie die Ziffer „drei" der männlichen Weihe in der rituellen Loge der Frauen, genannt „Adoptions-Loge" ersetzt.

Chailley: „Die Symbolik in der ‚Zauberflöte'". In: Mozart-Jahrbuch 1967, S. 101.

ALFRED EINSTEIN:

... Unter dem Deckmantel der Symbolik war die ‚Zauberflöte' ein Werk der Auflehnung, des Trostes, der Hoffnung. Sarastro und seine Priester sind die Repräsentanten dieser Hoffnung auf den Sieg des Lichts, der Humanität, der Menschheitsverbrüderung. Mozart hat rhythmisch, melodisch, koloristisch dafür gesorgt, daß der geheim-offenkundige Sinn der Oper noch deutlicher werde. Er eröffnet und schließt sie in Es-dur, der Freimaurer-Tonart. Die langsame Einleitung der Ouvertüre beginnt mit den drei Akkordschlägen, die das dreimalige Anklopfen des Adepten an die Pforte symbolisieren; und in der entscheidenden Szene klopft Tamino denn auch an drei verschiedene Pforten an. Ein dreimaliger Akkord antwortet auf Sarastros Eröffnungen im Tempel. Die Holzbläser – die typischen Instrumente der Wiener Logen – spielen eine hervortretende Rolle; der Klang der Posaunen, von Mozart bisher, im ‚Idomeneo', im ‚Don Giovanni' nur im höchsten theatralischen Sinn gebraucht, gewinnt symbolische Kraft.

Einstein: „Mozart. Sein Charakter – sein Werk", S. 437 f.

WERNER LÜTHY:

Wenn Schubart in seiner „Aesthetik der Tonkunst" Es-dur als die Tonart „der Liebe, der Andacht, des traulichen Gesprächs mit Gott" bezeichnet, die durch ihre drei b die heilige Trias symbolisiert, so setzt er sich damit in keinen Widerspruch zu Mozart und zu andern Meistern jener Zeit. Aber er vergisst eine wichtige Seite, ein Charakteristikum der Tonart, das zum absoluten Verständnis der Rolle, die dieser Modus bei Mozart und vielen seiner Zeitgenossen (namentlich bei den italienischen Musikern) spielt, unerlässlich ist.

Abert spricht in seiner Mozartbiographie zu verschiedenen Malen über die nicht unwesentliche Rolle, die in der italienischen Oper die sogenannten Ombra-Szenen spielten, und wir wissen auch, dass der junge Mozart während seiner Reisen in Italien die Kunst der italienischen Opern und mit ihr auch die Ombra-Szenen bis in alle Details kennen gelernt und sie

Jahren war er in seinem Fach ein Meister. Zu den Freimaurern stieß er erst weitere fünfzehn Jahre später, und er dürfte kaum im Jahr seines Todes seine musikalischen Erfahrungen zugunsten eines freimaurerischen Zahlensymbolismus geopfert haben. Außerdem kann seine Einweihung bei den Freimaurern nicht besonders gründlich gewesen sein, da er in weniger als vier Monaten die Grade von Lehrling und Geselle zum Meister durchlief, wofür eigentlich mindestens ein Jahr vorausgesetzt wurde. Noch schneller rückte sein Vater, bei dem beide Beförderungen dokumentiert sind, zum Meister auf. Wenn Mozarts Musik zahlenmystische Zusammenhänge aufweist, dann stammen sie aus der Musik selbst. Hier bleibt festzuhalten, daß eine gedankliche Auseinandersetzung mit den Zahlenzusammenhängen in der „Zauberflöte" sicher eine vertiefende Beschäftigung mit Mozarts Musik bewirkt. Den „Genußwert" erhöht sie jedoch um keinen Deut. Im Gegenteil, durch lauter Mit-Denken und Mit-Zählen könnte sie eher dazu führen, daß unter all dem Gedankenballast der Zauber plötzlich verlorengeht. Und was Mozart betrifft, so ist wohl vorerst anzunehmen, daß er beim Komponieren nicht an diese Dinge gedacht hat. Ein solcherart ‚berechnender' Umweg hätte höchstens dazu geführt, daß er mit der „Zauberflöte" heute noch nicht fertig wäre.

Ganz ähnlich verhält es sich mit der Tonartensymbolik, die Mozart immer wieder unterstellt wird. Da das Werk in Es-Dur beginnt und in Es-Dur schließt, wurde voreilig davon ausgegangen, daß dies die Grundtonart der Oper sei. Und weil es sich angeblich um ein Freimaurerstück handelt, wurde Es-Dur zur Freimaurertonart erklärt. Diese Rechnung geht aber nicht auf, und zwar spätestens in der Introduktion, wenn sich die drei Damen beim Sieg über die Schlange in der Tonart vergreifen und ihren Triumph im Es-Dur der Gegenpartei anstimmen, wenn Tamino als Uneingeweihter sich in der Bildnisarie dieser Tonart bedient oder wenn sogar Papageno in seinem Duett „Bei Männern, welche Liebe fühlen" vor Es-Dur nicht zurückschreckt. Ähnliche Ungereimtheiten tauchen auf, wenn er, der Naturmensch, seinen Traum von einem „Mädchen oder Weibchen" mit den Tönen von Sarastros „O Isis und Osiris" singt, noch dazu in der gleichen aufsteigenden Tonfolge. Der Versuch, in der „Zauberflöte" die Tonarten bestimmten Personen oder Welten zuzuordnen, ist nur mit außerordentlichen Inkonsequenzen möglich. Jede Absicht, hier etwas herauszuhören, bedingt taube Ohren für zahlreiche andere Stellen, die sich der aufgenommenen Spur verweigern. Tatsächlich ergeben die Tonartenverhältnisse in der „Zauberflöte" nur einen vollständigen Sinn, wenn sie in den Kategorien gedacht werden, in denen Mozart dachte.

in seinen Werken – neben vielem andern, was er den Italienern und überhaupt seinen Zeitgenossen absah – nachgebildet hat. Typisch für diese Szenen in ihrer ursprünglichen und reinsten Form ist bei den Italienern die Anrufung der Geister Verstorbener. Fast durchwegs erklingen sie in Es-dur und mit Vorliebe unterstützen koloristische Klangwirkungen namentlich der Bläser ihre Schauerlichkeit. Die Instrumente werden, wie Abert so trefflich sagt, mit ihrem Seufzen und Stöhnen als „Dolmetscher" der Abgeschiedenen verwendet, und auch bei Mozart treffen wir auf derartige Szenen, oder wenigstens auf Spuren, die die ursprünglichen Ombra-Szenen mit ihren Seufzern und lang ausgehaltenen Akkorden noch ahnen lassen. Möglich, dass der ganz Charakter von Es-dur mit seiner „dunklen Glut" (Abert) durch den einstmals häufigen Gebrauch in Ombra-Szenen beeinflusst wurde. Abert selbst nennt einmal bei der Besprechung des Septettes aus der „Finta Giardiniera" Es-dur die Tonart der überirdischen Mächte und vergisst dabei einen Augenblick, dass dies nur von dem jungen Mozart gilt, und dass die Ombra-Szene aus „Don Giovanni" andere Tonarten verwendet. Offenbar hatte der reife Mozart den Eindruck, dass Es-dur durch die häufige Verwendung in Liebesszenen den Charakter des Ungewöhnlichen stark eingebüsst hatte und wählte darum für die Friedhofszene, in der Don Giovanni vom steinernen Komtur angerufen wird E-dur.

Werner Lüthy: „Mozart und die Tonartencharakteristik", S. 70 f.

C-DUR IN DER „ZAUBERFLÖTE":

Introduction	3 Damen:	„Was wollte ich darum nicht geben,
		könnt ich mit diesem Jüngling leben ..."
Finale I	3 Knaben:	„Zum Ziele führt dich diese Bahn..."
	Tamino:	„Wie stark ist nicht dein Zauberton..."
	Chor:	„Es lebe Sarastro..."
	Chor:	„Wenn Tugend und Gerechtigkeit..."
Duett Nr. 11	Priester:	„Bewahret euch vor Weibertücken..."
Arie Nr. 13	Monostatos:	„Alles fühlt der Liebe Freuden..."
Finale II	Feuer- und Wasserprobe	
	Chor:	„Triumpf! Triumpf! Du edles Paar..."
	Papageno:	„Klinger, Glöckchen, klinget..."

LÜTHY:

C-dur. Diese Tonart, bei der das Erleben weder nach der Seite freudigen Gefühlsüberschwanges, noch nach der tiefer seelischer Regungen eine Steigerung erfährt, eignet sich vortrefflich für betrachtende, leidenschaftslose Momente. Dem widerspricht auch Schubart nicht, wenn er meint, „C-dur ist ganz rein. Sein Charakter heisst Unschuld, Einfalt, Naivität, Kindersprache." ...
Rein betrachtend ist auch das Lied Taminos zu seinem Flötenspiel: „Wie stark ist nicht dein Zauberton" und auch bei der Durchschreitung von Feuer und Wasser erklingt das Flötenspiel in C-dur ...
In der „Zauberflöte" werden Papageno und Pamina bei ihrer geplanten Flucht durch die Ankunft Sarastros überrascht. Papageno frägt ängstlich, und zu jeder Notlüge bereit: „Was werden wir sagen?" Da antwortet ihm Pamina in strahlendem C-dur:: „Die Wahrheit"!

a.a.O., S. 56 ff.

Deren gab es zwei, und die erste bestand in einem Diktat der Sänger, die natürlich ihre Fähigkeiten dann am besten zeigen konnten, wenn die Arien genau auf den Umfang ihrer Stimme zugeschnitten waren. So dürfte Emanuel Schikaneder bei Mozart, dem er die Melodie seiner Arie „Der Vogelfänger bin ich ja" vorgesungen haben soll, ebenfalls Wünsche geäußert haben, wie hoch hinauf und wie tief hinab es gehen dürfe. Es ist bekannt, daß Mozart für jede seiner Opern die Sänger vorher kannte und daß er bei der Komposition genauestens Rücksicht auf deren stimmliche Stärken und Schwächen nahm. Hierbei dürfte ihm aber doch für die Wahl der Tonarten immer noch ein gewisser Spielraum von einem Ton oder sogar einer Terz geblieben sein.

Ein anderes Diktat war dagegen weit stärker. Fast alle Blasinstrumente waren zu Mozarts Zeit durch ihre noch unvollkommene Bauweise äußerst tonartgebunden. So waren F-Dur, B-Dur und Es-Dur ideale Horntonarten. Das gilt auch für die Bassetthörner, die zur Familie der Klarinetten gehören und für die Mozart später schrieb. Seine Werke für dieses Instrument stehen fast ausnahmslos in B-Tonarten.

Außerdem war die Mozartzeit noch nicht mit der gleichschwebenden Stimmung vertraut, so daß im 18. Jahrhundert jedes Verlassen der vorzeichenarmen Tonarten stets mit wachsenden Intonationsproblemen verbunden war. Mozart hat sich aus diesen Gründen nur selten in die höheren Tonarten vorgewagt. Es war damals zum Beispiel unmöglich, auf einer C-Flöte ein Stück in Cis-Dur zu spielen, bei dem auch nur ein einziges Intervall sauber gewesen wäre. Die Grundtonart der Flöte ist nun einmal C-Dur, und C-Dur ist, allen musikästhetischen Überlegungen und allen Geheimlehren zum Trotz, die zentrale Tonart der „Zauberflöte".

Zuerst einmal stehen alle Flötenstellen in C-Dur. In C-Dur bestehen Tamino und Pamina die Wasser- und Feuerprobe, und die Musik, die beide Male gleich ist, gehört weder zu Wasser noch zu Feuer, sie gehört der Flöte. Mit C-Dur besänftigt Tamino die wilden Tiere, in C-Dur wird ihm von den Knaben verkündet, welche Bahn ihn zum Ziele führt, und auch das erste Finale, also die genaue Mitte der Oper, verspricht die „Erd als Himmelreich" in C-Dur.

Wie verhalten sich nun grundsätzlich die anderen Tonarten und vor allem die benachbarten zu C-Dur? Die Dominante G-Dur ist in jedem klingenden C durch die Obertöne oder Teilschwingungen vorgegeben. Selbst die nächste Dominante D-Dur kann noch aus den Obertönen abgeleitet werden. Die Dominante ist gewissermaßen naturgegeben, sie entspricht einer in C-Dur mitschwingenden Realität. Ganz anders verhält es sich mit der Unterdominante. Sie ist eine Spiegelung an der C-Dur-Achse und bringt die fehlenden Tonleitertöne F und A. Die Ober-

ARIEN (DUETTE)

	B-Tonarten	*C-Dur*	*Kreuz-Tonarten*
TAMINO:	„Dies Bildnis..."	Flötenarie „Wie stark..." (Feuer/Wasser)	
PAPAGENO:	„Ein Mädchen..."		„Der Vogelfänger..."
PAPAGENO/PAMINA:	„Bei Männern..."		„Papagena! Weibchen..." „Pa, pa, pa"
PAMINA:	„Ach ich fühl's..."		
KÖNIGIN:	„O zittre nicht..." „Der Hölle Rache..."		
SARASTRO:	„O Isis und Osiris..."		„In diesen heil'gen Hallen"
MONOSTATOS:		„Alles fühlt der Liebe Freuden"	
PRIESTER:		„Bewahret euch vor Weibertücken"	

Ensembles mit Tonartwechsel

	Es – Dur c – moll	[As – Dur]	B– Dur g – moll	F – Dur	C – Dur	G – Dur
Introduction	Zu Hilfe Triumph ——→	Würd ich mein Herz			Was wollte ich darum nicht geben ◄—	Ich sollte fort ⌐
Finale I				AUFTRITT SARASTRO →	Zum Ziele führt dich diese Bahn —► SPRECHERSZENE ◄— FLÖTENARIE ——► ◄— Es lebe Sarastro → Wenn Tugend und Gerechtigkeit	Schnelle Füße ⌐
Finale II	Bald prangt *Du also bist's* *Der, welcher* *wandert diese* *Straße* Das ist Paminens Stimme ———	← Sollte dies dein Jüngling sehen	Nun wohlan es bleibt dabei ———	Tamino mein! →	FEUER, WASSER Triumph! Du edles Paar ———► Papagena ⌐	
	Nur stille, *stille* SCHLUSSCHOR ◄—			AUFTRITT SARASTRO	Klinget Glöckchen —►| Pa, pa, pa	

dominante ist somit naturgegeben und vom Menschen ge-funden. Die Unterdominante ist eine Ergänzung, also ein geistiges Ergebnis, sie ist er-funden. Damit teilt sich das Akkordmaterial in zwei Sphären. Während jeder Schluß über die Oberdominante zwingend und natürlich ist, wirkt ein Schließen über die Unterdominante immer schwebend, frei oder offen. Alle B-Tonarten führen in einen außerrealen Bereich. Es ist fast unmöglich, diese kadenzimmanente Polarität mit Begriffen zu fassen. Um ihr etwas näherzukommen, sollen hier einige Begriffspaare zur Auswahl stehen, wobei jeweils das erste Wort die Kreuztonarten, das zweite die B-Tonarten meint: *Natur / Kultur, Realität / Transzendenz, Wirklichkeit / Traum.*

Für die „Zauberflöte" wird nun klar, warum die Königin der Nacht rein tonartlich auf der Freimaurerseite stehen kann. Sie ist im Vergleich zu Papageno und Monostatos irreal, ein böser Traum, eine andere Welt. Aber auch ein Papageno ist durchaus in der Lage, das Tonarten-Spielfeld zu wechseln. Sein noch unschuldiges naturburschenhaftes Auftreten steht ganz richtig in G-Dur, und zu dieser Tonart findet er auch zurück, wenn seine Papagena Wirklichkeit wird. Solange Papageno allerdings von einem Mädchen oder Weibchen nur träumen kann, ist er fern der Realität und darf daher logischerweise in F-Dur singen. Das wäre bei einer freimaurerischen Interpretation eigentlich nicht statthaft. Dann müßte F-Dur für Sarastros „O Isis und Osiris" reserviert bleiben. Die Polarität von Realität und Transzendenz in der „Zauberflöte" steht durch C-Dur und Es-Dur in einem ganz konkreten musikalischen Rahmen. Das Motto *„Durch Nacht zum Licht"* ist oft genug mißbraucht worden, aber es bekommt einen Sinn, wenn Mozarts konsequente Verwendung des moll-Geschlechts beachtet wird. Moll bringt bei Mozart immer eine Bedrohung, eine Verfinsterung, Leid oder Gefahr mit sich. Das eindrücklichste Beispiel ist hier Paminas g-moll-Klage. In der gesamten Oper fällt nun folgendes auf: Sowie eine Bedrohung oder Gefahr auftaucht, verdunkelt sich die C-Dur-Realität nach c-moll. Gleich die Introduktion steht in c-moll, da Tamino von der Schlange bedroht wird. Wenn die Gefahr überwunden ist, erscheint jene Tonart, die auf genau dem Ton steht, der c-moll kennzeichnet, nämlich dem Es. Der Triumph der Damen über die Schlange ist folglich Es-Dur. Wenn es nach bisherigen Tonarteninterpretationen ginge, hätten sich die Damen diese Tonart kaum aneignen dürfen. Sie tun es, weil Es-Dur die Überwindung von c-moll ist, und damit kann die erste Nummer der Oper sich wieder nach C-Dur zurückbegeben. Die Zwischenstationen sind As-Dur mit weiblicher Schwärmerei für den Jüngling und G-Dur mit ebenso weiblichen Eifersüchteleien zwischen den Damen. Genauso fol-

Die Zauberflöte: „Sprecherszene"

Die Zauberflöte: Arie Sarastros

Clementi, Werke. Heft VI, Sonate II

Mozart, Ouvertüre der Zauberflöte

gerichtig hat Mozart den Schluß der Oper komponiert. Der Überfall durch die Königin der Nacht beginnt in c-moll, Sarastro kündigt die Strahlen der Sonne in B-Dur an, und das Ganze löst sich nach Es-Dur. Allein schon Mozarts Modulation für diese Verwandlung macht hörbar, daß hier eine Welt durch die andere abgelöst wird. Auch Paminas Selbstmordversuch beginnt in c-moll und wird von den drei Knaben in Es-Dur verhindert. Mozarts Prinzip einer Ausgangsrealität C-Dur, deren Bedrohung in c-moll und ein Ende-gut-alles-gut in Es-Dur ist eigentlich kaum zu übersehen. Allein Finale I und Finale II zeigen die Gegenwelten C-Dur und Es-Dur bei gleichem Text auf. Das Finale I endet mit der Versicherung, daß die Erd' ein Himmelreich ist, wenn Tugend und Gerechtigkeit wirksam sind, und das steht in C-Dur. Wenn die drei Knaben hingegen die Sonne ankündigen, dann ist die Erd' als Himmelreich noch ein Versprechen und steht in Es-Dur. In der ganzen Oper scheint nur eine einzige Tonart aus dem Rahmen zu fallen, nämlich das E-Dur von Sarastros „Hallenarie". Diese ist mit ihren zwei Strophen im Grunde ein zum Lied stilisierter Choral, der vom Text her das Freimaurermanifest der Oper darstellt. Es hat nicht nur gedanklich, sondern auch tonartlich einen Bezug zur Sprecherszene. Dort hatte Tamino gefragt, wann das Dunkel schwinden werde, wann sein Auge das Licht finden werde und ob Pamina noch lebe. Die drei Antworten sind musikalisch identisch und nichts als eine a-moll-Kadenz, deren Baßführung bei größter Einfachheit eine ungeheure Wirkung erzielt. Im selben musikalischen Duktus, nun aber in E-Dur, steht Sarastros Hallenarie als eine folgerichtige Antwort auf die Fragen, die in der Sprecherszene gestellt wurden. E-Dur erlöst a-moll. Rasch darauf folgen mit dem Terzett der Knaben und dem Gesang der Priester die noch fehlenden ‚hellen' Tonarten A-Dur und D-Dur. Sie vervollständigen den kleinen Bogen, den Mozart von C-Dur abwärts bis Es-Dur und aufwärts bis E-Dur schlägt. Sowohl die Zahlen als auch die Tonarten betreffend ist davon auszugehen, daß Mozart als Musiker dachte. Was sich an Zahlensymbolik und tonartlichen Zusammenhängen ergab, kam in erster Linie aus den Gesetzmäßigkeiten der Musik, und das Ergebnis kann Mozart kaum als bewußte Absicht unterstellt werden.

So ist auch die Übereinstimmung zwischen dem Fugato-Thema der „Zauberflöten"-Ouvertüre mit einem Sonatenbeginn von Muzio Clementi entweder ein bewußtes Zitat oder ein Zufall. Mit Clementi hatte Mozart 10 Jahre zuvor, am Weihnachtsabend 1781, einen pianistischen Wettstreit ausgetragen. Da Mozart bei dieser Gelegenheit dessen Sonate gehört hat, könnte er das Thema dank seines phänomenalen Gedächtnisses über ein Jahrzehnt gespeichert haben, um es dann zu verwenden.

Die Zauberflöte:
Finale I, 17. Auftritt

Franz Schubert:
Opus 3, Nr. 3

LUDWIG SCHIEDERMAIR:

Und doch war dieses Textbuch Schikaneders ebensowenig nur ein buntes, lokalgefärbtes Gemengsel verschiedenster Motive des „Dschinnistan" und modischer Geheimbücher, als ein skrupelloses Plagiat zeitgenössischer Wiener Zauber-Singspiele. Daß Schikaneder bewußt auf ein von philosophischen Ideen getragenes Drama zusteuerte und mit der Apotheose der Freimaurerei auf einen doch immerhin gewagten Protest gegen die Maßnahmen des neuen Kaisers abzielte, ist schwerlich anzunehmen. Sicherlich mag er, ohne sich ein Gewissen daraus zu machen und von den Gepflogenheiten gerissener Theaterpraktiker der damaligen Zeit abzuweichen, ganze Situationen und ganze Figuren wie zum Beispiel den Sarastro von seinem Schauspieler Gieseke, dem späteren Dubliner Professor, direkt entlehnt und auch bei anderen Singspieldichtern Ausschau nach verwendbaren Einfällen gehalten haben. Aber er blieb während der Arbeit nicht bei einer besonderen Vorlage, sondern schöpfte aus den mannigfachsten Quellen und besaß vor allem die schon früher bewiesene Fähigkeit, die verschiedensten fremden Bestandteile zu einem neuen bühnenwirksamen Ganzen ohne stärkere Risse zusammenzufügen. Ein flinker Plagiator oder ein Theaterdichter, der geschäftsmäßig Märchen des Dschinnistan dramatisierte, arbeitete damals meist nicht so umständlich. Nicht woher Schikaneder alle seine Motive und Szenen holte, sondern was er aus ihnen machte, dürfte für die Beurteilung seines Textbuches entscheidend sein. *Schiedermair: „Mozart. Sein Leben und seine Werke". 1922, S. 400 f.*

Mozart wird jedoch kaum einen Clementi gebraucht haben, um einen Einfall für ein Ouvertürenthema zu finden. Er hatte es nicht nötig zu stehlen oder zu zitieren, und wenn, dann tat er es bewußt, wie mit dem Luther-Choral „Ach Gott, vom Himmel sieh darein" für den Gesang der Geharnischten. Zum Ouvertürenthema bleibt zu sagen, daß thematische Parallelen in der Klassik nicht selten sind, weil die Bauweise der Themen an Grundstrukturen wie Dreiklang, Tonleiter und Tonrepetition orientiert war. Deshalb sind Ähnlichkeiten wie zwischen Mozarts Intrada zu „Bastien und Bastienne" und Beethovens Eroica-Thema Zufall.

Weniger erheblich als die musikalischen Fragen sind die Unklarheiten über die Entstehung des Textbuches zur „Zauberflöte". Als Vorlage kommen die Märchenerzählungen „Lulu oder die Zauberflöte" von J. A. Liebeskind und „Die klugen Knaben" von Chr. M. Wieland infrage, die 1787 und 1789 in Wielands Märchensammlung „Dschinnistan" erschienen waren. Auch Geblers Drama „Thamos, König in Ägypten" war Mozart bekannt, weil er schon 1779 Chöre und Zwischenaktmusiken dazu geschrieben hatte. Daneben sind im Text der „Zauberflöte" Einflüsse des Moderomans „Sethos" von Abbé Terrasson feststellbar. Auch die Schrift „Über die Mysterien der Ägypter" von Ignaz von Born, dem Begründer der Wiener Freimaurerloge „Zur Wahren Eintracht", dürfte den Verfassern der „Zauberflöte" bekannt gewesen sein. Allerdings liefert keine dieser Quellen den eigentlichen Handlungsfaden für die „Zauberflöte". Jede enthält nur bestimmte Elemente, die dann zu einer neuen Geschichte zusammengefügt wurden. Der Hauptverfasser wird wohl Schikaneder gewesen sein, vor allem bei den Szenen des Papageno, den er selbst spielte. Parallelen zur Oper „Oberon", die Schikaneder zwei Jahre zuvor von seinem Schauspieler Karl Ludwig Gieseke herausgebracht hatte, dürften im Einverständnis oder in Zusammenarbeit der beiden entstanden sein.

Wer nun welche Texte zur „Zauberflöte" beisteuerte, ist letztlich nicht so wichtig, denn dieses Wissen ändert an der heutigen Gestalt des Librettos keine Silbe mehr. Zu einer realistischen Vorstellung über die Entstehung des Textes verhilft die Berücksichtigung der damaligen Aufführungspraxis. Man arbeitete gewissermaßen im Team. Oft wurden schon Szenen probiert und auf ihre Theaterwirksamkeit erprobt, während andere Teile des Stückes noch gar nicht geschrieben waren. Der ganze Theaterapparat und sogar die Sänger waren an der Entstehung einer Oper beteiligt. Es wurde unablässig verändert, verworfen und neugeschrieben. So wird auch bei der „Zauberflöte" mancher Sänger mitgeredet haben, Vorschläge gemacht oder Änderungen gewünscht haben. Und noch etwas bleibt zu bedenken. Das damalige Theater war

EMANUEL SCHIKANEDER AN MOZART:

Lieber Wolffgang
Derweilen schicke ich dir dein Pa Pa Pa zurückh, das mir ziemlich recht ist. Es wirds
schon thun. Abends sehen wir uns bei den bewußten -weissen

dein
5/IX.790   *E. Schikaneder*
Briefe IV, Anhang A, Zweifelhaftes und Falsches, S. 532; siehe Bd. VI, Kommentar, S. 728.

JULIUS CORNET:

Original-deutsche Opernbücher waren ... die ächtdeutsche „Zauberflöte" von Schikaneder
und seinem Choristen Gieseke, der ihm den Plan der Handlung, Szenen-Eintheilung und
die bekannten naiven Reime machte. Dieser Gieseke – ein relegierter Student von Halle
(geboren in Braunschweig) – war Verfasser mehrerer Zauberopern, auch der Zauberflöte
(nach Wielands Lulu), woran Schikaneder nur änderte, strich und zusetzte und sich den
Autorennamen vindizierte. Der arme Gieseke fand bei Schikaneders Bühne ... als Chorist
und für kleine Rollen eine kümmerliche Existenz. Nach einiger Zeit verschwand er; niemand wusste wohin. Im Sommer des Jahres 1818 zu Wien setzte sich einst ein feiner alter
Herr in blauem Frack und weissen Halstuch, mit einem Orden geziert, zu uns an den
Wirtstisch, an welchem sich Ignaz von Seyfried, Korntheuer, Julius Laroche, Küstner,
Gned und ich täglich zu Mittag versammelten. Der ehrwürdige schneeweisse Kopf, die
gewählte Art zu sprechen, das ganze Benehmen machte einen angenehmen Eindruck auf
uns alle. Es war der ehemalige Chorist Gieseke, der jetzt als Professor an der Universität
Dublin, mit einer naturhistorischen Sammlung aus dem Pflanzen-, Mineral- und Tierreich
direkt von Island und Lappland nach Wien kam, um dieselbe dem kaiserlichen Naturalka-
binett einzuverleiben. Seyfried war der Einzige, der ihn erkannte. Die Freude des alten
Herrn über Wien und seine Anerkennung vom Kaiser Franz (der ihn mit einer von Solitä-
ren strotzenden, wirklich kostbaren Golddose voll der neuesten Kremnitzer beschenkte)
war der Lohn vieljähriger Entbehrungen und Leiden. Bei dieser Gelegenheit erfuhren wir
denn so vieles aus der alten Zeit: unter andern lernten wir auch in Ihm (der zu dem damals
hochverpönten Orden der Freimaurer gehörte), den eigentlichen Verfasser der „Zauberflöte" kennen (wovon Seyfried allerdings eine Ahnung hatte). Ich erzähle dies nach seiner
eigenen Aussage, welche zu bezweifeln wir keine Ursache hatten. Er erklärte sich hierüber
gegen uns bei der Gelegenheit, als ich die eingelegte Kavatine aus „Der Spiegel von Arkadien" sang. Viele meinten, der Souffleur Helmböck sei Schikaneders Mitarbeiter gewesen.
Aber auch hierüber enttäuschte uns Gieseke, nur die Figur des Papageno und seiner Frau
gestand Gieseke dem Schikaneder zu.

Julius Cornet: „Die Oper in Deutschland", Hamburg 1849.

noch schnellebiger als das heutige. Man hatte gar keine Zeit, eine Oper durch jahrelange Studien vorzubereiten. Die Fertigstellung eines Stükkes lief in der Regel so rasch ab wie die anschließenden oder sogar gleichzeitigen Proben. So dürfte Mozart zu Anfang des Jahres 1791 von der „Zauberflöte" tatsächlich noch nichts gewußt haben. Ein Brief Schikaneders sorgte eine Zeitlang für die Annahme, daß schon im September des Vorjahres über die „Zauberflöte" beraten wurde. Diese Annahme hielt sich so lange, bis der Brief als Fälschung erkannt wurde, in der noch dazu die Jahreszahl manipuliert wurde. Es spielt auch kaum eine Rolle, ob Mozart nun sechs Monate oder sechs Tage Zeit gehabt hat, sich auf den Zauberflötenstoff einzustimmen. Wenn die endgültige Fassung der „Zauberflöte" in ungefähr 50 Punkten vom ersten gedruckten Textbuch abweicht, so ist das gar nicht verwunderlich. Und es ist durchaus nicht anzunehmen, daß alle diese Änderungen von Mozart ausgingen. Die damalige enge Zusammenarbeit aller Beteiligten erklärt auch, daß im nachhinein gleich mehrere Personen die Urheberschaft am „Zauberflöten"-Text für sich in Anspruch nehmen wollten. Die Zeit spielt dabei noch ihre verklärende Rolle; was ursprünglich nur Mitsprache war, wird in der Erinnerung zu Mitarbeit und schließlich zur alleinigen Autorschaft. Wenn Karl Ludwig Gieseke, der in der Uraufführung den ersten Sklaven gespielt hatte, sich erst 1818 als Verfasser der „Zauberflöte" ausgeben wollte, dann ist ihm das ein bißchen spät eingefallen, und Tantiemen wurden ohnehin nicht gezahlt.

Die Frage nach der Urheberschaft der „Zauberflöten"-Texte wäre eigentlich müßig, wenn sie nicht an ein gewichtigeres Problem gekoppelt wäre. Dies ist der Bruch, welcher in der Dramaturgie des Stückes vorzuliegen scheint. In groben Zügen wird er darin gesehen, daß die Führer der beiden Gegenwelten, Sarastro und die Königin der Nacht, im zweiten Akt ihr Gesicht wechseln. Zu Anfang ist Sarastro ein böser und gefährlicher Kindesentführer. Auch geht er mit seinen Untergebenen nicht besonders human um und spart, wie im Fall des Monostatos, nicht mit Körperstrafen. Dieser Gewaltherrscher, der auch von der Emanzipation der Frau noch nichts gehört zu haben scheint, verwandelt sich dann auf einmal in einen gütigen Weisen, der nicht nur im Namen der Menschheit spricht, sondern auch für sie denkt, ganz gleich, ob diese Menschheit nun männlich oder weiblich ist. Eine entsprechende Verwandlung erfährt die Königin der Nacht, wenn auch zu ihrem Nachteil. Die liebevolle und um ihr Kind besorgte Mutter entpuppt sich im zweiten Akt als eine mordlustige und haßerfüllte Dämonin. Da Mozart und Schikaneder keinen einzigen Hinweis hinterlassen haben, der über die Entstehung der „Zauberflöten"-Texte Aufschluß geben könnte, bleibt

MOZART AN SEINE FRAU: *12. Juni 1791*
Liebstes, bestes Weibchen!
Warum habe ich denn gestern Abends keinen Brief bekommen? damit ich länger des
Baades wegen in Ängsten leben muß? – ...
– ich gieng dann um mich aufzuheitern zum Kasperl in die neue Oper der Fagottist,
die so viel Lärm macht – aber gar nichts daran ist. –   *Briefe IV, S. 137.*

IGNAZ VON SEYFRIED AN GEORG FRIEDRICH TREITSCHKE: 1840 ?
– Ihrem Wunsche gemäß erlaube ich mir noch folgende Bemerkungen, welche ich noto-
risch zu verbürgen im Stande bin. – Schikaneders persönliche Bekanntschaft mit Mozart, so
wie auch jene spätere mit Zitterbarth, – datirt sich aus einer Freymaurer Loge her, –
freylich nicht jene hochberühmte Born'sche, welche Wien's erste Dignitäten u: die Elite der
damaligen literarischen Kaste unter ihre Mitglieder erzählt haben soll, – sondern schlecht-
weg eine sogenannte Winkel- oder Freß-Loge, woselbst man sich in den wöchentlichen
Abendzusammenkünften mit Spiel, Musik, u: den vielen Freuden einer wohlbesetzten Tafel
beschäftigte, wie Gieseke mir oftmals erzählte, der auch Sch: Wieland's Dschinnistan mit-
theilte, woraus derselbe den Stoff zu mehreren seiner Opern entlehnte. Sehr wahrscheinlich
begann die Composition der Zauberflöte erst im Frühjahr 791, weil M: nie lange an dem
nehmlichen Werke, u: überhaupt schnell arbeitete. Meistens schrieb er in Gerl's Wohnung,
oder in Sch:s Garten, nur wenige Schritte am Theater; ich selbst war oft Gast an demselben
Tische, u: hielt viele Proben im nehmlichen Salon, oder auf deutsch: Holzhütte. Der Souffleur Haselbeck mußte Sch's prosaische Entwürfe versifiziren; manches möchte auch wohl
aus eigener Fabrik herstammen, wie solche Reime: „schön Mädchen jung u: fein – viel
weißer noch als Kreide," zum vorhergehenden: „Aha! hier seh ich Leute, – gewagt, ich geh'
hinein!" – Das Textbuch war bis zum ersten Finale vollendet, als in der Leopoldstadt: „Die
Zauberzither", oder: „Kaspar der Fagottist" erschien. Perinet hatte ebenfalls dasselbe Wieland'sche Märchen benützt, war aber, den lokalen Zuschnitt abgerechnet, dem Originale
treu gefolgt. Das genirte wohl etwas weniges unsern Emanuel; doch wußte er bald Rath
dafür, durch Herumdrehen des ganzen Plan; zum Heil u: Glück des Ganzen, weil uns sonst
M: schwerlich in seinem dramatischen Schwanengesang ein also wunderherrliches, poetisch
romantisches Vorbild hätte hinterlassen können.   *Mozarteum Salzburg.*

SCHIKANEDER, EMANUEL (1751-1812), in Straubing geboren und in Regensburg
aufgewachsen ging er mit 22 Jahren ans Theater. Fünf Jahre später machte er sich mit
einer eigenen Wanderbühne selbständig, die auch in Salzburg gastierte, wo er die Familie Mozart kennenlernte. Nach Wien kam er 1789 durch seine Frau. Diese hatte ihn
verlassen und in Wien mit ihrem neuen Lebensgefährten, dem Schauspieler Johann
Friedl, das Freihaus-Theater übernommen, nachdem es unter der Direktion von Christian Roßbach Konkurs gemacht hatte. Johann Friedl starb jedoch schon ein Jahr später,
und Frau Schikaneder versöhnte sich mit ihrem Gatten, der nun die Theaterleitung
übernahm. Schon um diese Zeit dürfte der Kontakt mit Mozart wieder aufgelebt sein,
obwohl es erst mit der „Zauberflöte" zur ersten und letzten größeren Zusammenarbeit
kam.

es unsicher, ob ein Bruch von vornherein in der Konzeption des Stückes lag oder ob er ihm nachträglich zugefügt wurde. Die Fährte, daß letzteres der Fall sein könnte, wurde durch einen Brief von Mozart gelegt. Dort berichtet er unter dem 12. Juni 1791 seiner Frau, daß er die Oper „Kaspar, der Fagottist oder die Zauberzither" gesehen habe. Dieses Werk zeigt nun, was auch schon der Titel andeutet, verblüffende Parallelen zur „Zauberflöte". Abgesehen von dem Gebrauch anderer Musikinstrumente unterscheidet sich der „Fagottist" von der „Zauberflöte" allerdings durch das Fehlen der freimaurerischen Komponente, und vor allem fehlt ihm natürlich der Bruch.

In Schikaneders Theater auf der Wieden soll sich nach Mozarts Opernbesuch nun folgendes abgespielt haben. Mozart und vor allem Schikaneder stellten mit Entsetzen fest, daß ihnen da ein Konkurrenzunternehmen, es war das Leopoldstädter Theater, bereits zuvorkam. Nach der erfolgreich angelaufenen Oper „Kaspar" von Wenzel Müller noch eine „Zauberflöte" herauszubringen, die nichts als eine Variation davon darstellte, hätte einen vollständigen Mißerfolg bedeutet. Also mußte geändert werden, und zwar gründlich. Um den ersten Akt neu zu schreiben, war es zu diesem Zeitpunkt zu spät, so daß es jetzt galt, dem zweiten Akt eine neue Wendung zu geben. So wurde aus dem Bösewicht Sarastro ganz überraschend ein gütiger und weiser Herrscher, und die Königin der Nacht verwandelte sich aus einer liebevollen und besorgten Mutter in eine auf Mord sinnende Furie.

Eine solche Version der Entstehungsgeschichte klingt spannend und müßte die Endarbeiten an der „Zauberflöte" zu einem wahren Abenteuer gemacht haben. Von einem solchen Abenteuer findet sich allerdings in den nun folgenden Briefen Mozarts an seine Frau nicht die geringste Andeutung. Eigentlich hätte schon der Brief vom 12. Juni nach höchster Alarmstufe klingen müssen. Er tut es aber nicht, sondern Mozart bedenkt Wenzel Müllers Oper, die vier Tage vorher Premiere gehabt hatte, lediglich mit einer abfälligen, fast wegwerfenden Bemerkung. Außerdem dürfte man im Theater auf der Wieden längst vorher von „Kaspar, dem Fagottisten" etwas gewußt haben. Denn in einer Stadt, die mehrere Theater beherbergt, ist jeder Theaterdirektor zuerst einmal ein Spion. Er muß für die Gestaltung seines Spielplanes so genau wie möglich wissen, was die Konkurrenz vorhat und vorbereitet. Dies ist ein oberstes Gesetz, ohne dessen Befolgung ein Theaterleiter unmöglich planen kann. Und gerade Schikaneder, der durch die Erfahrungen seiner Wanderbühnenzeit mit allen Wassern gewaschen war, muß schon Wochen, wenn nicht Monate vorher von der Konkurrenzoper Kenntnis gehabt haben. Dies um so mehr, als wohl nirgends derart viel kolpor-

EGON KOMORZYNSKI:

Einfach ist die Geschichte der Entstehung nicht, und gar viele Fäden laufen in der „Zauberflöte" zusammen; dafür aber ist sie auch der einzige Operntext, der kaum seinesgleichen hat. Die Ideenwelt und die Literatur des Freimaurertums lieferten, was zur geistigen Vertiefung nötig war; aus den Märchen des „Dschinnistan" und dem „Oberon" wurde alles benützt, was die äußere Vervollkommnung, was bunte Lebensfülle und Abwechslung erforderten. ... Gerade in der Zeit, als Mozart und Schikaneder tief in der Arbeit an ihrer Oper steckten – am 24. Juli 1791 –, ist Born gestorben. Und es ist zu verstehen, daß Mozart allen Schmerz, den treue Freundschaft und Verehrung ihn fühlen ließ, und alle seine Begeisterung für die weisheitsvollen Lehren, die der Dahingegangene so machtvoll verkörpert und vertreten hatte, in die Ausführung von Sarastros Persönlichkeit legte. So wurde sein Sarastro das künstlerische Denkmal, das er dem toten Freund errichtete, und für alle Zeiten ein Denkmal der Liebe in ihrer schönsten und erhabensten Art – der Liebe, die frei von jedem Eigennutz durch das eigene Beispiel Gutes wirkt und die ganze Menschheit, Freund und Feind, brüderlich umfassen und beglücken will.

Das alles kann so gewesen sein, es muß aber nicht so gewesen sein. Die geistige Höhe, die Mozart erreicht hatte, war so gewaltig, daß er wahrlich – so wie er sich über alles erhoben hatte, auch über die Freimaurerei stand. Die Ideale des Freimaurertums waren auch seine Ideale – aber seine Ideale wurden nicht durch kleinliche Geheimniskrämerei, durch sonderbare Zeremonien und bestimmte Wortformeln beeinträchtigt und eingeschränkt. Mozarts Ideal war ein unbeschränktes, von jeder Beengung freies Menschentum, und dieses Menschentum, das auf Wahrheitsliebe beruht und nach Weisheit, Stärke und Schönheit strebt, ist in der „Zauberflöte" verherrlicht worden. Mozart war ein Freund und Schätzer der Freimaurerei, doch er ordnete sich ihr nicht unter. Wir dürfen daher in der „Zauberflöte" nicht eine politische oder tendenziöse Absicht suchen und ebensowenig dieses erhabene Kunstwerk beckmesserisch ausdeuten – die Schönheit der Rose genießt und versteht nicht, wer sie zerpflückt, um sie kennenzulernen. Die Wichtigkeit, die von den Freimaurern Äußerlichkeiten beigemessen wurde, erschien Mozart (wie auch Lessing) lächerlich, und er macht sich hierüber an mehreren Stellen seiner Oper lustig – so wenn Sarastro nach Zuerkennung der „siebenundsiebenzig Sohlenstreich" zu Monostatos sagt: „Nicht Dank, es ist ja meine Pflicht", und wenn im zweiten Akt die beiden Priester in ihrem Duett die Warnung vor „Weibertücken" in einer Art von scherzhaftem Ton vorbringen. Die Symbolik der „Zauberflöte" hat mit dem Freimaurertum vieles gemeinsam, doch sie deckt sich nicht mit diesem. Mozart fühlte sich als ein freier Künstler und als ein freier Mensch – seine Oper ist ein Märchen, und auch das Märchen ist frei!

Komorzynski: „Mozart. Sendung und Schicksal", 1955, S. 276 ff.

tiert, kritisiert und intrigiert wird wie unter Theaterleuten. Die Annahme also, daß Mozart und Schikaneder von der Produktion im Leopoldstädter Theater erst Mitte Juni überrascht worden wären, ist ziemlich unrealistisch. Soll sie versuchsweise trotzdem einmal gelten, so hätten sich Schikaneder und sein Komponist in der Folge als endgültige Versager entlarvt. Beide waren viel zu erfahrene Theaterleute, als daß sie so dilettantisch sein konnten, ihren guten Plan durch eine falsche Kehrtwende zu verderben, indem sie dem ersten Akt einen völlig entgegengesetzten zweiten anhängten. Wenigstens hätten sie dann versuchen müssen, den entstehenden Bruch zu kitten oder zu kaschieren. Das wäre durch einige Textretuschen notdürftig möglich gewesen. Doch genau diesen Versuch, ihr Stück zu ‚retten‘, haben Mozart und Schikaneder nicht unternommen. Das läßt darauf schließen, daß sie einen derartigen Kurswechsel nicht nötig hatten.

Was wäre, wenn sie ihr Stück als das gesehen hätten, als was es seither von den meisten Erwachsenen und von allen Kindern angesehen wurde? Als ein Märchen, das wie alle seiner Gattung die Logik der Dramaturgen und Literaturkritiker nicht kennt. Denn der scheinbare Bruch in der „Zauberflöte" ist ein Kernvorgang aller Märchen, deren Personen verzaubert sind und die nicht durch Wandlungen ihren Charakter ändern, sondern durch Ver-Wandlungen plötzlich ihr wahres Gesicht zeigen. Das Märchen braucht den Wolf im Schafspelz oder den Wolf, der Kreide frißt, damit die Geißlein ihn für einen Sopran halten. Vielleicht käme eine kindliche Sichtweise auch der des Komponisten Mozart näher, denn die Unmittelbarkeit seiner Musik und der Umweg gedanklicher Interpretationen scheinen einander zu widersprechen. Mozart und Schikaneder wußten nicht, wie man „Pamino" und „Tamina" schreibt. Was werden sie über Isis und Osiris gewußt haben? Mozart war Freimaurer, und Schikaneder war es gewesen. Aber ganz sicher wollten sie kein Stück für eine Minderheit von Freimaurern schreiben, sondern sie wollten die Mehrheit des Publikums erreichen. Dabei werden sie kaum die Überlegungen angestellt haben, für die ihre Ausdeuter 200 Jahre Zeit gehabt haben.

Jede Ausdeutung der „Zauberflöte", sei sie tonartlich, zahlensymbolisch, freimaurerisch, mystisch, politisch oder psychologisch, ist ein Kunststück, das weit neben, wenn nicht gar unter dem Kunstwerk selbst steht. Gewiß sind sie alle möglich und auf ihre Weise schlüssig. Aber es ist gänzlich unzulässig, sie mit dem Namen Mozart in Verbindung zu bringen, zumal von ihm keine Silbe, kein Wort und keine Andeutung außermusikalischer Art hinterlassen wurde. Was Mozart hinter-

NIEMETSCHEK: 1798
Die Zauberflöte setzte er für das Theater des bekannten Schikaneders, der sein alter Bekannter war.
a.a.O., S. 32.

NISSEN: 1828
Die „Zauberflöte" componirte er für das Theater des Schikaneder, der sein alter Bekannter
war, auf dessen Bitte, um ihn aus seinen bedrängten Umständen zu retten. Die Dichtung ist
von Schikaneder selbst, der auf diese Weise mit zur Unsterblichkeit hinüber geschleppt
wurde.
Schikaneder war nämlich, theils durch eigene Schuld, theils durch Mangel an Unterstützung des Publicums, ganz herunter gekommen. Halb verzweifelnd kam er zu Mozart,
erzählte seine Umstände und beschloss damit, dass nur er ihn retten könnte.
a.a.O., S. 548.

ANONYM*:

Man weiss, wie er oft in seine Gesundheit stürmte, wie manchen Morgen er mit Schickane-
der verchampagnerte, wie manche Nacht er verpunschte und nach Mitternacht gleich wieder an die Arbeit ging, ohne die mindeste Erholung seinem Körper zu gönnen.

* Mozart's Geist, seine kurze Biographie und ästhetische Darstellung seiner Werke. Erfurt, 1803.

Bei Nissen, a.a.O., S. 570.

lassen hat, sind Noten. Ob er mehr gemeint oder mehr gewollt hat, muß somit ihm überlassen bleiben.

Überhaupt wäre einmal zu fragen, welchen Motiven oder Gründen die letzten drei großen Werke Mozarts eigentlich zu verdanken sind. Waren es hehre künstlerische Absichten, die zu „Zauberflöte", „Titus" und Requiem geführt haben, oder standen nüchternere Überlegungen dahinter, vielleicht sogar Zwänge? Daß Mozart in den letzten Jahren ständig in Geldnot war und immer wieder Schulden machte, ist bekannt. Weniger bekannt ist dagegen, daß er gleichzeitig Einnahmen hatte wie kaum ein anderer Komponist seiner Zeit. Woher auch immer seine Geldschwierigkeiten gekommen sein mögen, Mozart war im Grunde gezwungen, jeden Auftrag anzunehmen, der Geld brachte. Allein von daher kann die Anekdote nicht stimmen, nach der Schikaneder wegen einer geschäftlichen Flaute mit der „Zauberflöte" zu Mozart gekommen sein soll. Erstens war Schikaneders Theater zu jener Zeit auf Erfolgskurs, und zweitens konnte Mozart es sich überhaupt nicht leisten, eine ganze Oper als Freundschaftsdienst und ohne Bezahlung zu schreiben. Später ist es so hingestellt worden, als sei diese gemeinsame Arbeit an der „Zauberflöte" das Ergebnis einer Saufkumpanei gewesen. Dagegen spricht allerdings eines nachdrücklich, nämlich die „Zauberflöte". Ein Werk, das in so kurzer Zeit entsteht und gleichzeitig noch Raum für andere aufwendige Kompositionen läßt, kann unmöglich das Ergebnis durchzechter Nächte sein. Bestehen bleibt allerdings die Tatsache, daß Mozart nun für ein Vorstadttheater schrieb und nicht mehr für das Wiener Hoftheater. Mag dieses Vorstadttheater auch ein Haus größerer Ordnung gewesen sein, im Vergleich zum Burgtheater, wo Mozart seinen „Figaro", seinen „Don Giovanni" und seine „Così" herausgebracht hatte, mußte es für den Komponisten einen Abstieg darstellen. Und dieser Abstieg läßt sich auch an den Umständen ablesen, unter denen Mozart die anderen letzten Werke geschrieben hat. Sicherlich stand der Begriff vom ‚geistigen Eigentum' damals noch nicht so hoch im Kurs wie heute. Aber für einen 35jährigen Komponisten bedeutete es in jener Zeit viel, ob er ein Werk noch zu seinen eigenen Gunsten aufführen und ob er an einer Drucklegung verdienen konnte, sei es im Klavierauszug oder in Partitur. Aber Mozart verzichtete. Er verzichtete auf ein ganzes Requiem, indem er es an die Eitelkeit eines anderen verschacherte. Daneben nimmt sich auch der ‚ehrenvolle' Auftrag aus Prag keineswegs so glänzend aus, wie es auf den ersten Blick erscheint. Denn falls Salieri wirklich vorher gefragt wurde und abgelehnt hat, wäre Mozart nichts anderes als eine Art Lückenbüßer gewesen. Die Lücke, die er mit seiner Krönungsoper ausfüllte, ist allerdings äußerst fragwürdig. Denn im „Fi-

Programmankündigung der Aufführung der „Zauberflöte"
am 30. September 1791 im Theater auf der Wieden in Wien

garo" hatte er noch etwas mit seinen Noten unterschrieben, was im Text die unumschränkte Macht der Fürsten angriff. Und war er selbst nicht einer, der aus dem Diktat eines Fürsterzbischofs zur Freiheit ausgebrochen war? Ist er damit nicht zu demjenigen geworden, der das Entrinnen des Künstlers aus feudaler Tyrannei demonstriert hat? Wenn ihn der legendäre Tritt in den Hintern tatsächlich zu dem Revolutionär gemacht hatte, der es im „Figaro" wagte, seine Meinung über die Herrschenden zu sagen, dann war ein „Titus" eigentlich nicht mehr möglich: eine Oper, in der dem Herrscher wieder einmal wie in besten opera-seria-Zeiten „der Arsch geleckt" wird; womit nur Mozart selbst zitiert wäre.

Die Anlässe, die den letzten Höhepunkten von Mozarts Schaffen zugrundeliegen, stehen letztlich völlig im Gegensatz zu den Werken, die durch sie entstanden sind. Die Kompositionen zeigen einen Künstler, der auf dem Gipfel seines Schaffens steht. Die Auftragslage dagegen deutet auf einen Mozart hin, der ganz woanders steht. Ohne Schüler und ohne Konzertpublikum begibt er sich vom Hoftheater in ein Vorstadttheater. Ohne Hoffnung auf weitere Einnahmen verkauft er ein ganzes Requiem, das von ihm aus nie ein ganzes werden sollte. Und ohne jegliches Gedächtnis für revolutionäre Ideen schreibt er einen „Titus", der ihn als einen zu Kreuze Gekrochenen brandmarken müßte. Diese beiden Perspektiven machen Mozarts letztes Jahr so verwirrend und undurchsichtig. Der Komponist Mozart befand sich mit jeder Note im Zenit seiner Laufbahn, und dieser ist markiert durch „Zauberflöte", „Titus" und Requiem. Der Mensch aber, der seine Noten in Dukaten umsetzen mußte, war am Ende – und das nicht nur finanziell. Für diesen tragischen Sachverhalt ist die Schuldfrage an alle möglichen Adressen gerichtet worden. An Kaiser Joseph II. und seine Wirtschaftsführung oder etwa an Salieri und seine Intrigen. Mozart selbst scheint bisher in diesem Punkt Immunität genossen zu haben.

MOZART AN MICHAEL PUCHBERG: *vor dem 17. Juni 1788*

Verehrungs-würdiger O:. B:.
liebster, bester freund! –
Die überzeugung daß Sie mein wahrer freund sind, und daß Sie mich als einen ehrlichen Manne kennen, ermuntert mich ihnen mein Herz aufzudecken, und folgende bitte an Sie zu thun. – Ich will ohne alle Zierereynach meiner angebohrnen Aufrichtigkeit zur sache selbst schreitten. –
Wenn Sie die liebe und freundschaft für mich haben wollten, mich auf 1 oder 2 Jahre, mit 1 oder 2 tausend gulden gegen gebührenden Intereßen zu unterstützen, so würden sie mir auf acker und Pflug helfen! – Sie werden gewis selbst sicher und wahr finden, daß es übel, Ja ohnmöglich zu leben sey, wenn man von Einnahme zu Einnahme warten muß! – wenn man nicht einen gewissen, wenigstens den nöthigen vorath hat, so ist es nicht möglich in ordnung zu kommen. – mit nichts macht man nichts; – wenn Sie mir diese freundschaft thun, so kann ich 1:^{mo} /: da ich versehen bin :/ die nöthigen ausgaben zur gehörigen Zeit, folglich leichter entrichten, wo ich izt die bezahlungen verschieben, und dann eben zur unbequemsten zeit meine ganze Einahme oft auf einmal hinausgeben muß. – 2do: kann ich mit sorgenlosern gemüth und freyern herzen arbeiten, folglich mehr verdienen. – wegen sicherheit glaube ich nicht daß sie einigen zweifel haben werden! – Sie wissen so ohngefähr wie ich stehe – und kennen meine Denkungsart! – wegen der Souscription därfen sie keine Sorge haben; ich setze nun die zeit um einige Monathe mehr hinaus; – ich habe hofnung auswärtig mehrere liebhaber zu finden als hier. –
Nun habe ich ihnen, in einer angelegenheit die mir sehr wichtig ist, mein herz ganz sehen lassen, folglich als ein ächter br: gehandelt – aber nur gegen einen ächten br: kann man sich ganz heraus lassen. – Nun sehe ich mit sehnsucht einer antwort, aber wirklich – einer angenehmen Antwort entgegen; – und ich weis nicht; – ich kenne sie einmal als den Mann der so wie ich, wenn er anderst kann, seinen freund, aber wahren freund, seinen br:., aber ächten br:. gewis unterstützt. – wenn Sie vieleicht so bald nicht eine Solche Summa entbehren könnten, so bitte ich sie mir wenigstens bis Morgen ein paar hundert gulden zu lehnen, weil mein hausherr auf der Landstrasse so indiscret war, daß ich ihn gleich auf der stelle /: um ungelegenheit zu vermeiden :/ auszahlen musste, welches mich sehr in unordnung gebracht hat! – wir schlafen heute daß erstemal in unserem neuen quartier, alwo wir Sommer und winter bleiben; – ich finde es im

140

Mit soviel Schulden – ein armer Mann?

Im Juni 1788 schreibt Mozart an seinen Logenbruder Michael PUCH-BERG und bittet ihn um 100 Gulden. Gleichzeitig entschuldigt er sich, daß er eine ältere Schuld von acht Dukaten, das sind 36 Gulden, noch nicht zurückzahlen könne. Einen Grund für seine Geldnot gibt Mozart nicht an, spricht aber von baldigen Einnahmen, die seine Finanzen in Ordnung bringen würden. Zum Beispiel plant er Akademien im Casino, und für diese legt er Puchberg gleich zwei Freibillette bei. Auch erwartet er Geld aus dem Verkauf von drei Streichquintetten, die seit April zur Subskription angeboten sind.

Dieser erste überlieferte Bettelbrief an Puchberg muß nicht der erste gewesen sein, darauf lassen die erwähnten acht Dukaten schließen. Auf jeden Fall sollte es nicht der letzte bleiben. Mozarts Akademien kommen anscheinend nicht zustande, und die Nachfrage nach den Streichquintetten ist so gering, daß er die Subskription auf das nächste Jahr verschieben muß. So erhält Puchberg, der die 100 Gulden geschickt hat, statt des Geldes noch im selben Monat einen schriftlichen Hilferuf, bei dem es bereits um ein- bis zweitausend Gulden geht. Mozart nennt als Grund für diesen Bedarf seine wechselnden und unregelmäßigen Einnahmen sowie gewisse Forderungen seines letzten Vermieters. Da Mozart aus der Wohnung in der Landstraße schon ein halbes Jahr vorher ausgezogen war, wird er es hier bereits mit Mahnungen zu tun gehabt haben. Puchberg hilft noch einmal mit 200 Gulden, doch von nun an wird er bis auf eine Ausnahme nur noch Beträge schicken, die weit unter Mozarts Erwartungen liegen. Noch im selben Monat kommt es zu einem dritten Bittschreiben, in dem Mozart es schon nicht mehr wagt, konkrete Zahlen zu nennen, sondern er bittet um einen ansehnlichen Betrag.

Gleichzeitig läßt er durchblicken, daß andere Gläubiger im Hintergrund sind und drängen. Puchberg, der auf Mozarts Briefen jeweils vermerkt hat, welchen Betrag er auslieh, hat auf diesem Brief keine Notiz angebracht, und aus Mozarts folgendem Schreiben geht hervor, daß seine Bitte nicht erfüllt wurde. Diesmal fragt er schon gar nicht

grunde einerley wo nicht besser; ich habe ohnehin nicht viel in der stadt zu thun, und kann, da ich den vielen besuchen nicht ausgesezt bin, mit mehrerer Musse arbeiten; – und muß ich geschäfte halber in die stadt, welches ohnehin selten genug geschehen wird, so führt mich Jeder fiacre um 10 x: hinein, um das ist auch das logis wohlfeiler, und wegen frühJahr, Sommer, und Herbst, angenehmer – da ich auch einen garten habe. – Das Logis ist in der waringergasse, bey den 3 Sternen N:° 135.
Nun nehmen Sie meinen brief als das wahre zeichen meines ganzen vertrauens gegen sie, und bleiben sie Ewig mein freund und br:. wie ich seyn werde bis ins grab

ihr wahrer, innigster freund und br:.
W: A: Mozart

P: S: Wenn werden wir denn wieder bey ihnen eine kleine Musique machen? – – Ich habe ein Neues Trio geschrieben! –

Vermerk Michael Puchbergs:

den 17 Juny 1788 f 200 gesendet *Briefe IV, S. 65 ff.*

MOZARTS WECHSEL FÜR FRANZ HOFDEMEL:

Wienn den 2ten Aprill 789
100 fl: Wiener Courant per Caßa.
A dato 4 Monathe zahle ich Endesgesetzter die Summa von 100 fl:, Sage Ein-Hundert gulden an Hr: von Hofdemel oder dessen Ordre; valuta habe baar empfangen; leiste zur verfallzeit richtige Zahlung, und unterwerfe mich einen k:k:N:Oe: Merkantil und Wechsel Gericht.
Sola an mich.

Wolfgang Amadè Mozart
kapellmeister in wirklichen k:k: Diensten.
Sammlung Louis Koch, Muzzano (Schweiz).

NISSEN:

Als es in Berlin bekannter wurde, dass Mozart da sey, wurde er überall, besonders auch von Friedrich Wilhelm II. äusserst günstig aufgenommen ...
Der König ... sagte ihm lächelnd: Bleiben Sie bey mir, Sie können es dahin bringen, dass sie es noch besser machen! Ich biete Ihnen jährlich drey tausend Thaler Gehalt an. – Soll ich meinen guten Kaiser ganz verlassen? – sagte der brave Mozart und schwieg gerührt und nachdenkend. Man bedenke, dass der gute Mozart den Kaiser nicht verlassen wollte, der ihn damals noch darben liess. Auch der König schien hierbey gerührt, und setzte nach einer Weile hinzu: „Ueberlegen Sie sich's – ich halte mein Wort, auch wenn Sie in Jahr und Tag erst kommen sollten." *a.a.O., S. 535 f.*

MOZART AN SEINE FRAU: *16. April 1789*

– des andern Tages spielte ich bei Hofe das Neue Concert in D; folgenden Tags Mittwochs den 15 vor-Mittag erhielt ich eine recht schene Dose; – wir speissten dann beim Russischen Gesandten alwo ich viel spielte. – *Briefe IV, S. 83.*

MOZART AN SEINE FRAU: *23. Mai 1789*

Mein liebstes Weibchen, du must dich bey meiner Rückunft schon mehr auf mich freuen, als auf das gelde. – 100 friedrichs'Dor sind nicht 900 fl. sondern 700 fl.; – wenigstens hat man mir es hier so gesagt. – 2:ts hat Lichnowsky mich weil er eilen musste früh verlassen, und ich folglich / in dem theuren orte Potsdam / selbst zehren müssen; – 3tens habe ich ...* 100 fl: lehnen müssen, weil sein beutel abnahm – ich konnte es ...* nicht gut abschlagen, du weist warum. –

* An beiden Stellen je ein ganz kurzes Wort, vermutlich „ihm", von Nissen gestrichen. *Briefe IV, S. 89 f.*

mehr lange, sondern schickt zwei Versatzzettel des Pfandleihhauses und zeigt damit an, daß seine Lage bedenklich ist.

Nach diesem letzten kurzen Bittbrief ist die Serie der Puchberg-Briefe für genau ein Jahr unterbrochen, was nichts besagt, weil es sich auch um eine Lücke in den Dokumenten handeln kann. Da bei Mozart bis zum Ende des Jahres 1788 keine nennenswerten Einkünfte mehr nachzuweisen sind, und da seine Besoldung als k.k. Hof-Musik-Compositor nur 800 Gulden betrug, muß fast vermutet werden, daß er sich von Puchberg enttäuscht sah und anderweitig nach Geldgebern gesucht hat. Auf jeden Fall hinterlassen die ersten an Puchberg gerichteten Briefe nicht den Eindruck, daß Mozarts Probleme durch sie gelöst worden wären.

Trotzdem taucht erst wieder im Frühjahr 1789 ein Schuldschein auf. Mozart, der im Begriff ist, mit dem Fürsten Lichnowsky nach Berlin zu reisen, geht Ende März Franz Hofdemel um 100 Gulden an und unterschreibt einen entsprechenden Wechsel am 2. April. Hofdemel hat diesen Wechsel genau drei Monate später an den Galanteriewarenhändler Mathias Anzenberger zediert.

Welchen Zweck Mozarts Reise hatte, ist schwer zu sagen. Er wird kaum auf die Suche nach einer festen Anstellung gegangen sein, denn zu oft in seinem Leben hat er von Gelegenheiten, die sich im Ausland boten, keinen Gebrauch gemacht. Bei Nissen wird berichtet, daß König Friedrich Wilhelm II. Mozart ein Jahresgehalt von 3000 Talern angeboten habe, doch vergeblich. Mozart wollte in Wien bleiben, und was er auswärts erstrebte, waren Kompositionsaufträge.

Die Berlinreise führte über Prag, und dort schloß Mozart auch gleich den ersten Vertrag ab. Für den Impresario Domenico Guardasoni sollte er im nächsten Jahr eine Oper schreiben, was jedoch nicht zur Ausführung kam. Einen weiteren Auftrag erhielt Mozart womöglich in Berlin von König Friedrich Wilhelm II., der sechs Streichquartette sowie sechs leichte Klaviersonaten für die Prinzessin Friederike bekommen sollte. Dafür könnten die 100 Friedrichs d'or bestimmt gewesen sein, die Mozart ausgezahlt wurden. Welchen finanziellen Erfolg Mozart mit seinen Konzerten in Dresden, Leipzig und Berlin hatte, ist nicht bekannt. Sicher ist nur, daß ihm ein Auftritt mit Josepha Duschek vor dem Kurfürsten Friedrich August III. von Sachsen eine Dose mit 100 Dukaten eintrug. Den Inhalt der Dose verschwieg Mozart seiner Frau und schrieb ihr statt dessen, daß er jemandem 100 Gulden geliehen habe. Wer dieser Jemand war, hat Nissen in Mozarts Brief unkenntlich gemacht. Es wird angenommen, daß es Lichnowsky war, was allerdings ein merkwürdiges Licht auf den Fürsten wirft. Ein Konzert in Leipzig, bei dem wiederum

MOZART AN MICHAEL PUCHBERG: *12. Juli 1789*

Liebster, bester Freund!
und Verehrungswürdiger O. B.
Gott! *ich bin in einer Lage, die ich meinem ärgsten Feinde nicht wünsche; und wenn*
Sie bester Freund und Bruder mich verlassen, so bin ich unglücklicher und unschuldi-
gerweise sammt meiner armen kranken Frau und Kind verlohren. – Schon letztens als
ich bei Ihnen war wollte ich mein Herz ausleeren – allein ich hatte das Herz nicht! –
und hätte es noch nicht – nur zitternd wage ich es schrifftlich – würde es auch schrifft-
lich nicht wagen – wenn ich nicht wüßte, daß Sie mich kennen, meine Umstände
wissen und von meiner Unschuld, meine unglückseelige, höchst traurige Laage betref-
fend, gänzlich überzeugt sind. O Gott! anstatt Danksagungen komme ich mit neuen
Bitten! – anstatt Berichtigung mit neuem Begehren. Wenn Sie mein Herz ganz kennen,
so müssen Sie meinen Schmerz hierüber ganz fühlen; daß ich durch diese unglückseeli-
ge Krankheit in allem Verdienste gehemmt werde, brauche ich Ihnen wohl nicht zu
wiederholen; nur das muß ich Ihnen sagen, daß ich ohngeachtet meiner elenden Laage,
mich doch entschloß bei mir Subscriptions-Academien zu geben, um doch wenigstens
die dermalen so großen und häufigen Ausgaben bestreiten zu können, denn von Ihrer
freundschafftlichen Zuwartung war ich ganz überzeugt; aber auch dies gelinget mir
nicht; – mein Schicksal ist leider, aber nur in Wien, mir so widrig, daß ich auch nichts
verdienen kann, wenn ich auch will; ich habe 14 Tage eine Liste herumgeschickt, und
da steht der einzige Name Swieten! – Da es ietzt doch scheint, daß es mit meinem
lieben (den 15ᵗᵉⁿ) Weibchen von Tag zu Tag besser geht, so würde ich doch wieder
arbeiten können, wenn nicht dieser Schlag, dieser harte Schlag dazu käme; – man
tröstet uns wenigstens, daß es besser gehe – obwohl sie mich gestern Abends wieder
ganz bestürzt und verzweifelnd machte, so sehr litte sie wieder und ich – mit ihr (den
14ᵗᵉⁿ) aber heute Nacht hat sie so gut geschlafen und befindet sich den ganzen Morgen
so leicht, daß ich die beste Hoffnung habe; nun fange ich an wieder zur Arbeit aufge-
legt zu seyn – aber ich sehe mich wieder auf einer anderen Seite unglücklich – freylich
nur für den Augenblick! – Liebster, bester Freund und Bruder – Sie kennen meine
dermaligen Umstände, Sie wissen aber auch meine Aussichten; bey diesem, was wir
gesprochen, bleibt es; so oder so, Sie verstehen mich; – unterdessen schreibe ich 6 leichte
Klavier-Sonaten für die Prinzessin Friederika und 6 Quartetten für den König, welches
ich alles bey Kozeluch auf meine Unkosten stechen lasse; nebstbei tragen mir die 2
Dedicationen auch etwas ein; in ein paar Monathen muß mein Schicksal in der gerings-
ten Sache auch entschieden seyn, folglich können Sie, bester Freund, bey mir nichts
riskiren; nun kömmt es blos auf Sie an, einziger Freund, ob Sie mir noch 500 fl. leihen
wollen oder können? – ich bitte, bis meine Sache entschieden ist, Ihnen alle Monath
10 fl. zurückzuzahlen; dann (welches längstens in einigen Monathen vorbey seyn muß)
Ihnen die ganze Summe mit beliebigen Interessen zurückzuzahlen, und mich anbey
noch auf Lebenslang für Ihren Schuldner erklären, welches ich auch leider ewig werde
bleiben müssen, indem ich nie im Stande seyn werde, Ihnen für Ihre Freundschafft und
Liebe genug danken zu können; – Gottlob; es ist geschehen; Sie wissen nun alles,
nehmen Sie nur mein Zutrauen zu Ihnen nicht übel und bedenken Sie, daß ohne Ihre
Unterstützung die Ehre, die Ruhe und vielleicht das Leben Ihres Freundes und Bru-
ders zu Grunde geht; ewig Ihr verbundenster Diener, wahrer Freund und Bruder
                                                                W. A. Mozart.

Von Haus den 14ᵗᵉⁿ Jul. 1789.
Ach Gott! – ich kann mich fast nicht entschließen, diesen Brief abzuschicken! – und
doch muß ich es! – Wäre mir diese Krankheit nicht gekommen, so wäre ich nicht
gezwungen, gegen meinen einzigen Freund so unverschämt zu seyn; – und doch hoffe

Josepha Duschek sang, hat sich nach Mozarts Angaben finanziell allerdings nicht gelohnt.

Am 4. Juni trifft Mozart wieder in Wien ein und bringt offenbar keine größeren Beträge nach Hause, denn sofort bemüht er sich, durch Subskriptionskonzerte zu Geld zu kommen. Der Versuch endet deprimierend, und auch diese Konzertreihe kommt nicht mehr zustande. Und wieder wendet sich Mozart an Puchberg. Die zweite Serie seiner Bettelbriefe wird nun nicht mehr abreißen bis ins Jahr seines Todes. Zu Anfang kann Mozart noch auf künftige Einnahmen verweisen, denn schließlich komponiert er für den preußischen König. Diese Arbeit wird er allerdings nicht einmal zur Hälfte ausführen. Von den sechs Quartetten schreibt er nur drei, und aus den geplanten sechs Klaviersonaten wird nur eine einzige. Im übrigen war auch seine Konzerttätigkeit zum Erliegen gekommen. Noch 1784 hatte Mozart seinem Vater eine Subskriptionsliste zusenden können, die alle Namen enthielt, welche zur Wiener Gesellschaft gerechnet wurden. Jetzt trägt sich nur noch ein einziger ein: van Swieten. Die Konzerte können also, da Mozart kein Publikum mehr hat, nicht stattfinden. Eine weitere Einnahmequelle ist versiegt.

All das ist heute angeblich aufgeklärt. Denn Kaiser Joseph II. hatte das Land durch seine Türkenkriege, bei denen ihn Rußland im Stich ließ, in eine verheerende Wirtschaftskrise gestürzt. Der Adel war deshalb angeblich aufs Land geflohen, und Mozarts Subskriptionskonzerte waren ohnehin zu teuer geworden. Nur fragt sich, ob Mozart das 1790 nicht besser gewußt haben muß als wir heute. Denn schließlich hat er seine Subskriptionsliste noch herumgeschickt. Wo hat er sie aber abgeben lassen, wenn sich die Crème de la Crème auf dem Lande befand. Gemessen an Mozarts magerer Liste mit dem einen Namen van Swieten müßte hochgerechnet oder besser heruntergerechnet das ganze Wiener Musikleben brachgelegen haben. Aber das Hoftheater spielte unvermindert weiter. Jetzt, gut sechs Wochen vor der Wiederaufnahme des „Figaro", erbittet Mozart von Puchberg 500 Gulden. Doch Puchberg schweigt, obwohl Mozart mit der eindringlichen Schilderung von Constanzes Krankheit dessen Mitleid zu wecken suchte. Noch einmal beschwört Mozart seinen Logenbruder, ihm zu helfen, und erhält statt 500 Gulden 150. Jetzt ist zum ersten Mal davon die Rede, daß für Constanze ein Kuraufenthalt in Baden finanziert werden muß. Der Hauptgrund für Mozarts Geldsorgen kann also nicht in Constanzes Kuren gesucht werden, da diese erst später, dann allerdings erschwerend, als finanzielle Belastung hinzukamen.

Constanzes erste Kur endet, und Mozarts Bittbriefe gehen weiter. Er

ich von Ihnen Verzeihung, da Sie das gute und üble meiner Lage kennen. Das Üble
besteht nur in diesem Augenblick, das Gute aber ist gewiß von Dauer, wenn das
augenblickliche Übel gehoben wird. – Adjeu! – Verzeihen Sie mir um Gotteswillen,
verzeihen Sie mir nur! – – und – Adieu! – – –   Briefe IV, S. 92 f.

Mozarts Schuldverschreibung   1. Oktober 1790

Ich zu Ende Gefertigter Wolfg. A. Mozart, Hofkompositeur allhier urkunde und bekenne
hiedurch, für mich, meine Erben und Nachkommen öffentlich und in bester Form Rech-
tens, daß mir der Wohlgeborene Herr Heinrich Lackenbacher privilegierter Handelsmann
Allhier, auf mein Ansuchen, und zu meinem dermaligen Bedarf, Ein Capital von 1000 fl.
sage tausend Gulden in Conv. Müntze und zwar in kayserl. oster. Zwantzig Kreutzer
Stücken in Silber nach dem Zwantzig Gulden Fus 3 Stück auf Eine köllnische Mark Silber
gerechnet dargeliehen und ohne allen Abzug baar zugezählt hat. Ich bestättige daher
hiedurch nicht allein den richtigen Empfang dieses Darlehens, sondern verpflichte auch
mich, meine Erben und Nachkommen, dieses Capital dem obbenannten Herrn Darleiher
seinen Erben oder Cessionaren, nach Verlauf von zwei Jahren a Dato, ohne vorherige
Aufkündigung, in gleicher obbeschriebenen Müntz Sorte, ohne irgend eine Einwendung,
wieder zurückzuzahlen inzwischen aber mit Fünf von hundert in gleicher Valuta zu verzin-
sen, diese Interessen in halbjährigen Fristen so pünktlich hier in Wien abzuführen als ich
widrigens des Capitals Rückzahlungstermines verlustiget und Herr Darleiher das Capital
sammt vollständigen Interessen und Unkosten, sogleich zurückfordern kann.
Zur Sicherheit sowohl des Capitals als der Interessen, verpfände ich dem Herrn Darleiher
mein gesammtes Mobilare.
Urkund dessen meiner und der ersuchten Herren Zeugen Eigenhändige Unterschrift. So
geschehen zu Wien am 1. Oktobris 1790.

Mathias Brünner   Anton Heindl   W. A. Mozart
    als Zeuge   Zeuge

                                                              Briefe IV, S. 114 f.

benötigt im Dezember 400 Gulden und bekommt 300; dann geht es im Januar um 100 Gulden, und Puchberg geht darauf ein. In diesem Monat nimmt Mozart 200 Dukaten für „Così fan tutte" ein, was 900 Gulden ausmacht und das Doppelte seiner früheren Opernhonorare darstellt. Dieser Betrag reicht offensichtlich nicht aus, um die Schuldenlast bei Puchberg wenigstens zum Teil abzutragen. Im Gegenteil, Puchbeg wird wieder um etliche Dukaten gefragt, reagiert jedoch nur mit 25 Gulden. Im April gewährt er auf Mozarts inständige Bitten noch 150 und dann zweimal 25 Gulden, doch schon Anfang Mai muß Mozart wieder zugeben, daß ihn ein Gläubiger bedrängt. Wenn er in diesem Zusammenhang einen Galanteriewarenhändler erwähnt, entsteht der Verdacht, daß noch immer der Hofdemel-Wechsel im Umlauf ist. Der wurde jedoch ziemlich genau ein Jahr vorher auf eine Frist von vier Monaten ausgestellt. Es wird also mehrere Galanteriewarenhändler in Wien gegeben haben und womöglich auch mehrere von Mozart unterzeichnete Wechsel.

Abgesehen von den 100 Gulden, die Mozart zurückzahlen soll, braucht er auch noch eine Anzahlung für seine neue Wohnung, die am 30. September bezogen werden soll. Sie liegt in der Rauhensteingasse und wird nach elf Umzügen in Wien Mozarts letztes Quartier sein. Mozart braucht insgesamt 600 Gulden, aber Puchberg ist auch diesmal vorsichtig und leiht ihm nur 100. Kurz zuvor hatte er Mozart geraten, sich nach Schülern umzusehen, doch Mozart bringt es nur auf zwei. Gewiß hat er nie gerne unterrichtet, doch jetzt möchte er es auf acht Schüler bringen. Warum gelingt es ihm nicht? Hatte sich die Lust der Wiener Noblesse am Klavierspiel gelegt? Oder hatte sich in eben diesen Kreisen, die auch nicht mehr in Mozarts Konzerte kommen wollten, eine andere Meinung über Mozart gebildet? Es wirkt fast so, als hätte sich eine Art leerer Raum um Mozarts Person gebildet, der einen Zugang von außen und einen Ausgang von innen gleichermaßen unmöglich machte. Genau darauf deuten auch Mozarts Briefe an Puchberg hin. Denn Mozart wußte inzwischen, daß er von Puchberg nie die Summen bekam, die er tatsächlich brauchte. Und trotzdem setzte er sich dieser Demütigung immer wieder aus, und das für Beträge, die im Herbst 1790 auf 25 und schließlich auf 10 Gulden abfielen. Daß alte Gläubiger da waren, hat Mozart in seinen Briefen zugegeben. Sein Problem war es offensichtlich, neue Gläubiger zu finden. Und so kam es wohl zu der Verzweiflungstat vom 1. Oktober, als Mozart sein gesamtes Mobiliar für 1000 Gulden verpfändete. Auch auf diesem Schuldschein hat Nissen später den Namen des Darlehensgebers Heinrich Lackenbacher unleserlich gemacht.

Es ist eigentlich unverständlich, warum über Mozarts Schulden ein so

MOZART AN SEINE FRAU   28. Sept. 1790

– Nun bin ich fest entschlossen meine Sachen hier so gut als möglich zu machen, und
freue mich dann herzlich wieder zu dir – welch herrliches leben wollen wir führen! –
ich will arbeiten – so arbeiten – nur damit ich durch unvermuthete Zufälle nicht
wieder in so eine fatale laage komme. – mir wäre lieb wenn du über alles dieses durch
den Stadler [ein Name gestrichen; am Rand: den N. N.] zu dir kommen liessest. – sein
letzter Antrag war das Jemand das geld auf denn Hofmeister seinen giro allein herge-
ben will. – 1000 fl. baar – das übrige an Tuch. – [zwei Worte gestrichen] somit könnte
alles noch mit überschuß bezahlt werden, und ich dürfte bey meiner Rückunft nichts
als arbeiten. – durch eine Carta bianca von mir könnte durch einen freund die ganze
Sache abgethan seyn. – adieu – ich küsse dich 1000mal.
Ewig dein Mzt   Briefe IV, S. 113, bzw. VI, S. 397.

MOZART AN SEINE FRAU: 8. Oktober 1790
liebstes, bestes Weibchen! –
... Ich hoffe du wirst dich in betreff was ich dir geschrieben bekümmert haben – und
noch bekümmern; – so viel mache ich hier gewis nicht daß ich im Stande seyn sollte
gleich bey meiner Rückunft 800 oder 1000 fl: zu zahlen – wenn die sache mit Hofmeister aber wenigstens so im gange ist, daß nur meine gegenwart fehlt, so bekomme ich
doch gleich /: die intereßen gros à 20 pr: cento gerechnet /: von 2000 – 1600 fl: in die
Hand. – da kann ich dann 1000 fl. weg-zahlen – – bleiben mir noch 600 fl. – in advent
fange ich ohnehin an kleine quartett-suscriptions-Musiken zu geben – scolaren nehme
ich auch – die Summa darf ich nie zahlen, weil ich für H: – schreibe – folglich geht
alles in der ordnung. – ich bitte dich nur mache mir das geschäft mit H: – wenn du
anderst willst daß ich zurück-kommen soll. – wenn du mir nur in mein Herz sehen
könntest – da kämpft der Wunsch, die sehnsucht dich wieder zu sehen und zu umarmen mit dem Wunsche viel geld nach Hause zu bringen. – ...   Briefe IV, S. 117.

LEOPOLD MOZART AN SEINE TOCHTER: 19. März 1785
Nur Zitat überliefert:

... Ich glaube, daß mein Sohn, wenn er keine Schulden zu bezahlen hat, itzt 2000 f. in
die bank legen kann: das Geld ist sicher da, die Hauswirthschaft ist, was Essen und
Trinken betrifft, im höchsten Grad ökonomisch ...   Briefe III, S. 380.

langes Rätselraten geherrscht hat. Von Bagatellisierungen bis zu astronomischen Zahlen sind zu diesem scheinbar dunklen Kapitel in Mozarts Leben Mutmaßungen verschiedenster Art entstanden. Dabei löst Mozart das Rätsel selbst mit zwei Briefen, die er wenige Tage vor und nach der Verpfändung aus Frankfurt an seine Frau geschrieben hat. Aus diesen geht hervor, daß er auf einen Kredit von 2000 Gulden hoffte, und daß durch 1000 Gulden in bar und *das übrige an Tuch* alles mit Überschuß bezahlt werden könne.

Nichts anderes hatte Mozart schon gut zwei Jahre vorher Puchberg zu verstehen gegeben, daß ihm nämlich mit ein- bis zweitausend Gulden aus seiner mißlichen Lage geholfen wäre. Ganz eindeutig konnte Mozart in den letzten Jahren einen Schuldenstand, der bei oder über 1000 Gulden lag, nicht mehr tilgen. Der eigentliche Grund für das mysteriöse Dunkel über Mozarts Finanzen und für das Zustandekommen seiner peinlichen Bettelbriefe ist in einem gewissen Sinne Puchberg selbst. Denn als Mozart starb, hatte er bei Puchberg genau die Schulden, die er ursprünglich machen wollte, eben 1000 Gulden. Diese waren in kleinen Beträgen zusammengekommen und hatten eine Summe von 1415 Gulden ergeben, von der Mozart etwa ein Drittel noch zu Lebzeiten zurückzahlen konnte; und den Rest stundete Puchberg der Witwe. Hätte Puchberg im Sommer 1788 Mozarts Wünschen entsprochen, dann wäre das Wort Schulden zwar sicher nicht aus Mozarts Leben verschwunden, aber die Umstände wären nicht derart undurchsichtig geblieben. Spätestens an dieser Stelle wird klar, daß es sich bei Mozarts Geldproblemen um ein Eisbergphänomen handelt, denn was aus den Puchberg-Briefen hervorgeht, enthüllt nur einen kleinen Teil der wirklichen Geschehnisse.

Auch in früheren Jahren zeigt sich unter der glänzenden Oberfläche von Mozarts Erfolgen und Einnahmen hier und da ein Hinweis darauf, daß er SCHULDEN machen mußte. Gerade diese Tatsache wird durch die Gewichtigkeit der Puchberg-Briefe leicht überdeckt, und so entstand jene Schwarzweißzeichnung, die einen Mozart zeigt, der von der Höhe einer einträglichen Laufbahn in tiefste Verschuldung stürzt. Nur drei Jahre vom ersten Puchberg-Brief zurückgerechnet, also 1785, bietet sich ein Bild, das Mozart in den besten Verhältnissen zeigt. In diesem Frühjahr hat Mozart für gut zwei Monate seinen Vater zu Besuch, und Leopold beschreibt seiner Tochter in Salzburg, wie erfolgreich, wie gefragt und wie gut bezahlt der Herr Sohn ist. Genau diesen Eindruck aber war Mozart seinem Vater schuldig. Schließlich mußte er ja beweisen, daß es richtig gewesen war, gegen den Willen Leopolds von Salzburg wegzu-

MOZART AN FRANZ ANTON HOFFMEISTER: 20. *November 1785*

Ich nehme meine Zuflucht zu ihnen, und bitte sie, mir unterdessen nur mit etwas gelde beyzustehen, da ich es in diesem augenblick sehr nothwendig brauche. – dann bitte ich sie sich mühe zu geben mir so bald als möglich das bewusste zu verschaffen. – Verzeihen sie daß ich sie immer überlästige, allein da sie mich kennen, und wissen wie sehr es mir daran liegt daß ihre sachen gut gehen möchten, so bin ich auch ganz überzeugt daß sie mir meine zudringlichkeit nicht übel nemmen werden, sondern mir eben so gerne behülflich seyn werden, als ich ihnen.   Briefe III, S. 454.

MOZART AN DIE BARONIN VON WALDSTÄTTEN: 15. *Februar 1783*

Nun befinde ich mich in einer schönen Lage!

Hr. v. Tranner und ich besprachen uns letzthin, daß wir eine prolongation auf 14 Täge begehren, wollten; – da dieses doch jeder Kaufmann thut, ausgenommen es müßte der indiscreteste Mann von der Welt sein, so war ich ganz ruhig, und hoffte bis dahin, wenn ich es auch nicht selbst zu zahlen im Stande wäre, die Summa geborgt zu bekommen! – Nun läßt mir Hr. v. Tranner sagen, daß derjenige absolument nicht warten will, und wenn ich zwischen heut und Morgen nicht zahle, so wird er klagen; – Nun denken Euer Gnaden, was das für ein unangenehmer Streich für mich wäre! – Ich kann jetzt nicht zahlen, nicht einmal die Halfte! – hätte ich mir vorstellen können, daß es mit der Suscription meiner Concerten so langsam hergehen würde, so hätte ich das Geld auf längere Zeit genommen! – Ich bitte Euer Gnaden ums Himmelswillen, helfen Sie meine Ehre und guten Namen nicht zu verlieren! – Mein armes Weiberl befindet sich ein wenig unpäßlich, und folglich kann ich sie nicht verlassen, sonst würde ich selbst gekommen sein, um Euer Gnaden Mündlich darum zu bitten. Wir küssen Euer Gnaden 1000 mal die Hände und sind beyde

Euer Gnaden
gehorsamste Kinder
W. A. u. C. Mozart
Briefe III, S. 257 f.

MOZART AN SEINEN VATER: 23. *Januar 1782*

– ich habe nun 3 Scolarinen. – da komm ich das Monath auf 18 duckaten. – denn ich mache es nicht mehr mit 12 lectionen sondern Monathlich. – ich habe mit schaden erfahren, daß sie oft ganze wochen ausgesezt – Nun aber mögen sie lernen oder nicht, so muß mir Jede 6 dugaten geben. – auf diese art will ich noch mehrere bekommen – doch brauch ich nur noch eine, mit viern habe ich genug, das macht 24 dugaten, das sind; 102 fl: und 24 kr: – mit diesem kann man hier mit einer frau /: still und ruhig wie wir zu leben wünschen :/ schon auskommen. – allein wenn ich krank werde – so haben wir keinen kreutzer einzunehmen. – ich kann freylich das Jahr wenigstens eine oper schreiben. ich kann alle Jahr eine accademie geben. – ich kann sachen stechen lassen. – sachen auf suscription herausgeben – es giebt auch andere bezahlte accademien. besonders wenn man lange in einem orte ist, und schon credit hat. – solche sachen wünschte ich mir aber nur als accidentien und nicht als Nothwendigkeiten zu betrachten. – doch – wenn es nicht geht, so mus es brechen – und ich wage es eher auf diese art, als daß ich lange warten sollte. – mit mir kann es nicht schlechter – sondern es muß immer besser gehen.   Briefe III, S. 195.

laufen, Constanze zu heiraten und in Wien zu bleiben. Der gute Eindruck, den Leopold von den Vermögensverhältnissen Wolfgangs bekam, war womöglich schon mit Krediten finanziert, denn bereits im Herbst dieses so erfolgreichen Jahres muß Mozart seinen Verleger Franz Anton Hoffmeister um einen Vorschuß bitten. Vater Leopold, der nicht nur in Geldangelegenheiten genau und eher pedantisch war, hat wahrscheinlich mit sicherem Gespür die Lage erfaßt. Er nahm an, daß sein Sohn 2000 Gulden auf der Bank haben könnte. Doch in Leopolds Formulierung dürfte der Nebensatz eine Hauptrolle spielen, in dem vorausgesetzt wird, *daß Mozart keine Schulden zu bezahlen hat.*

Dieser Nebensatz trifft nun schon auf eine Situation des Jahres 1783 nicht zu, bei der Mozart mit seinem Konzert vom 23. März im Burgtheater 1600 Gulden einnahm. Von diesem Betrag hatte Mozart auf jeden Fall eine Schuld bei der Baronin von Waldstätten zu begleichen, die einen Monat vorher gemacht worden war, deren Höhe aber nicht bekannt ist. Und so führt die Spur tatsächlich in Mozarts erstes Wiener Jahr zurück. Am 29. Januar 1781 hatte Mozarts „Idomeneo" in München Premiere, und Mozarts Honorar bestand wohl aus den üblichen 100 Dukaten. Als Mozart dann am 16. März in Wien eintraf, dürfte die Münchner Einnahme von 450 Gulden schon nicht mehr vollständig gewesen sein. Von diesem Tag an waren es nun genau sechzehn Monate, bis Mozart das nächste Opernhonorar in Empfang nehmen konnte. Am 16. Juli 1782 wurde die „Entführung" im Burgtheater uraufgeführt, und Mozart erhielt 100 Dukaten, genauer 426,40 Gulden. Wovon hatte er aber in der Zwischenzeit gelebt? Wohl nur in zweiter Linie von einigen Konzerten und von noch weniger Schülern. Kompositionsschüler hatte Mozart 1781 keine, und am Klavier unterrichtete er in diesem Jahr die Gräfin Rumbeck, Josephine Auernhammer und Therese von Trattner; das allerdings sehr unregelmäßig.

Ganz sicher war Mozarts erstes Jahr in Wien, finanziell gesehen, das härteste, und es ist fast undenkbar, daß er aus diesem Jahr ohne Schulden hervorgegangen ist. Das Fehlen von Schuldscheinen oder Bettelbriefen aus dieser Zeit sagt dabei gar nichts. Oft können die vorhandenen Dokumente sogar über den wirklichen Sachverhalt hinwegtäuschen. Gerade für die zehn letzten Jahre Mozarts zeigt sich in vielen Bereichen, daß der verlorene Teil an Dokumenten der größere Teil sein muß. Die Anfänge von Mozarts Schulden liegen jedenfalls früher und sicher nicht im Jahre 1788 bei Puchberg, sondern wahrscheinlich im Jahre 1781 bei der Baronin von Waldstätten oder sogar bei Cäcilia Weber, der späteren Schwiegermutter.

Erstaunlich ist jedoch, daß Mozart in den folgenden Jahren und bei

MOZART AN SEINE SCHWESTER: 13. Februar 1782

– du darfst aus dem daß ich dir nicht antworte, nicht schlüssen, daß du mir mit deinen schreiben beschwerlich fällst! – Ich werde die Ehre, von dir liebe schwester einen brief zu erhalten, allzeit mit dem grössten vergnügen aufnehmen; – wenn es meine /: für mein lebens unterhalt :/ nothwendigen geschäfte zuliessen, so weis es gott, ob ich dir nicht antworten würde! – habe ich dir denn gar niemalen geantwortet? – also? – vergessung kann es nicht seyn – Nachlässigkeit auch nicht. – mithin ist es nichts, als unmittelbare hindernüss – wahre ohnmöglichkeit! – schrieb ich meinem vatter nicht auch wenig genug? – schlecht genug wirst du sagen! – aber um gottes Willen – sie kennen doch beyde Wienn! – hat ein Mensch, /: der keinen kreutzer sicheres Einkommen hat :/ an einem solchen orte nicht tag und Nacht zu denken und zu arbeiten genug? – – unser vatter, wenn er seine kirchen dienste, und du deine paar scolaren abgefertiget hast, so können sie beyde den ganzen tag thun was sie wollen, und briefe schreiben die ganze lytanien enthalten. – aber ich nicht. –   Briefe III, S. 197.

LEOPOLD MOZART AN SEINE TOCHTER: 16. Februar 1785

– daß dein Bruder ein schönes quartier mit aller zum Hauß gehörigen Auszierung hat mögt ihr daraus schlüssen, weil er 480* fl Hauszünß zahlt.

* bei Schiedermair 460, von Deutsch-Bauer wahrscheinlich falsch gelesen; vgl. Deutsch, Dok., Add. u. Corr. S. 44.

Briefe III, S. 372.

MOZART AN SEINEN VATER: 4. April 1781

ich versichere sie, daß hier ein Herrlicher ort ist – und für mein Metier der beste ort von der Welt. – das wird ihnen Jedermann sagen. – und ich bin gern hier, mithin mache ich es mir auch nach meinen kräften zu Nutzn. seyen sie versichert, daß ich mein absehen nur habe, so viel möglich geld zu gewinnen; denn das ist nach der gesundheit das beste. –   Briefe III, S. 102 f.

MOZART AN SEINEN VATER: 12. Mai 1781

– wenn ich beym Erzbischof v: Salzburg 2000 fl. gehalt bekommen kann, und in einem andern ort nur 1000 – so gehe ich doch in das andern ort. – denn für die andern 1000 fl. genüsse ich meine gesundheit und zufriedenehit des gemüths.

Briefe III, S. 113.

152

immer größeren Einnahmen nie ganz ohne Schulden auskam. Auch darüber geben Mozarts Briefe Aufschluß. Denn immer wenn Mozart rechnet, dann geht es nicht um Gelder, die er bereits eingenommen hat, sondern es geht immer um Honorare, die er erwartet, und die noch ausstehen. Und an diese hat Mozart jeweils seinen Lebensstandard angepaßt. Er war stets mit seinen Hoffnungen der Realität um einen Schritt voraus, und dieser eine Schritt war oft nur durch Kredite zu überbrücken. Abzulesen sind diese Vorgänge an den Wohnungen Mozarts. Noch im Februar 1783, kurz nachdem Mozart sich von der Baronin Waldstätten Geld geliehen hat, zieht er mit seiner Frau vorübergehend in eine Wohnung am Kohlmarkt. Die vorherige Wohnung in der heutigen Wipplingerstraße mußte auf Wunsch des Eigentümers, Baron von Wetzlar, freigemacht werden. Wetzlar übernahm daher die Miete für das Quartier am Kohlmarkt. Im April ziehen die Mozarts in das Burgische Haus am Judenplatz, und im Januar 1784 in den Trattnerhof am Graben. Hier beträgt die Miete für ein halbes Jahr 75 Gulden, von denen Trattner den Mozarts 10 erläßt. Wahrscheinlich durch den Erfolg seiner Subskriptionskonzerte ermutigt, macht Mozart noch im selben Jahr den ganz großen Sprung nach oben und bezieht am 29. September das Camesina-Haus in der Schulerstraße, das heute als Figaro-Haus eine Mozart-Gedenkstätte ist. Diese Räumlichkeiten kosten ihn jährlich 460 Gulden, also mehr als das Honorar für eine Oper. Und in dieser Prachtwohnung wird Mozart fünf Monate später seinen Vater empfangen und ihm beweisen, daß Wien *für sein Metier der beste Ort der Welt* ist.

Was man mit diesem Metier und an diesem Ort verdienen konnte, ergibt sich aus gewissen Grenzwerten. Als Mozart mit 25 Jahren Salzburg verließ, verzichtete er dort auf das feste Einkommen eines Hoforganisten von jährlich 450 Gulden. Dies war der Lohn, den auch sein Vater als Vizekapellmeister bezog. In beiden Fällen lag das wohl an der unteren Einkommensgrenze. Nach oben waren sonst, ähnlich wie heute, kaum Grenzen gesetzt, doch dürften Gluck und Salieri mit einem Jahresgehalt von 2000 Gulden einen gewissen Orientierungspunkt darstellen.

Als Mozart nach Wien kam, schwankten die Sängergagen an der Hofoper zwischen 500 Gulden für die Sängerin Bernasconi und 2133 Gulden für den Tenor Adamberger. Auf die Frage, mit wieviel Geld es sich damals einigermaßen gut leben ließ, haben nun beide Mozarts, Vater und Sohn, unabhängig voneinander Auskunft gegeben. Der Betrag, den sie nennen, liegt bei 1200 beziehungsweise 1300 Gulden pro Jahr. Und was verdiente Mozart? Allein mit den Honoraren, die akten-

LEOPOLD MOZART AN SEINEN SOHN: *17. September 1778*

par Dieu! sollen wir mit 12 und 1300 f das Jahr, wir 3 Personen nicht besser stehen, als einer der in München mit seiner Familie, die zahlreicher ist, 2000 f hat? – – ist nicht hier ganz erstaunlich wohlfeiler zu leben? –

Briefe II, S. 481; vgl. Mozarts Brief vom 23.1.1782, hier S. 150

MOZART AN SEINEN VATER: *26. Mai 1781*

wo hätte ich denn das geld schätzen lernen können? – ich habe noch zu wenig unter den händen gehabt. – ich weis daß wie ich einmal 20 duccaten gehabt habe, so glaubte ich mich schon reich. – nur die Noth lernt einen das geld schätzen. –   *Briefe III, S. 121.*

MOZART AN SEINE FRAU: *4. Juli 1791*

Liebstes Weibchen! –

Kurz muß ich seyn – es ist halb 2 Uhr, ich hab noch nicht gegessen – ich wollte ich könnte Dir mehr schicken. Hier sind einstweilen 3 Gulden, Morgen Mittag bekommst Du schon mehr, – sey lustig, aufgeräumt – es wird noch alles gut gehen – ich küsse Dich 1000mal – ich bin zu matt vor Hunger – adjeu – –

ewig Dein
Mozart.

ich habe bis ietzt gewartet, weil ich hoffte Dir mehr Geld schicken zu können! –

Briefe IV, S. 146.

AUS MOZARTS AUSGABENBUCH: *1. Mai 1784*

1. May 1784 Zwey Mayblumel   1 Kr.

Briefe III, S. 312.

kundig geworden sind, hatte Mozart meistens mehr als das Doppelte, und im Jahr seines Todes sogar das Dreifache, wobei nicht einmal das Honorar für die „Zauberflöte" berücksichtigt ist, weil es nirgends nachgewiesen werden konnte. Mit diesen Summen kam Mozart jedoch nicht aus. Die Vermutung, daß er gespielt habe, berücksichtigt nicht, daß seine Verschuldung ziemlich gleichmäßig und langsam steigend vonstatten ging. Auch Constanzes Krankheiten und Kuren können nicht der alleinige Grund gewesen sein, doch haben sie sicher eine Rolle gespielt, weil Mozart mit diesen zusätzlichen Kosten nicht gerechnet hatte. Mozarts Schwierigkeit bestand ganz einfach darin, daß er nicht mit Geld umgehen konnte. Höflich, aber deutlich genug, hat er seinem Vater am 26. Mai 1781 zu verstehen gegeben, wer eigentlich schuld daran sei.

Andererseits hat Mozart immer wieder Anlauf genommen, um auch dieses Kapitel seines Lebens zu bewältigen. Daß er sich dabei oft recht unbeholfen angestellt hat, zeigt wohl, wie sehr er in diesem Punkt überfordert war. So schickt der 35jährige weltberühmte Komponist seiner Frau ganze 3 Gulden nach Baden. Mit diesem Betrag konnte sie tatsächlich kaum mehr anfangen, als auf den nächsten Tag und die nächste Geldsendung zu warten. Sieben Jahre vorher hatte Mozart für kurze Zeit versucht, über seine Ausgaben Buch zu führen. Was er da am 1. Mai 1784 eintrug, erweckt allerdings weniger ein Interesse für seine Finanzen als vielmehr die Frage, wem er die zwey Mayblumel wohl geschenkt haben mag.

MOZART AN DEN MAGISTRAT DER SADT WIEN: *Vor dem 28. April 1791*

Stadt Magistrat! / unterthäniges Bitten / Wolfgang Amadè Mozarts k:k: Hofkompositors / um dem hiesigen Hr: kapell- / Meister an der St: Stephans / Domkirche adjungirt zu werden.

Hochlöblich
Hochweiser Wienerischer Stadt Magistrat
    Gnädige Herrn!

Als Hr: kapellmeister Hofmann krank lag, wollte ich mir die freyheit nehmen, um dessen Stelle zu bitten, da meine Musikalischen talente, und Werke, so wie meine Tonkunst im Auslande bekannt sind, man überall meinen Namen einiger Rücksicht würdiget, und ich selbst am hiesigen Höchsten Hofe als kompositor angestellt zu seyn, seit mehreren Jahren die Gnade habe; hoffte ich dieser Stelle nicht unwerth zu seyn, und eines Hochweisen StadtMagistrats Gewogenheit zu verdienen.

Allein kapellmeister Hofmann ward wieder gesund, und bey diesem Umstande, da ich ihm die fristung seines lebens vom Herzen gönne, und wünsche, habe ich gedacht es dürfte vieleicht dem Dienste der Domkirche und meiner gnädigen Herren zum vortheile gereichen, wenn ich dem schon älter gewordenen Hr: kapellmeister für izt nur unentgeltlich adjungiret würde, und dadurch die Gelegenheit erhielte, diesem Rechtschaffenen Manne in seinem dienste an die Hand zu gehen, und eines Hochweisen Stadt-Magistrats Rücksicht durch wirkliche dienste mir zu erwerben, die ich durch meine auch im kirchenstyl ausgebildeten känntnisse zu leisten vor andern mich fähig halten darf.

                unterthänigster diener
                Wolfgang Amadé Mozart
                k:k: Hofkompositor.

                                    Briefe IV, S. 131.

Mozart bleibt – der Erfolg wandert aus

Wie schwierig sich Mozarts Situation in den letzten Jahren gestaltet hatte, geht aus dem Gesuch hervor, das er im April 1791 an den Magistrat der Stadt Wien richtete. Der Domkapellmeister Leopold Hofmann war seit längerem kränklich, und so war abzusehen, daß die Stelle des 53jährigen über kurz oder lang vakant werden würde. Mozart erbot sich daraufhin, dem Domkapellmeister ohne jede Bezahlung als ‚Hilfskapellmeister' zur Seite zu stehen. Daß hier nicht nur Motive der Nächstenliebe mitspielten, liegt auf der Hand. Ohne jede Beschönigung muß das Gesuch als eine Form von Erbschleicherei bezeichnet werden, wobei das erhoffte Erbe kein einmaliger Betrag, sondern eine fortlaufende Gehaltszahlung war.

Mozart gibt seine Motive im ersten Satz seines Schreibens auch unumwunden zu. Obwohl er, wie er schreibt, dem Domkapellmeister die Fristung seines Lebens von Herzen gönne, versäumt er nicht, darauf hinzuweisen, daß Hofmann schon älter geworden sei, was indirekt die Möglichkeit seines Ablebens andeutet. Mozart wollte sich ganz eindeutig dessen Stelle von vornherein sichern, und da im Augenblick eine Anstellung noch nicht zur Diskussion stand, stellte er sich gewissermaßen rechtzeitig an.

Der Magistrat nahm Mozarts Anerbieten nach anfänglichem Zögern zwar an und stellte ihm dann die Position für den Fall von Hofmanns Tod in Aussicht, doch sollte Hofmann seinen Adjunkten um zwei Jahre überleben.

In diesem Zusammenhang ist auf Sophie Haibels Bericht zurückzukommen, nach dem Mozart kurz vor seinem Tod gesagt hat, daß man zuerst Johann Georg Albrechtsberger benachrichtigen solle. Dieser war am 1. Dezember vom Zweiten zum Ersten Hoforganisten befördert worden. Offenbar hat er sich gleich nach Mozarts Tod um dessen unbesoldete Stellung am Stephansdom beworben, denn sie wurde ihm bereits am 12. Dezember zugesprochen. Als Hofmann dann 1793 starb, wurde Albrechtsberger sein Nachfolger und trat damit jenes Erbe an, das Mozart sich erhofft hatte. Diese Vorgänge werfen weniger ein Licht auf

DEKRET DES MAGISTRATS: 9. Mai 1791

Der Magistrat der k.k. Haupt- und Residenzstadt Wien will ihn Hrn: Wolfgang Amadeus Mozart auf sein bittliches Ansuchen dem dermaligen Hrn. Kapellmeister Leopold Hofmann bei der St. Stephans Domkirche dergestalt und gegen dem adjungiret haben, daß er sich durch einem hierorts einzulegen kommenden bündigen Revers verbindlich machen solle: daß er gedachtem Hrn. Kapellmeister in seinem Dienste unentgeltlich an die Hand gehen, ihn, wenn er selbst nicht erscheinen kann, ordentlich suppliren, und in dem Falle diese wirkliche Kapellmeistersstelle erledigt werden wird, sich mit dem Gehalt, und allem deme, was der Magistrat zu verordnen und zu bestimmen für gut finden wird, begnügen wolle.

Welches demselben zur Wissenschaft hiemit erinnert wird.

Jos. Georg Hörl k.k. Rath und Bürgermeister
Ex cons. Magis. Vien.
den 9. May 1791.
Johann Hübner Secret.

Sammlung Louis Koch, Muzzano. –

MOZART AN SEBASTIAN WINTER: 8. August 1786

– ich werde, wenn es S: D: gefällig seyn wird, in zukunft immer mit allen neu verfertigten Stücken aufwarten. überdies unterstehe ich mich S: D: einen kleinen Musikalischen Antrag zu machen, und bitte sie mein freund, denselben ihrem fürsten vorzutragen. – da S: D: ein Orchestre besitzen, so könnten Hochdieselben eigenst nur für ihren Hof allein von mir gesetzte Stücke besizen, welches nach meiner geringen Einsicht sehr angenehm seyn würde. – wenn S: D: mir die gnade anthun wollten, mir eine gewisse Anzahl Sinfonien, Quartetten, Concerten auf verschiedene instrumenten, oder andere Stücke nach belieben das Jahr hindurch anzuschaffen, und eine bestimmte Jährliche Belohnung dafür auszuSprechen, so würden S: D: geschwinder und richtiger bedient werden, und ich: da es eine sichere arbeit wäre, ruhiger arbeiten. – Ich hoffe nicht daß S: D: meinen Antrag ungnädig aufnehmen werden, wenn er Hochdieselben auch wirklich nicht anstehen sollte, denn er entSpringt in der that aus einem wahren trieb und Eyfer S: d: mit thätigkeit zu diensten zu seyn, welches nur in einem ähnlichen falle möglich ist, wenn man, wenigstens auf einer Seite in etwas unterstüzet, die geringern arbeiten doch eher entbehren kann. Briefe III, S. 565.

MOZART AN SEINEN VATER: 5. Oktober 1782

... überdies wäre es mir sehr leid, wenn mein talent mit einmal bezahlt werden könnte – besonders mit hundert duckaten! – Ich werde dermalen /: nur weil es nicht nöthig ist, :/ niemanden nichts sagen – wird sie, wie ganz zuverlässig /: und welches mir auch das liebste dabey ist /: aufgeführt, so wird man es ganz sicher erfahren; mich aber deswegen meine feinde nicht auslachen, mich nicht als einen schlechten kerl behandeln, und mir nur gar zu gern eine opera zu schreiben geben, wenn ich nur will! – welches leztere ich aber schwerlich wollen werde; – denn, – ich werde eine opera schreiben, aber nicht um mit hundert duckaten zuzusehen wie das Theater in 14 Tägen dadurch viermal so viel gewinnt; – sondernd ich werde meine opera auf meine unkösten aufführen – in drey vorstellungen wenigstens 1200 fl: machen – und dann kann sie die Direction um 50 duckaten haben; wo nicht; so bin ich bezahlt, und kann sie überall anbringen. – übrigens hoffe ich werden sie noch niemalen einige spur von Neugung zu einer schlechtenhandlung bey mir bemerkt haben; man muß keinen schlechten kerl machen! – aber auch keinen dummen, der andern leuten von seiner arbeit, die ihm studium und Mühe genug gekost hat, den Nutzen ziehen lässt, und allen fernern anspruch darauf aufgiebt. – Briefe III, S. 236.

Mozart und Albrechtsberger, sie zeigen vielmehr, mit welchen Mitteln man damals arbeiten mußte, wenn man sich eine Anstellung sichern wollte.

Auf jeden Fall war Mozart in seinen späteren Jahren ernsthaft an einer festen Anstellung interessiert. Sein Gehalt von 800 Gulden, das er seit Dezember 1787 als k.k. Kammer-Musicus bezog, war als Existenzgrundlage zu wenig; alle anderen Einnahmen waren daneben unregelmäßig. Über Arbeitsmangel konnte sich Mozart nie beklagen, und er hat wohl kaum eine Anstellung um der Arbeit willen gesucht. Hier sei an seinen Entwurf erinnert, mit dem er sich im Frühjahr 1790 um eine zweite Kapellmeisterstelle neben Salieri bewerben wollte. Was Mozart brauchte, war nicht Arbeit, sondern Geld.

Seine Idealvorstellung von einem sicheren Einkommen hat er im August 1786 Sebastian Winter gegenüber schriftlich dargelegt. Eigentlich waren seine Vorstellungen vollkommen realistisch: Er wollte komponieren, und er wollte dafür ausreichend bezahlt werden. Organistenstellen oder Kapellmeisterpositionen waren gewiß nicht sein Traum, aber sie stellten leider die einzige Möglichkeit dar, eine Existenzgrundlage zu sichern. Mozart hätte eigentlich Mäzene gebraucht, wie Beethoven sie später hatte. Es ist denkbar, daß Persönlichkeiten wie van Swieten oder die Gräfin Thun eine solche Rolle gern übernommen hätten, es ist aber ebenso denkbar, daß Mozarts Umgang mit Geld jeden Außenstehenden von solchen Überlegungen abgeschreckt hat.

Ohne wirkliche Gönner war jedoch zu Mozarts Zeit ein Leben als freischaffender Komponist kaum möglich. Jeder Kompositionsauftrag wurde mit einer einmaligen Summe abgegolten, und ganz gleich, welchen Erfolg ein Stück hatte, für den Urheber gab es kaum eine finanzielle Beteiligung daran. Allein mit seiner „Entführung aus dem Serail" hätte Mozart reich werden können, wenn die Theater damals Tantiemen gezahlt hätten. Der erste, dem Mozarts Opern etwas einbrachten, war sein Sohn Carl Thomas, der 1858 für „Figaro"-Aufführungen von der Pariser Oper 8000 Francs erhielt. Mozart selbst hat einmal eine kühne Idee entwickelt, wie er sich an dem Erfolg seiner Opern beteiligen könnte, doch hat er mit diesem Gedanken, den er am 5. Oktober 1782 notierte, seiner Zeit weit vorausgegriffen, und er hat ihn auch nie in die Tat umsetzen können.

Mit den Verlagshonoraren stand es übrigens genauso schlecht, wie mit den Opernhonoraren. Nach einer einmaligen Abfindung hatte ein Komponist keine weiteren Zahlungen zu erwarten. So bestand bei Opern nur noch die Möglichkeit, daß der Komponist eine Harmoniemusik oder einen Klavierauszug selbst anfertigte, um wenigstens damit

LEOPOLD MOZART AN SEINE TOCHTER: *16. Dezember 1785*

Nun ist geschehen, was ich meinem Sohn vorgesagt habe, die Entführung ist bereits im Clavierauszug in Augspurg beim Buchhändler Stage heraus für 7 f und weis nicht wie viel kreutzer. Es ist vom H: Canonicus Stark fürs Clavier ausgezogen, – und auch in Maynz gestochen, und mit vielen Lobserhebungen des berühmten H: von Mozart in den augsp: Zeitungen ausposaunt. hat Torricella schon vieles daran gestochen; so hat er grossen Schaden. – und dein Bruder hat die Zeit verlohren 2 act zu schreiben, die bis zum 3ten fertig waren. Briefe III, S. 471.

MOZART AN SEINEN VATER: *6. Dezember 1783*

– drum wäre mir leid wenn ich eine solche Musique* müsste umsonst gemacht haben; das heisst wenn nicht das geschieht was unumgänglich nöthig ist. –

* „L'oca del Cairo" Briefe III, S. 294.

DA PONTE, LORENZO (1749-1838), geboren in Ceneda, hieß ursprünglich Emmanuele Conegliano. Der Namenswechsel erfolgte beim Übertritt zum Christentum 1763. Er studierte Theologie und erhielt die höheren Weihen. Ab 1774 war Da Ponte Literaturprofessor in Treviso. Wegen Ehebruchs wurde er 1779 für fünfzehn Jahre aus Venedig verbannt, kam über Görz und Dresden nach Wien, wo er durch Salieris Empfehlung 1783 zum Theaterdichter ernannt wurde. Infolge von Affären und Intrigen mußte er nach dem Tode Kaiser Joseph II. Wien verlassen. Irrfahrten durch ganz Europa führten ihn schließlich nach London. Dort lebte er mit einer 20 Jahre jüngeren Frau, arbeitete mit wechselndem Erfolg als Theaterdichter, und wanderte 1805 nach New York aus. Seine Bemühungen um die italienische Oper scheiterten, und Da Pontes Leben endete in Armut und Verbitterung.

KAISER JOSEPH II. AN GRAF JOHANN ANTON PERGEN: 31. Januar 1785

Ich vernehme, daß die bekannte Komedie le Mariage de Figaro in einer deutschen Übersetzung für das Kärntnerthortheater angetragen seyn solle; da nun dieses Stück viel Anstößiges enthält; so versehe Ich mich, daß der Censor solches entweder ganz verwerfen, oder doch solche Veränderungen darin veranlassen werde, daß er für die Vorstellung dieser Piece und den Eindruck, den sie machen dürfte, haften werde können. Staatsarchiv Wien.

KAISER JOSEPH II. AN GRAF ROSENBERG: 9. Mai 1786

Um die Dauerzeit der Opern nicht allzuweit erstrecken, dennoch aber den von den Opernsängern in der Wiederholung der Singstücken offt suchenden Ruhm nicht kränken zu lassen, finde ich nebengehende Nachricht an das Publicum (daß kein aus mehr als einer Singstimme bestehendes Stück widerholt werden soll) das schicksamste Mittel zu seyn. Sie werden daher solche einigen Anschlagszetteln beydrucken lassen. Das nemliche ist auch nachher bey den deutschen Singspielen zu beobachten, und daher auch dort bekannt zu machen. Staatsarchiv Wien.

noch einen bescheidenen zusätzlichen Verdienst zu erzielen. Bei seiner „Entführung" hatte Mozart mit dem Klavierauszug begonnen, ließ ihn aber liegen, weil der Verlag Schott in Mainz ihm zuvorkam. Wenn Mozart also etwas verdienen wollte, dann mußte er komponieren; das wiederum hatte nur einen Sinn, wenn ein Kompositionsauftrag vorlag. Für sein Opernschaffen begann eine große Zeit im Jahre 1786. Seit der „Entführung" 1782 hatte Mozart keine Oper mehr geschrieben, denn die beiden Buffo-Opern „L'oca del Cairo" und „Lo sposo deluso" wurden 1783 in Salzburg nur angefangen, dann aber nach wenigen Nummern beiseitegelegt. Wahrscheinlich sah Mozart keine Möglichkeit für eine Aufführung. Die Jahre 1783 bis 1785, in denen Mozart seine großen Akademien gab, waren hauptsächlich der Komposition von Instrumentalkonzerten und Serenaden gewidmet.

Erst die Zusammenarbeit mit dem Theaterdichter Lorenzo DA PONTE brachte Mozart ans Burgtheater zurück und begann gleich mit einem Höhepunkt, der „Hochzeit des Figaro". Da Ponte, der sonst ungern anderen den Lorbeer überließ, hat in seinen Memoiren bestätigt, daß es Mozarts Idee war, die Komödie „La folle journée ou le mariage de Figaro" von Beaumarchais als Opernstoff zu verwenden. Das Schauspiel war 1784 unter spektakulären Umständen in Paris zur Aufführung gekommen. Schon im folgenden Jahr erregte es auch in Wien Aufsehen, weil eine Darbietung durch Schikaneders Truppe von Joseph II. untersagt wurde. Eine Drucklegung der Übersetzung von Johann Rautenstrauch wurde hingegen zugelassen. Das Stück war also im Gerede, und insofern war bei der Aufführung mit einer Sensation zu rechnen. Nachdem Da Ponte dem Kaiser versichert hatte, daß seine Bearbeitung der Komödie auf alles Anstößige verzichten würde, und nachdem Mozart dem Kaiser einige Nummern vorgespielt hatte, erteilte Joseph II. den Auftrag. Mitte Oktober 1785 machten sich Da Ponte und Mozart an die Arbeit, die laut Da Ponte Hand in Hand ging. Daß Mozart seine Komposition in nur sechs Wochen beendet hat, scheint deshalb glaubwürdig, weil in diesem Winter noch zahlreiche andere Werke entstanden; nicht zuletzt die Oper „Der Schauspieldirektor", deren Premiere auf den 7. Februar 1786 fiel. Bei den letzten Vorbereitungen zu „Figaro" gab es Intrigen, und der Kaiser mußte sich persönlich einschalten. Dann hatte der „Figaro" nach seiner Uraufführung am 1. Mai einen derartigen Erfolg, daß schon in der dritten Vorstellung sieben Nummern wiederholt werden mußten. Dies veranlaßte den Kaiser zum Einschreiten, der wegen der Länge der Oper anordnete, daß Ensemblesätze nicht wiederholt werden durften. „Figaro" wurde 1786

MOZART AN GOTTFRIED VON JACQUIN: 15. Oktober 1787

Sie werden vermuthlich glauben daß nun meine Oper schon vorbey ist – doch – da irren sie sich ein bischen; Erstens ist das hiesige theatralische Personale nicht so geschickt wie das zu Wienn um eine solche oper in so kurzer Zeit einzustudiren. zweytens fand ich bey meiner Ankunft so wenige vorkehrungen und Anstalten, daß es eine blosse unmöglichkeit gewesen seyn würde, Sie am 14:[^ten] *als gestern zu geben; – Man gab also gestern bey ganz illuminirten theater meinen figaro, den ich selbst dirigirte. – bey dieser gelegenheit muß ich ihnen einen Spass erzehlen. – einige von den hiesigen ersten damen /: besonders eine gar hocherläuchte :/ geruhten es sehr lächerlich, unschicklich, und was weis ich alles zu finden, daß man der Prinzessin den figaro, den tollen tag /: wie sie sich auszudrücken beliebten :/ geben wollte; – Sie bedachten nicht daß keine oper in der Welt sich zu einer solchen gelegenheit schiken kann, wenn Sie nicht beflissentlich dazu geschrieben ist; daß es sehr gleichgültig seye, ob sie diese oder Jene oper geben, wenn es nur eine gute und der Prinzessin unbekannte oper ist; und das leze wenigstens war figaro gewis. – kurz, die Radlführerin brachte es durch ihre wohlredenheit so weit, daß dem impreßario von der Regierung aus dieses Stück auf Jenen tag untersagt wurde. – Nun triumphirte Sie! – hò vinta schrie Sie eines abends aus der Loge; – Sie vermuthete wohl gewis nicht daß sich das hò in ein Sono verändern könne! – des tags darauf kamm aber le Noble – brachte den befehl S: Mayt: daß wenn die Neue oper nichtgegeben werden könne, figaro gegeben werden müsse! – wenn Sie, mein freund, die schöne, herrliche Nase dieser dame nun gesehen hätten! – O es würde ihnen so viel vergnügen verursachet haben wie mir! – Don Giovanni ist nun auf den 24:*[^ten] *bestimmt; –* Briefe IV, S. 54 f.

MOZART AN GOTTFRIED VON JACQUIN: 4. November 1787

Ich hoffe Sie werden mein Schreiben erhalten haben; – den 29:[^t] *ockt*[^b]*: gieng meine oper D: Giovanni in scena, und zwar mit dem lautesten beyfall. – gestern wurde Sie zum 4:*[^t] *Male /: und zwar zu meinem Benefice :/ aufgeführt; – Ich gedenke den 12:*[^t] *oder 13*[^ten]*: von hier abzureisen; bey meiner zurückunft sollen Sie also die Aria gleich zu Singen bekommen; NB unter uns; – Ich wollte meinen guten freunden / besonders bridi und ihnen :/ wünschen, daß Sie nur einen einzigen Abend hier wären, um antheil an meinem vergnügen zu nehmen! – vieleicht wird Sie doch in Wienn aufgeführt? – ich wünsche es. – Man wendet hier alles mögliche an um mich zu bereden, ein paar Monathe noch hier zu bleiben, und noch eine Oper zu schreiben, – ich kann aber diesen antrag, so schmeichelhaft er immer ist, nicht annehmen. –* Briefe IV, S. 58.

MOZART AN SEINEN VATER: 17. August 1782

– die H: Wienner /: worunter aber haubtsächlich der (kayser) verstanden ist :/ sollen nur nicht glauben daß ich wegen Wienn allein auf der Welt seye. – keinen Monarchen in der Welt diene ich lieber als dem kayser – aber erbetteln will ich keinen dienst. – Ich glaube so viel im Stande zu seyn daß ich Jedem Hofe Ehre Machen werden. – will mich Teütschland, mein geliebtes vatterland, worauf ich /: wie sie wissen :/ Stolz bin, nicht aufnehmen, so muß im gottes Nammen frankreich oder England wieder um einen geschickten Teutschen Mehr reich werden; – und das zur schande der teutschen Nation. – Briefe III, S. 220.

162

in Wien neunmal aufgeführt; die vorerst letzte Vorstellung fand am 18. Dezember statt. Inzwischen war das Stück bereits in Prag herausgekommen, und im Januar 1787 reiste Mozart, einer Einladung folgend, mit seiner Frau und einigen Freunden dorthin. In Prag erlebte er mit seiner Oper einen wahren Triumph, und gleichzeitig konnte er einen Vertrag für „Don Giovanni" abschließen, der seine zweite Zusammenarbeit mit Da Ponte wurde.

Die Uraufführung des „Don Giovanni" am 29. Oktober 1787 hatte noch ein Vorspiel, weil sie zuerst für den 14. Oktober und zu Ehren der Erzherzogin Maria Theresia von Toscana und ihres Gatten Anton von Sachsen geplant war, deren Hochzeitsreise über Prag führte. Die Vorbereitungen für „Don Giovanni" waren jedoch am 14. Oktober noch nicht ausreichend weit gediehen, so daß eine andere Oper gespielt werden mußte, wobei die Wahl auf den „Figaro" fiel. Auch hier gab es Intrigen, aber es blieb schließlich bei „Figaros Hochzeit".

Ein halbes Jahr nach seiner Uraufführung in Prag kam „Don Giovanni" dann am 7. Mai 1788 am Wiener Burgtheater heraus, wobei das Werk mehreren Änderungen unterworfen wurde, die eine Anpassung an die Fähigkeiten des Wiener Sängerpersonals darstellten. Dem Textbuch zufolge fiel auch das ganze letzte Ensemble weg; über die Gründe dafür ist jedoch nichts bekannt geworden. „Don Giovanni" wurde 1788 in Wien fünfzehnmal gespielt und verschwand dann vorläufig vom dortigen Spielplan. Statt dessen wurde am 29. August 1789 „Die Hochzeit des Figaro" wiederaufgenommen. Auch diesmal gab es Änderungen der Partitur, mit denen vor allem die Sängerin der Susanna berücksichtigt wurde.

In den folgenden vier Monaten schrieb Mozart seine letzte Da Ponte-Oper, „Così fan tutte", die vom 26. Januar 1790 an in Wien zehn Vorstellungen erlebte und dann, wie „Don Giovanni", in Wien zu Mozarts Lebzeiten nicht mehr aufgeführt wurde.

Insgesamt ergibt sich ein Bild, das Mozarts größte Erfolge beim „Figaro" aufweist. Diese Oper erlebte drei Stationen: Wien, Prag und wieder Wien, während „Don Giovanni" keine Wiederaufnahme erfuhr. „Così fan tutte" dagegen wurde 1791 durch Guardasoni in Prag, Leipzig und Dresden aufgeführt.

Es sieht so aus, als hätten Niemetschek und Nissen recht, wenn sie behaupten, daß Mozarts Genie von den Pragern besser erkannt wurde als von den Wienern. Tatsächlich hatte Mozart in seinem letzten Jahr noch einen Auftrag aus Prag, vom Wiener Hof dagegen keinen. Daraus ist abgeleitet worden, daß Mozart in Wien unglücklich war. In diesem Fall wäre zu fragen, warum er dann in Wien blieb. Schon 1786 war der

Par une personne attachée à S.A.R. le Prince de Galles, j'apprends votre dessein de faire un voyage en Angleterre, et comme je souhaite de connaître personnellement des gens à talent, et que je suis actuellement en état de contribuer à leurs avantages, je vous offre, Monsieur, la place de compositeur* ont eus en Angleterre. Si vous êtes donc en état de vous trouver à Londres envers la fin du mois de décembre prochain 1790 pour y rester jusqu'à la fin de juin 1791 et dans cet espace de tems de composer au moins deux opéras ou sérieux ou comiques, selon le choix de Direction, je vous offre trois cents livres sterling avec l'avantage d'écrire pour le concert de la profession ou toute autre salle de concert à l'exclusion seulement des autres Théâtres.
J'ai l'honneur d'être, Monsieur, votre très humble serviteur
            Robert May O'Reilly
Ayez la bonté de diriger* au Panthéon à Londres.

* (unvollständig) *Briefe IV, S. 120.*

MOZART AN SEINE FRAU: *8. Oktober 1790*

– *wenn ich in Wienn fleissig arbeite, und Scolaren nehme, so können wir recht vergnügt leben; und nichts kann mich von diesem Plane ab-bringen als ein gutes Engagement irgend an einem Hofe.* – *Briefe IV, S. 118.*

NIEMETSCHEK:

In dem Jahre 1789 im Monat December schrieb Mozart das italienische komische Singspiel, Cosi fan tutte, oder die Schule der Liebenden; man wundert sich allgemein, wie der große Geist sich herablassen konnte, an ein so elendes Machwerk von Text seine himmlisch süßen Melodien zu verschwenden. Es stand nicht in seiner Gewalt, den Auftrag abzulehnen, und der Text ward ihm ausdrücklich aufgetragen. – *a.a.O., S. 29.*

Theaterzettel der Uraufführung von „Cosi fan tutte" am 26. Januar 1790

Plan aufgetaucht, nach London zu reisen, aber es kam nicht dazu. Damals hatte Mozart wahrscheinlich keine konkreten Aussichten in London, aber im Oktober 1790 lag ihm von Robert May O'Reilly ein Angebot vor, das seinen früheren Träumen entsprach. Außerdem soll ihn der Londoner Konzertagent Johann Peter Salomon nach London eingeladen haben. Das dürfte bei einem Abschiedsessen mit Joseph Haydn am 14. Dezember 1790 geschehen sein. Haydn hatte ein ähnliches Angebot angenommen und ging nach England, wo er ein Vermögen verdiente.

Auf den ersten Blick scheint es unverständlich, warum sich Mozart nicht von Wien trennen konnte, doch gibt es dafür eine einfache Erklärung. Mozart hatte in seiner ganzen Wiener Zeit niemals Mangel an Arbeit. Natürlich mußte er damit rechnen, daß seine Werke unterschiedlich erfolgreich waren, aber das hätte er andernorts auch tun müssen. Wirklich unangenehm war für Mozart in Wien nur seine finanzielle Situation, und die hoffte er eben durch eine feste Anstellung und mit neuen Kompositionen in den Griff zu bekommen. Aus diesen Gründen bewarb er sich am Stephansdom, und darum bürdete er sich im letzten Jahr ein derartiges Unmaß an Arbeit auf. Mozart wollte offensichtlich in Wien bleiben, und davon konnten ihn weder seine Erfolge in Prag noch die Angebote aus Berlin und London abbringen.

Was Mozarts wechselnde Erfolge in Wien betrifft, so muß nochmals der Name Da Ponte genannt werden. Denn jede der drei Opern, zu denen er Mozart den Text geliefert hat, ist auf ihre Weise problematisch.

Das gilt vor allem für „COSÌ FAN TUTTE". Einerseits konnte Da Ponte hier nicht auf so starke Vorlagen wie beim „Figaro" oder beim „Don Giovanni" zurückgreifen, zum anderen aber stellt dieses Stück einen Grenzfall dar. Bei Despina sind noch am deutlichsten die Spuren der Commedia dell'arte zu erkennen, und sie, als die Colombina dieser Komödie, liefert auch die beiden witzigen Verkleidungsszenen, in denen sie zuerst als ein dem Mesmerismus verschworener Arzt und später als Notar erscheint. Selbstverständlich ist vorausgesetzt, daß sie von ihren Damen nicht erkannt wird, und genau damit fällt das Werk unter die Gattung der hergebrachten Verkleidungskomödie. Völlig im Gegensatz dazu steht die Verkleidung der beiden Liebhaber. Hier nimmt das Possenspiel einen Charakter an, bei dem es ernst wird. Immerhin kommt es fast zum Partnertausch, und damit ist die Problematik von Goethes „Wahlverwandtschaften" vorweggenommen. Insofern ist das Verkleidungsspiel von Ferrando und Guglielmo alles andere als komisch und zuerst einmal unglaubwürdig.

E. T. A. HOFFMANN:

Sollte aber die Musik das Komische in allen seinen Nuancen ausdrücken können? – Davon bin ich auf das innigste überzeugt, und geniale Künstler haben es hundertfältig bewiesen. So kann zum Beispiel in der Musik der Ausdruck der ergötzlichsten Ironie liegen, wie er in Mozarts herrlichster Oper „Cosi fan tutte" vorwaltet.

E. T. A. Hoffmann: „Die Serapionsbrüder".

Cosi fan tutte: Duett Dorabella und Guglielmo

Cosi fan tutte: Erste Arie der Despina

„Così fan tutte" gerät damit in eine Zerreißprobe, bei der es darum geht, ob hier das Puppenspiel einer Commedia dell'arte abläuft, oder ob ehrlich fühlende Menschen auf der Bühne stehen. Unter diesem Gesichtspunkt ist die Oper für den Regisseur problematisch, der Musiker hingegen hat mit „Così fan tutte" überhaupt keine Probleme, und mit wenigen Musikbeispielen soll gezeigt werden, daß es Mozarts Musik ist, die das Werk von der Ebene der Verkleidungskomödie auf eine menschliche Ebene hebt.

Im zweiten Akt gibt es ein Duett zwischen Guglielmo und Dorabella, bei dem es um das Verschenken des Herzens geht. Nachdem beide merken, daß ihr Herz nun in dem anderen schlägt, richtet Mozart mit seiner Komposition eigentlich eine Art Herzstillstand an, indem er die Musik mit zwei Fermaten unterbricht. Von hier aus gesehen wird der Anfang des Duetts verständlich. Dort wären die Fermaten vom Text her völlig überflüssig. Aber gerade durch diese Brechungen wird ein Zögern spürbar, das die Annäherung der beiden eigentlich nicht zusammengehörigen Partner in seiner Behutsamkeit glaubwürdig macht. Ohne Mozarts Anhalten der Musik ergäbe sich ein oberflächliches und glattes Spiel, was bei einer Ausführung ohne die Fermaten sofort zu hören ist. Nicht ohne Grund kehrt genau dieselbe Musik in der Erkennungsszene des zweiten Finales wieder.

Im Gegensatz zu Dorabella und Guglielmo haben Fiordiligi und Ferrando kein Duett, weil sie sich nicht so weit in Richtung Untreue vorwagen. Anstelle eines Duetts steht daher Fiordiligis Rondo, das für seinen Adagio-Teil keines Kommentars bedarf, und das sich am Schluß zu einem verzweifelten Bekenntnis zur Treue steigert. Hier wird also nicht mehr Theater gespielt, sondern aufrichtig gelitten und geliebt.

Bleiben noch Despina und Alfonso als Drahtzieher der Komödie. Despina ist keck, zu Scherzen jederzeit aufgelegt, und über die Männer hat sie nicht gerade die freundlichsten Ansichten. Das ist die Oberfläche, und was sich darunter befindet, hat Mozart mit vier Takten angedeutet. Despinas Aussage lautet: *„Beim Männervolk, bei Soldaten, da sucht ihr treuen Sinn? Sie verzeihn, wenn ich anderer Meinung bin ...".* Ähnlich wie in dem vorher genannten Duett wird Despina von Mozart unterbrochen, der vier ganze Takte einfügt, die formal völlig überflüssig sind. Diese vier Takte haben einen musikalischen Charakter, der mit der ganzen Arie überhaupt nichts zu tun hat, denn das Legato steht wie ein Fremdkörper zwischen den Staccato-Figuren seiner Umgebung. Wie sonst auch hat Mozart über diese vier Takte keine verbale Aussage hinterlassen, aber diese Takte stellen durch ihren lyrischen Ton Despinas Commedia-Charakter in Frage.

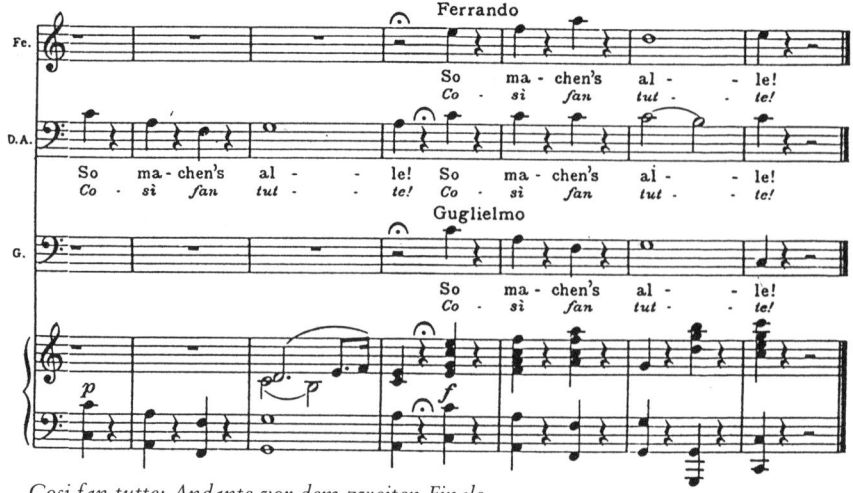

Cosi fan tutte: Andante vor dem zweiten Finale

SCHINKS „DRAMATURGISCHE MONATE": 22. Oktober 1789
Nach dem Ideal, das uns die italienischen Dichter in ihren musikalischen Werken von der Oper geben, und nach dem Eindrukke, den diese italienischen Geistesprodukte auf unsre Publikums machen, kann nicht leicht ein so schiklicher und tauglicher Stof für das Singspiel gefunden werden, als die ursprünglich-spanische Ungereimtheit, die Herr Mozart durch seine vortrefliche Komposizion hat verherrlichen wollen. Don Juan vereinigt all das Vernunftwidrige, Abentheuerliche, Widersprechende und Unnatürliche in sich, was nur immer ein poetisches Unding von einem menschlichen Wesen zu einem Opernhelden qualificiren kann. Er ist die tollste, unsinnigste Aftergeburt einer verirrten spanischen Einbildungskraft. Der lüderlichste, niederträchtigste, ruchloseste Kerl, dessen Leben eine ununterbrochene Reihe von Infamitäten, Unschuldverführungen und Mordthaten ist. Ein Heuchler und ein Religionsspötter, ein ausschweifender Wollüstling und ein abgefeimter Betrüger, ein Doppelzüngler und ein Gek; die heimtükkischste, Schadenfrohste Bestie, ein Schurk' ohne Gewissen und Ehre. Er begeht die größten Abscheulichkeiten mit einer Kälte und einem Gleichmute, als hätt' er ein Glas Wasser auszutrinken, stößt einen Menschen nieder, als ging er zum Tanz, und verführt und betrügt weibliche Tugend, als nähm' er eine Prise Schnupftabak. Und alle diese Greuel amüsiren ihn, alle diese Bestialitäten machen ihm großen Spaaß. In jedem andern Schauspiel würde man eine solche Karrikatur mit Pommeranzen und Nußschalen vom Theater jagen, ihn in die Kulissen hineinzischen. Aber in der Oper findet man ihn ungemein unterhaltend, als musikalische Personage, gelten alle seine Schändlichkeiten für allerliebst, erregen Lachen und Wohlgefallen. Das ist nun nicht mehr, wie recht und billig, dafür ist's ja eine Oper. ...
Wenn nun Don Juan mit allen diesen empfehlungswürdigen Eigenschaften eines ächten Opernhelden, doch nicht so allgemein sein Glück machen sollte, als es seine Qualitäten wohl erwarten lassen, so liegt der Fehler schwerlich an dem Stoffe, sondern – der Künstler verzeihe mir meine Freimütigkeit! – an Herrn Mozarts Komposizion. Wer hieß ihn zu einem so italienischwahren Opernthema eine so unopernmäßige, schöne, große und edle Musik sezzen? Ist dieser Prachtvolle, majestätische und Kraftreiche Gesang wohl Waare für die gewöhnlichen Opernliebhaber, die nur ihre Ohren in's Singspiel bringen, ihr Herz aber zu Haus lassen? Was hätte auch das Herz in einem Schauspiel zu thun, in dem es nur auf sehen und hören ankömmt? dessen erstes Erfordernis, wenn es Beyfall erhalten soll, ist, daß bey seiner Verfertigung, des Dichters Herz eben so sehr feyre, als sein Kopf?

Don Alfonso gilt als zynischer Alter, für den Liebe und Treue Unsinn sind. Und fast gewinnt er seine Wette, weshalb er sich kurz vor Schluß der Oper verpflichtet fühlt, den jungen Leuten noch einen guten Rat mit auf den Weg zu geben. Dieser gipfelt in der Feststellung: „così fan tutte"; aber wenn man genau hinhört, ist es keineswegs eine Feststellung, denn Mozart führt diesen Satz in einen Trugschluß. Anstelle des erwarteten und bekräftigenden C-Dur tritt a-moll ein und bleibt wie eine Frage in einer Fermate hängen. Wenn darauf Ferrando und Guglielmo die Auflösung nach C-Dur bringen, dann ist damit die Frage keineswegs aus der Welt geschafft. Das zum Titel der Oper gehörende musikalische Motiv deutet die Frage an: „Machen's wirklich alle so?", und man könnte sogar sagen: „So wie in dieser Oper macht's keiner!" Tatsächlich verkleidet sich niemand, um seinen eigenen Nebenbuhler zu spielen, wobei allerdings zu überlegen wäre, ob es im Leben und ohne die Requisiten der Commedia dell'arte nicht andere Mittel und Wege zu solchen Prüfungen gibt.

Die Faszination, die von der Gestalt des „DON GIOVANNI" ausgeht, liegt in der Undurchsichtigkeit dieses Charakters begründet. Giovannis Verhalten ist eindeutig das eines hemmungslosen und gewissenlosen Verführers; welche Motive ihn bewegen, läßt sich dagegen schwer sagen. Sein ruheloses Suchen, das nirgends Befriedigung findet, stellt ihn an die Seite des Faust, dessen Heimatlosigkeit im Geistigen liegt, wogegen die des Don Juan im Erotischen liegt. Beide sind insofern Urbilder und tauchen schon früh als Legende auf. Die Bühnenfassungen des Don-Juan-Stoffes von Tirso de Molina (1630) und Molière (1665) haben ein 100 Jahre älteres Vorbild bei Gabriel Tellez. Theaterbearbeitungen dieses Stoffes finden sich im 18. Jahrhundert bei Goldoni und Bertati, und die Dichtung des letzteren diente Da Ponte als Vorlage. Vor allem durch Mozarts Vertonung ist dann eine Flut von literarischen Deutungen ausgelöst worden.

An dieser Stelle geht es in erster Linie darum, welche Deutung Mozart seinem Don Juan gegeben hat, und da es auch in diesem Fall an Äußerungen Mozarts fehlt, bleibt nur seine Musik als Anhaltspunkt. Ist Don Giovanni von Mozart als oberflächlich und herzlos gesehen worden, oder hat Mozart hinter dieser menschenfeindlichen Oberfläche eine tiefere und nach Erfüllung strebende Sehnsucht vermutet? Zuerst einmal fällt auf, daß die drei Solonummern Giovannis keine wirklichen Arien sind. Die sogenannte Champagner-Arie ist eine Art wilder Stretta, mit der ein Fest angeheizt wird, und bei der Canzonette handelt es sich um ein vorgefertigtes Ständchen. Die dritte Nummer singt Giovanni sogar in

Don Giovanni: Arie Leporello

Don Giovanni: Arie Giovanni, 2. Akt

Don Giovanni: Rezitativ Zerlina-Giovanni

Stellvertretung, da er, als Leporello verkleidet, seine Verfolger auf eine falsche Fährte führt. Er selbst gibt nirgends über sich Auskunft.

Das tut sein Diener Leporello in der „Registerarie". Sie stellt vorerst eine zahlenmäßige Erfassung von Giovannis Liebesabenteuern dar, und die Musik illustriert im zweiten Teil die verschiedenen Schönen. Hier hat Mozart einen nicht zu überhörenden harmonischen Akzent gesetzt, und zwar an der Stelle, wo gesagt wird, warum Giovanni auch alte Frauen erobert. Er tut es, um sein Register damit zu vervollständigen. Genau auf das Wort *lista* hat Mozart einen Trugschluß geschrieben, der den harmonischen Ablauf gewaltsam unterbricht, was auch durch die neue Baßführung unterstrichen wird. In den meisten deutschen Übersetzungen fällt das Wort „Alte" mit dem Trugschluß zusammen, was völlig falsch ist. Das Entsetzliche an Giovannis Vorgehen ist nicht, daß er auch alte Frauen erobert, sondern daß er dies um seiner Liste willen tut. Es sei noch auf den zweiten Trugschluß in dieser Nummer hingewiesen, der mit h-moll eintritt, wenn Leporello sagt: „Voi sapete quel che fa".

Überhaupt hat Mozart den Trugschluß, der jeweils eine Hörerwartung enttäuscht, in keiner Oper so häufig verwendet wie im „Don Giovanni"; das gleiche gilt daneben auch für den verminderten Akkord. Eindeutig zu verstehen ist der Trugschluß, wenn Giovanni, als Leporello verkleidet, erklärt, daß er (also er selbst) nicht weit sein kann. Masetto ahnt in diesem Moment kaum, wie wahr Don Giovannis Worte sind.

Eine Parallele dazu findet sich im Sextett, wo Leporello als sein eigener Herr verkleidet auftritt und sich der Rache von Don Giovannis Verfolgern nur entziehen kann, indem er sich zu erkennen gibt. Auch an dieser Sotto-voce-Stelle ist das Moment der Ent-Täuschung durch eine unerwartete Tonart hervorgehoben, und das Wort *inganno* (Betrug/Täuschung) wird mit einem verminderten Akkord im Forte bekräftigt. Merkwürdig ist es, daß Mozart sehr oft eine Trugschlußwendung nach Moll einsetzt, wenn es um die Liebe geht. Bei ihrem ersten Auftritt erzählt Zerlina dem Don Giovanni, daß ihr Masetto das beste Herz habe, worauf Don Giovanni antwortet, daß auch er ein gutes Herz und ehrenhafte Absichten habe. Der f-moll-Akkord wirkt wie ein Fragezeichen und erinnert an jenes Fragezeichen, das Mozart versehentlich in seinem Brief vom 15. Dezember 1781 angebracht hat, als er dem Vater versicherte, daß Constanze ihn von ganzem Herzen liebe. Von besonderer Wirkung im „Don Giovanni" ist der Trugschluß in dem Rezitativ, wo Donna Anna ihrem Ottavio erzählt, wie sie sich von Giovanni losreißen konnte. Da sich diese Wendung auf Don Ottavios Erleichterung beziehen kann, sagt sie leider nichts darüber aus, ob Donna Anna über Don Giovannis Verführungsversuch etwas verschweigt.

Don Giovanni:
Rezitativ
Donna Anna,
Don Ottavio

„WIENER REALZEITUNG":   11. Juli 1786

„Was in unsern Zeiten nicht erlaubt ist, gesagt zu werden, wird gesungen." Könnte man nach Figaro* sagen. Dieses Stück, das man in Paris verbothen, und hier als Komödie sowohl in einer schlechten als in einer guten Uebersetzung aufzuführen nicht erlaubt hat, waren wir endlich so glücklich als Oper vorgestellet zu sehen. Man sieht, daß wir besser daran sind als die Franzosen.

* Zitat aus Beaumarchais „Barbier von Sevilla"

MONOLOG DES FIGARO AUS DER KOMÖDIE VON BEAUMARCHAIS,
5. AKT, 3. SZENE.

Figaro:

O Weiber! Weiber! Weiber! Schwache, trügerische Geschöpfe! Kein Tier der Schöpfung kann seine Natur verleugnen: ist es die eure, zu betrügen? ... Nachdem sie es mir hartnäckig verweigert hat, als ich sie vor ihrer Herrin darum bat, in dem Augenblick, in dem sie mir ihr Jawort gibt, während der Feier ... Er lachte, als er den Brief las, der Schurke, und ich, wie ein einfältiger Bauerntölpel ... Nein, Herr Graf, Sie bekommen sie nicht ... Sie bekommen sie nicht. Weil Sie ein großer Herr sind, halten Sie sich für einen großen Geist ... Adel, Reichtum, ein hoher Rang, Würden, das macht so stolz! Was haben Sie denn getan, um so viele Vorzüge zu verdienen? Sie machten sich die Mühe, auf die Welt zu kommen, weiter nichts; im übrigen sind Sie ein ganz gewöhnlicher Mensch; während ich, zum Teufel, ein Kind aus der obskuren Menge, nur um zu leben mehr Witz und Verstand aufbringen mußte, als man seit hundert Jahren auf das Regieren ganz Spaniens und seiner Länder verwandt hat. Und Sie wollen sich mit mir messen ... Da kommt jemand ... sie ist es ... nein, niemand. – Die Nacht ist pechschwarz, und ich spiele hier die alberne Rolle des Ehemanns, obwohl ich es erst zur Hälfte bin!

Darauf, daß Mozart Martín y Solers „Una cosa rara" und seinen „Figaro" im zweiten Finale zitiert, ist oft genug hingewiesen worden. Martín y Solers Oper hatte dem Figaro den Rang abgelaufen, und Mozart ließ sich daraufhin im „Don Giovanni" nicht die Gelegenheit entgehen, einen humorvollen Seitenhieb an die Konkurrenz auszuteilen. Das war jedoch nur eine aktuelle Einlage, die über die Substanz von Mozarts Oper nichts aussagt. Sie weist lediglich darauf hin, daß Mozart gerne Dinge in seine Opern aufnahm, die gerade aktuell waren, so etwa den Mesmerismus, der in „Così fan tutte" parodiert wird.

Der Gesichtspunkt der Aktualität dürfte nun bei keiner anderen Oper eine solche Rolle gespielt haben wie bei „FIGAROS HOCHZEIT". Doch war dieses Stück auf zwei unterschiedlichen Ebenen aktuell. Das Schauspiel „Der tolle Tag oder die Hochzeit des Figaro" von Beaumarchais enthielt durchaus sozialkritische Passagen, die ihren Höhepunkt im Monolog des Figaro haben, der als dritte Szene im fünften Akt steht. Da dieser Text in der Diskussion um Mozarts „Figaro" immer wieder erwähnt, aber praktisch nie zitiert wird, muß er hier in voller Länge wiedergegeben werden. Denn es geht um die Frage, ob Mozarts „Figaro" eine harmlose Komödie zwischen Liebe und Intrige ist, oder ob dieses Werk, drei Jahre vor der Französischen Revolution geschrieben, als ein politisches Signal zu verstehen ist, dem die nachfolgenden revolutionären Ereignisse recht geben sollten.

Figaro lehnt sich gegen Graf Almaviva auf, weil dieser bei seiner Braut Susanna das alte Recht auf die erste Nacht in Anspruch nehmen will. Als aufsässiger Untergebener ist Figaro damit Mozart verwandt, der sich aus der Despotie seines Salzburger Landesherrn befreit hat. Die Rebellion des unterdrückten Dienstboten ist in beiden Fällen gegeben. Hier handelt es sich jedoch um eine Aktualität, die Mozart ganz persönlich betraf. Es gab aber noch eine andere Aktualität, welche die Wiener Öffentlichkeit berührte. Eine Aufführung des „Figaro" als Schauspiel war vom Kaiser höchstpersönlich untersagt worden, und damit war dieses Stück zu einem besonderen Interesse gelangt. Es ist nun die Frage, aus welchen Gründen Joseph II. die Vorstellung verhindert hat. Hatte er politische Bedenken oder sittliche? In seiner Anordnung ist zu lesen, daß das Stück zu viel Anstößiges enthalte, und darunter sind einwandfrei die erotischen Freizügigkeiten des Textbuches zu verstehen. Auch als Lorenzo Da Ponte für seine eigene Bearbeitung dem Kaiser versicherte, daß er das Stück ‚reinigen' werde, ging es offenbar um erotische Anzüglichkeiten.

Auf jeden Fall wurde die Oper „Figaro" gegenüber dem Schauspiel in

Setzt sich auf die Bank.
Gibt es ein verrückteres Schicksal als das meine? Sohn von ich weiß nicht wem, geraubt von Banditen, mit ihren Sitten aufgewachsen, werde ich ihres Treibens überdrüssig und will ein ehrliches Leben beginnen, doch überall weist man mich zurück! Ich studiere Chemie, Pharmazie, Chirurgie, und der ganze Einfluß eines großen Herrn reicht gerade aus, daß ich die Lanzette eines Viehdoktors in die Hand bekomme! – Der Quälerei kranker Tiere überdrüssig, und um etwas ganz anderes zu machen, werfe ich mich mit aller Kraft aufs Theater: hätte ich mir doch lieber einen Stein um den Hals gehängt! Ich bastle eine Komödie über die Sitten im Harem zusammen. Als spanischer Autor glaube ich, darin Mohammed ohne Bedenken verspotten zu dürfen: unverzüglich beklagt sich ein Abgesandter von was weiß ich wo, ich hätte in meinen Versen die Hohe Pforte, Persien, einen Teil Vorderindiens, ganz Ägypten und die Königreiche Cyrenaica, Tripolis, Tunis, Algerien und Marokko beleidigt, und schon landet meine Komödie auf dem Scheiterhaufen, ein paar islamischen Prinzen zuliebe, von denen sicher nicht einer auch nur lesen kann, und die uns den Buckel bleuen und dazu „Christenhunde" schimpfen. Da man den Geist nicht erniedrigen kann, rächt man sich, indem man ihn mißhandelt. – Meine Wangen fielen ein, meine Miete war fällig, schon sah ich den schrecklichen Büttel nahen mit der Schreibfeder in der Perücke, zitternd ermanne ich mich. Da wird gerade die Frage nach der Natur des Reichtums aufgeworfen; und da man die Dinge, über die man urteilt, nicht zu besitzen braucht, schreibe ich, ohne einen Heller in der Tasche, über den Wert des Geldes und seinen Reinertrag. Unverzüglich sehe ich vom Innern einer Kutsche aus die Zugbrücke einer Festung vor mir niedergehen, an deren Eingang ich alle Hoffnung und die Freiheit fahrenlasse.

Er steht auf.
Wie gern bekäme ich einmal einen dieser rasch in Ungnade fallenden hochmütigen Amtsgewaltigen zu fassen, die so leichten Herzens über das von ihnen befohlene Unglück hinweggehen. Ich würde ihm sagen ... daß gedruckte Torheiten nur dort Bedeutung haben, wo man ihre Verbreitung hindert; daß es, ohne die Freiheit, zu tadeln, kein schmeichelhaftes Lob gibt, und daß nur die kleinen Geister die kleinen Schriften fürchten.

Setzt sich wieder.
Weil man es müde wird, einen unbedeutenden Kostgänger durchzufüttern, setzt man mich eines Tages auf die Straße; und da man essen muß, auch wenn man nicht mehr im Gefängnis ist, spitze ich wieder die Feder und frage herum, was sich so tut: man erklärt mir, daß während meiner billigen Pensionszeit in Madrid ein System des freien Verkaufs aller Produkte eingeführt worden sei, das sich sogar auf die Erzeugnisse der Presse erstrecke, und daß ich, vorausgesetzt ich schriebe in meinen Artikeln weder über Regierung, Kirche, Politik, Moral, einflußreiche Persönlichkeiten, angesehene Berufsstände, die Oper oder andere Theater, noch über irgend etwas, auf das irgend jemand Wert legt, daß ich dann alles unter Aufsicht von zwei oder drei Zensoren frei drucken lassen dürfe. Um diese süße Freiheit zu nutzen, kündige ich eine Zeitung an und nenne sie, im Glauben, niemandem damit ins Gehege zu kommen, Die nutzlosen Blätter. Puuhh – tausend arme Schreiberlinge laufen gegen mich Sturm, meine Schrift wird verboten, und ich bin wieder einmal brotlos! – Die Verzweiflung wollte mich packen, als man bei der Besetzung eines Amtes an mich denkt, aber zu meinem Unglück verstehe ich etwas von der Sache: man suchte einen Kalkulator, ein Tänzer bekommt die Stelle. Mir blieb nichts anderes übrig, als zu stehlen: ich werde Bankhalter beim Bakkarat. Oho, ihr lieben Leute! Ich soupiere in der Stadt, und die sogenannten feinen Leute öffnen mir liebenswürdig ihre Häuser und behalten drei Viertel des Gewinns für sich. Ich hätte es zu etwas bringen können; ich fing sogar an zu begreifen, daß zum Geldverdienen Gewandtheit wichtiger ist als Wissen. Doch da jeder in meiner Umgebung plünderte und dabei von mir verlangte, ehrlich zu sein, ging es zwangsläufig wieder abwärts. Diesmal verließ ich die Welt, und zwanzig Klafter Wasser sollten mich von ihr trennen, als ein wohltätiger Gott mich zu meinem ursprünglichen Handwerk zurück-

zweierlei Hinsicht geglättet. Dafür, daß der ‚politische‘ Monolog des Figaro wegfiel, kann es auch dramaturgische Gründe gegeben haben, denn ein solcher Text ist gesprochen sehr aufregend, läßt sich dagegen in einer Arie kaum vermitteln. Auf jeden Fall ist er für Mozarts Oper gestrichen worden und fand nur einen schwachen Ersatz in der ersten Figaro-Arie. Dort läßt Figaros Herausforderung an seinen Herrn jedoch lediglich erkennen, daß er die Unschuld seiner Braut verteidigen will. Es sieht nicht so aus, als ob es Figaro in diesem Augenblick um die Befreiung der unteren Klasse aus dem Joch der Herrschenden geht. Figaro kämpft um die ganz persönlichen Ansprüche eines Liebenden, und daß in dieser Situation der Rivale gleichzeitig sein Vorgesetzter ist, bleibt als Fall auch heute noch denkbar.

Figaros Auflehnung gegen seinen Herrn ist daher mit Mozarts Situation im Jahre 1781 überhaupt nicht zu vergleichen.

Es bleibt somit die Frage, ob Mozart mit dem „Figaro“ einen brisanten, weil politischen Stoff aufgriff, oder ob er sich eine delikate Geschichte wählte, die wegen ihrer anstößigen Stellen vom Kaiser verboten worden war. Auf einen Nenner gebracht, geht die Frage dahin: Hat Mozart seinen „Figaro“ geschrieben, weil er durch seine negativen Erfahrungen mit dem Salzburger Erzbischof eine sozialkritische Haltung beweisen wollte, oder hat er den „Figaro“ geschrieben, weil er in diesem Stoff eine theaterwirksame Komödie sah?

Die Tatsache, daß er sich selbst für dieses Stück entschieden hat, besagt nichts, weil beide Motive eine Rolle gespielt haben können. Die Tatsache, daß Figaros Monolog, der ursprünglich politischer Natur war, durch eine Eifersuchtsarie ersetzt wurde, spricht dafür, daß Mozarts politische Interessen gering waren, oder daß er sich einem Diktat von Da Ponte beziehungsweise von oben gebeugt hat. Das wäre allerdings nach seinem eigenen Aufbegehren gegen Colloredo unverzeihlich. Die Frage, ob Mozart ein politisch denkender Mensch war, entscheidet sich nicht bei der Oper „Figaros Hochzeit“, sondern sie kann nur durch die Motive beantwortet werden, die Mozart aus seiner Anstellung in Salzburg getrieben haben.

„Der tolle Tag oder Figaros Hochzeit“ von Beaumarchais hatte seinen Stellenwert innerhalb einer politischen Entwicklung. Aber dieser Stellenwert ist in Mozarts Oper erstaunlich stark reduziert worden. Wenn Mozart in seinem Herzen ein Revolutionär war, dann hätte er den Text Da Pontes eigentlich nicht vertonen dürfen, und er hätte sich an die gesellschaftskritische Fassung von Beaumarchais halten müssen.

Mozart wollte mit seinen Opern in erster Linie gutes Theater. Was er daneben beabsichtigte, kann nur vermutet werden.

führt. Ich ergreife wieder meinen Barbierbeutel und meinen englischen Streichriemen und wandere von Stadt zu Stadt, den blauen Dunst den Narren überlassend, die sich davon nähren, und die Scham weit hinter mir, weil für einen Fußgänger zu schwer; und so lebe ich endlich ohne Sorgen. Ein vornehmer Edelmann kommt nach Sevilla; er erkennt mich, ich verheirate ihn, und als Dank dafür, daß ich ihm seine Frau verschafft habe, will er mir die meine wegschnappen. Intrigen und Lärm deswegen. Kurz bevor ich in einen Abgrund stürze und fast meine Mutter heirate, tauchen meine Eltern auf.

Springt erregt auf.
Es wird hin und her gestritten: Sie sind es, er ist es, nein ich, nein du, wir sind es nicht; ja, aber wer denn sonst?

Fällt auf die Bank zurück.
O seltsamer Lauf der Dinge! Wieso ist mir das widerfahren? Wieso gerade das und nicht etwas anderes? Wer hat diese Dinge auf mein Haupt gelenkt? Da ich den Weg weitergehen muß, den ich betrat, ohne es zu wissen, so wie ich ihn verlassen werde, ohne es zu wollen, habe ich ihn mit so vielen Blumen bestreut, wie meine Fröhlichkeit erlaubt hat. Und wenn ich sage meine Fröhlichkeit, so weiß ich nicht einmal, ob sie mir gehört, so wenig wie alles andere, und nicht einmal, wer dieses Ich ist, mit dem ich mich befasse: zunächst eine formlose Ansammlung unerforschter Teile, dann ein kümmerliches törichtes Wesen; ein kleines mutwilliges Tier; endlich ein vergnügungssüchtiger junger Mann, der Freude am Genuß hat, jeden Beruf ausübt, um zu leben, hier Herr ist, dort Knecht, wie es dem Schicksal gefällt; ehrgeizig aus Eitelkeit, fleißig aus Not, aber träge ... mit Wonne! Redner, wenn die Gefahr es verlangt; Dichter zur Entspannung; Musiker bei Gelegenheit; und Verliebter bis zur Tollheit, so habe ich alles gesehen, alles getrieben, alles genossen. Dann sind die Illusionen vergangen und ernüchtert ... allzu ernüchtert ...! Suzon! Suzon! Suzon! Welche Qualen du mir bereitest ... Ich höre Schritte ... es kommt jemand. Jetzt ist der entscheidende Augenblick da.
Er zieht sich zurück.
> Beaumarchais: „Der tolle Tag oder Figaros Hochzeit". Deutsch von Gerda Scheffel.

LEOPOLD MOZART AN SEINE TOCHTER: *11. November 1785*
Endlich habe vom 2ten Novemb: einen Brief von deinem Bruder erhalten und zwar in 12 Zeilen. Er bittet um Verzeihung, weil er über Hals und Kopf die opera, le Nozze di Figaro, fertig machen muß.
... ich kenne die piece, es ist ein sehr mühesammes Stück, und die Übersetzung aus dem franz: hat sich zu einer opera frey müssen umgeändert werden, wenns für eine opera wirkung thun soll. Gott gebe, daß es in der action gut ausfallt; an der Musik zweifle ich nicht. das wird ihm eben vieles Lauffen und disputiern kosten, bis er das Buch so eingerichtet bekommt, wie ers zu seiner Absicht zu haben wünschet: – und er wird immer daran geschoben, und sich hipsch Zeit gelassen haben, nach seiner schönen Gewohnheit, nun muß er auf einmahl mit Ernst daran, weil er vom Gr: Rosenberg getrieben wird.
> *Briefe III, S. 443 f.*

Mit dem „Figaro" ist Mozart ein Revolutionär, der den Aufstand der Unterdrückten vorwegnimmt. Mit „Don Giovanni" wird er womöglich zu dem großen Weiberhelden, der ihm immer wieder nachgesagt wurde, und in „Così fan tutte" tritt endlich der Psychologe zutage, der jenseits aller Verkleidungen die tiefsten menschlichen Regungen erfaßt. Schließlich wird dann mit der „Zauberflöte" der alles verstehende und mitfühlende Eingeweihte offenbar. Was aber ist dann der Mozart, der einen „Titus" schrieb? Ein peinlicher Rückfall, der an seine „Licenza" zu Ehren des damals frisch angetretenen Fürsterzbischofs erinnert? Die Beschäftigung mit einem einzigen Opernwerk Mozarts führt dazu, ihn festzulegen. Aber Mozarts Berufung war nicht die eines Revolutionärs, eines Galans oder eines Psychologen. Er war ein Musiker, der nicht zu verstehen ist, solange ein einzelnes Werk auf Hintergründe, Motive und Absichten auseinandergenommen wird. Mozart ist nur zu ahnen, wenn sein Gesamtwerk überschaut wird. In jedem gedanklichen Ausschnitt stirbt seine Größe.

DER SALZBURGER LUMP IN WIEN (ENTWURF MOZARTS)

Erster Auftritt.

Hr. Stachelschwein liest eben einen Brief, den er von Salzburg von seiner Mutter erhalten hat, welche ihm den Tod seines Vaters berichtet. – er bezeuget Schmerz über seinen Verlust, freuet sich aber zugleich über seine Erbschaft. –
Dazu kommt
2ter Auftritt.
Hr. Intriguant – freuen sich beide einander zu sehen. – Hr. Intriguant erzählt ihm was ihm alles seit der Zeit als sie mit einander im Polizey-Haus saßen, begegnet ist. – Hr. Stachelschwein sagt seinem Freund daß er nun durch den Todesfall seines Vaters bald in bessere Umstände kommen werde; – er wolle ihm nächstens das mehrere erzählen, dermalen müsse er eilen. – Hr. Intriguant fragt ihn, ob er vielleicht zum Finta oder Scultettj gienge – Hr. Stachelschwein antwortet zu keinem aus beyden, sondern zum Kitscha – und so gehen sie aus einander. ... *Briefe IV, S. 167.*

MOZART AN GOTTFRIED VON JACQUIN: *15. Januar 1787*

wir haben uns allen auf unserer Reise Nämen erfunden, hier folgen sie. Ich. Pùnkitititi. – Meine frau. SchablaPumfa. Hofer: Rozka-Pumpa. Stadler. Nàtschibinìtschibi. Joseph mein bedienter. Sagadaratà. der gauckerl mein hund. Schamanuzky. – die Mad^{me} Quallenberg. Runzifunzi. – Mad:^{selle} Crux. Ps. der Ramlo. Schurimuri. der freystädtler. Gaulimauli. *Briefe IV, S. 11.*

Mozart: Kanon zu vier Stimmen (KV 509 b)

178

Wer war der Salzburger Lump?

Mozart hat sich nur selten und dann recht unbeholfen als Gelegenheitsdichter betätigt. Eines der Ergebnisse ist der kurze Entwurf zum ersten Akt einer Posse, die wohl für eine Faschingsveranstaltung bestimmt war. In den ersten beiden Szenen geht es darum, daß Herr Stachelschwein aus Salzburg die Nachricht vom Tode seines Vaters erhält und durch die Erbschaft in bessere Verhältnisse zu kommen hofft. Dieser Versuch Mozarts mit dem Titel „Der Salzburger Lump in Wien" trägt kein Datum, doch ergeben sich aus den Namen Anhaltspunkte für eine ungefähre Datierung. Der Name Joseph von Finta taucht bereits 1784 als Bar: Findak in Mozarts Subskriptionsverzeichnis auf. So könnte Mozarts Entwurf bereits aus dieser Zeit stammen, doch ist mit dem Lump nicht Finta gemeint, sondern jener Salzburger, der hier als Stachelschwein bezeichnet wird. Am 8. Januar 1787 reiste Mozart mit seiner Frau und einigen Freunden nach Prag, wobei für alle Personen Spitznamen erfunden wurden, was Mozart seinem Freund Gottfried von Jacquin am 15. Januar mitteilte. Den Spitznamen Gaulimauli hatte Mozarts Schüler Franz Jacob Freystädtler erhalten, was zur Komposition des Kanons „Lieber Freistädtler, lieber Gaulimauli" Anlaß gab. Der Kanon muß also nach Anfang 1787 entstanden sein und enthält interessanterweise dieselbe Frage wie der zweite Auftritt im „Salzburger Lump". Dort will man auch wissen, ob der Herr Stachelschwein nun zum Finta oder zum Scultetti (Ferdinand von Skulteti, ab 1776 Hofrat in Wien) geht, und muß hören, daß er zum Kitscha geht, was er im Kanon jedoch dem Herrn von Lilienfeld überläßt. Die Entstehung des Possenfragments scheint somit in direkter zeitlicher Nähe zum Kanon zu stehen, und mit dem Lump ist scheinbar der Salzburger in Wien, Freystädtler, gemeint. Es gibt aber noch einen anderen, der von Salzburg nach Wien kam, und das ist der Verfasser dieser Posse, Mozart. Und der Anfang der Posse entspricht genau einem biographischen Ereignis in Mozarts Leben, durch das sich die Posse nun wohl doch datieren läßt.

MOZART AN SEINE SCHWESTER: 2. *Juni 1787*

Du kannst dir leicht vorstellen wie Schmerzhaft mir die traurige Nachricht des gähen Todfalles unseres liebsten Vatters war, da der Verlust bey uns gleich ist. – – Da ich dermalen unmöglich Wienn verlassen kann /: welches ich mehr thäte um das Vergnügen zu haben dich zu umarmen :/ und die Verlassenschaft unseres Seeligen Vatters betreffend es kaum der Mühe werth seyn würde, so muss ich dir gestehen dass ich auch ganz deiner Meinung bin in betreff einer öfentlichen feilbietung; nur erwarte ich vorher das inventarium davon, um einige auswahl treffen zu können; – wenn aber, wie H. von d'Yppold schreibt, eine dispositio paterna inter liberos da ist, so muß ich nothwendig diese dispositio eher wissen, um weitere Verfügungen treffen zu können; – – ich erwarte also nur eine genaue abschrift davon, und werde alsdann nach seiner kurzen übersicht dir auf der stelle meine Meinung mitheilen. – Briefe IV, S. 49.

MOZART AN SEINEN SCHWAGER: 29. *September 1787*

In aller Eyle; – Ich bin sehr erfreuet über unsern gütigen Vergleich; – wenn Sie mir den Wechsel übermachen, so bitte ich ihn, an Hr: Michael Puchberg. im gräfl: Walseggischen Hause, auf dem Hohen Markt zu adreßiren, denn dieser hat order das geld zu übernehmen, da ich Montag in aller frühe Nach Prag reise. – leben sie wohl; küssen sie für uns beyde 1000 mal unsere liebe schwester, und seyen sie versichert daß ich stetts seyn werde ihr

aufrichtigster bruder
W: A: Mozart

Briefe IV, S. 54.

MOZARTS GEDICHT AUF SEINEN TOTEN STAR: 4. Juni 1787

Hier ruht ein lieber Narr,
Ein Vogel Staar.
Noch in den besten Jahren
Mußt er erfahren
Des Todes bittern Schmerz.
Mir blu't das Herz,
Wenn ich daran gedenke.
O Leser! schenke
Auch du ein Thränchen ihm.
Er war nicht schlimm;
Nur war er etwas munter,

Doch auch mitunter
Ein lieber loser Schalk,
Und drum kein Dalk.
Ich wett, er ist schon oben,
Um mich zu loben
Für diesen Freundschaftsdienst
Ohne Gewinnst.
Denn wie er unvermuthet
Sich hat verblutet,
Dacht er nicht an den Mann,
Der so schön reimen kann.

Briefe IV, S. 49 f.

MOZART AN SEINEN VATER: 4. *April 1787*

– diesen augenblick höre ich eine Nachricht, die mich sehr niederschlägt – um so mehr als ich aus ihrem lezten Vermuthen konnte, daß sie sich gottlob recht wohl befinden; – Nun höre aber daß sie wirklich krank seyen! wie sehnlich ich einer Tröstenden Nachricht von ihnen selbst entgegen sehe, brauche ich ihnen doch wohl nicht zu sagen; und ich hoffe es auch gewis – obwohlen ich es mir zur gewohnheit gemacht habe mir immer in allen Dingen das schlimmste vorzustellen – da der Tod /: genau zu nemmen :/ der wahre Endzweck unsers lebens ist, so habe ich mich seit ein Paar Jahren mit diesem wahren, besten freunde des Menschen so bekannt gemacht, daß sein Bild nicht allein nichts schreckendes mehr für mich hat, sondern recht viel beruhigendes und tröstendes!

Am 1. oder 2. Juni 1787 erhält Mozart aus Salzburg die Nachricht vom TOD DES VATERS. Leopold war am 28. Mai verstorben. Mozart entschuldigt sich am 2. Juni bei der Schwester für sein Fernbleiben von der Beerdigung, ohne dies näher zu begründen. Statt dessen fordert er eine genaue Aufstellung der Hinterlassenschaft an, über die in der Folge mit Nannerls Mann, dem Reichsfreiherrn von Berchtold zu Sonnenburg, verhandelt wird. Dieser bietet Mozart eine Abfindungssumme von 1000 Gulden, wobei Mozart darauf besteht, daß es Wiener Gulden sind, die im Geldwert 20 Prozent höher lagen als der Salzburger Gulden. Seinen Brief schließt Mozart mit 1000 Empfehlungen. Damit war die Sache aber noch nicht abgeschlossen, denn Berchtold muß nach weiteren Verhandlungen alle Unkosten übernehmen, die eigentlich zu Mozarts Lasten gegangen wären. Der Vergleich, für den sich Mozart durch den Hofrat Gilowsky vertreten läßt, kommt Ende September zustande; mit drei Sätzen bittet Mozart seinen Schwager, den Wechsel über 1000 Gulden an Puchberg zu schicken und die Schwester 1000mal zu küssen.

Das Verhalten Mozarts nach dem Tode seines Vaters wirkt kühl und distanziert, und in seinen Briefen findet sich kein einziger Satz, der ein wirkliches Bedauern oder Trauer verraten würde. Statt dessen schreibt Mozart bereits am 4. Juni das Gedicht auf seinen toten Vogel Star, und zehn Tage später trägt er in sein Werkverzeichnis das Quintett „Ein Musikalischer Spaß" ein. Nun ist diese Komposition allerdings nur begrenzt als Spaß aufzufassen, sondern eher als eine Satire auf einige Zeitgenossen Mozarts zu verstehen. Mozart demonstriert damit, wie man es nicht machen soll, und bei aller Komik, die durch falsche Stimmführungen, Transpositionsfehler und Wiederholungsirrtümer entsteht, liegt dem Ganzen eine fast bissige Absicht zugrunde. Wie so oft haben die erheiternden Effekte einen ernstgemeinten Ursprung. Auf jeden Fall ist diese Musik voller Mißtöne, und es wäre immerhin denkbar, daß Mozart in sich selbst mit solchen Dissonanzen zu tun hatte. Das doppelbödige Stück erlaubt darum keine Vermutungen über den seelischen Zustand Mozarts nach dem Tode seines Vaters.

Auch das Gedicht auf den toten Vogel muß nicht bedeuten, daß Mozart damals über den für ihn sicher bedeutsameren Todesfall hinweggegangen ist. Diese Zeilen können sogar Mozarts hilfloser Versuch gewesen sein, etwas loszuwerden, über das er nicht sprechen konnte. Es läßt sich hier kein Aufschluß über Mozarts Verhältnis zum Tod finden.

Selbst jener oft zitierte Brief, der als letzter Mozarts an seinen Vater erhalten ist, gibt keine Antwort. Mozart hat offenbar am 4. April 1787 erfahren, daß sein Vater im Sterben liege, und er beeilt sich, ihn zu trösten. Merkwürdigerweise gibt es keine zweite Briefpassage bei Mo-

und ich danke meinem gott, daß er mir das glück gegönnt hat mir die gelegenheit /: sie verstehen mich :/ zu verschaffen, ihn als den schlüssel zu unserer wahren Glückseeligkeit kennen zu lernen. – ich lege mich nie zu bette ohne zu bedenken, daß ich vielleicht /: so Jung als ich bin :/ den andern Tag nicht mehr seyn werde – und es wird doch kein Mensch von allen die mich kennen sagn können daß ich im Umgange mürrisch oder traurig wäre – und für diese glückseeligkeit danke ich alle Tage meinem Schöpfer und wünsche sie vom Herzen Jedem meiner Mitmenschen. – Ich habe ihnen in dem briefe /: so die storace eingepackt hat :/ schon über diesen Punkt /: bey gelegenheit des traurigen Todfalls Meines liebsten besten Freundes Grafen von Hatzfeld :/ meine Denkungsart erklärt – er war eben 31 Jahre alt; wie ich – ich bedaure ihn nicht – aber wohl herzlich mich und alle die welche ihn so genau kannten wie ich. – Ich hoffe und wünsche daß sie sich während ich dieses schreibe besser befinden werden; sollten sie aber wieder alles vermuthen nicht besser seyn, so bitte ich sie bey ... mir es nicht zu verhehlen, sondern mir dir reine Wahrheit zu schreiben oder schreiben zu lassen, damit ich so geschwind als es menschenmöglich ist in ihren Armen seyn kann; ich beschwöre sie bey allem was – uns heilig ist. – Doch hoffe ich bald einen Trostreichen brief von ihnen zu erhalten, und in dieser angenemmen Hoffnung küße ich ihnen sammt meinem Weibe und dem Carl 1000mal die hände, und bin Ewig

ihr gehorsamster Sohn
W. A. Mozart.
Briefe IV, S. 41 f.

LEOPOLD MOZART AN SEINE TOCHTER: *12. November 1784*
Morgen Samstag den 13ᵗᵉⁿ wird das erste Concert der Amateurs seyn, wo die Gretl die Ehre haben wird sich zu produciren. unterdessen hat H. Wolfg: Mozart aus Wienn an H. Marchand geschrieben um seine älteste Schwägerin in München zum Theater anzubringen. ...   Briefe III, S. 341.

19. November 1784
Mit dem Krieg gehts mir wie dem H: Sohn: ich stecke immer mit den Augen, Zeitungs:täglich, in der Holländ: Landkarte; aber projecten mache ich keine.
a.a.O., S. 346.

12. Mai 1786
Dein Bruder schrieb mir, daß dem – Ey! was, hier hast du den Brief.   a.a.O., S. 542.

zart, die eine derartige Häufung des Wortes *ich* aufweist. Mozart spricht ununterbrochen von sich und darüber, wie er es mit dem Tod hält. Dabei geht es um den Tod des Vaters und gar nicht um seinen eigenen. Oder geht es angesichts des sterbenden Vaters vielleicht doch um Mozarts eigenen Tod? Auf jeden Fall spiegeln diese Zeilen keineswegs jene abgeklärte Haltung wider, die ihnen so oft nachgesagt wird. Sie wirken dozierend, und daß „der Tod der wahre Endzweck" unseres Lebens sei, dürfte Mozart abgeschrieben haben, denn so steht es wörtlich auf Seite 120 in Moses Mendelssohns „Phädon, oder über die Unsterblichkeit der Seele" (1. Auflage, 1767); und dieses Buch stand in Mozarts Bibliothek. Nach den allgemeinen Empfehlungen, wie man es mit dem Tode halten solle, macht der Schluß des Briefes einen äußerst hilflosen Eindruck. Das Wort Gott wagt Mozart gar nicht mehr niederzuschreiben, und er verspricht nur, *so geschwind als menschenmöglich* zu seinem Vater zu eilen, wenn das nötig wäre. Daß es bereits nötig war, muß Mozart gewußt haben, sonst hätte er sich seine Ausführungen über den *wahren besten Freund des Menschen* sparen können. Dieser auffallende Widerspruch bedeutet nichts anderes, als daß Mozart seinem Vater empfiehlt, sich um seinen Tod selbst zu kümmern, dieweil er, Wolfgang, gerade andere Sorgen hat. Das einzige, was aus diesem Brief wirklich abzulesen wäre, ist Mozarts Unsicherheit gegenüber dem Thema Tod. Wenn Mozart das Problem mit philosophischen Gedanken von sich abwehrt, dann bleibt er damit dem Prinzip aller seiner Briefe treu. Er offenbart sich nicht, sondern er versteckt sich, und wenn ihm sonst Wortspiele, Reimereien und Geschichten ohne wirkliche Pointe dazu dienen, dann verbirgt er sich in diesem Fall hinter einer Predigt.

Sein Text könnte ebensogut vom Vater stammen, und auch noch in dieser Stunde sagt Wolfgang dem Vater genau das, was dieser wohl sonst gerne gehört hätte.

Es ist also nur noch der äußere Schein, der gewahrt wird, und innerlich hatte sich die VATER-SOHN-BEZIEHUNG längst abgekühlt. Das war spätestens bei Wolfgangs Heirat mit Constanze offenbar geworden. Aus der späten Korrespondenz Leopolds mit seiner Tochter geht hervor, daß er Wolfgang gegenüber resigniert hatte. Dieser wird kaum noch mit seinem Vornamen genannt, sondern als *Herr Mozart* oder als *dein Bruder* apostrophiert. Die Formulierung „mein Sohn" verschwindet und nur Ende November 1784 stellt Leopold fest, daß es ihm *mit dem* Herrn *Sohn wie mit dem Krieg* geht. Man wartet zwar noch auf Nachrichten, aber *projekten* macht Leopold *keine mehr*. Den Krieg mit seinem Sohn hat er verloren gegeben. Seine einzige Freude in diesen letzten Jahren

Heut habe einen Brief deines Bruder beantworten müssen der mir viel Schreibens gekostet hat, folglich kann dir sehr wenig schreiben, – es ist späth, in die Commoedie will ich heut auch gehen, da itzt frey bin, und mit dem Wienerbrief bin auch erst zu Ende gekommen. Daß ich einen sehr nachdrücklichen Brief schreiben musste, kannst dir leicht vorstellen, da er mir keinen geringern Vortrag macht, als seine 2 kinder in meine Versorgung zu nehmen, da er im halben fasching eine Reise durch Teutschland nach Engelland machen möchte etc: – ich habe aber tüchtig geschrieben, und verspro-chen die Continuation meines Briefes mit nächster Post ihm zu schicken. Der gute ehrliche Siloettenmacher H: Miller hatte deinem Bruder den Leopoldl gelobt, folglich hat er erfahren, daß das Kind bey mir ist, welches ihm niemals geschrieben: also kam ihm oder vielleicht seiner Frau der gute Einfahl. das wäre freilich nicht übl, – Sie könnten ruhig reisen, – könnten sterben, – – könnten in Engelland bleiben, – – da könnte ich ihnen mit den Kindern nachlauffen etc: oder der Bezahlung für die Kinder die er mir für Menscher und Kinder anträgt etc: – Basta! Meine Entschuldigung ist kräftig und Lehrreich, wenn ers benüzen will. –

a.a.O., S. 606.

MOZART AN SEINEN VATER:

18. Juni 1783

Nun wegen der gevatterschaft! – hören sie was mir geschehen ist. – ich liess die glück-liche Entbindung meiner frau gleich dem Baron Wetzlar /: als meinem wahren guten freund :/ benachrichtigen; – er kamm gleich darauf selbst – und offrirte sich zum gevattern – ich konnte es ihm nicht abschlagen – und dachte bey mir, ich kann ihn deswegen doch Leopold nennen – – und als ich das sagte – so sagte er voll freuden – Ah, nun haben sie einen Raymundl – und küsste das kind – was war also zu thun – ich liess den Buben also Raymund Leopold taufen. – Ich kann ihnen aufrichtig gestehen daß wenn sie mir nicht ihre Meynung darüber in einem Briefe geschrieben hätten, ich mich sehr Embaraßirt würde befunden haben – und ich wollte nicht gut Stehen, ob ich es ihm nicht etwa rund abgeschlagen hätte! – ihr brief tröstet mich aber daß sie mit meinem Verfahren nicht unzufrieden seyn werden! – er heisst Ja doch auch Leopold.

a.a.O., S. 274.

21. Mai 1783

– Nun wünschen wir nichts mehr als bald so glücklich zu seyn sie beyde zu umarmen. – ob es aber in (salzburg) wird seyn können? – Ich glaube leider (schwerlich)! – schon lange gieng mir so ein gedanke im kopf herum – weil sie aber mein liebster vatter niemalen so einen gedanken gehabt haben, so schlug ich mir es aus. – H: v. Edelbach und Baron Wetzlar aber bestärkten mich wieder darin; und das ist, ob nicht zu (fürch-ten sey), daß wenn ich (nach salzburg komme), mich (der erzbischof) etwan (Aretiren) oder wenigstens – – Basta! – was mich am meisten es (fürchten) macht, ist, weil ich meine (entlassung) nicht habe – vielleicht hat man das (mit fleis) gethan – (um mich) hernach (zu fangen). – genug, sie werden das am besten zu beurtheilen wissen; – sind sie entgegengesetzter Meinung, (so kommen wir gewiss). – glauben sie es aber auch. – so müssen wir einen dritten (ort) wählen – vielleicht (München). – denn ein (Pfaff) ist zu allem fähig. –

a.a.O., S. 270.

12. Juli 1783

– Meine Frau hat immer eine kleine Sorge sie möchte ihnen nicht gefallen, weil sie nicht hüpsch ist – allein – ich tröste sie so gut ich kann damit daß mein liebster vatter nicht so viel auf äusserliche als innerliche schönheit geht. –

a.a.O., S. 280.

ist wahrscheinlich sein Enkel Leopold, den er bis zum Tode bei sich hat und für seine Tochter aufzieht. Nannerl hatte am 23. August geheiratet, und da ihr Mann fünf Kinder in die Ehe mitbrachte, überließ Nannerl ihr eigenes Kind dem Vater. Mozart, der davon gehört hatte und im Herbst 1786 eine Englandreise plante, fragte bei Leopold an, ob er nicht für diese Zeit seinen am 3. Oktober geborenen Sohn Johann Thomas Leopold sowie den inzwischen zweijährigen Carl Thomas aufnehmen könne. Leopolds geharnischte Reaktion ist nur aus einem Brief an Nannerl vom 17. November 1786 bekannt. Der *sehr nachdrückliche* Brief an Wolfgang ist leider verschollen und kam für Mozart in einem Punkt ohnehin zu spät, weil sein drittes Kind schon am 15. November gestorben war.

Die Gründe für Leopolds Ablehnung lagen möglicherweise in einem Gesinnungswandel seines Sohnes, der den Vater 1783 verletzt haben muß. Am 7. Juni dieses Jahres hatte Wolfgang seinen Vater um die Patenschaft für das erste Kind gebeten, das Constanze gerade erwartete. Doch nach der Geburt von Raimund Leopold, der nur zwei Monate am Leben blieb, besann sich Mozart anders und übertrug die Patenschaft dem Baron Raimund Wetzlar. Diese Enttäuschung fiel für Leopold in ein Jahr, das eine Reihe von Enttäuschungen mit sich brachte. Gleich nach seiner Heirat im August 1782 hatte Mozart einen Besuch mit seiner Frau in Salzburg angekündigt. Aber es sollte fast ein Jahr dauern, bis diese Reise zustande kam. Mozart entschuldigte sich mit äußeren Umständen, eine Reise im Winter kam ohnehin nicht in Frage, und seine letzte Ausrede war schließlich eine ganz unbegründete Angst vor dem Salzburger Fürsterzbischof, von dem er eine Verhaftung wegen der Auseinandersetzung im Jahre 1781 befürchtete. Die Situation war im Grunde eindeutig: Leopold hatte die Schwiegertochter von vornherein abgelehnt und war wohl kaum neugierig, diese Personifizierung seiner Niederlage kennenzulernen. Mozart dagegen hatte immer noch ein schlechtes Gewissen, fühlte sich aber andererseits verpflichtet, den Familienfrieden wiederherzustellen, indem er seine Frau möglichst positiv in Salzburg einführte. Wahrscheinlich hat er selbst gezweifelt, ob dies ohne weiteres möglich war. Immerhin arrangierte er in Salzburg ein Konzert, bei dem Constanze die Sopranpartie in einer seiner Messen sang. Allein schon diese Messe (KV 427) stand nicht unbedingt unter einem glücklichen Stern, denn Mozart hatte sie als eine Art Ehegelöbnis begonnen, dann aber nicht vollendet. Darum mußte das Werk in Salzburg durch früher komponierte Sätze ergänzt werden. Es ist nichts darüber bekannt, welchen Eindruck Constanze als Sängerin auf Schwiegervater und Schwägerin gemacht hat. Sicher ist nur, daß sie als Person Leopolds erzwungenen Segen zur Heirat nicht in ehrliche Sympathie umwandeln konnte.

... wegen der Moral hat es ganz seine richtigkeit; – es ist mir nicht ohne vorsatz aus meiner feder geflossen – ich habe es in meinem herzen wirklich versprochen, und hoffe es auch wirklich zu halten. – meine frau war als ich es versprach, noch ledig – da ich aber fest entschlossen war sie bald nach ihrer genesung zu heyrathen, so konnte ich es leicht versprechen – zeit und umstände aber vereitelten unsere Reise, wie sie selbst wissen; – zum beweis aber der wirklichkeit meines versprechens kann die spart von der hälfte einer Messe dienen, welche noch in der besten hoffnung da liegt. –

a.a.O., S. 247 f.

LEOPOLD MOZART AN SEINEN SOHN: *5. Feburar 1778*

Vom Frauenzimmer will ich gar nicht einmal sprechen, denn da braucht es die grösste Zurückhaltung und alle Vernunft, da die Natur selbst unser feind ist, und wer da zur nötigen Zurückhaltung nicht aller seiner Vernunft aufbiethet, wird sie alsdann umsonst anstrengen sich aus dem Labirinth herauszuhelfen; ein Unglück, das sich meistens erst mit dem Todt endet. Wie Blind man aber oft durch anfangs nichts zu bedeuten habende Scherze, Schmeicheleyen, Spasse etcetc: anlauffen kann, darüber sich die nach der Hand erwachende vernunft schämt, magst du vielleicht selbst schon ein wenig erfahren haben; ich will dir keinen Vorwurff machen. Ich weis, daß du mich nicht allein als deinen Vatter, sondern auch als deinen gewissesten und sichersten Freund liebest; daß du weist und einsiehest, daß unser Glück und Unglück, ja mein Längeres Leben, oder auch mein baldiger Todt, nächst Gott so zu sagen in deinen Händen ist. Wenn ich dich kenne; so hab ich nichts als Vergnügen zu hoffen: welches mich in deiner Abwesenheit, da ich der vätterl: freude dich zu hören, dich zu sehen und zu umarmen beraubet bin, alleine noch trösten muß. Lebe als ein guter Catholischer Christ, Liebe und förchte Gott, Bethe mit Andacht und Vertrauen zu ihm mit voller Innbrunst, und führe einen so Christ: Lebenswandl, daß, wenn ich dich nicht mehr sehen sollte, meine Todesstund nicht angstvoll seyn möge. Ich gieb dir von Herzen den vätter: Seegen, und bin bis in Todt dein getreuer vatter und sicherster freund

Leopold Mozart
Briefe II, S. 258.

MOZART AN GOTTFRIED VON JACQUIN: *Ende Mai 1787*

Ich benachrichtige sie daß ich heute als ich nach haus kamm die traurige Nachricht von dem Tode meines besten Vaters bekam. – Sie können sich meine Lager vorstellen! –

Briefe IV, S. 48.

MOZART AN SEINEN VATER: *17. März 1781*

Mon très cher amy!
Gestern als den 16:ten bin ich gott lob und dank ganz Mutter seeliger allein in einer Post-chaise hier angekommen; –

Briefe III, S. 93.

Das zeigt sich besonders an den Briefen, die Leopold im Frühjahr 1785 bei seinem Gegenbesuch in Wien geschrieben hat. Sie gehen mit keinem Wort auf die Schwiegertochter ein und erklären nur, daß bei dem Sohn von außen besehen alles in Ordnung sei.

Seit Mozarts Heirat war also das Verhältnis zu seinem Vater nur noch scheinbar intakt, und wahrscheinlich hatte die innere Trennung von Vater und Sohn schon viel früher stattgefunden. Viel früher jedenfalls als die Heirat zwischen Wolfgang und Constanze und auch viel früher als Mozarts Heimkehr von Paris, wo seine Mutter ihn durch ihren Tod zum Erwachsenwerden gezwungen hatte. Der Tod stand immer zwischen Leopold Mozart und seinem Sohn, und der Vater selbst hatte ihn dort hingestellt. Es existieren zu viele Äußerungen Leopolds, mit denen er Wolfgang zum Gehorsam auffordert, indem er ihm mit seinem eigenen Tod droht. Immer wieder hat Leopold seinem Sohn vorgehalten, daß es seinen Tod bedeuten würde, wenn Wolfgang seinen Anweisungen nicht Folge leistete. Noch und noch hat er mit einem gewissen Selbstmitleid darauf beharrt, daß ihn ein Ungehorsam Wolfgangs unter die Erde bringen werde. Und eines Tages stand Wolfgang vor der Tatsache, daß dieses Versprechen eingelöst würde; sein Vater machte sich ans Sterben. Mit diesem Tod würden alle Spannungen, Auseinandersetzungen, Ängste, Durchsetzungsversuche und Gewissensbisse endlich aufhören. Aber gleichzeitig nahm dabei der *wahre beste Freund des Menschen* jenen Menschen mit sich, der für Wolfgang einst gleich nach dem lieben Gott gekommen war. Was sollte Mozart noch sagen? Er sagte, daß der Tod der *wahre, beste Freund des Menschen* sei, und er sagte, daß er sich nie zu Bett lege, ohne diesen Freund zu erwarten.

Das Wort Freund war schon einmal in Mozarts Briefen an den Vater aufgetaucht. Im Frühjahr 1781, als Mozart kurz vor dem Bruch mit Colloredo stand, hatte er offenbar gehofft, in seinem Vater einen Freund zu finden. Mozarts Brief vom 17. März 1781 ist der einzige, der mit den Worten beginnt: *mon très cher amy!*

Danke Euer Hochgebohrn verbündlichst für den besonderen Antheil den Dieselben an meinen Umständen nehmen, und sonderlich sage den verbündlichsten Danck für die außerordentliche Gnade, die Euer Hochgeb: für meinen Sohn hatte, seinen Hochzeittag so kostbar zu verherrlichen. Als ich ein junger Pursche war, glaubte ich immer, daß Diejenigen Philosofen wären, die wenig sprachen, selten lachten, und gegen alle Welt eine mürrische Mine machten. Meine eigenen Begebenheiten aber haben mich nun vollkommen überzeugt, daß ich einer bin, ohne es selbst zu wissen: denn da ich als ein wahrer Vatter meine Schuldigkeit gethan, – ihm in so vielen Briefen über alles die klaren und begreiflichsten Vorstellungen gemacht, – ich auch überzeugt bin, daß er meine mühsame Umstände, meine bei einem solchen Alter höchstbeschwerliche Umstände kennt, und meine Herabsetzungen in Salzburg einsieht, – da er weiß, daß ich sowohl in moralischen als Physikalischen Verstande durch sein Betragen aufgeopfert bin, – so bleibt mir nichts anderes übrig, als ihn /: da er es so wollte :/ sich selbst zu überlassen und Gott zu bitten, daß er ihm meinen väterlichen Seegen angedeyen lassen und ihm seine göttliche Gnade nicht entziehe. Ich aber werde meine mir angebohrne noch bei diesen Jahren übrige Munterkeit nicht verlieren, sondern immerhin das beste hoffen. – ja, ich würde ganz beruhiget sein, wenn ich nur nicht bei meinem Sohne einen HauptFehler entdeckte, und dieser ist, daß er garzu gedultig oder schläferig, zu bequem, vielleicht manchmal zu stoltz, und wie sie dieses alles zusammen taufen wollen, womit der Mensch ohnthätig wird: oder er ist zu ungedultig, zu hitzig und kann nichts abwarten. Es sind zween einander entgegen stehende Sätze die in ihm herschen – zu viel oder zu wenig und keine Mittelstrasse. Wenn er keinen Mangel hat, dann ist er alsogleich zufrieden und wird bequem und ohnthätig. Muß er sich in die activetet setzen, dann fühlt er sich, und will alsogleich sein Glück machen.

Briefe III, S. 222 f.

MOZART AN SEINEN VATER: 15. *Dezember 1781*

– O wie gerne hätte ich ihnen nicht längst mein Herz eröfnet; aber der vorwurf welchen sie mir hätten machen können, auf so was zur unzeit zu denken, hielte mich davon ab – obwohlen denken niemalen zur unzeit seyn kann. – Mein bestreben ist unterdessen etwas wenig gewisses hier zu haben – dann lässt es sich mit der hülfe des unsichern ganz gut hier leben; – und dann – zu heyrathen! – sie erschröcken vor diesen gedanken? – ich bitte sie aber, liebster, bester vatter, hören sie mich an! – ich habe ihnen mein anliegen entdecken müssen, nun erlauben sie auch daß ich ihnen meine ursachen und zwar sehr gegründete ursachen entdecke. die Natur spricht in mir so laut, wie in Jedem andern, und vieleicht läuter als in Manchem grossen, starken limmel. Ich kann ohnmöglich so leben wie die Meisten dermaligen Jungen leute. – Erstens habe ich

Für die Ehe – Bruch mit dem Vater?

Mozarts EHE, die am 4. August 1782 im Stephansdom in Wien geschlossen wurde, war nach zahlreichen Schwierigkeiten zustande gekommen. Leopold hatte dieser Heirat seinen ganzen Widerstand entgegengesetzt, der nur noch aus Mozarts Briefen abzulesen ist. Sämtliche Briefe des Vaters, die nach dem 22. Januar 1781 an den Sohn geschrieben wurden, sind verschollen. Zu Wolfgangs Eheschließung existieren nur zwei Briefe, die Leopold der Baronin von Waldstätten geschrieben hat. Aus dem ersten vom 23. August 1782 geht hervor, daß seine Einwilligung in die Heirat des Sohnes ohnehin erst nachträglich erfolgt war und daß Leopold einen Schlußstrich gezogen hatte. Sein Einfluß auf Wolfgang war endgültig zu Ende, und ihm blieb nur noch die Sorge um dessen Zukunft. Die Auseinandersetzungen über Mozarts Beziehung zu Constanze hatten fast anderthalb Jahre gedauert und waren sowohl für Mozart als auch für seinen Vater zermürbend gewesen. Mozart hatte schon Anfang Mai 1781 bei den Webers Quartier genommen. Doch schon bald müssen Gerüchte über ihn und Constanze in Umlauf gewesen sein, die auch bis nach Salzburg drangen, worauf sich Leopold veranlaßt sah, von seinem Sohn einen Wohnungswechsel zu fordern. Bereits im Sommer 1781 wurde also von etwas gesprochen, woran Mozart laut seiner Beteuerung vom 25. Juli noch gar nicht dachte, nämlich vom Heiraten. Erst Mitte Dezember ringt er sich dazu durch, dem Vater gegenüber solche Absichten zu äußern, und jetzt gibt er zu, daß Constanze die Auserwählte ist. Andeutungen hatte Mozart allerdings schon am 23. Oktober in einem Brief an sein Augsburger Bäsle gemacht. Seit Monaten wurden nämlich nicht nur in Wien, sondern auch schon in Salzburg und Augsburg über Mozart und Constanze Vermutungen laut, und nur er selbst wollte nichts davon wissen. Da über die ganzen Vorgänge nur Mozarts Briefe Auskunft geben, entsteht der Eindruck, daß er selbst der letzte war, der von seinen Heiratsabsichten etwas erfuhr. Das war natürlich ein Täuschungsversuch, und die Täuschung war für Leopold bestimmt, der allerdings nicht darauf hereinfiel. Wenn Mozart am 15. Dezember dem

zu viel Religion, zweytens zu viel liebe des Nächstens und zu Ehrliche gesinnungen als daß ich ein unschuldiges Mädchen anführen könnte, und drittens zu viel Grauen und Eckel, scheu und forcht vor die krankheiten, und zu viel liebe zu meiner gesundheit als daß ich mich mit hurren herum balgen könnte; dahero kann ich auch schwören daß ich noch mit keiner frauens-Person auf diese art etwas zu thun gehabt habe. – denn wenn es geschehen wäre, so würde ich es ihnen auch nicht verheelen, denn, fehlen ist doch immer dem Menschen Natürlich genug, und einmal zu fehlen wäre auch nur blosse schwachheit, – obwohlen ich mir nicht zu versprechen getrauete, daß ich es bey einmal fehlen bewenden lassen würde, wenn ich in diesem Punkt ein einzigesmal fehlete. – darauf aber kann ich leben und sterben. ich weis wohl daß diese ursache /: so stark sie immer ist :/ doch nicht erheblich genug dazu ist – Mein Temperament aber, welches mehr zum ruhigen und häuslichen leben als zum lärmen geneigt ist – ich der von Jugend auf niemalen gewohnt war auf meine sachen, was Wäsche, kleidung und etc: anbelangt, acht zu haben – kann mir nichts nöthigers denken als eine frau. – Ich versichere sie, was ich nicht unützes öfters ausgebe, weil ich auf nichts acht habe. – ich bin ganz überzeugt, daß ich mit einer frau /: mit dem nämlichen einkommen, daß ich allein habe :/ besser auskommen werde, als so. – und wie viele unütze ausgaben fallen nicht weg? – man bekommt wieder andere dafür, das ist wahr, allein – man weis sie, kann sich darauf richten, und mit einem Worte, man führt ein ordentliches leben. – ein lediger Mensch lebt in meinen Augen nur halb. – ich hab halt solche augen, ich kann nicht dafür. – ich habe es genug überlegt und bedacht – ich muß doch immer so denken.

Nun aber wer ist der Gegenstand meiner liebe? – erschröcken sie auch da nicht, ich bitte sie; – doch nicht eine Weberische? – Ja eine Weberische – aber nicht Josepha – nicht Sophie – sondern Costanza; die Mittelste. – Ich habe in keiner familie solche ungleichheit der gemüther angetroffen wie in dieser. – die Älteste ist eine faule, grobe, falsche Personn, die es dick hinter den ohren hat. – die Langin ist eine falsche, schlecht-denkende Personn, und eine Coquette. – die Jüngste – ist noch zu Jung um etwas seyn zu können. – ist nichts als ein gutes aber zu leichtsinniges geschöpf! gott möge sie vor verführung bewahren. – die Mittelste aber, nemlich meine gute, liebe konstanze ist – die Marterin darunter, und eben deswegen vieleicht die gutherzigste, geschickteste und mit einem worte die beste darunter. – die nimmt sich um alles im hause an – und kann doch nichts recht thun. O Mein bester vatter, ich könnte ganze Bögen voll schreiben, wenn ich ihnen alle die auftritte beschreiben sollte, die mit uns beyden in diesem hause vorgegangen sind, wenn sie es aber verlangen, werde ich es im Nächsten briefe thun. – bevor ich ihnen von meinem gewäsche frey mache, muß ich ihnen doch noch näher mit dem karackter meiner liebsten konstanze bekannt machen. – sie ist nicht hässlich, aber auch nichts weniger als schön. – ihre ganze schönheit besteht, in zwey kleinen schwar-zen augen, und in einen schönen Wachsthum. sie hat keinen Witz, aber gesunden Menschenverstand genug, um ihre Pflichten als eine frau und Mutter erfüllen zu kön-nen. sie ist nicht zum aufwand geneigt, das ist grundfalsch. – imgegentheil ist sie gewohnt schlecht gekleidet zu seyn. – denn, das wenige was die Muter ihren kindern hat thun können, hat sie den zwey andern gethan, ihr aber niemalen. – das ist wahr daß sie gern Nett und reinlich, aber nicht propre gekleidet wäre. – und das Meiste was ein frauenzimmer braucht, kann sie sich selbst machen. und sie frisirt sich auch alle Tage selbst. – versteht die hauswirthschaft, hat das beste herz von der Welt – ich liebe sie, und sie liebt mich vom herzen? – sagen sie mir ob ich mir eine bessere frau wünschen könnte? –

Briefe III, S. 180 f.

MOZART AN SEINEN VATER: 22. Dezember 1781

Nun aber auf den Ehecontract, oder vielmehr auf die schriftliche versicherung meiner guten absichten mit dem Mädchen zu kommen, so wissen sie wohl, daß weil der vatter

Vater schreibt, daß er ihm gerne schon längst sein Herz eröffnet hätte, was aus Angst vor Vorwürfen unterblieben sei, dann wird Leopold sich gefragt haben, welcher Zeitraum unter *schon längst* zu verstehen war, aber auf diese Frage hat er keine Antwort bekommen. Zwar versichert Mozart in demselben Brief, daß seine Neigung zu Constanze erst nach dem Bruch mit Colloredo entstanden sei, doch ist zu offensichtlich, warum er dies betont. Ganz sicher hat er sich nach seiner Ankunft in Wien am 16. März 1781 sofort mit der Familie Weber in Verbindung gesetzt, und bereits sechs Wochen später wohnte er dort. Anfang Mai hatte es Spannungen und zwei Auseinandersetzungen mit Colloredo gegeben, doch kam es erst am 9. Mai zum Bruch, und der legendäre Fußtritt von Graf Arco wird sogar erst für den 8. Juni angegeben. Irgend etwas stimmt daher mit Mozarts Umzug zu den Webers nicht. Im April wohnte er noch im Quartier des Erzbischofs, dem Haus des Deutsch-Ritterordens. Nach seinem Bericht vom 9. Mai 1781 an den Vater kam Anfang Mai ein *Laufer* zu ihm mit dem Befehl, augenblicklich auszuziehen. Eine solche Anordnung wäre allerdings einer Kündigung gleichgekommen. In Wirklichkeit wird es sich um die Order gehandelt haben, sofort nach Salzburg abzureisen. Das verrät Mozart selbst, ohne es zu wollen, schon im nächsten Satz. Er schreibt nämlich, daß allen anderen der Tag bestimmt worden sei, nur ihm nicht. Da der Erzbischof kaum sein ganzes Gefolge auf die Straße gesetzt haben wird, kann es nur um den Tag der Abreise gegangen sein. Mozart sollte offenbar sofort abreisen, und deshalb mußte für ihn der Tag nicht weiter bestimmt werden: tatsächlich wird auch in dem Streit vom 9. Mai von Mozarts sofortiger Abreise gesprochen, wobei er noch ein Paket nach Salzburg mitnehmen soll. Der Verdacht ist nicht von der Hand zu weisen, daß Mozart Anfang Mai einen Reisebefehl bewußt mißverstanden hat, um zu den Webers ziehen zu können.

Bei den Ereignissen, die sich dann im Zusammenhang mit seiner Eheschließung abspielen sollten, hat sich vor allem seine spätere Schwiegermutter Cäcilia Weber äußerst fragwürdig verhalten, aber auch die Mitwirkung der Baronin Waldstätten ist nicht ganz durchschaubar. Nachdem Constanzes Vater am 23. Oktober 1779 infolge eines Schlaganfalls gestorben war, hatte Johann Thorwart die Vormundschaft übernommen. Da Mozart von Mai bis August 1781 bei Webers wohnte und dann auch nur auf Drängen seines Vaters dort auszog, scheint Cäcilia Weber nichts gegen seinen Umgang mit Constanze gehabt zu haben. Trotzdem schaltete sich der Vormund ein und verbot Mozart jeden Umgang mit dem Mädchen, bevor nicht ein Heiratskontrakt unterschrieben sei. Das Heiratsversprechen ging dahin, daß Mozart sich verpflichtete,

/: leider für die ganze familie und auch für mich und meine konstanze :/ nicht mehr lebt, ein vormund vorhanden ist – diesem /: der mich gar nicht kennt :/ müssen so dienstfertige und Naseweisse herrn wie H: Winter und ihre mehrere allerhand dinge von mir in die ohren geschrien haben – – daß man sich mit mir in acht nehmen müsse – daß ich nichts gewisses hätte, daß ich starken Umgang mit ihr hätte – daß ich sie vieleicht sitzen lassen würde – und das Mädchen hernach unglücklich wäre etc: dies kroch dem H: vormund in die Nase – denn die Mutter die mich und meine Ehrlichkeit kennt, liess es dabey bewenden, und sagte ihm nichts davon. – denn mein ganzer umgang bestund darinn, daß ich – dort wohnte – und nachhero alle tage ins hauß kamm. – ausser dem hause sah mich kein Mensch mit ihr. – dieser lag der Mutter mit seinen vorstellungen so lange in den ohren, bis sie mir es sagte; und mich bat mit ihm selbst davon zu sprechen, er wolle die täge herkommen. – er kamm – ich redete mit ihm – das Resultat – /: weil ich mich nicht so deutlich explicirte, als er es gewollt :/ war – daß er der Mutter sagte mir allen umgang mit ihrer tochter zu verwehren, bis ich es schriftlich mit ihm ausgemacht habe. – die Mutter sagte, sein ganzer umgang besteht darinn daß er in mein haus kömmt, und – mein haus kann ich ihm nicht verbieten – er ist ein zu guter freund – und ein freund dem ich vielle obligation habe. – ich bin zufrieden gestellt, ich traue ihm – machen sie es mit ihm aus. – er verbat mir also allen umgang mit ihr, wenn ich es nicht schriftlich mit ihm Machte. – was blieb mir also für ein Mittel übrig? – eine schriftliche legitimation zu geben, oder – das Mädchen zu lassen. – wer aufrichtig und solid liebt, kann der seine geliebte verlassen? – kann die Mutter, kann die geliebte selbst nicht die abscheulichste auslegung darüber machen? – das war mein fall. ich verfasste die schrift also, daß ich mich verpflichte in zeit 3 Jahren die Mad:ˢᵉˡˡᵉ Constance Weber zu eheligen; wofern sich die ohnmöglichkeit bey mir ereignen sollte, daß ich meine gedanken ändern sollte, so solle sie alle Jahre 300 fl: von mir zu ziehen haben. – ich konnte Ja nichts leichers in der Welt schreiben. – denn ich wusste daß es zu der bezahlung dieser 300 fl: niemalen kommen wird – weil ich sie niemalen verlassen werde – – und sollte ich so unglücklich seyn meine gedanken verrändern zu können – so würde ich recht froh seyn, wenn ich mich mit 300 fl: davon befreyen könte – und die konstanze wie ich sie kenne, würde zu Stolz seyn, um sich verkaufen zu lassen. –

was that aber das himmlische Mädchen, als der vormund weg war? – sie begehrte der Muter die schrift – sagte zu mir. – lieber Mozart! ich brauche keine schriftliche versicherung von ihnen ...; – und zeriss die schrift. –   Briefe III, S. 185 f.

MOZART AN SEINEN VATER: *15. Dezember 1781*

Mein liebster vatter! – nun habe ihnen mein herz eröfnet, und ihnen meine Worte erkläret. – Nun bitte ich sie, mir auch die ihrigen von ihrem lezten brief zu erklären. du wirst nicht glauben, daß ich einen antrag, der dir gemacht worden, und darauf du, damals als ichs erfuhr, nichts geantwortet, wissen könnte. – da verstehe ich kein Wort davon; ich weis von keinem antrag. –   Briefe III, S. 182.

MOZART AN MARTHA ELISABETH BARONIN VON WALDSTÄTTEN: *[Wien, kurz vor dem 4. August 1782] ?*

Hochschätzbareste fr: Baronin!

Meine Musicalien habe ich durch die Magd der Mad:ᵐᵉ Weber erhalten, und habe müssen eine schriftliche Bescheinigung darüber geben. – die Magd hat mir etwas anvertrauet, welches, wenn ich schon nicht glaube daß es geschehen könnte, weil es eine prostitution für die ganze familie wäre, doch möglich wäre, wenn man die dumme Mad:ᵐᵉ Weber kennt, und mich folglich doch in Sorgen setzt. – die sophie ist weinend hinausgekommen – und da sie die Magd um die ursach fragte, so sagte sie; – sage sie

Constanze innerhalb von drei Jahren zu heiraten, andernfalls aber eine jährliche Entschädigung von 300 Gulden zu zahlen. Constanze soll dieses Papier zerrissen haben, um damit ihr volles Vertrauen in Mozarts Absichten zu beweisen.

Daß die ganze Aktion nicht vom Vormund, sondern von Cäcilia Weber ausging, kann deshalb vermutet werden, weil sie vorher ein ähnliches Spiel mit dem Schauspieler und Maler Joseph Lange gespielt hatte, der sich vor seiner Heirat mit Aloysia im Jahre 1780 verpflichten mußte, der Schwiegermutter eine Jahresrente von 700 Gulden auf Lebzeiten zu zahlen. Er ist dieser Verpflichtung auch noch nachgekommen, als die Ehe mit Aloysia nicht mehr bestand.

Es sieht so aus, als sei Mozart in eine ganz ähnliche Falle gegangen, jedenfalls hat Leopold es so empfunden, da er über Cäcilia Weber und Johann Thorwart meinte, sie sollten *in Eisen geschlagen die Gassen kehren* und dabei ein Schild um den Hals tragen, das sie als *Verführer der Jugend* brandmarke.

Zu Mozarts Eheversprechen ist es aus mehreren Gründen wahrscheinlich schon vor Dezember 1781 gekommen. In dem Brief vom 22. Dezember beginnt Mozart seine Erzählung mit einer Formulierung, die zeigt, daß der Vater von einem Ehekontrakt schon etwas gehört haben muß und diesbezüglich Fragen gestellt hat. Leopolds verschollener Brief kann nur zwischen dem 15. und dem 22. Dezember in Wien eingetroffen sein, denn sonst hätte Mozart schon in seinem „Geständnis" vom 15. sein Eheversprechen gerechtfertigt.

Unter Berücksichtigung der drei bis vier Tage, die ein Brief damals zwischen Wien und Salzburg brauchte, muß das Gerücht von Mozarts Heiratskontrakt vor dem 15. in Richtung Salzburg abgegangen sein.

Wahrscheinlich hat Leopold noch viel früher davon gewußt, denn das würde den Schluß in Mozarts Brief vom 15. erklären, der bisher als unerklärlich galt. Der mysteriöse Antrag, von dem hier mit dem Zusatz *damals* die Rede ist, und von dessen Geschichte Mozart kein Wort verstehen will, wird nichts anderes gewesen sein als die Aufforderung Thorwarts an Mozart, seine Verbindung mit Constanze schriftlich zu garantieren. Es ist sogar anzunehmen, daß Mozart sich überhaupt nur zu einem Geständnis gegenüber seinem Vater durchgerungen hat, weil er von Thorwart unter Druck gesetzt wurde.

Welches Spiel wirklich gespielt wurde, läßt sich aus einem Brief Mozarts an die Baronin Waldstätten rekonstruieren. Die Annahme, daß dieser Brief „kurz vor dem 4. August 1782" geschrieben wurde, ist allerdings irreführend, weil es richtiger heißen muß „kurz vor dem 28. Juli 1782". Auch befand sich Constanze, als dieser Brief entstand, nicht bei der Baronin, sondern bei Mozart. Denn in seiner Nachschrift

doch heimlich dem Mozart, daß er machen soll daß die Constanz nach hause geht, denn – meine Mutter will sie absolument mit der Policei abhollen lassen! – darf denn hier die Policei Wache gleich in ein Jedes haus? – Vielleicht ist es auch nur ein locknetz, um sie nach hause zu kriegen. – wenn das aber geschehen könnte, so wüsste ich kein besser Mittel als die Costance morgen frühe – wenn es seyn kann heute noch zu heyrathen. – denn dieser schande möchte ich meine geliebte nicht aus-setzen – und meiner frau kann das nicht geschehen. – Noch was; – der thorwath ist heute hinbestellt. – ich bitte Euer gnaden um dero wohlmeinenden rath – und uns armen geschöpfen an die hand zu gehen. – ich bin immer zu haus. – ich küsse 1000mal die hände und bin

dero verbundester diener
W: A: Mozart

in gröster Eile. die Costance weis noch von nichts.
war H:v: Thorwath bey Euer gnaden? –
ist es nöthig daß wir 2 heut nach tisch zu ihm gehen? –   *Briefe III, S. 217 f.*

MOZART AN SEINEN VATER: *27. Juli 1782*

liebster, bester vatter! – ich muß sie bitten, um alles in der Welt bitten; geben sie mir ihre Einwilligung daß ich Meine liebe konstanze heyrathen kann. – glauben sie nicht daß es um des heyrathen wegen allein ist – wegen diesen wollte ich noch gerne warten. – allein ich sehe daß es meiner Ehre, der Ehre meines Mädchens, und meiner gesundheit, und gemüths zustand wegen unumgehlich nothwendig ist. – Mein herz ist unruhig, mein Kopf verwirrt – wie kann man da was gescheides denken und arbeiten? – wo kömmt das her? – die meisten leute glauben wir sind schon verheyrathet – die Mutter wird daruber aufgebracht – und das arme Mädchen wird samt meiner zu tode gequält. – Diesem kann so leicht abgeholfen werden. –   *Briefe III, S. 215.*

MOZART AN SEINEN VATER: *10. April 1782*

– Meiner lieben konstanze habe ihr beyderseitiges kompliment entrichtet. – sie küsst ihnen die hände davor mein vatter, und meine schwester umarmt sie von herzen, mit dem Wunsche daß sie ihre freundin seyn möchte. – sie war ganz in ihrem vergnügen als ich ihr sagte daß sie mit den 2 Hauben so zufrieden seyn, denn das war ihr Wunsch. – der apendix ihre Mutter betreffend ist nur in so weit gegründet, daß sie gerne trinkt, und zwar mehr – – als eine frau trinken sollte. doch – besoffen habe ich sie noch nicht gesehen, das müsste ich lügen. – die kinder trinken nichts als wasser – und obschon die Mutter sie fast zum Wein zwingen will, so kann sie es doch nicht dazu bringen. da giebt es öfters den grösten Streitt deswegen – könnte man sich wohl so einen Streitt von einer Muter vorstellen? –   *Briefe III, S. 200.*

MOZART AN CONSTANZE WEBER: *29. April 1782*

liebste, beste freundin! –
diesen namen werden sie mir ja doch noch wohl erlauben daß ich ihnen geben darf? – so sehr werden Sie mich Ja doch nicht hassen, daß ich nicht mehr ihr freund seyn darf, und sie – nicht mehr meine freundin seyn werden? – und – wenn sie es auch nicht mehr seyn wollen, so können sie es mir doch nicht verbieten, gut für sie, meine freundin, zu denken, wie ich es nun schon gewohnt bin. – überlegen sie wohl, was sie heute zu mir gesagt haben. – sie haben mir, /: ohngeacht allen meinen bitten :/ 3 mal den korb gegeben, und mir gerade ins gesicht gesagt, daß sie mit mir nichts mehr zu thun haben wollten. – ich, dem es nicht so gleichgültig ist, wie ihnen, den geliebten gegenstand zu

erklärt er ausdrücklich, daß Constanze noch nichts wisse. Diese Sicherheit hätte Mozart aber unmöglich haben können, wenn Constanze bei der Baronin gewesen wäre. Darüber hinaus rechnete Mozart damit, daß Thorwart die Baronin aufgesucht hatte, und wenn Constanze sich dort aufgehalten hätte, könnte sie etwas gewußt haben. Sie war also bei Mozart. Auch geht aus der Mitteilung der Magd hervor, daß Mozart selbst Constanze nach Hause schicken sollte, und von der Baronin ist nicht die Rede. In diesem Brief sieht Mozart ein, daß es nur noch das Mittel gibt, Constanze zu heiraten, und das besser heute als morgen. Soweit fällt die Einordnung des Briefes bereits vor den 3. August 1782, also vor die Ausstellung des endgültigen Heiratskontraktes.

Im Brief heißt es aber weiter, daß Thorwart *heute hinbestellt* sei, und weiter wird gefragt, ob die Baronin einen Besuch Mozarts und Constanzes bei Thorwart für nötig halte. Bei einem solchen Besuch muß jedenfalls die überstürzte Heirat beschlossen worden sein. Überstürzt war sie insofern, als Johann Thorwart erst am 29. Juli bei Gericht die Heiratserlaubnis für sein Mündel beantragte und gleichzeitig um die Befreiung vom vorgeschriebenen dreimaligen Aufgebot ersuchte. Das kann nur nach dem besagten Gespräch mit Mozart geschehen sein. Liest man nun Mozarts Brief vom 27. Juli an den Vater, in dem er eindringlichst um dessen Einwilligung zur Heirat bittet, so ist klar, daß der Brief an die Baronin vor dem 27. Juli oder sogar genau unter dem 27. Juli einzuordnen ist. Es empfiehlt sich in der Tat, Mozarts Briefe einmal in umgekehrter Reihenfolge zu lesen. Dann bekommt vieles plötzlich Sinn und Bedeutung, was vorher als nebensächlich übersehen wurde. Jedenfalls steht jetzt fest, daß Mozarts Heirat unter massivem Druck und mit Androhung von Polizeigewalt zustande kam. Mozarts Ja zur Hochzeit und sein Ja vor dem Altar sind innerhalb einer Woche gefallen.

Es wäre jedoch übereilt, daraus Schlüsse über seine Liebe zu Constanze zu ziehen. Denn Mozart wurde nicht nur von Johann Thorwart und Cäcilia Weber unter Druck gesetzt, die eine baldige Heirat betrieben, sondern er war auch dem Druck seines Vaters ausgesetzt, der diese Ehe keinesfalls wollte.

Dadurch war Mozart in eine Situation geraten, die ihn unfähig machte, eine Entscheidung zu treffen. Für Constanze hatte er sich wahrscheinlich längst entschieden, aber für die Heirat stand ihm der Vater im Wege. Sicher hat Mozart es auch ernstgemeint, wenn er Constanze aus der mißlichen Lage im Hause ihrer Mutter befreien wollte. Er erwähnt, daß Cäcilia Weber mehr trank, als es einer Frau anstehe und daß es zwischen ihr und den Töchtern wiederholt Streit gab. Constanze scheint in solchen Fällen bei der Baronin Waldstätten Zuflucht gesucht zu ha-

verlieren, bin nicht so hitzig, unüberlegt, und unvernünftig den korb – anzunehmen. –
zu diesem schritte – liebe ich sie zu sehr. – Ich bitte sie also noch einmal die ursache
dieses ganzen Verdrusses wohl zu überlegen und zu bedenken, welche war, daß ich
mich darüber aufgehalten, daß sie so unverschämt unüberlegt waren, ihren schwe-
stern – Nota bene in meiner gegenwart zu sagen, daß sie sich von einem Chapeaux
haben die Waden messen lassen. – das thut kein frauenzimmer welches auf Ehre
hällt. ... doch das ist vorbey. – und ein kleines geständnüss ihrer dortmaligen etwas
unüberlegten aufführung würde alles wieder gut gemacht haben. und – wenn sie es
nicht übel nehmen, liebste freundin, – noch gut machen. – daraus sehen sie, wie sehr
ich sie liebe. – – ich brause nicht auf wie sie; – ich denke – ich überlege – und ich fühle.
– fühlen sie – haben sie gefühl – so weis ich gewis daß ich heute noch ruhig werde sagen
können, die konstanze ist die tugendhafte, Ehrliebende – vernünftige und getreue
geliebte des Rechtschaffenen und für sie wohldenkenden

Mozart
Briefe III, S. 205 f.

MOZART AN SEINEN VATER: *28. März 1781*

Den 28ten März: Ich bin mit dem briefe nicht fertig geworden, weil mich H: v: kleyn-
mayer zum Concert bey Baron Braun in der kutsche abgehollet hat – mithin schreibe
izt daß mir der (erzbischof erlaubt hat) in den (Witwen Concert) zu (spielen). – denn,
starzer ist zur accademie beym (Gallizin)·gegangen, und er und die (ganze Noblesse)
haben (ihn so gequält) bis (er es erlaubt hat). – bin ich so froh; –   Briefe III, S. 100.

8. April 1781

– liebster Vatter, (ich habe sie wohl recht lieb, das sehen sie aus diesem. weil ich ihnen
zu lieb allem Wunsch und begierde entsage – denn wenn sie nicht wären: so schwöre
ich ihnen bey meiner ehre das ich) keinen augenblick versäumen würde, sondern
(gleich) meine (dienste quittirte) – ein (grosses Concert gäbe,) – (vier scolaren) nämme,
und so weit kämme, daß (ich wenigstens jährlich) auf (meine Tausend Thaller) kämme.
– Ich versichere sie, daß es mir oft (schwer genug fällt), daß ich mein (glück so auf die
seite stellen soll) – Ich bin noch (jung), wie sie sagen, das ist wahr, aber wenn man
(seine junge jahre) so in (einen Bettel ort in Unthätigkeit) verschlänzt, ist es auch
(trauerig genug), und auch – (Verlust) – darüber bitte ich mir ihren vätterlichen und
wohlmeinenden Rath aus – aber bald – – denn ich muß mich erklären –

a.a.O., S. 104.

11. April 1781

– als wir hier im hause das Erste grosse Concert hatten, schickte uns (dreyen der
erzbischof jedem 4 dukaten) – bey dem lezten wozu ich dem (Brunetti) ein (Neues
Rondeau), mir eine (neue sonate), und dem (Ceccarelli) auch (ein neues Rondeau
gemacht habe), – bekomme ich (nichts). – was mich aber halb (desperat) macht, ist,
daß ich an dem Nemlichen (abend) als wir die (scheis-Musick da hatten), zur Gräfin
Thun invitirt war – und also nicht hinkommen konnte, und wer war dort? – (der
kayser).
Adamberger und die Weigl waren dort, und hat Jedes 50 dukaten bekommen! – und
welche gelegenheit! –   a.a.O., S. 105.

9. Mai 1781

Ich bin noch ganz voll der Galle! – und sie, als mein bester, liebster vatter, sind es
gewis mit mir. – man hat so lange meine Gedult geprüft – endlich hat sie aber doch
gescheitert. Ich bin nicht mehr so unglücklich in Salburgerischen diensten zu seyn –

a.a.O., S. 110.

ben. So wohnte sie im November 1781 dort, vielleicht auch im April 1782, denn bei der Baronin ereignete sich jene Episode, die Mozart als Skandal empfand, und für die er seine Braut strengstens rügte. Sie hatte sich bei einem Spiel von *einem chapeau die Waden messen* lassen. Wenn Constanze ausgerechnet den entsprechenden Brief Mozarts vom 29. April 1782 aufbewahrt hat, so wird ihr der Vorfall nicht so schwerwiegend erschienen sein, vor allem aber enthält der Brief zwei ehrliche Liebeserklärungen. Diese und auch spätere Äußerungen Mozarts sind wahrscheinlich wichtiger als seine Ermahnungen, weil sie beweisen, daß er Constanze geliebt hat. Unklar bleibt nach wie vor, wann Mozarts Beziehung zu Constanze begonnen hat, und ob sie bei seinem Bruch mit Colloredo schon eine Rolle gespielt hat.

Dieser BRUCH ist in die Geschichte eingegangen, weil sich mit ihm ein Künstler auf dramatische Weise aus dem Dienstbotenlos bei einem Feudalherren befreit hat. Der Tritt, mit dem Graf Arco Mozart am 8. Juni 1781 aus seinem Anstellungsverhältnis befördert haben soll, ist zum Symbol dafür geworden, wie Musiker damals von ihren Dienstherren behandelt und mißachtet wurden. Gleichzeitig ging der Salzburger Fürsterzbischof Hieronymus von Colloredo als ein tyrannischer und verständnisloser, vielleicht auch unmusikalischer Landesherr in die Mozart-Literatur ein.

Die Situation im Frühjahr 1781 war tatsächlich nicht dazu geschaffen, Colloredo in eine gnädige Stimmung gegenüber Mozart zu versetzen. Eine schwere Krankheit seines Vaters hatte ihn schon am 20. Januar nach Wien reisen lassen, und da ein längerer Aufenthalt zu vermuten war, hatte Colloredo einen Teil seines Hofstaates mitgenommen. Mozart befand sich zu dieser Zeit in München, wo seine Oper „Idomeneo" am 29. Januar in Anwesenheit von Leopold und Nannerl zur Uraufführung kam. Obwohl Mozarts Urlaub längst abgelaufen war, reiste er erst am 12. März auf Geheiß Colloredos von München ab und traf am 16. vormittags in Wien ein. Dort kann er einer Einladung der Gräfin Maria Wilhelmine Thun, bei der er vor dem Kaiser hätte spielen können, nicht nachkommen, weil er am selben Abend für eine *scheis-Musick* bei Colloredo gebraucht wird. Auch verweigert ihm Colloredo die Mitwirkung bei einem Konzert der Tonkünstler-Societät, lenkt aber schließlich ein, weil sich Joseph Starzer, deren Vorsitzender, für Mozart einsetzt. Es ist fraglich, ob diese beiden Ereignisse sowie die Tatsache, daß Mozart an der Tafel seinen Platz neben den Köchen hatte, ausreichten, um die nun eintretenden Auseinandersetzungen auszulösen und Mozarts Haß auf den Erzbischof *bis zur raserey* zu steigern. Nach einem Wortgefecht mit

Sie wissen aus meinem letzten schreiben daß ich den fürsten um meine Entlassung gebeten habe – weil er mir es selbst geheissen hat. – denn, schon in den 2 Ersteren audiencen sagte er mir; scherr er sich weiter, wenn er mir nicht recht dienen will; er wird es freylich läugnen, aber deswegen ist es doch so wahr als gott im Himmel ist. – ...
– alles was mir der Erzbischof in den drey audienzen erbauliches sagte, besonders in der letzten – und was mir izt wieder dieser herrliche Mann gottes Neues erzehlte, machte eine so trefliche Wirkung auf meinen körper daß ich abends in der opera mitten im Ersten Ackte nach hause gehen musste, um mich zu legen. – dann ich war ganz erhitzt – zitterte am ganzen leibe – und taumelte wie ein besoffener auf der gasse – blieb auch den folgenden tag als gestern; zu hause – denn ganzen vormittag aber im Bett. ...
Ich will nur, ohne mich zu beeifern, denn mir ist meine Gesundheit und mein leben lieber – /: ist mir leid genug wenn ich dazu gezwungen bin :/ ich will also nur den hauptvorwurf, den man mir über meine bedienung machte, hersetzen. – Ich wuste nicht daß ich kammerdiener wäre, und das brach mir den hals – ich hätte sollen alle Morgen so ein Paar stunden in der ante Camera verschlenndern – man hat mir freylich öfters gesagt, ich sollte mich sehen lassen – ich konnte mich aber niemalen erinnern daß dies mein dienst seye, und kamm nur allzeit richtig wenn mich der Erzbischof rufen ließ. – ...
ich hoffe also bey aller vätterlichen liebe die sie mir von kindheit auf im so hohen Grade erwiesen haben, und wofür ich ihnen zeit lebens nicht genug dankbar seyn kann /: am allerwenigsten aber in Salzburg :/ daß, wenn sie ihren Sohne gesund und vergnügt haben wollen, mir – von dieser ganzen Sache gar nichts zu schreiben, und sie ganz in die tiefeste vergessenheit zu vergraben – denn, ein Wort davon wäre schon genug um mir wieder Neuerdings, und ihnen selbst – gestehen sie es nur – ihnen selbst – galle zu machen.   *a.a.O., S. 112 ff.*

Ich weis auch nicht was ich zu erst schreibe, mein liebster vatter; denn ich kann mich von meinen Erstaunen noch nicht erhohlen, und werde es nie können, wenn sie so zu denken und so zu schreiben fortfahren; – Ich muß ihnen gestehen, daß ich aus keinen einzigen Zuge ihres briefes, meinen vatter erkenne! – wohl einen vatter, aber nicht, den Besten, liebvollsten, den für seine eigene und für die Ehre seiner kinder besorgten vatter – mit einem Wort, nicht – meinen vatter; doch, das war alles nur ein traum – sie sind nun erwacht – und haben gar keine Antwort von mir auf ihre Punkte nöthig, um mehr als überzeugt zu seyn, daß ich – nun mehr als Jemals – von meinem Entschluß gar nicht abstehen kann. –   *a.a.O., S. 117 f.*

– Ich mag die sache überdenken wie ich will, so sehe ich – daß ich mir und ihnen mein bester vatter so wohl als meiner lieben schwester an besten in allem werde behelfen können, wenn ich in Wienn bleibe. es scheint als wenn mich das glück hier empfangen wollte. – mir ist als wenn ich hier bleiben müsste. – und das war mir schon so als ich von München abreisete.   *a.a.O., S. 120.*

Bester aller vätter! wie herzlich gerne wollte ich ihnen nicht ferners noch meine besten Jahre an einem orte aufopfern, wo man schlecht bezahlet ist; – wenn dieß allein das übel wäre. allein, schlecht bezahlt, und obendrein verspottet, verrachtet und Cuionirt – das ist doch wahrlich zu viel. – ...

dem Erzbischof am 9. Mai schreibt Mozart sein Entlassungsgesuch, das er am nächsten Tag bei Graf Arco abzugeben versucht. Dieser nimmt es jedoch nicht an, vielmehr will er offenbar vermitteln, indem er Mozart erklärt, daß für eine Kündigung das Einverständnis Leopolds nötig sei. Ende des Monats kommt es noch einmal zu einem Gespräch mit Arco, der sich wiederum bemüht zu schlichten und weder das Entlassungsgesuch noch Mozarts Reisegeld entgegennimmt. Am 8. Juni versucht Mozart, mit seinem Kündigungsschreiben zum Erzbischof selbst vorzudringen, und diesmal wird er von Arco mit einem Fußtritt zur Tür hinausbefördert. Für diese dramatischen Vorgänge wird immer wieder die despotische Haltung Colloredos verantwortlich gemacht, und aus Mozarts Briefen ist das auch nicht anders herauszulesen. Leider fehlt zu dieser Angelegenheit die Sichtweise des Erzbischofs: es gibt nicht einmal eine offizielle Bestätigung von Mozarts Kündigung. Außerdem hat Colloredo Leopold Mozart nie spüren lassen, welche Scherereien er mit dessen Sohn gehabt hat.

Verfolgt man Colloredos Regierungszeit in Salzburg zurück, so findet sich nur ein wesentlicher Anhaltspunkt, der Mozarts Haß auf den Landesherrn begründet haben könnte. Am 14. März 1777 hatte Leopold eine Bittschrift an Colloredo geschrieben, die verlorengegangen ist. Aber sie muß ein Urlaubsgesuch für die geplante Parisreise enthalten haben, die Leopold gemeinsam mit seinem Sohn antreten wollte. Daß die Bittschrift abschlägig beschieden wurde, geht aus einem zweiten, ausführlichen Gesuch vom August 1777 hervor, welches von Leopold geschrieben und von Wolfgang unterschrieben wurde. Darin werden *Gott und das Evangelium* als Zeugen für die Notwendigkeit der Reise aufgerufen. Colloredo reagierte entsprechend und empfahl beiden Mozarts, *nach dem Evangelio ... ihr Glück weiter zu suchen.* Die Entlassung Leopolds machte er jedoch einen Monat später wieder rückgängig, und Wolfgang wurde bei seiner Rückkehr mit einem Gehalt von 450 Gulden wieder eingestellt, was das Dreifache dessen war, was er vor der Reise verdient hatte. Auch sonst hat Colloredo bei anderen Gesuchen der Mozarts eine Großzügigkeit walten lassen, die sein Vorgänger Sigismund von Schrattenbach, der am 16. Dezember 1771 verstorben war, nicht immer gezeigt hat. Als Leopold und Wolfgang im Sommer 1773 zum dritten Mal in Wien weilten, verlängerte ihnen Colloredo den Urlaub. Schrattenbach hatte dagegen am 18.3.1768 Leopold für 9 Monate das Gehalt gestrichen, weil dieser den zweiten Wienaufenthalt auf mehr als 15 Monate ausdehnte. Diese Härte hat Colloredo Anfang 1773 nicht gezeigt, obwohl Leopold den Urlaub für die dritte Italienreise um fast drei Monate überzog. Ganz im Gegenteil hat Colloredo dem bisher

Nu – wenn man mich nicht haben will, es ist Ja mein Wunsch; – anstatt daß graf Arco meine bittschrift angenommen, oder mir audienz verschafet, oder gerathen hätte selbe nachzuschicken, oder mir zugeredet hätte die sache noch so zu lassen, und besser zu überlegen, afin, – was er gewollt hätte – Nein – da schmeist er mich zur thüre hinaus, und giebt mir einen tritt im hintern. – Nun, das heisst auf teutsch, daß Salzburg nicht mehr für mich ist; ausgenommen mit guter gelegenheit dem H. grafen wieder ingleichen einen tritt im arsch zu geben, und sollte es auf öfentlicher gasse geschehen. –

a.a.O., S. 128 f.

MOZARTS AN SEINE SCHWESTER: 21. September 1771

mein Compliment an alle gute freünde und freündinen. ich hab keinen lust mehr auf salzburg, ich förchte, ich möchte auch närrisch werden.

wolfgang.
Briefe I, S. 439.

MOZART AN ABBÉ JOSEPH BULLINGER: 7. August 1778

– mir wird es allzeit das gröste vergnügen seyn, meinen liebsten vatter und liebste schwester zu ummarmen, und zwar je ehender je lieber; aber das kann ich doch nicht läugnen, das mein vergnügen und meine freüde dopelt seyn würde – wenns wo anderst geschehe – – weil ich überall mehr hofnung habe vergnügt und glücklich leben zu können! – sie werden mich vielleicht unrecht verstehen, und glauben Salzburg seye mir zu klein? – da würden sie sich sehr betrügen; – ich habe meinem vattern schon einige ursachen darüber geschrieben; unterdessen begnügen sie sich auch mit dieser, daß Salzburg kein ort für mein Talent ist! –

Briefe II, S. 438 f.

MOZART IM TAGEBUCH SEINER SCHWESTER: Mai 1780

den 25:ten um halb acht uhr zum Hagenauer die Pferde scheissen zu sehen.

Briefe III, S. 5.

August 1780

schön wetter. auf den abend hat es sich verzohen, geregnet.
den 19:ten um scheissen, meine wenigkeit, ein Esel, ein bruch, wieder ein Esel, und endlich eine Nase, in der kirche. zu haus geblieben der Pfeif mir im arsch, pfeif mir im arsch ein wenig übel auf. Nachmittag die katherl bey uns. und auch der Herr Fuchsschwanz, den ich hernach brav im arsch gelecht habe; O köstlicher arsch! – Doctor Barisani auch gekommen, den ganzen tag geregnet.

a.a.O., S. 7 f.

MOZART AN SEINEN VATER: 16. Dezember 1780

apropós wie ist es denn mit (dem erzbischof)? – künftigen Montag wird es (sechs Wochen) daß ich (von Salzburg weg bin); sie wissen, mein liebster Vatter, daß ich (nur ihnen zu liebe in) .... bin – denn – bey gott, wenn es auf mich ankämme – so würde ich bevor ich dießmal (abgereiset) bin, an den (lezten Decret den Hintern geputzt haben) denn, mir wird bey meiner Ehre nicht (Salzburg) – sondern (der Fürst – die stolze Noblesse) alle tage unerträglicher – ich würde also mit vergnügen erwarten, daß (er mir) schreiben (liesse, er brauche mich nicht mehr) –

Briefe III, S. 60.

MOZART AN SEINEN VATER: 4. Juli 1781

Nun muß ich nur noch geschwind vom Marchand schreiben, so viel ich weis; – der kleinere hat, wenn ihn sein vatter bey tisch Corrigirt hat, ein Messer genohmen und gesagt; hier sehen sie, Papa; wenn sie nur ein wort sagen, so schneid ich mir den finger

unbesoldeten dritten Konzertmeister Wolfgang Mozart noch vor Antritt dieser Reise ein Jahresgehalt von 150 Gulden ausgesetzt.

Die Frage nach den Gründen für Mozarts Haß auf seinen Landesherrn findet in den biographischen Ereignissen tatsächlich keine ausreichende Antwort. Sie findet jedoch eine Antwort in Mozarts Briefen, aus denen schon früh hervorgeht, daß er Salzburg nicht mochte, daß ihm seine Rückkehr dorthin verleidet war, und daß er diese Stadt gehaßt hat. In Anbetracht der vielen Eindrücke und Erlebnisse Mozarts auf seinen Reisen, mußte ihm der Salzburger Alltag grau und eintönig erscheinen. Allein Wolfgangs Eintragungen, die er bei den Salzburger Aufenthalten in das Tagebuch seiner Schwester gemacht hat, zeigen die ganze Langeweile, die ihn dort jeweils befallen hat. Das Wetter wird zum einzigen noch lebendigen Hauptdarsteller der Salzburger Szenerie. Ansonsten geht es bei einer Prozession nur darum, *die Pferde scheissen* zu sehen, und Kirchgänge und Besuche werden als notwendige Übel abgetan. Aus späteren Briefen wird immer deutlicher, daß Mozart nicht mehr nach Salzburg zurück will und daß er nicht zurück kann, wenn er überhaupt noch frei atmen und leben will. Dieser Haß auf Salzburg mußte irgendwann einen konkreten Angriffspunkt finden. Die Personifizierung gelingt Mozart schließlich in Colloredo.

Es ist zu fragen, ob sich hinter dieser Herrscherfigur nicht eine andere Figur verbirgt, nämlich der VATER. Mozarts Kindheit und Jugend waren von Leopold vollständig beherrscht, und das kommt unter anderem zum Ausdruck, wenn Mozart seinem Vater am 4. Juli 1781 eine Anekdote über den jungen Heinrich Marchand schreibt, wobei er sich offenbar nichts gedacht hat. Der Anlaß für diese Erzählung ist einfach der, daß Leopold eben jenen „Hennerle" Marchand aus München aufgenommen hatte, um ihn für drei Jahre in Salzburg zu unterrichten. Und Mozart, der immer noch gegen den Willen seines Vaters bei Constanze wohnt, fällt nichts Besseres ein als die Geschichte von einem Knaben, der, um ein Mädchen zu heiraten, auf den Tod seines Vaters wartet. Auch andere, von Mozart einfach so dahergesagte Nebensächlichkeiten deuten darauf hin, daß seine Befreiung von Colloredo für die Befreiung vom Vater stand. Schon während der Parisreise hatte Mozart darunter gelitten, daß ihn der Vater auch von ferne noch zu steuern versuchte und mit Anweisungen zur Reiseroute, zu Finanzen und sogar zu menschlichen Beziehungen sein Diktat ausübte. Mit einem einzigen Satz hat Mozart am 22. November 1777 seinem Unmut darüber Luft gemacht. Denn jetzt war er selbst der *anderte* Papa, wie er noch überschwenglich am 23. September geschrieben hatte; und er wurde auffal-

wurz ab, und da haben sie mich als einen krippel und müssen mir zu fressen geben. – und beyde haben öfters schlecht von ihren vattern bey den leuten gesprochen. sie werden sich wohl der Mad.^{selle} *Boudet erinnert die im hause ist – Nu die sieht der alte gern. – und da sprachen die 2 Buben infam darvon. – Dieser Hennerle als er 8 Jahre alt war sagte er zu einem gewissen Mädchen – in ihren Armen würde ich freylich besser schlafen, als wenn ich wach werde, und habe dafür das kopfkiss. – er machte ihr auch eine förmliche liebes erklärung und heyrathsantrage mit dem beysatz; itzt kann ich sie freylich nicht heyrathen, aber wenn mein vatter tod seyn wird, da bekomme ich geld, denn er ist nicht leer, und da wollen wir recht gut zusamm leben. unterdessen wollen wir uns lieben, und ganz unsere liebe genüssen; denn, was sie mir izt erlauben, därfen sie mir hernach nicht erlauben. –*

Briefe III, S. 137.

MOZART AN SEINEN VATER: 22. November 1777

vielleicht kann ich ihnen im zukünftigen brief etwas sehr gutes für ihnen, aber nur gutes für mich, oder etwas sehr schlechtes in ihren augen, aber etwas Paßables in meinen augen, vielleicht aber auch etwas Paßables für sie, und aber sehr gut, lieb und werth für mich, schreiben! das ist ziemlich oracl-mässig, nicht wahr? – – es ist dunckl, aber doch zu verstehen...

etwas von dem oracl mus geschehen; – – ich glaube, es wird eintweders das mittere oder das lezte geschehen – – das ist mir nun eins; denn das ist allerweil ein ding, ob ich den dreck fresse, oder der Papa ihn scheist – – Nu, so kann ich doch das ding nie recht sagen! ich habe sagen wollen, es ist ein ding ob der Papa den dreck scheist, oder ich ihn fresse! –

Briefe II, S. 138.

MOZART AN SEINEN VATER: 31. Juli 1782

– sie werden unterdessen meinenlezten brief erhalten haben; – und ich zweifle auch gar nicht daß ich mit künftigen briefe ihre Einwilligung zu meiner Heyrath erhalten werde; – sie können gar nichts dawider einzuwenden haben – und haben es auch wirklich nicht! – das zeigen mir ihre briefe – denn sie ist ein Ehrliches, braves Mädchen, von guten Eltern, – ich bin im Stande ihr brod zu verschaffen – wir lieben uns – und wollen uns; – alles was sie mir noch geschrieben haben und allenfalls noch schreiben könnten – wäre nichts – als lauter gutmeinender Rath! – welcher so schön und gut als er immer seyn mag, doch für einen menschen der schon so weit mit einem Mädchen ist, nicht mehr Passt; – da ist also nichts aufzuschieben. – lieber sich seine sachen recht in ordnung gebracht – und einen Ehrlichen kerl gemacht! – das wird gott dann allzeit belohnen; – ich will mir nichts vorzuwerfen haben. –

Nun leben sie wohl, ich küsse ihnen 1000mal die hände und bin Ewig dero

gehorsamster Sohn
W: A. Mozart
Briefe III, S. 216 f.

lend weniger der *Papa* und zusehens der *anderte*. Die Möglichkeit, daß Mozart unbewußt seinen Arbeitgeber Colloredo benutzen mußte, um sich von der Dominanz des Vaters zu befreien, ist nicht ganz von der Hand zu weisen. Womöglich war der legendäre Fußtritt sogar eine Erfindung Mozarts oder wenigstens eine Übertreibung. Das würde allerdings bedeuten, daß Mozart nicht als der gesellschaftliche Revolutionär zu sehen ist, der sich vom Joch der Fürstenherrschaft befreit hat, sondern in diesem Fall wäre Mozart ein ganz normaler junger Mann gewesen, für den es mit 25 Jahren fast zu spät war, das zu tun, was alle jungen Leute tun müssen: von zu Hause fortgehen, eine berufliche Laufbahn antreten und eine Familie gründen.

Unter diesem Gesichtspunkt wäre wieder einmal der zeitliche Ablauf von Ereignissen als Erklärungsversuch für die eigentlichen Vorgänge in Frage zu stellen. Die äußeren biographischen Stationen sind bei Mozart zuerst der Bruch mit Colloredo, dann die Heirat Constanzes und danach die Entfremdung vom Vater. In Wirklichkeit könnte es jedoch genau umgekehrt gewesen sein, indem die Entfremdung vom Vater längst vor 1781 eingesetzt hat, daß dadurch der Bruch mit Colloredo notwendig wurde und daß erst damit der Weg zu Constanze frei war.

Zufällig ist das Jahr 1781 von zwei Opern Mozarts eingerahmt, die durch ihre Handlung ein Stück Biographie wiederzugeben scheinen.

Im „Idomeneo", der vor dem Bruch geschrieben wurde, ist die Hauptperson bereit, einen Menschen zu opfern, wenn sie dadurch selbst gerettet wird. Idomeneo muß erkennen, daß dieser zu opfernde Mensch sein eigener Sohn Idamantes ist. In der „Entführung aus dem Serail" geht es darum, daß der liebende Belmonte seine Geliebte, die ausgerechnet Constanze heißt, aus dem Serail befreien muß. Wieweit dieses Serail mit der Welt einer Cäcilia Weber und eines Vormunds namens Thorwart identisch sein könnte, wird Mozart allerdings kaum überlegt haben. Außerdem hat Mozart bei den Werken die Wahl des Stoffes nicht selbst bestimmt. Insofern können sie nur auf der musikalischen Ebene biographischen Charakter haben.

Dies ist tatsächlich der Fall. „Idomeneo" und „Entführung" unterscheiden sich von Mozarts früheren Opern ganz deutlich. Die letzte seiner vollendeten Opern vor „Idomeneo" war „La finta giardiniera", auch für München geschrieben und dort sechs Jahre vor „Idomeneo" am 13. Januar 1775 uraufgeführt. Vergleicht man dieses Werk mit „Idomeneo", so ist es zwar auch ein echter und unverkennbarer Mozart, aber eine gewisse Dimension fehlt dieser Musik. Die Feststellung, daß Mozart mit seinen frühen Opern noch der Konvention verhaftet gewesen sei, wirkt

Mozart. Unvollendetes Ölbild von Joseph Lange

Mozart an seinen Vater: 26. *September 1781*

– dieser osmin hat aber im original büchel das einzige liedchen zum singen, und sonst nichts, außer dem Terzett und final. dieser hat also im Ersten Ackt eine aria bekommen, und wird auch im 2:^ten noch eine haben. – die aria hab ich dem H: Stephani ganz angegeben; – und die hauptsache der Musick davon war schon fertig, ehe Stephani ein Wort davon wuste. – sie haben nur den anfang davon, und das Ende, welches von guter Wirkung seyn muß – der zorn des osmin wird dadurch in das kommische gebracht, weil die türkische Musick dabey angebracht ist. – in der ausführung der aria habe ich seineschöne tiefe töne /: trotz dem Salzburger Midas :/ schimmern lassen. – das, drum beym Barte des Propheten etc: ist zwar im nemlichen tempo, aber mit geschwinden Noten – und da sein zorn immer wächst, so muß – da man glaubt die aria seye schon zu Ende – das allegro aßai – ganz in einem andern zeitmaas, und in einem andern Ton – eben den besten Effect machen; denn, ein Mensch der sich in einem so heftigen zorn befindet, überschreitet alle ordnung, Maas und Ziel, er kennt sich nicht – so muß sich auch die Musick nicht mehr kennen – weil aber die leidenschaften, heftig oder nicht, niemal bis zum Eckel ausgedrücket seyn müssen, und die Musick, auch in der schaudervollsten lage, das Ohr niemalen beleidigen, sondern doch dabey vergnügen muß, folglich allzeit Musick bleiben Muß, so habe ich keinen fremden ton zum f /: zum ton der aria :/ sondern einen befreundten dazu, aber nicht den Nächsten, D minor, sondern den weitern, A minor, gewählt. – Nun die aria von Bellmont in ADur. O wie ängstlich, o wie feurig, wissen sie wie es ausgedrücket ist – auch ist das klopfende liebevolle herz schon angezeigt – die 2 violinen in oktaven. – dies ist die favorit aria

zwar einleuchtend, reicht aber als Erklärung nicht aus. Denn Mozart ist mit keinen seiner Werke als ein musikalischer Revolutionär hervorgetreten. Rein kompositionstechnisch hat er die Bahnen der Konvention eigentlich nie verlassen. Was den reifen Mozart vom ‚frühreifen' Mozart unterscheidet, ist eine substantielle Tiefe, die zwar vorher immer wieder anklingt, wie etwa in der „Grabmusik" des Elfjährigen, mit „Idomeneo" erscheint aber nicht ein neuer Mozart, der sich stilistisch maßgebend geändert hätte, vielmehr scheint jetzt von seiner Musik ein Schleier weggezogen, der bis dahin den Blick in tiefere Regionen verhinderte. Jetzt kommt ein Gefühl von Freiheit zum Tragen, das vorher fehlte. Der Gedanke sollte einmal gewagt werden, daß mit „Idomeneo" zum ersten Mal der Mozart hörbar wird, der seinen Vater auch als musikalische Autorität endgültig hinter sich gelassen hat. Insofern gibt es tatsächlich einen Bruch in Mozarts Schaffen, der allerdings nicht als künstlerischer Bruch spürbar wird, weil Mozart schon vorher so stark war, daß es nur noch einer kleinen Bewegung bedurfte, um eine Konvention namens Leopold abzuschütteln. Unter diesem Gesichtspunkt sind „Idomeneo" und „Entführung" also doch biographische Stationen.

Doch noch aus einem anderen Grund sind diese beiden Werke biographisch wichtig: weil sie die einzigen Opern darstellen, über deren Entstehung sich Mozart schriftlich geäußert hat.

Seine Gedanken über „DIE ENTFÜHRUNG AUS DEM SERAIL" geben allerdings nur begrenzt Auskunft darüber, was Mozart als Komponist gewollt hat. Selbstverständlich ist Osmins Zorn, der alle *ordnung, Maas und Ziel* überschreitet, in der Musik zu hören, und auch Belmontes Herzklopfen wird in der Begleitung seiner zweiten Arie spürbar. Doch wie viele Komponisten haben sich bemüht, eine wütende Erregung oder ein menschliches Herzklopfen in Musik umzusetzen, ohne dabei Mozart erreicht zu haben.

Mozarts Ausführungen sagen daher überhaupt nichts darüber aus, wie er zu seiner musikalischen Lösung gekommen ist. Sie haben einen derart beobachtenden und nachträglich feststellenden Charakter, daß sie in der gleichen Formulierung von jedem Kapellmeister stammen könnten, der einmal mit der „Entführung aus dem Serail" zu tun gehabt hat. Nur ein einziger Satz enthüllt eine Andeutung von Mozarts Musikästhetik, nämlich der, daß *folglich Musick allzeit Musick bleiben Muß*, woraus hervorgeht, daß Mozart eben doch in allererster Linie als Musiker dachte. Musik war für ihn eine andere Aussageform als die, welche mit Worten möglich ist, und das ist es, was den Wert einer Musik überhaupt ausmacht. Sie ist kein Ersatz für Worte und kein Zusatz zu

von allen die sie gehört haben – auch von mir. – und ist ganz für die stimme des Adamberger geschrieben. – man sieht das zittern – wanken – man sieht wie sich die schwellende brust hebt – welches durch ein crescendo exprimirt ist – man hört das lispeln und seufzen – welches durch die ersten violinen mit Sordinen und einer flaute mit in unisono ausgedrückt ist. – der Janitscharen Chor ist für einen Janitscharen Chor alles was man verlangen kann. – kurz und lustig; – und ganz für die Wiener geschrieben. – die aria von der konstanze habe ich ein wenig der geläufigen gurgel der Mad:^selle Cavallieri aufgeopfert. – Trennung war mein banges loos, und nun schwimmt mein aug in Thränen – habe ich, so viel es eine wälsche Bravour aria zulässt, auszudrücken gesucht. – das hui – habe ich in schnell verändert also: doch wie schnell schwand meine freude etc: ich weis nicht was sich unsere teutsche dichter denken; – wenn sie schon das theater nicht verstehen, was die opern anbelangt – so sollen sie doch wenigstens die leute nicht reden lassen, als wenn schweine vor ihnen stünden. – hui Sau; –

Briefe III, S. 162 f.

MOZART AN SEINEN VATER: 27. Dezember 1780

Beckè sagte mir die täge daß er ihnen Nach der vorlezten Probe wieder geschrieben hätte, und unter andern daß des Raaffs seine aria im 2:^ten Ackt wieder den Text geschrieben sey – so hat man mir gesagt, sagte er, ich verstehe zu wenig welsch – ist es wahr? – hätten sie mich ehe gefragt, und hernach erst geschrieben – ich muß ihnen sagen, daß derjenige zu wenig Welsch kann, der ihnen so was gesagt hat. – die aria ist ganz gut auf die Wörter geschrieben – man hört das – mare – und das mare funesto – und die Paßagen sind auf Minacciar angebracht, welche dann daß Minacciar, das drohen – gänzlich ausdrücken. – und überhaupt ist daß – die Prächtigste aria in der opera – und hat auch allgemeinen Beyfall gehabt. Briefe III, S. 72.

MOZART AN SEINEN VATER: 8. November 1780

Ich habe nun eine Bitte an H: Abbate; – die Aria der Ilia im zweyten Ackt und zweyten Scene möchte ich für das was ich sie Brauche ein wenig verändert haben – se il Padre perdei in te lo ritrovo; diese stropfe könte nicht besser seyn – Nun aber kömmts was mir immer NB: in einer Aria, unatürlich schien – nemlich das à parte reden. im Dialogue sind diese Sächen ganz Natürlich – Man sagt geschwind ein paar Worte auf die Seite – aber in einer aria – wo man die wörter wiederhollen muß – macht es üble Wirkung – und wenn auch dieses nicht wäre, so wünschte ich mir da eine Aria – der anfang kann bleiben wenn er ihm taugt, denn der ist Charmant – eine ganz Natürlich fortfliessende Aria – wo ich nicht so sehr an die Worte gebunden, nur so ganz leicht auch fortschreiben kann, denn wir haben uns verabredet hier eine aria Andantino mit 4 Concertirenden Blas-Instrumenten anzubringen, nemlich auf eine flaute, eine oboe, ein Horn, und ein Fagott. – und bitte, daß ich sie so bald als möglich bekomme. –

Briefe III, S. 13.

13. November 1780

In der grösten Eyle schreibe ich, denn ich bin noch nicht angezogen, und muß zum Graf Seeau, Cannabich, Quaglio, und Le grand der Balletmeister speisen auch dort, um das Nöthige wegen der Opera zu verabreden. – ...
– im Ersten Ackt scena VIII. hat H. Quaglio den nemlichen Einwurf gemacht den wir gleich anfangs machten. nemlich daß es sich nicht schicke, das der könig ganz allein zu schiff seye – – a.a.O., S. 16 f.

LEOPOLD MOZART AN SEINEN SOHN: 18. November 1780

Idomeneo muß mit seinem Gefolge vom Schiffe austretten. Hier folgen die Worte, die er zu dem Gefolge spricht, die sich dann entfernen. Du weist, daß ich diesen Einwurf

Worten; sie ist eine andere Dimension und eine Welt für sich, die auch mit Worten nicht erfaßt werden kann. Wenn sich Musik mit Worten verbindet und Vokalmusik wird, dann ist es ihre letzte Aufgabe, den Text zu illustrieren, und ihre erste, ihn zu transzendieren.

Dem scheint Mozart zu widersprechen, wenn er zu einer Arie im „IDO-MENEO" bemerkt, daß durch seine Musik das *mare funesto* und *das Drohende* bei dem Wort *Minacciar* gut ausgedrückt seien. Doch ist damit überhaupt nichts darüber gesagt, warum das Drohende zum Ausdruck kommt, und welche Fähigkeiten Mozart diese Darstellung möglich gemacht haben. Im Grunde handelt es sich hier um eine Beobachtung, die auch ein Kritiker nachträglich anstellen könnte, und selbst ein Schulkind würde mit dem richtigen Hinweis auf diese Stelle dasselbe bemerken. Die Qualität einer Musik entscheidet sich nicht dadurch, daß sie etwas ausdrückt, sondern dadurch wie sie etwas vermittelt. Unter diesem Gesichtspunkt ist Mozarts Nachsatz entscheidend, mit dem er die betreffende Arie grundsätzlich beurteilt.

Neben dieser einzigen Äußerung Mozarts zur Musik des „Idomeneo" gibt es zahlreiche andere, die sich auf das Libretto der Oper beziehen. Dies ist dem Umstand zu verdanken, daß Mozart einen Teil der Musik in München schrieb, während sein Textdichter, der Abbate Giambattista Varesco, in Salzburg saß, wo über Leopold mit ihm verhandelt wurde. Aus den Änderungswünschen, die Mozart seinem Librettisten gegenüber anmeldete, könnte geschlossen werden, welche Überlegungen er selbst als Dramatiker angestellt hat.

Bei genauerem Hinsehen ergibt sich jedoch, daß die meisten Änderungen am Text gar nicht durch Mozarts eigene Wünsche veranlaßt wurden. Wer im einzelnen dahinterstand, verbirgt sich in Mozarts Brief vom 8. November 1780 noch hinter dem Wort *wir*. Aber schon fünf Tage später fallen die Namen des Theaterdirektors, des Dirigenten, des Bühnenbildners und des Ballettmeisters. Wenn in demselben Brief von der achten Szene im ersten Akt die Rede ist, wird wieder der Bühnenbildner genannt, und an dieser Stelle wird Mozart mit *wir* sich und seinen Vater gemeint haben. Aus Leopolds Antwort vom 18. November geht nun eindeutig hervor, daß er teilweise mit der Münchener Theaterdirektion direkt verhandelt hat.

Es ist also nicht möglich, Mozart allein für die endgültige Textfassung des „Idomeneo" verantwortlich zu machen. Selbstverständlich ist es verlockend, Mozarts Erwähnung von Shakespeares „Hamlet" heranzuziehen, wenn es darum geht, etwas über Mozarts Bildung auszusagen. Dabei darf jedoch nicht vergessen werden, daß auch Graf Seeau, Qua-

nach München gemacht habe: allein man schrieb zurück, daß sich die donnerwetter und das Meer an keine Étiquétte kehren.

a.a.O., S. 22.

MOZART AN SEINEN VATER: 29. *November 1780*

Sagen sie mir, finden Sie nicht, daß die Rede von der unterirdischen Stimme zu lang ist? Ueberlegen Sie es recht. – Stellen Sie sich das Theater vor, die Stimme muss schreckbar seyn – sie muss eindringen – man muss glauben, es sey wirklich so – wie kann sie das bewirken, wenn die Rede zu lang ist, durch welche Länge die Zuhörer immer mehr von dessen Nichtigkeit überzeugt werden? – Wäre im Hamlet die Rede des Geistes nicht so lang, sie würde noch von besserer Wirkung seyn. – Diese Rede hier ist auch ganz leicht abzukürzen, sie gewinnt mehr dadurch, als sie verliert.

a.a.O., S. 34 f.

30. *Dezember 1780*

– Nun bin ich wegen des Raaffs lezter aria in einer verlegenheit woraus sie mir helfen müssen. – das rinvigorir, und ringiovenir ist dem Raaff unverdaulich – und wegen diesen 2 Wörtern ist ihm schon die ganze aria verhasst. –

a.a.O., S. 77.

27. *Dezember 1780*

– wegen der 2 scenen die abgekürzt werden sollen, ist es nicht mein vorschlag, sondern nur mein Consentement – und warum ich sogleich nemlicher Meynung war, ist, weil Raaff und del Prato das Recitativ ganz ohne geist und feuer, so ganz Monoton herab singen – und die Elendesten acteurs, die Jemals die Bühne trug, sind – wegen der unschicklichkeit, unatürlichkeit und fast ohnmöglichkeit des weglassens, habe lezthin mich verflucht herumgebalget mit dem Seeau. –

a.a.O., S. 71.

LEOPOLD MOZART AN SEINEN SOHN: 11. *Dezember 1780*

Ich empfehle dir Bey deiner Arbeit nicht einzig und allein für das musikalische, sondern auch für das ohnmusikalische Publikum zu denken, – du weist es sind 100 ohnwissende gegen 10 wahre Kenner, – vergiß also das so genannte populare nicht, das auch die langen Ohren Kitzelt.

Briefe III, S. 53.

MOZART AN SEINEN VATER: 16. *Dezember 1780*

– wegen dem sogenannten Popolare sorgen sie nichts, denn, in meiner Oper ist Musick für aller Gattung leute; – ausgenommen für lange ohren nicht. – apropós wie ist es denn mit (dem erzbischof)? –

Briefe III, S. 60.

glio und weitere Beteiligte ihren „Hamlet" gelesen haben werden. Deshalb muß Mozarts Vergleich zwischen der unterirdischen Stimme im „Idomeneo" und dem Geist von Hamlets Vater nicht unbedingt auf seine eigene Shakespeare-Lektüre zurückgehen. Dieser Gedanke kann auch in einem Gespräch mit den leitenden Personen der „Idomeneo"-Produktion aufgetaucht sein. Ausgerechnet für die unterirdische Stimme mußte Mozart übrigens seine eigenen Vorstellungen zurückstecken, weil ihm die Direktion die ursprünglich geplanten Posaunen aus finanziellen Gründen nicht bewilligte.

Die Hauptursache für Eingriffe in den Text lag allerdings bei den stimmlichen Fähigkeiten der Sänger. Insbesondere der Tenor Anton Raff, dem die Titelrolle anvertraut war, verlangte zahlreiche Änderungen. Da er bereits 67 Jahre alt war, ging es bei der Rücksichtnahme auf seine Stimme sogar um die Sanglichkeit einzelner Vokale. Wenn Mozart diesen Sänger für die Kürzung zweier Szenen mitverantwortlich macht, klingt das einleuchtend, und doch geht aus dem entsprechenden Brief vom 27. Dezember hervor, daß wieder einmal Graf Seeau seine Vorstellungen durchgesetzt hatte.

Damit ergibt sich, daß alle Äußerungen Mozarts zum „Idomeneo" nur mit Vorbehalt als Aussage über den Künstler Mozart betrachtet werden können.

Die entscheidende Aussage der Oper „Idomeneo" liegt in der Musik, die hörbar werden läßt, daß Mozart nicht mehr unter dem direkten Einfluß seines Vaters stand. Mit diesem Werk hat er sich als Musiker endgültig vom Vater gelöst, dem das Populare so wichtig war und der damit in den meisten Fällen Gebrauchs- und Illustrationsmusik meinte.

Mozarts Trennung von seinem Vater ist durch nichts besser dokumentiert als durch seine Opern „Idomeneo" und „Entführung". Zwischen beiden lag Mozarts Bindung an Constanze und seine Befreiung von Colloredo. Das alles stand zugleich für seine Befreiung vom Vater. Mozart hatte sich damit die Bedingungen geschaffen, unter denen er als Mensch weiterleben und als Künstler weiter arbeiten konnte.

MOZART AN SEINEN VATER: 14. Mai 1778

Rudolph / der waldhornist / ist hier in königlichen diensten, und mein sehr guter freünd. er versteht die Composition aus dem grund, und schreibt schön. dieser hat mir die organisten stelle angetragen zu Versailles, wenn ich sie annehmen will. sie trägt das jahr 2000 liv:ʳᵉˢ, da muß ich aber 6 Monath zu versailles leben. die übrigen 6 zu Paris, oder wo ich will. ich glaube aber nicht daß ich es annehmen werde. ich muß guter freünde rath darüber hören.   Briefe II, S. 358.

LEOPOLD MOZART AN SEINEN SOHN: 28. Mai 1778

– Rudolph hat dir die Organisten Stelle in Versailles angetragen? – – steht es bey ihm? – – er will dir dazu verhelfen! das must du nicht so gleich wegwerffen, du must überlegen, daß die 83 Louisd'or in 6 Monat verdient sind. – daß dir ein halbjahr zu andern verdiensten übrig bleibt. – Daß es vermuthlich ein ewiger Dienst ist, du magst krank oder gesund seyn. Daß du ihn allzeit wieder verlassen kannst. Daß du am Hofe bist, folglich in den Augen tägl des Königs und der Königin, und dadurch deinem Glück näher. –   a.a.O., S. 365.

MOZART AN SEINEN VATER: 15. Oktober 1778

liebster vatter! – ich versichere sie, daß wenn es mir nicht um das vergnügen wäre sie bald zu umarmen, ich gewis nicht nach Salzburg kämme! – denn diesen löblichen, und wahren schönen trieb ausgenommen, thue ich wahrhaftig die gröste Narrheit von der welt; – ...

nur sie, liebster vatter, nur sie, können mir die bitterkeiten von Salzburg versüssen; und sie werden es auch thun; ich bin dessen versichert; doch muß ich ihnen frey gestehen, daß ich mit leichtern herzen in Salzburg anlangen würde, wenn ich nicht wüste, daß ich alda in diensten bin; – nur dieser gedancke ist mir unerträglich! –
                                                                    a.a.O., S. 495 f.

MOZART AN FÜRSTERZBISCHOF HIERONYMUS
GRAF VON COLLOREDO: Januar 1779

Ihro Hochfürstlich Gnaden!
Hochwürdigster des Heil: Röm: Reichs
Fürst!
Gnädigster LandesFürst und
Herr Herr!

Euer Hochfürstlich Gnaden etc: hatten die Höchste Gnade nach dem Absterben des Cajetan Adlgassers in Höchstdero Dienste mich gnadigst anzunehmen: Bitte demnach unterthänigst als Höchstdero Hoforganisten mich gnädigst zu decretiern. dahin, als zu all andern Höchsten Hulden und Gnaden mich in tiefester unterthänigkeit empfehle

Euer Hochfürstlich Gnaden
meines gnädigsten LandesFürsten
und Herrn Herrn

unterthanigster und
gehorsammster Wolfgang
Amade Mozart.

(Das Gesuch vollständig von Leopold Mozarts Hand.)   a.a.O., S. 540 f.

Die Mutter stirbt –
für eine andere Lösung

Mitte Januar 1779 kehrt Mozart von einer PARISREISE zurück, die er fast sechzehn Monate vorher in Begleitung seiner Mutter angetreten hatte. Er kommt ohne die Mutter zurück; sie ist seit sechs Monaten tot und liegt auf einem der drei Friedhöfe in Paris begraben, die zur Kirche von St. Eustache gehören. Mozarts Heimkehr ist nicht nur deshalb schwer belastet, weil er dem Vater die Frau und der Schwester die Mutter nicht wiederbringt; sie ist auch der Abschluß einer fortwährenden Enttäuschung. Denn Mozart hat keine der Hoffnungen erfüllt, mit denen der Vater ihn auf Reisen geschickt hatte. Anstelle von nennenswerten Einnahmen hat er Schulden gemacht; es war ihm nicht gelungen, wesentliche Kompositionsaufträge zu bekommen, und ein Opernkontrakt war schon gar nicht dabei. Was Mozart geschrieben hatte, war schlecht oder nur zur Hälfte bezahlt worden, einige Aufträge hatte er auch gar nicht zu Ende geführt. Von einer Berufung als Kapellmeister an einen größeren Fürstenhof war keine Rede, vielmehr mußte Leopold seinen ganzen Erfolg darin sehen, daß Wolfgang wieder in Salzburg angestellt wurde, wo er mit einer Kündigung abgereist war. Für Leopold war das besonders bitter, weil auch seine eigene Karriere zum Stillstand gekommen war. Nach dem Tode von Giuseppe Francesco Lolli im August 1778 hatte er vergeblich auf seine Beförderung zum Ersten Hofkapellmeister gehofft, doch sollte er über seine Position als Vizekapellmeister nie hinauskommen. Aber wenigstens für seinen Sohn hatte er jetzt etwas erreicht, der eine Organistenstelle einnehmen konnte, die seit dem Tode Anton Cajetan Adlgassers über ein Jahr vakant war. Die Träume von einer bedeutenden Karriere endeten damit in der Wirklichkeit des Salzburger Alltags und mit den Aufgaben eines Hoforganisten bei einem Gehalt von 450 Gulden im Jahr.
Schon aus Straßburg hatte Mozart dem Vater am 15. Oktober 1778 gestanden, daß ihm der Gedanke an den Dienst in Salzburg unerträglich sei, und auch sonst hatte er immer wieder betont, wie verhaßt ihm Salzburg war, so etwa in einem Schreiben vom 7. August 1778 an Abbé Bullinger. Mozart wollte nicht nach Salzburg zurück, aber er hatte

JOHANN BAPTIST BECKÉ AN LEOPOLD MOZART: 29. Dezember 1778

Dem heutigen zähle ich unter einen meiner vergnügtesten Täge. Ich habe das Glück Ihren allerliebsten Herr Sohn fast dem ganzen Tag bey mir zu sehen. Er kam dem 25 glückl: hier an und seit dem 26 sind wir fast immer beysammen: Er brennt vor Verlangen, seinen Liebsten theuersten Vater zu umarmen: welches so bald als es seine hiesige Umstände erlauben folgen wird: nur machte er – mich selbst fast kleinmüthig: in den ich Ihme seit einer Stund kaum aus den Thränen bringen konnte: Er hat das aller beste Herz. Nie habe ich ein Kind gesehen das mehr Empfindung und Liebe vor seinen Vater in seinem Busen trägt, als ihr herr Sohn. Es wandelt Ihn eine kleine furcht an, als würde Ihr Empfang gegen Ihm nicht so zärtl: seyn als er wünschet. Ich hoffe aber ein ganz anderes von Ihren väterlichen Herzen. Er verdient gewiß alle Liebe, alles Ergäzen an seines Vaters Seite zu haben: Sein Herz ist so rein so kindlich, so aufrichtig gegen mich, wie viel mehr, wird und muß es nicht gegen seinen Vater seyn. ... *a.a.O., S. 530.*

LEOPOLD MOZART AN SEINEN SOHN: *31. Dezember 1778*

Ich war sehr betroffen deinen und Mr: Beckes Briefe zu lesen. Wenn deine Thränen, dein Betrübniß, und Herzens Angst keinen andern Grund hat, als daß du an meiner Liebe und zärtlichkeit gegen dich zweifelst; so kannst du ruhig schlaffen, – ruhig essen und drincken und noch ruhiger hieher reisen.

Ich sehe wohl du kennest deinen Vatter nicht ganz. Es scheinet aus unseres freundes Briefe, als wäre dieß der Hauptstoff deiner traurigkeit: ò ich wünsche daß es kein anderer ist! dann hast du nicht Ursache weder einen nicht zärtlichen Empfang, noch unvergnügte Täge bey mir und deiner Schwester zu beförchten. *a.a.O., S. 531.*

LEOPOLD MOZART AN SEINEN SOHN: *19. November 1778*

Ich weis in der That nicht, was ich schreiben muß – ich werde noch von Sinnen kommen, oder an einer Abzehrung sterben. Es ist ohnmöglich mich aller deiner projecten, die du seit deiner Abreise von Salzb: im kopf hattest und auch mir überschriebst zu erinnern, ohne meinen gesunden Menschenverstand darüber zu verlieren. alles lief auf Vorschläge, leere Worte, und am Ende auf gar nichts hinaus. Nun, da ich seit dem 26ten Sept: mir mit dem grösten Vergnügen – zu meiner Gemüthsberuhigung Hofnung machte dich auf deinen Nahmenstag in Salzb: zu sehen, muste ich die erste Todesangst ausstehen, da du von Nancy vom 3t schreibst: morgen den 4t gehen wir nach Strasburg, und den 9t schrieben die Gebrüder Frank, daß du noch nicht angelangt bist. Endlich schriebst du mir erst den 14t von Strasburg. Bey dem Aufenthalt in Nancy war also das Geld zum Fenster hinausgeworffen, da anstatt das Geld da ohnnötig zu verzehren du eine eigene Gelegenheit nach Strasburg hättest nehmen und das Geld dazu anwenden können geschwinder in Strasburg einzutreffen. dann sassest du in Strasburg bis die Wassergüsse ausbrach, obwohl ich dir zum voraus dahin geschrieben, daß du, wenn nichts zu machen ist, alsogleich abreisen und nicht das Geld ohnnötig verzehren sollst, und obwohl du mir selbst geschrieben daß es pauvre zu gehe, daß du den 17t ein klein Concert geben, und dann gleich abreisen werdest; allein, man lobte dich, – und das ist

keine andere Wahl. So versuchte er wenigstens, seine Ankunft zu verzögern, indem er auf mehreren Reisestationen den Aufenthalt unnötig ausdehnte. Noch in München, also eine Tagesreise vor Salzburg, hielt er sich drei Wochen auf. Wahrscheinlich wagte er sich nicht allein nach Hause und hatte deshalb das Augsburger Bäsle nach München bestellt, das am 8. Januar dort eintraf und ihn nach Salzburg begleiten sollte.

Ein Brief, den Mozarts Freund Johann Baptist Becké noch im Dezember an Leopold schrieb, wirkt so, als sei er von Wolfgang veranlaßt worden, denn das Schreiben verfolgte eindeutig den Zweck, die Gemüter in Salzburg möglichst positiv auf die Heimkehr des verlorenen Sohnes einzustimmen. Merkwürdig ist, daß Mozart am selben Tag aus der Wohnung Beckés an den Vater schrieb, er könne den ganzen Tag nur weinen. Dies ist auf Aloysia Weber bezogen worden, die ihn gleich nach seiner Ankunft in München abgewiesen haben soll. Mozart hat aber zu diesem Zeitpunkt noch ganz andere Gründe gehabt, verzweifelt zu sein. Schon bald mußte er dem Vater unter die Augen treten, den er künstlerisch und menschlich enttäuscht hatte, und von dem er Vorwürfe erwarten konnte, weil er die Mutter vernachlässigt hatte und ohne sie zurückkehrte. Sein Brief dürfte daher mit Beckés Zeilen zusammenhängen und kaum mit Aloysia und ihrer Ablehnung. Auf diese soll Mozart laut Nissens „Kollektaneen" mit der Abwandlung eines alten bayerischen Vierzeilers geantwortet haben: *„Leck mir das Mensch im A-, das mich nicht will."* Für die Veröffentlichung hat Nissen den Satz in eine salonfähige Form gebracht und geschrieben: *„Ich lass das Mädel gern, das mich nicht will."* Erstaunlich bleibt die Tatsache, daß Mozart es nach dieser Enttäuschung noch zwei Wochen bei der Familie Weber aushielt. Möglicherweise entdeckte er nach der Ablehnung Aloysias schon jetzt seine Neigung zu der jüngeren Schwester Constanze. Wenn Mozart am 16. Mai 1781 dem Vater gesteht, daß er Aloysia wirklich geliebt habe, dann steht das in einem Zusammenhang, bei dem es bereits um Mozarts Beziehung zu Constanze geht. Auf der Rückreise von Paris scheint Mozart es jedenfalls nicht so eilig gehabt zu haben, Aloysia wiederzusehen. Zwar hatte er am 11. September aus Paris seinen Vater in einem Brief wissen lassen, daß er auf ein Wiedersehen mit den Webers in Mannheim hoffte, aber schon zwei Wochen später hatte ihn Leopold davon unterrichtet, daß die Familie Weber nach München gehen werde, wo Aloysia ans Hoftheater engagiert war, und Leopold bestätigte diese Meldung noch einmal am 1. Oktober. Wenn Mozart trotzdem seine Reise nach München über Mannheim nahm, wird es nicht allein wegen Aloysia gewesen sein, denn er blieb, ohne sie dort anzu-

für dich schon genug! du bliebst sitzen – ohne mir ein Wort zu schreiben, mich in die zweyte Todes Angst zu setzen, da wir die Gewässer und Regen auch hier hatten, und wir alle aus der Herzensangst erst den 10ten Novemb: durch den Brief vom 2ten Nov: gerissen wurden. wärst du nach dem Concert vom 17ten octob: den 19ten oder 20ten abgereiset, so würdest du vor dem grossen Regengewässer in Augsp: gewesen und wir aus aller Angst gewesen seyn, und das in Strasb: unnütz verzehrte Geld wäre im Sack geblieben. Nun hieß es den 5ten reiset er ab, so schrieb H: Scherz. Ich hoffte nun Post-täglich von Augsp: Nachricht daß du angekommen: alleine immer hieß es er ist noch nicht da – und ein Brief vom 13ten Nov: behauptete so gar, daß du gar nicht mehr kommen wirst; also – da ich bis heute den 19ten kein Schreiben von dir sahe, so war ich ganz natürlich in der 3ten Beängstigung, da mir der närrische Einfall ohnmöglich hätte beykommen können, daß du dich in Manheim, wo der Hof nicht ist, aufhalten wür-dest, folglich schon den 10 langstens in Augspurg glauben konnte, ja, ich glaubte dieses um so gewisser, als ich dachte du würdest keine zeit verlieren bald nach München zu kommen, wohin du, wie ich vermuthete schon damals als du von Nancy abgereiset um auf Carolifest antrag machen würdest. Hast du also 8 Louisd'or in Strasburg nur desswegen aus Fürsorge herausgenommen um in Manheim herzusitzen? Du hoffest in Manheim angestellt zu werden? angestellt? – – was heist das? – – du sollst weder in Manheimm noch an keinem Ort in der Welt itzt angestellt werden –, ich will das Wort angestellt nicht hören ...

die Hauptsache ist, daß du itzt nach Salzb: kommst. Ich will nichts von denen viel-leicht zu verdienenden 40 Louisd'or wissen. deine ganze Absicht gehet dahin mich zu Grunde zu richten, nur um deine in Lüften stehende Plane auszuführen ...

Kurz –! ich will absolute wegen deiner nicht mit Schande, und in Schulden sterben; und noch weniger deine arme Schwester im Elend hinterlassen; – du weist so wenig als ich wie lange dich Gott leben lässt.   *a.a.O., S. 508 f.*

GRIMM, FRIEDRICH MELCHIOR VON (1723–1807), geboren in Regensburg. Studier-te bei Gottsched in Leipzig und kam 1749 als Sekretär des Grafen Friese nach Paris. Ab 1753 gab er die „Correspondance littéraire, philosophique et critique ..." heraus, in der am 1.12.1763 ein Artikel über Mozart und seine Schwester erschien. Beim ersten Paris-aufenthalt der Familie Mozart stellte Grimm, der im geistigen Leben von Paris eine führende Rolle spielte, die entscheidenden Kontakte her.
Als Mozart 1778 wieder nach Paris kam, stand Grimm auf der Seite der Piccinisten, die mit den Anhängern Glucks im Streit waren. Das dürfte bei den Problemen zwischen ihm und Mozart mitgespielt haben.

LEOPOLD MOZART AN FRAU UND SOHN: *29. Juni 1778*

Ich habe aus allen euren Schreiben abgenommen, daß ihr nur immer dasjenige hin-schreibt, was euch eben in demselben Augenblick einfällt – und die letzte Begebenheit, oft desselbigen Tages nur ist der Held der Geschichte und Stoff eueres Briefes. Es würde mit meinen Briefen nicht viel besser gehen, wenn ich ihn den letzten Augen-blick, wen ich ihn wegschicken wollte, ganz hinschreiben wollte. So aber fange ihn eher zu schreiben an, um ihn sodann, nach Erhaltung eueres Schreiben, zu schlüssen: und auf euer Schreiben zu antworten: wo ich noch ein Stück Papier vor mir liegen habe, auf welches ich von zeit zu zeit dasjenige mit ein paar Worte aufzeichne, was ich zu schreiben habe, und euren Brief genau durchlese. – ich bin frohe daß der Wolfg: nicht immer in dem Zweifel seyn wird obs gestochen oder gehauet ist? Man kann ja nicht beständig bey guter Laune seyn. – doch geschieht keine Meldung mehr von der

treffen, fast einen Monat in Mannheim. Was er eigentlich dort wollte, ist unklar. Zwar spricht er davon, daß er dort bleiben müsse, um die Komposition des Duodramas „Semiramis" zu schreiben. Doch ist diese Arbeit nie aufgetaucht, und keinesfalls ist sie vollendet worden. Auch Mozarts Überlegungen wegen einer Anstellung in Mannheim können nicht der wahre Grund für seine verzögerte Abreise gewesen sein. Er hoffte völlig unrealistisch, daß Kurfürst Karl Theodor, der am 1. Januar die Nachfolge des bayerischen Kurfürsten Maximilian III. Joseph angetreten hatte, nach Mannheim zurückkommen und ihn anstellen werde. Der Kurfürst war aber dort, wo auch Aloysia war, nämlich in München. Möglicherweise versuchte Mozart, in Mannheim zu Geld zu kommen, denn in Zusammenhang mit „Semiramis" erwähnt er ein Honorar von „vielleicht 40 louisd'or". Doch brachte er weder die 40 Louis d'or noch das Duodrama nach Hause.

Schon in Straßburg, wo er drei Wochen Station gemacht hatte, bevor er gegen den Willen des Vaters nach Mannheim ging, sollten drei Konzerte dazu dienen, seine Finanzlage zu verbessern. Ein Soloabend als Subskriptionskonzert sowie zwei Konzerte mit Orchester scheinen außer einem Achtungserfolg aber kaum etwas eingebracht zu haben. Auf jeden Fall war Mozart Ende September schon mit Schulden aus Paris abgereist. Sechs Tage nach dem Tode seiner Mutter hatte er sich dort bei Baron von Grimm einquartiert, von dem er sich fünfzehn Louis d'or auslieh. Dabei hatte sich das Verhältnis zum Baron bereits merklich abgekühlt. Grimm vermißte an dem jungen Komponisten all jene Eigenschaften, die Vater Leopold gezeigt hatte, als er einst das Wunderkind in Paris vorführte: Geschäftstüchtigkeit, Ehrgeiz und den Willen, gesellschaftliche Beziehungen aufzubauen, zu pflegen und auszunutzen. Tatsächlich hat Wolfgang von den über fünfzig Adressen, die ihm der Vater empfohlen hatte, und die ihn in die bessere Pariser Gesellschaft einführen sollten, bis auf drei Ausnahmen keinen Gebrauch gemacht. Auch hat er sich nicht sonderlich um Schüler bemüht und jeden Grund gesucht, um auf das lästige Stundengeben verzichten zu können.

Mozart ist außerdem nie so nachlässig mit seinen Kompositionen umgegangen wie auf dieser Reise. Viele Autographe sind verschollen, und von einigen Werken ist gar keine Spur mehr aufgetaucht, so von der zweiten Pariser Symphonie oder von den Sätzen für Ignaz Holzbauers „Miserere". Unklarheit herrscht auch über das zweite der Flötenkonzerte, mit denen Mozart von dem Holländer de Jean beauftragt worden war; und von dem Melodram „Semiramis" für Otto Freiherr von Gemmingen, der später Mozarts Wiener Loge vorstehen sollte, weiß man überhaupt nur aus Briefen. Das „Miserere" kommt nur teilweise zur

Compositions Scolarin, – nichts mehr vom Ballet des Noverre, – nichts mehr von der opera. auch kein Wort ob Wendling noch in Paris ist? – ob der Wolfg: den Baron Bach gesehen? – ob Piccini noch in Paris ist? – ob er die 2 Staymetz kennt? – ob er den Gretry gesehen? – ob die Besetzung im Concert Spirituel und die production gut ist? Eine Erwehnung aller solcher Sachen mit einem paar Worte /: NB ohne ganze Seiten darüber zu überschreiben :/ würde mir viel vergnügen machen.   *Briefe II, S. 384.*

LEOPOLD MOZART AN SEINEN SOHN: *13. August 1778*

H: Baron v Grimm schrieb mir den 27 July. Sein Schreiben machte mir vernügen! und missvergnügen. vergnügen, weil ich daraus sahe, daß du dich wohl befindest; und weil er schrieb, daß du alle Kindliche Schuldigkeit an deiner lieben seel: mutter mit der grössten Genauigkeit /: daran ich zwar nicht zweifelte :/ genau erfüllt hättest. Missvergnügen aber, weil er /: mit den nämlichen Ausdrücken wie er zu dir sprach :/ sehr in zweifel zog, wie du nun in Paris dein fortkommen oder Glück oder vielleicht meint er deinen nötigen Unterhalt finden werdest. Er sagt: il est zu treuherzig, peu actif, trop aisé á attraper, trop peu occupé des moyens, qui peuvent conduire à la fortune. ici, pour percer, il faut être retors, entreprenant, audacieux. je lui voudrais pour sa fortune la moitié moins de talent et le double plus d'entregent, et je n'en serais pas embaraßé. au reste, il ne peut tenter ici que deux chemins pour se faire un sort. Le premier c'est de donner des Leçon de Clavecin; mais sans compter qu'on n'a des écoliers qu'avec beaucoup d'activité et même de charlatanerie, je ne sais s'il aurait aßez de Santé pour Soutenir ce metier, car c'est une chose trés fatigante de courir les quatre coins de Paris et de s'épuiser à parler pour montrer. Et puis ce métier ne lui plaira pas, parcequ'il l'empêchera d'ecrire, ce qu'il aime par deßus tout. Il pourrait donc s'y livrer tout à fait; mais en ce pays ci le gros du public ne se connait pas en musique. On donne par conséquent tout aux noms, et le mérite de l'ouvrage ne peut être jugé que par un très petit nombre. Le public est dans ce moment ci ridiculement partagé entre Piccini et Gluck, et touts les raisonnemens, qu'on entend sur la musique font pitié. il est donc trés difficile pour votre Fils de réussir entre ces deux partis etc: alles das hat seine Richtigkeit. – Nur das letzte hängt grossen Theils vom Glück und zufahl an. und eben weil zwey Partyen sind; so kann ein dritter sich mehr Beyfahl hoffen, als wenn das ganze Publikum nur für einen Componisten alleine eingenommen wäre. Ich, meines Theils halte für das schwerste eine opera zu bekommen: und da brauchts gehen, treiben, alles anwenden, freunde suchen etc: und zwar itzt ist schon die höchste zeit – dann Piccini und Gluck werden alles thun solches zu hindern, und mir scheint es fast nicht möglich, daß du eine bekommst.   *a.a.O., S. 442 f.*

MOZART AN SEINEN VATER: *5. April 1778*

Ich werde nicht einen Act zu einer opera machen, sondern eine opera, ganz von mir, en deux acts. mit den Ersten Act ist der Poet schon fertig. der Noverre / bey dem ich speiss so oft ich will, / hat es übersich genommen, und die iddè darzu gegeben. ich glaube es wird Allexandre und Roxane werden. Mad:^{me} jenomè ist auch hier. Nun werde ich eine sinfonie concertante machen, für flauto wendling, oboe Ramm, Punto waldhorn, und Ritter Fagott. Punto bläst Magnifique. ich komme den augenblick von Concert spirituel her. Ban grimm und ich, lassen oft unsern Musikalischen Zorn über die hiesige Musik aus NB: unter uns. denn in Publico heistes. Bravo, Bravißimo, und da klatscht man, daß einem die finger brennen.   *a.a.O., S. 332.*

Aufführung, eine Sinfonia concertante überhaupt nicht, für die erste Pariser Symphonie muß das Andante auf Wunsch neugeschrieben werden, und über die zweite Symphonie weiß Mozart gerade noch zu berichten, daß sie ihm Ehre gemacht habe. Insgesamt ist das Ergebnis des sechsmonatigen Aufenthalts in Paris enttäuschend, und über der ganzen Reise könnte der Titel seiner Ballettmusik stehen, die anstelle einer Oper entstand: „Les petits riens."

Am 11. September ergeht sich Mozart in einer ausführlichen Schilderung seiner Probleme mit Baron von Grimm. Dazu hat er auch nicht wenig Grund, denn Grimm hatte sich am 27. Juli schriftlich bei Leopold über Wolfgang ausgelassen, und Leopold hatte die entscheidende Passage des heute verschollenen Briefes seinem Sohn umgehend wiedergegeben. Die Meinung Grimms, die darin über den jungen Mozart zum Ausdruck kommt, ist keineswegs schmeichelhaft; sie stellt vielmehr ein vernichtendes Urteil dar, denn Grimm bescheinigt Leopold, daß sein Sohn karriereunfähig sei. So unerfreulich das auch für beide Mozarts war, Grimms Ansichten dürften einen wahren Kern gehabt haben. Daran war Leopold nicht ganz unschuldig, weil er die Erziehung Wolfgangs ganz auf den Künstler ausgerichtet hatte und dabei versäumte, den Sohn auf das praktische Leben vorzubereiten. Ohne Zweifel hat der Vater seinem Sohn alles abgenommen, was nicht direkt mit der Kunst zu tun hatte. Planung, Organisation, Termine, Finanzen und nicht zuletzt Beziehungen zu einflußreichen Persönlichkeiten – es gab eigentlich nichts, worum sich Leopold nicht gekümmert hätte. Mit seinem Organisationstalent, seiner Umsicht und Voraussicht hatte er sich unentbehrlich gemacht, und daher sind die späteren finanziellen Schwierigkeiten Mozarts sowie die Schwankungen seiner Laufbahn in Wien nicht allein auf äußere Umstände zurückzuführen. Viel wahrscheinlicher ist, daß Mozart wirklich unfähig war, seine eigene Karriere in die Hand zu nehmen. Er verstand es nicht zu warten, zu berechnen und sich im entscheidenden Augenblick durchzusetzen. Sogar an die gesellschaftlichen Spielregeln, die für ein Weiterkommen unerläßlich waren, hat er sich nicht gehalten, oder er hat sie nicht einmal beherrscht. Keine einzige seiner Opern scheint aufgrund einer künstlerischen Absicht entstanden zu sein; es war immer nur eine vielversprechende Gelegenheit, die sich bot und ergriffen wurde. So gesehen ist das gesamte Werk Mozarts ein Zufall.

Dieser Sachverhalt war auf der Parisreise zum ersten Mal offen zutage getreten, weil er nicht mehr durch Leopolds Aktivitäten verdeckt wurde, und Baron von Grimm war derjenige, der es wagte, die Wahrheit auszusprechen. Leopold hat das Schreiben des Barons sicher mit Be-

– Ich schrieb meinen Glückwunsch am Anfange des Briefs, – und die Nannerl wollte mit ihrem Glückwunsch denselben schlüssen, allein sie kann /: wie du dirs leicht vorstellen Kannst :/ keinen Buchstaben schreiben, die Sache kommt eben itzt, da sie schreiben sollte, – ieder Buchstabe den sie hinschreiben soll, treibt ihr einen Thränen Guß in die Augen. Vertrette du, ihr lieber Bruder, ihre Stelle – wenn du es, wie wir hoffen und wünschen, noch vertretten kannst. doch Nein! du kannst es nicht mehr – Sie ist dahin! – du bemühest dich zu sehr mich zu trösten, das thut man nicht gar so eyferig, wenn man nicht durch den verluest aller menschlicher Hofnung oder durch den fall selbst dazu ganz natürlich angetrieben wird. Nun gehe ich zum Mittagessen, ich werde aber keinen appetit haben. Dieses schreibe um halbe 4 uhr Nachmittag. Ich weis nun daß meine Liebe Frau im Himmel ist. Ich schreibe es mit weinenden Augen, aber mit gänzlicher Ergebung in den göttlichen Willen! ... H. Bullinger fand uns, wie alle die übrigen uns antraffen in der bertrübtesten Situation. ich gab ihm ohne ein Wort zu sagen deinen Brief zu lesen, und er verstellte sich trefflich und fragte mich was ich davon hielte. ich antwortete ihm, daß ich vest glaubte mein liebes Weib sey schon Todt: er sagte, daß er in der That fast eben dieses vermuthe; ...

a.a.O., S. 403.

MOZART AN SEINEN VATER: *3. Juli 1778*

Ich habe ihnen eine sehr unangenehme und Trauerige nachricht zu geben, die auch ursach ist, daß ich auf ihren lezten von 11ten Datirt, nicht eher habe antworten können. –

Meine liebe Mutter ist sehr kranck – sie hat sich, wie sie es gewohnt war, adergelassen, und es war auch sehr nothwendig; es war ihr auch ganz gut darauf – doch einige täge darnach klagte sie frost, und auch gleich hitzen – bekamm den durchlauf, kopfwehe – anfangs brauchten wir nur unsere hausmitteln, Antispasmotisch Pulver, wir hätten auch gerne das schwarze gebraucht, es mangelte uns aber, und wir konnten es hier nicht bekommen, es ist auch unter den nammen Pulvis epilepticus nicht bekandt. – weil es aber immer ärger wurde – sie hart reden konnte, das gehör verlor, so daß man schreyen muste, – so schickte der Baron grim seinen Doctor her – sie ist sehr schwach, hat noch hitzen, und Phantasirt – man giebt mir hofnung; ich habe aber nicht viell – ich bin nun schon lange Tag und nacht zwischen forcht und hofnung – ich habe mich aber ganz in willen gottes gegeben – und hoffe sie und meine liebe schwester werden es auch thun; was ist es denn sonst für ein Mittel um ruhig zu seyn? – ruhiger, sage ich, denn ganz kann man es nicht seyn; – ich bin getröstet, es mag ausfallen wie es will – weil ich weis daß es gott, der alles / wens uns noch so quer vorkömmt / zu unsern besten anordnet, so haben will; denn ich glaube / und dieses lasse ich mir nicht ausreden / daß kein Doctor, kein mensch, kein unglück, kein zufall, einem menschen das leben geben, noch nehmen kann, sondern gott allein – das sind nur die instrumenten deren er sich meistentheils bedienet, – und auch nicht allzeit – wir sehen ja daß leüte umsincken, umfallen und tod sind – wenn einmahl die zeit da ist, so nutzen alle mitteln nichts, sie befördern eher den tod als daß sie ihn verhindern – wir haben es ja an seeligen freünd Hefner gesehen! – ich sage dessentwegen nicht daß meine Mutter sterben wird und sterben muß, daß alle hofnung verloren sey – sie kann frisch und gesund werden, aber nur wenn gott will – ich mache mir, nachdemme ich aus allem meinen kräften um die gesundheit und leben meiner lieben mutter zu meinen gott gebetten habe, gerne solche gedancken, und tröstungen, weil ich mich hernach mehr

stürzung aufgenommen, obwohl er längst ahnte, daß der Parisaufenthalt Wolfgangs weder künstlerische noch finanzielle Erfolge gebracht hatte. Seit einiger Zeit war der Vater an Hiobsbotschaften aus Paris gewöhnt, und eine schlimmere Nachricht als die, welche ihn zwei Monate vorher getroffen hatte, war kaum noch zu befürchten.

Am Abend des 12. Juli hatte Leopold einen Brief angefangen, in dem er seiner Frau zum Namenstag gratulierte, ihr viele gesunde Jahre wünschte und sich ehrlich auf ein Wiedersehen freute. Am nächsten Morgen erreicht ihn ein Brief, den Wolfgang in der Nacht vom 3. auf den 4. Juli geschrieben hat. Daraus geht hervor, daß die Mutter schwer krank ist und offensichtlich in Lebensgefahr schwebt. Leopold liest zwischen den Zeilen; er weiß, daß seine Frau bereits tot ist. Am Nachmittag kommt Abbé Bullinger, der Freund der Familie, und bestätigt das. Auch er hat an diesem Tag einen Brief von Wolfgang bekommen, mit der Bitte, den Vater und die Schwester schonend auf die Todesnachricht vorzubereiten. In den Zeilen an Bullinger wirkt Mozart gefaßt, sagt nur das Nötigste und weicht mit keinem Wort der Wirklichkeit aus.

Der TOD DER MUTTER war am 3. Juli eine Stunde und neununddreißig Minuten vor Mitternacht eingetreten. Ihre Krankheit hatte etwa zwei Wochen gedauert. Nach einem Aderlaß waren Kopfschmerzen, Fieber und Durchfall aufgetreten, gleichzeitig verlor die Kranke das Gehör. Ein Arzt wurde anscheinend zu spät hinzugezogen, es blieb nur noch der Beistand eines Geistlichen. Die letzten drei Tage phantasierte die Mutter, und sie starb nach einem fünfstündigen Koma. Mozart hatte zum ersten Mal in seinem Leben einen Menschen sterben sehen.

In dieser Nacht schreibt er drei Briefe. Der erste ist jener an den Vater und beginnt mit einer Notlüge. Mozart war sich wohl bewußt, daß er dem Vater die Wahrheit schuldete, doch da ihm vorerst der Mut dazu fehlte, schrieb er um zwei Uhr nachts den zweiten Brief an Bullinger. Der dritte Brief dieser Nacht ging an Fridolin Weber und ist leider verschollen. Da Mozart seinem Vater seit drei Wochen nicht mehr geschrieben hatte, wußte dieser nicht einmal von der Krankheit seiner Frau. Mozart wagt es daher nicht, die Wahrheit zu schreiben, und obwohl die Mutter bereits tot ist, spricht er noch von der Hoffnung, daß sie wieder gesund werden könne. Er weiß jedoch, daß diese Hoffnung zunichte ist, und da er an dieser Stelle nicht weiter berichten kann, legt er alles in Gottes Hand. Ihm allein gehört die Verantwortung über das Leben eines Menschen, und auch kein Arzt kann daran und an Gottes Willen etwas ändern. Gerade in diesem Punkt hat Mozart ein schlechtes Gewissen. Die bedrohliche Lage, in der sich seine Mutter befunden hatte, war ihm

beherzt, ruhiger und getröst finde – denn sie werden sich leicht vorstellen daß ich dieß brauche! – nun etwas anders; verlassen wir diese trauergedancken. hoffen wir, aber nicht zu viell; haben wir unser vertrauen auf gott, und trösten wir uns mit diesem gedancken, daß alles gut gehet, wenn es nach den willen des allmächtigen geht, indemm er an besten weis was uns allen sowohl zu unsern zeitlichen als Ewigen glück und heyl erspriesslich und nutzbar ist –

Ich habe eine sinfonie, um das Concert spirituel zu eröfnen, machen müssen. an frohnleichnams-Tag wurde sie mit allem aplauso aufgeführt; Es ist auch so viell ich höre, in Couriere de L'europe eine meldung davon geschehen. – sie hat also ausnehmend gefallen. bey der Prob war es mir sehr bange, denn ich habe mein lebe-Tag nichts schlechters gehört; sie können sich nicht vorstellen, wie sie die Sinfonie 2 mahl nacheinander herunter gehudeld, und herunter gekrazet haben. – mir war wahrlich ganz bang – ich hätte sie gerne noch einmahl Probirt, aber weil man allzeit so viell sachen Probirt, so war keine zeit mehr; ich muste also mit bangen herzen, und mit unzufriedenen und zornigen gemüth ins bette gehen. den andern tage hatte ich mich entschlossen gar nicht ins Concert zu gehen; es wurde aber abends gut wetter, und ich entschlosse mich endlich mit den vorsaz, daß wenn es so schlecht gieng, wie bey der Prob, ich gewis aufs orchestre gehen werde, und den H: Lahousè Ersten violin die violin aus der hand nehmen, und selbst dirigirn werde. ich batt gott um die gnade daß es gut gehen möchte, indemm alles zu seiner grösten Ehre und glory ist, und Ecce, die Sinfonie fieng an, Raff stunde neben meiner, und gleich mitten in Ersten Allegro, war eine Pasage die ich wohl wuste daß sie gefallen müste, alle zuhörer wurden davon hingerissen – und war ein grosses applaudißement – weil ich aber wuste, wie ich sie schriebe, was das für einen Effect machen würde, so brachte ich sie auf die lezt noch einmahl an – da giengs nun Da capo. das Andante gefiel auch, besonders aber das lezte Allegro – weil ich hörte daß hier alle lezte Allegro wie die Ersten mit allen instrumenten zugleich und meistens unisono anfangen, so fieng ichs mit die 2 violin allein piano nur 8 tact an – darauf kamm gleich ein forte – mit hin machten die zuhörer, / wie ichs erwartete / beym Piano sch – dann kamm gleich das forte – sie das forte hören, und die hände zu klatschen war eins – ich gieng also gleich für freüde nach der Sinfonie ins Palais Royale – nahm ein guts gefrornes – bat den Rosenkranz den ich versprochen hatte – und gieng nach haus. – wie ich allzeit am liebsten zu hause bin, und auch allzeit an liebsten zu hause seyn werde – oder bey einen guten wahren redlichen teütschen – der wenn er ledig ist für sich als ein guter Christ gut lebt, wenn er verheyrathet ist, seine frau liebt, und seine kinder gut erzieht –

Nun gebe ich ihnen eine nachricht die sie vielleicht schon wissen werden, daß nehmlich der gottlose und Erz-spizbub voltaire so zu sagen wie ein hund – wie ein vieh crepirt ist – das ist der lohn! – der thresel sind sie wie sie es geschrieben haben 5/4 lohn aus-ständig – daß ich hier nicht gerne bin, werden sie schon längst gemercket haben – ich habe so viell ursachen, und die aber weil ich izt schon einmahl da bin, zu nichts nutzen. – bey mir fehlt es nicht, und wird es niemalen fehlen, ich werde aus allen kräften meine möglichkeit thun – Nun, gott wird alles gut machen! – ich habe etwas im kopf dafür ich gott täglich bitte – ist es sein göttlicher wille so, so wird es geschehen, wo nicht, so bin ich auch zufrieden – ich habe dann aufs wenigst doch das meinige gethan – wenn dieß dann alles in ordnung ist, und so geschieht wie ich es wünsche, dan müssen sie erst das ihrige darzu thun, sonst wäre das ganze werck unvollkommen – ich hoffe auch von ihrer güte daß sie es gewis thun werden – machen sie sich nur izt keine unütze gedancken, denn um diese gnade will ich sie schon vorher gebeten haben, das ich meine gedancken nicht eher ins glare setze, als bis es Zeit ist

mit der opera ist es dermalen so. man findet sehr schwehr ein gutes Poëme. die alten, welche die besten sind, sind nicht auf den Modernen styl eingerichtet, und die neüen sind alle nichts nutz; den die Poesie, welches das einzige war wo die franzosen haben

zu spät bewußt geworden, und mit der Konsultation eines Arztes hatte er zu lange gewartet. Das alles kann er seinem Vater unmöglich schreiben, und so greift er zu vorgefertigten Phrasen, zu denselben, die er schon als Vierzehnjähriger benutzt hatte, als in Salzburg die Jungfer Martha im Sterben lag. Damals, am 29. September 1770, hatte er die Hoffnung geäußert, daß die Jungfer *mit der hülf gottes schon wieder gesund werden* würde, und daß man sich andernfalls *nicht zu stark betrüben* dürfe, weil *der willen gottes allezeit der beste* sei, denn *gott wird schon wissen ob es besser ist zu seyn auf dieser welt oder in der andern*.

Diese Sätze waren Mozart natürlich vom Vater diktiert worden. Sie geben aber nur einen Teil von Leopolds aufgeklärter Gläubigkeit wieder. Seine Überzeugung, die er in vielen Briefen immer wieder geäußert hat, war die, daß der Mensch verpflichtet sei, sein Schicksal so weit wie möglich selbst in die Hand zu nehmen, und alle Verantwortung allein zu tragen. Gott war für Leopold Mozart nie ein Entschuldigungsgrund für eigenes Versagen, sondern er war jene höchste Instanz, der man sich anvertrauen mußte, wenn die Grenzen menschlicher Fähigkeit erreicht waren.

Als Mozart dem Vater vom Tod der Mutter Nachricht geben mußte, stand der Bericht von ihrer Krankheit noch aus, und in einem solchen Bericht hätte Mozart zugeben müssen, daß er die Krankheit seiner Mutter nicht rechtzeitig ernstgenommen hatte, daß er sich zu wenig um sie gekümmert hatte, und daß er sich deshalb mitschuldig fühlen mußte. All das hat Leopold in einem späteren Brief vom 3. August 1778 klar erkannt, und er hat Wolfgang daran erinnert, daß die Mutter bei der Geburt des Sohnes in Lebensgefahr geschwebt hatte. Leopold nahm damit den Tod seiner Frau nicht einfach als Gottes Wille hin, sondern er erinnerte seinen Sohn an die Verantwortung, die dieser gehabt hätte.

Als Mozart seinem Vater schrieb, daß die Entscheidung über das Leben seiner Mutter in Gottes Hand liege, hoffte er wohl etwas zu sagen, von dem er glaubte, daß sein Vater das hören wollte. Gleichzeitig muß er aber gespürt haben, daß damit nicht alles gesagt war.

Darum mußte er auch an dieser Stelle seinem Brief eine neue Wendung geben. Um sich und den Vater abzulenken, erzählt er deshalb von seiner Symphonie, vom Concert spiruel und von einem guten Gefrorenen, das er nach dem Konzert gegessen hat.

Nachdem Mozart so weit vom eigentlichen Inhalt seines Briefes abgekommen ist, hilft ihm wiederum nur der Sprung zu einem anderen Thema. Es ist Voltaire, der am 30. Mai gestorben war. Mozart wußte, daß sein Vater kein Freund Voltaires war, und doch steht das Wort

darauf stolz seyn können, wird izt alle tag schlechter – und die Poesie ist eben das
einzige hier was gut seyn muß – weil sie die Musique nicht verstehen – es sind nun 2
opern in aria die ich schreiben könnte, eine endeuxacts, die andere en trois, die en deux
ist Alexandre et Roxeane – der Poet aber der sie schreibt ist noch in der Campagne –
die en trois ist Demofont / von Metastasio / übersetzt, und mit Chöre und tänze
vermischt, und überhaubt auf das französische Theatre arangirt. von dieser habe ich
auch noch nichts sehen können. –
schreiben sie mir doch ob sie die Concerte von schrötter zu Salzbourg haben? – die
Sonaten von hüllmandel? – ich wollte sie kaufen, und ihnen überschicken. beyde œuv-
re sind sehr schön – wegen versailles war es nie mein gedancke – ich habe auch den
Rath des Baron grimm und anderer guter freunde darüber gehört – sie dachten alle
wie ich.

es ist wenig geld, man muß 6 Monath in einen orth verschmachten wo nichts sonst zu
verdienen ist, und sein talent vergraben. dann wer in königlichen diensten ist, der ist
zu Paris vergessen. und dan organist! – ein guter dienst wäre mir sehr lieb, aber nicht
anderst als kapellmeister, und gut bezahlt.

Nun leben sie recht wohl – haben sie sorg auf ihre gesundheit, verlassen sie sich auf
gott – da müssen sie ja trost finden; Meine liebe Mutter ist in hänen des allmächtigen
– will er sie uns noch schencken, wie ich es wünsche, so werden wir ihn für diese gnade
dancken, will er sie aber zu sich nehmen, so nutzt all unser ängsten, sorgen und
verzweifeln nichts – geben wir uns lieber standhaft in seinen göttlichen willen, mit
gänzlicher überzeügung daß es zu unsern nutzen seyn wird, weil er nichts ohne ursa-
che thut – leben sie also recht wohl, liebster Papa, erhalten sie mir ihre gesundheit; ich
küsse ihnen 1000mahl die hände, und meine schwester umarme ich von ganzen herzen
und bin dero gehorsamster Sohn

Wolfgang Amadè Mozart
a.a.O., S. 387 ff.

ANNA MARIA MOZART AN IHREN MANN: *7. Dezember 1777*

heunt als den 7ᵗᵉⁿ speist der wolfgang bey herrn Wendling, ich bin also allein zu haus
wie es die meiste Zeit geschicht, und stehe eine Erschreckliche kälte aus, dan wan schon
ein kleines feür gemacht würd, so bald es abgebronnen ist so ist das Zimmer widerumb
kald, es würd niemals nach gelegt, ein iedes solches Kleines feür kost 12 x, ich lasse also
nur in der frühe zum aufstehen und auf den abend ein kleines machen, under tachs
mus ich grosse kälte leiden, ich kan iezt wie ich schreibe, Vor frost kaum die feder
erhalten.

a.a.O., S. 171.

5. April 1778

was meine lebens arth betrifft ist solche nicht gar angenehm, ich size den ganzen tag
allein in zimmer wie in arest, welches noch darzue so dunckel ist und in ein kleines
höffel geth das man den ganzen tag die Sohn nicht sehen kan, und nicht einmahl weis
was es vor ein wetter ist, mit hartter miehe kan ich bey einen einfahlenten liechten
etwas weniges stricken, und für dises zimmer müssen wier das Monat 30 liver bezah-
len, der eingang und die stiegen ist so öng das es ohnmöglich wehre ein Clavier hin auf
zu bringen. der wolfgang mues also ausser haus bey Monsieur le gro Componieren
weill dorth ein Clavier ist, ich sehe ihme also den ganzen tag nicht, und werde das
reden vollig vergessen.

a.a.O., S. 330.

crepiert überraschend hart da, mitten in einem Brief, der eigentlich vom Tod der Mutter berichten müßte, und der dieses Thema ängstlich vermeidet. So wirkt die Nachricht über Voltaire wie eine unterirdische Explosion. Auch von diesem Satz muß Mozart zu einem anderen Gedanken finden, und er kommt daher auf seine eigenen Pläne, die ihn am Leben festhalten, und kann den Brief schließlich nur damit beenden, daß er noch einmal alles in die Allmacht Gottes gibt.

Was bereits aus dem Inhalt dieses Briefes hervorgeht, ist auch am Autograph abzulesen, daß Mozart nämlich mehrfach mit dem Schreiben ausgesetzt hat. Gerade das Konfuse und Sprunghafte dieses Briefes zeigt Mozarts Hilflosigkeit, und wenn er noch sechs Tage brauchte, um seinem Vater endlich die Wahrheit mitzuteilen, dann bezeugt das weder Oberflächlichkeit noch Kälte, sondern im Gegenteil die tiefe Verzweiflung, mit der er der Situation gegenüberstand.

Von nun an weicht Wolfgang dem Thema Tod immer wieder aus. Er schreibt am 9. Juli, daß die Mutter verstorben ist, meidet aber jede Einzelheit, sagt nichts über die Krankheit und schweigt über die Beerdigung. Durch dieses Schweigen ist das Grab seiner Mutter bis heute unbekannt geblieben. Das Schicksal von Mozarts eigenem Grab war damit vorweggenommen. Womöglich lag auch hier der Versuch vor, das Problem des Todes dadurch zu bewältigen, daß man sich von den Toten möglichst rasch abwandte und sie dem Tod und Gott überließ.

Auch Mozart wendet sich ab, er empfiehlt sich und dem Vater sogar, daß man nun zu anderen Sachen schreiten solle, weil alles seine Zeit habe. Am 18. Juli besteht er geradezu darauf, daß über den Tod der Mutter nicht mehr gesprochen wird. Doch den Vater beschäftigen natürlich brennende Fragen, und er möchte mit Recht wissen, wie sehr seine Frau gelitten hat und wie sie gestorben ist. Am 31. Juli sieht sich Mozart gezwungen, dem Vater Genaueres zu berichten, er bittet jedoch, sich kurz fassen zu dürfen, weil er das Briefpapier für andere, wichtige Mitteilungen brauche.

Das alles sagt jedoch überhaupt nichts darüber aus, wie nahe Mozart der Tod seiner Mutter gegangen ist. Seine Weigerungen, darüber zu sprechen, deuten eher darauf hin, daß er eine besondere Verletzlichkeit zu schützen suchte. Auch dürfte er der Toten gegenüber Schuldgefühle gehabt haben. Während der Reise hatte er die Mutter oft vernachlässigt und war seiner eigenen Wege gegangen, während sie in einem billigen und oft ungeheizten Quartier auf ihn warten mußte. Auch fühlte sie sich machtlos gegenüber Wolfgang, der jetzt den *anderten Papa* spielte und seinen Tageslauf und seine Freunde selbst bestimmte, die er nicht immer mit sicherem Gespür aussuchte. Hinter den wenigen Mitteilungen,

MOZART AN SEINEN VATER: 24. März 1778

ich hab mich mein lebetag niemahl so ennuirt. sie können sich leicht vorstellen was das ist, wenn man von Mannheim und von so viellen lieben und guten freünden wegreiset, und dann zehnthalb Täge, nicht allein ohne diese gute freünde, sondern ohne menschen, ohne eine einzige Seele, mit der man umgehen oder reden könnte, leben muß. Nun sind wir gott lob und Danck an ort und end. a.a.O., S. 326.

ANNA MARIA MOZART AN IHREN MANN: 5. Feburar 1778

Mein lieber Man aus disen brief wirst du ersehen haben das wan der Wolfgang eine Neue bekandschaft machet er gleich gueth und blueth für solche leuthe geben wolte, es ist wahr sie singt unvergleichlich, allein man mues seinen eigenen Nutzen niemals auf die seite setzen, es ist mir die geselschafft mit den (Wendling) und den (Ram) niemals recht gewesen, alleinig ich hatte keine einwendung machen derffen, und mir ist niemals geglaubet worden so bald er aber mit den (weberischen) ist bekant worden, so hat er gleich seinen Sinn geändert, mit einen worth bey andern leuthen ist er lieber als bey mir, ich mache ihm in einen und andern was mir nicht gefählt einwendungen, und das ist ihm nicht recht, du wirst es also bey dir selbst über legen was zu thuen ist, die Reise mit den Wendling nach paris finde ich gar nicht vor Rathsam ich wolte ihm lieber späther selbst bekleithen, mit den postwagen würde es so vill nicht kosten, villeicht bekomst du von H Von grim noch eine andworth, under dessen verliehren wür hier nichts ich schreibe dises in der gresten geheim, weill er beym essen ist und in eille damit ich nicht über fahlen werde. adio ich verbleibe dein getreues weib Marianna Mozartin. a.a.O., S. 255.

WEBER, FAMILIE; FRIDOLIN Weber (1733-1779) aus Zell im Wiesental heiratete 1756 CÄCILIA Stamm (1727-1793). Vier Töchter aus dieser Ehe haben in Mozarts Leben eine Rolle gespielt. JOSEPHA (1759-1819), die in erster Ehe mit dem Geiger Franz de Paula Hofer verheiratet war, sang bei der Uraufführung der „Zauberflöte" die Königin der Nacht. ALOYSIA (ca. 1760-1839), ab 1780 mit dem Schauspieler Joseph Lange verheiratet, von dem sie sich um 1795 trennte, verkörperte drei Hauptrollen in Mozarts Opern: Constanze („Entführung"), Madame Silberklang („Schauspieldirektor") und Donna Anna („Don Giovanni"). Für sie schrieb Mozart die Konzertarien KV 294, 316, 383, 416, 418, 419 und 538. SOPHIE (1763(?)-1846), die jüngste der Schwestern, hat Mozart in seinen letzten Tagen und Stunden beigestanden. 1807 heiratete sie den Chordirektor Jakob Haibel in Djakovar, der vorher in Schikaneders Theater mitgewirkt hatte, u.a. als Monostatos in der „Zauberflöte". Nach seinem Tod (1826) lebte Sophie in Salzburg bei ihrer Schwester CONSTANZE (5.1.1762-6.3.1842).

die Anna Maria Mozart über sich selbst von dieser Reise gemacht hat, verbirgt sich einiges an Enttäuschungen und manches Leid. Leopold hat aber genügend aus den wenigen Zeilen seiner Frau herausgelesen, denn noch bevor Mutter und Sohn Paris erreichten, erwog er, Wolfgang allein weiterreisen zu lassen, während Anna Maria nach Salzburg zurückkehren sollte. Dieser Plan hatte allerdings den Nachteil, daß bei seiner Ausführung überhaupt kein elterlicher Einfluß mehr auf Wolfgang bestanden hätte. In dessen Brief vom 24. März 1778 findet sich eine Stelle, die erschreckend aufzeigt, wie sehr sich der Sohn der Mutter entzogen oder gar entfremdet hatte. Zu einem späteren Zeitpunkt und nach dem Tod der Mutter wäre ein solches Gefühl der Einsamkeit verständlich erschienen, doch hier wirkt es fast beleidigend. Wenn Leopold diese Zeilen aufmerksam gelesen hat, dürfte ihm aufgefallen sein, daß er selbst die Familie seit Wolfgangs Pubertät immer wieder auseinandergerissen hatte. In diesen entscheidenden Jahren wurde die Beziehung zwischen Mutter und Sohn ständig über längere Zeiträume unterbrochen. Während drei Italienreisen und bei Aufenthalten in Wien und München hatte der junge Mozart lernen müssen, ohne die Mutter zu leben. Als beide dann nach Paris aufbrachen, hätte Leopold sich eigentlich fragen müssen, inwieweit Wolfgang allein auf Reisen ging, obwohl die Mutter ihn äußerlich begleitete.

Darüber hinaus stellte diese Reise für Mozart einen Aufbruch dar, der durch die Namen ALOYSIA WEBER und MARIA ANNA THEKLA MOZART gekennzeichnet ist. Der einundzwanzigjährige Mozart nimmt reichlich spät und auffallend unbeholfen seine ersten Kontakte zum weiblichen Geschlecht auf. Obwohl der Name Weber in seinen Briefen erst am 17. Januar 1778 fällt, dürfte Mozart die Familie Weber schon im November 1777 kennengelernt haben. Denn in dieser Zeit hatte er regen Umgang mit den Musikern der Mannheimer Hofkapelle, wobei der Flötist Johann Baptist Wendling, der Oboist Friedrich Ramm sowie der Kapellmeister Christian Cannabich am häufigsten genannt werden.

In diesen Kreisen traf Mozart auch den Kopisten, Sänger und Souffleur Fridolin Weber, dessen siebzehnjährige Tochter Aloysia schon zu dieser Zeit eine hervorragende Sängerin war. Diese Bekanntschaft hat wahrscheinlich dazu geführt, daß Mozart den Aufenthalt in Mannheim verlängerte und nicht mit Ramm und Wendling nach Paris reiste, wie das zuerst geplant war. Seine Schwärmerei für Aloysia tat sich sehr bald in hochfliegenden Plänen kund, die bei Leopold helles Entsetzen auslösten. Mozart sah sich schon mit Aloysia nach Italien reisen, wo er sie als Sängerin berühmt machen wollte. Hier kommt wieder der *anderte Papa*

Mein gedancke ist dieser.
Ich mache hier ganz Commode vollends die Musique für den de jean. da bekomme ich
meine 200 f: hier kan ich bleiben so lange ich nur will. weder kost weder logis kost mir
etwas. unter dieser Zeit wird sich herr weber bemühen sich wo auf Concerts mit mir
zu Engagiren. da wollen wir mit einander Reisen. wenn ich mit ihm reise so ist es just
so viell als wenn ich mit ihnen Reisete. deswegen habe ich ihn gar so lieb, weil er, das
äüsserliche ausgenommen, ganz ihnen gleicht, und ganz ihren Caractére und
denckunsart hat. Meine Mutter, wenn sie nicht, wie sie wissen, zum schreiben zu faul
Commode wäre, so würde sie ihnen das nämliche schreiben. Ich muß bekennen daß ich
recht gern mit ihnen gereist bin. wir waren vergnügt und lustig. ich hörte einen Mann
sprechen wie sie. ich durfte mich um nichts bekümmern. was zerrissen war fand ich
geflickt; mit einem wort ich war bedient wie ein fürst.
ich habe diese bedruckte famille so lieb, daß ich nichts mehr wünsche, als daß ich sie
glücklich machen könnte; und vielleicht kann ich es auch. mein rath ist daß sie nach
Italien gehen sollten. da wollte ich sie also bitten, daß sie, je ehender je lieber, an unsern
guten freünd Lugiati schreiben möchten, und sich erkundigen wie viell, und was das
meiste ist was man einer Prima donna in verona giebt? – je mehr je besser, herab kann
man allzeit – – vielleicht könnte man auch die Ascenza in venedig bekommen. für ihr
singen stehe ich mit meinen leben, daß sie mir gewis Ehre macht. sie hat schon die kurze
Zeit von mir viell Profittirt, und was wird sie erst bis dahin Profittirn? – wegen der
action ist mir auch nicht bang. wenn das geschieht, so werden wir, M:ʳ Weber, seine
2 töchter und ich die Ehre haben meinen lieben Papa und meine liebe schwester im
durchreisen auf 14 täge zu besuchen. meine schwester wird an der Mad:ˢᵉˡˡᵉ Weber eine
freündin und Cameradin finden, denn sie steht hier im Ruf, wie meine schwester in
Salzburg wegen ihrer guten aufführung, der vatter wie meiner, und die ganze famille
wie die Mozartische. es giebt freylich neider, wie bey uns, aber wenn es darzu kommt,
so müssen sie halt doch die wahrheit sagen. redlich wehrt am längsten. Ich kann sagen
das ich mich völlig freüe, wenn ich mit ihnen nach Salzbourg kommen sollte, nur damit
sie sie hören. meine Arien von der de amicis, so wohl die bravura aria, als Parto,
m'affretto, und dalla sponda tenebrosa, singt sie Superb. Ich bitte sie machen sie ihr
mögliches das wir nach italien kommen. Briefe II, S. 252 f.

Leopold Mozart an seinen Sohn: *12. Februar 1778*

Dein Vorschlag /: ich kann kaum schreiben, wenn ich nur daran denke :/ der Vorschlag
mit dem H: (Weber) und NB 2 Töchtern herumzureisen hätte mich beynahe um mei-
nen Vernunft gebracht. Liebster Sohn! wie kannst du dich doch von so einem abscheu-
lichen dir zugebrachten Gedanken auch nur auf eine Stunde einnehmen lassen. dein
Brief ist nicht anders als wie ein Roman geschrieben. – – a.a.O., S. 276.

zum Vorschein, als den sich Mozart zu Beginn der Reise bezeichnet hatte. Im Grunde träumte er davon, Aloysia in Italien zum Erfolg zu führen und damit jene Rolle zu spielen, die sein eigener Vater vorher für ihn gespielt hatte. So stellt er sich das Erwachsensein vor, und in dieses Bild gehört natürlich eine Ehe mit der jungen und talentierten Sängerin. Der einzige erhaltene Brief an Aloysia, den ihr Mozart am 30. Juli 1778 aus Paris geschrieben hat, fällt dadurch auf, daß er italienisch geschrieben ist und in der Hauptsache musikalische Ratschläge enthält. Hier spricht der überlegene Lehrer zu seiner Schülerin, zeigt ihr nebenbei noch, daß er die Sprache jenes Landes beherrscht, in dem die Musik zu Hause ist, und gibt ihr indirekt zu verstehen, daß sie eigentlich keinen intelligenteren und gebildeteren Mann finden könne als ihn. Dieser Brief enthält keine Liebeserklärung, sondern ist der Versuch, Eindruck zu machen. Insofern beweist er, daß zwischen Mozart und Aloysia keine Liebesbeziehung bestanden hat. Aloysia war für Mozart ein Traum, in welchem er seine Vorstellungen vom Erwachsensein auslebte. Dabei mußte dem jungen Komponisten die Verbindung mit einer so begabten Künstlerin wie Aloysia ideal erscheinen. Von daher ist es möglich, daß Mozart mit seiner Neigung zu Aloysia weniger deren Person gemeint hat als vielmehr sich selbst und seine Selbstverwirklichung. Für diese Selbstwerdung stand ihm der Name Aloysia als Inbegriff, und so ging es gar nicht um sie, sondern es ging um ihn. Darauf weist auch sein Brief vom 29. Juli 1778 an Fridolin Weber hin. Mit Weber spricht Mozart von Mann zu Mann, und der Jüngere beweist dem Älteren seine Tauglichkeit als Schwiegersohn.

Auf den ersten Blick erscheint es rätselhaft, warum sich Leopold gegen die Verbindung seines Sohnes mit der Familie Weber von Anfang an gesträubt hat. Die Beteuerung Wolfgangs, daß *die Weberschen ganz wie die Mozartischen* seien, hat Leopold nicht überzeugt. Dabei gab es zumindest eine Parallele in der beruflichen Laufbahn von Leopold Mozart und Fridolin Weber. Beide waren ursprünglich für einen anderen Beruf bestimmt gewesen, beide hatten auf Umwegen zur Musik gefunden, und beide konnten dort nicht über eine gewisse Stufe hinauskommen, wobei Fridolin Weber noch glückloser in seiner Karriere war als Leopold Mozart. Was Leopold beunruhigte, war die Tatsache, daß sein Sohn ans Heiraten dachte. Zunächst galt es, die berufliche Laufbahn und damit ein festes Einkommen zu sichern, und erst danach kam eine Familiengründung in Frage. Mit dieser Einstellung hatte sich Leopold grundsätzlich gegen die Heiratspläne seines Sohnes gewandt, und ihm war klar, daß Wolfgang Träumen nachhing, für deren Verwirklichung es noch zu früh war.

MOZART AN MARIA ANNA THEKLA MOZART: 3. *Dezember 1777*

Ma très chère Cousine!
Bevor ich Ihnen schreibe, muß ich aufs Häusel gehen – – ietzt ist's vorbey! ach! – –
nun ist mir wieder leichter ums Herz! – jetzt ist mir ein Stein vom Herzen – nun kann
ich doch wieder schmausen! – nu, nu, wenn man sich halt ausgeleert hat, ist's noch so
gut leben. Briefe II, S. 163.

ANNA MARIA MOZART AN IHREN MANN: 26. *September 1777*

wür führen ein charmantes leben, früh auf spath ins beth, den ganzen dag haben wür
visiten, leben wie die fürsten Kinder, bis uns holt der schinder.
adio ben mio leb gesund, Reck den arsch zum mund. ich winsch ein guete nacht, scheiss
ins beth das Kracht, es ist schon über oas iezt kanst selber Reimen. sch... a.a.O., S. 14.

MOZART AN MARIA ANNA THEKLA MOZART: 5. *November 1777*

iezt muß ich ihnen eine trauerige geschichte erzehlen, die sich jezt den augenblick
erreignet hat. wie ich an besten an dem brief schreibe, so höre ich etwas auf der gasse.
ich höre auf zu schreiben – – stehe auf, gehe zum fenster – – und – höre nichts mehr –
– ich seze mich wieder, fange abermahl an zu schreiben – – ich schreibe kaum 10 worte
so höre ich wieder etwas – – ich stehe wieder auf – – wie ich aufstehe, so höre ich nur
noch etwas ganz schwach – – aber ich schmecke so was angebrandtes – – wo ich
hingehe, so stinckt es. wenn ich zum fenster hinaus sehe so verliert sich der geruch, sehe
ich wieder herein, so nimmt der geruch wieder zu – – endlich sagt Meine Mama zu
mir: was wette ich, du hast einen gehen lassen? – – ich glaube nicht Mama. ja ja, es ist
gewis so. ich mache die Probe, thue den ersten finger im arsch, und dann zur Nase, und
– – Ecce Provatum est; die Mama hatte recht. Nun leben sie recht wohl, ich küsse sie
10000mahl und bin wie allzeit der alte junge Sauschwanz.
Wolfgang Amadé Rosenkranz.
a.a.O., S. 106.

MOZART AN SEINEN VATER: 17. *Oktober 1777*

den 17.ᵗᵉⁿ in der frühe schreibe und betheüere ich daß unser bäsle, schön, vernünftig,
lieb, geschickt und lustig ist; und daß macht weil sie braf unter die leüte gekommen ist.
sie war auch einige Zeit zu München. daß ist wahr, wir zwey taugen recht zusammen;
dann sie ist auch ein bischen schlimm. wir fopen die leüte mit einander, daß es lustig ist.
a.a.O., S. 66.

Eben in dieser Zeit entstehen Mozarts Briefe an das Augsburger Bäsle, die vor Lust am Unanständigen nur so sprühen. In ihnen zeigt sich Mozart reichlich verspätet als ein pubertierender Flegel, der mit Kraftausdrücken um sich wirft, die von Zeile zu Zeile noch übertroffen werden müssen. Diese Ausdrucksweise stellte jedoch in der Familie Mozart keine Besonderheit dar. Vor allem die Mutter hat sich offenbar gerne eines ähnlichen Vokabulars bedient, und was Mozart in den Bäsle-Briefen, wenn auch gezielt und gehäuft, von sich gab, war im Grunde Bestandteil seiner Muttersprache. So ist auch der oft unterschlagene Text seines späteren Kanons „Bona nox" gar nicht ihm zu verdanken, sondern seiner Mutter, die ihn wiederum selbst vom Volksmund übernommen hat.

Bevor aus Mozarts Briefen an das Bäsle Schlüsse über sein Verhältnis zum Bäsle gezogen werden, ist zu beachten, von welcher Art die Unanständigkeiten in den Briefen sind. Das Alltäglichste und Primitivste wird zum Hauptthema erhoben, und die tägliche Notdurft rückt in den Mittelpunkt. Aber die Briefe sind nicht unsittlich in einer sexuellen Bedeutung, sie sind nur unanständig im bürgerlichen Sinne. Sie enthalten keinerlei sexuelle Anzüglichkeiten, und die Organe unterhalb der Gürtellinie werden nur in ihren Ausscheidungsfunktionen verherrlicht. Gerade dies widerspricht der Vermutung, daß Mozart mit der leichtfertigen Augsburger Cousine seine ersten sexuellen Erfahrungen gemacht habe. Dann würde die Hemmungslosigkeit seiner Redeweise das in den Briefen zur Sprache gebracht haben. Es sind aber keine erotischen Briefe, und schon gar nicht sind sie pornographisch. Sie sind ein überschäumender Protest gegen eine zu enge Welt der Wohlanständigkeit. Unter diesem Gesichtspunkt war das Bäsle für Mozart kein weiblicher Partner, sondern eine Art Kumpan.

Auch verlieren die Bäsle-Briefe an Gewicht, wenn sie nicht als gesondertes Kapitel in Mozarts Leben behandelt werden. Sie gehören aufs engste mit der Aloysia-Episode zusammen und sind nur die Kehrseite ein und derselben Medaille. In beiden Fällen benimmt sich Mozart seltsam pubertär, denn immerhin wird er um diese Zeit bereits zweiundzwanzig Jahre alt. In seiner Beziehung zum anderen Geschlecht erscheint er hier als außerordentlicher Spätentwickler. Mit ziemlicher Sicherheit lag aber keine Spätentwicklung, sondern eine unterdrückte Entwicklung vor.

Als Mozart mit der Mutter die Reise nach Paris antrat, war durch die vorausgegangenen Reisen mit dem Vater eine gefährliche Ausgangslage geschaffen. Der Einundzwanzigjährige hatte sich von der Mutter bereits soweit gelöst, daß sie keine wirkliche Autorität mehr über ihn be-

Mozartbrief an Aloisia Weber vom 30. Juli 1778 aus Paris (2. Seite)

MOZART AN SEINE SCHWESTER: 13. September 1771

Ich schreibe nur deswegen, damit ich ... schreibe: mir ist es zwar ungelegen, weil ich einen starken Katarrh und Strauchen habe. Sage der Fräulein W. von Mölk, dass ich mich recht auf Salzburg wieder freue, damit ich nur wieder ein solches Präsent für die Menuette bekommen kann, wo, wie ich es bey derselben Akademie bekommen habe: sie weiss es hernach schon.

Briefe I, S. 437.

saß. Und gleichzeitig war bisher etwas unterdrückt worden, was darum um so stärker zum Ausbruch kommen mußte, nämlich Wolfgangs Beziehung zu Mädchen. Dieser Ausbruch erfolgte in zwei Richtungen, die durch die Schwärmerei für Aloysia und die Schweinereien gegenüber dem Bäsle gekennzeichnet sind. In beiden Fällen hat Mozart nicht die Frau gesehen, sondern nur ein bestimmtes Frauenbild. Auf der einen Seite war das die Angebetete, die ‚Heilige‘, und auf der anderen Seite war es die ‚Hure‘. In Aloysia hat Mozart die begnadete Sängerin bewundert, und seine Annäherung an dieses Mädchen war im wörtlichen Sinn die eines jugendlichen Verehrers. An sie hat er seine Träume als Künstler gehängt, und nur in zweiter Linie hat er sie als Mann begehrt. Insofern war seine Beziehung zu Aloysia rein, denn sie hatte etwas Schwärmerisches und Unrealistisches. Sie war keine große Liebe; sie war ein großer Traum.

Sowohl Aloysia als auch das Bäsle waren nicht Mozarts erstes Verhältnis mit einer Frau. Hier wurden unreife Vorformen einer Beziehung entwickelt, und die Frau sollte Mozart erst in Constanze entdecken. Soweit sich ihr Charakter erkennen läßt, war sie eine Mischung aus Aloysia und Bäsle. Sie war keine Heilige, und sie war auch keine Hure, sie war eine Frau für den normalen bürgerlichen Alltag. Bei ihr sollte Mozart die Realität finden, an der er, Aloysia anhimmelnd und mit dem Bäsle alles in den Schmutz ziehend, vorbeigegangen war.

Es erhebt sich die Frage, warum Mozart erst mit einundzwanzig Jahren ein Verhalten entwickelte, das für einen Sechzehnjährigen normal wäre. Die Antwort darauf muß unbedingt auch bei Leopold gesucht werden.

Solange Mozart unter der strengen und ganz auf die Arbeit ausgerichteten Führung des Vaters gestanden hatte, war ihm weder Zeit noch Möglichkeit gegeben, irgendeine Mädchenbekanntschaft zu pflegen oder gar auszuleben. In seinen Briefen aus Italien finden sich zwar manchmal Grüße an Freundinnen seiner Schwester, doch offenbart sich deren Bedeutungslosigkeit sofort, wenn man einer solchen Spur weiter nachgeht. Wenn Wolfgang mit fünfzehn Jahren von der zweiten italienischen Reise seiner Schwester eine Botschaft an Barbara von Mölk aufträgt, dann mag das auffallen. Weit auffallender ist es jedoch, wenn das Thema nach dem 13. September 1771 in sieben weiteren Briefen und über drei Monate nicht mehr zur Sprache kommt. Ganz ähnlich verhält es sich auch dort, wo es um eine der Töchter des Arztes Sigmund Barisani geht, die während der dritten Italienreise erwähnt wird. Es ist hier wie dort übereilt, von einer ersten Liebe Wolfgangs zu sprechen. Wolfgang hat damals zwar an Mädchen gedacht, aber er kann

Leopold Mozart an seine Frau: *12. Dezember 1772*

*Wir hatten hier einige zeit immer Regenwetter. seit 3 tägen ist es recht schön und nicht
kalt. wir haben in unserm Camin noch kein feuer angezündet. daß der Wolfg: der frl:
Waberl die Menuet nicht gegeben, war ein fehler, den sie ihm verzeihen wird, wenn sie
bedenkt, daß er ein flüchtiger Mensch ist, der leichtlich etwas in die vergessenheit
bringt. warum er aber auf die frl: Barisani eher gedacht, ist eine ganz natürliche
Ursache, die man zu sagen nicht nötig hat.*   *a.a.O., S. 467.*

Mozart an seinen Vater: *23. September 1777*

*uns gehet nichts ab als der Papa, je nu, gott wills so haben. es wird noch alles gut
gehen. ich hoffe der Papa wird wohl auf seyn, und so vergnügt wie ich, ich gebe mich
ganz gut drein. ich bin der anderte Papa. ich gieb auf alles acht.*   *Briefe II, S. 7.*

Leopold Mozart an Frau und Sohn: *25. September 1777*

*Nachdem ihr abgereiset, gieng ich sehr math über die Stiege, und warf mich auf einen
Sessl nieder. Ich habe mir alle Mühe gegeben mich bey unserer Beuhrlaubung zurückzuhalten, um unsen Abschied nicht schmerzlicher zu machen, und in diesem daummel
vergaß ich meinem Sohn den vätterlichen Seegen zu geben. Ich lief zum fenster und
gab ihn solchen euch beyden nach, sahe euch aber nicht beym Thor hinausfahren, und
wir musten glauben, ihr wäret schon vorbey, weil ich vorher lange da saß ohne auf
etwas zu denken.*   *a.a.O., S. 8.*

nicht wirklich verliebt gewesen sein, weil er sie ebenso schnell vergißt, wie er sie erwähnt.

Über diese Dinge wird Leopold gewacht haben, der Wolfgangs Leben bis zum 23. September 1777 organisiert und kontrolliert hat. Als Mutter und Sohn an diesem Tag ihre Parisreise antraten, wird Leopold geahnt haben, daß er Wolfgang in eine Freiheit entließ, die eigentlich zu spät und auf jeden Fall unvermittelt kam. Darum mußte jeder Schritt, den Mozart auf seinem neuen Weg machte, auch die innere Entfernung zwischen ihm und dem Vater vergrößern.

Mit der Parisreise wurde die Lösung vom Vater äußerlich vorbereitet, während sie innerlich wahrscheinlich noch früher begonnen hatte. Als Leopold gegen seinen Willen in Salzburg zurückblieb, war vorauszusehen, daß er seinen Sohn verlieren würde. Nicht vorauszusehen war, daß er auch seine Frau verlieren sollte.

LEOPOLD MOZART AN SEINE FRAU: *25. August 1770*

So bald in Mayland bin, muß die Halsbindl und Hemder des Wolfg: alle fast ändern lassen. ... Es wird alles zu enge, ... Du därfst dir ihn aber desswegen eben nicht gar so gross vorstellen, genug, daß alle glieder grösser und stärker werden. Stimme zum singen hat er itzt gar keine: diese ist völlig weg; er hat weder Diefe noch Höhe, und nicht 5 reine Töne. Dieß ist etwas, das ihn sehr verdriesst, dann er kann seine eigene Sachen nicht singen, die er doch manchmal selbst singen möchte.   Briefe I, S. 384.

4. Juli 1770

... wir sollen morgen eine Neuigkeit erfahren, die, wenn sie wahr ist euch in verwunderung setzen wird. Es soll nämlich der Card: Pallavicini ordre haben vom Pabst dem Wolfg: ein ordenskreutz und Diploma zu überreichen. sage noch nicht vieles davon: ist es wahr? – so schreib ich dir es komenden Samstag. da wir letzlich beym Cardinal waren, sagte er etlich mahl zum Wolfg: Sig^{re}: Cavaliere, wir glaubten es wäre spaß. nun höre, daß es wahr sey, und das er morgen uns desswegen eingeladen. a.a.O., S. 367.

7. Juli 1770

Was ich dir letzlich von einem ordenskreutz geschrieben hat seine Richtigkeit. Ich habe auch heute an S^e: Hochf: Gnaden geschrieben und die Copia des Päbst Breve eingeschlossen. ich hatte kaum Zeit solches in der Geschwindigkeit und zimmlich schlecht für S^e. Hf: gd abzucopieren, sonst hätte es zweymahl geschrieben und auch dir geschickt. Es ist das nämliche was der Gluck hat, und heist te creamus auratae Militiae Equitem etcetc: er muß ein schönes Goldenes Kreutz tragen, so er bekommen hat, und du kannst dirs einbilden wie ich lache, wenn alle zu ihm itzt Sgr: Cavaliere sagen höre. du weist daß in den Exemplaren oder opera bücheln, so für den hof selbst in Wienn gedruckt worden, allzeit stehet dal Sigr: Cavaliere Gluck. Ein Zeichen, daß es ein vom kays: hofe selbst erkannter orden ist. wir werden auch desswegen die Abschrift der Bulle Benedicti XIV.^{ti} erhalten, die er dieses Ordens-halben herausgegeben. Morgen haben wir beym Pabst audienz und am Montag in der Nacht gehen wir in Gesellschaft noch zweyer Sedien nach Loreto, und von da nach Bologna. a.a.O., S. 368.

12. Januar 1771

Wir gehen erst den kommenden Montag nach Turin. Ich muß dir berichten, daß ich gestern von Sgr: Pietro Luggiati die Nachricht erhalten, daß die Accademia Filarmonica in Verona unsern Sohn zum Mitglied angenommen, und der Cancelliere dell'accademia im Begriffe ist das Diploma für ihn auszufertigen. a.a.O., S. 415.

20. Oktober 1770

Wir sind um ein paar täge später von Bologna abgereiset, indem die Accademia Philarmonica dem Wolfg: mit einhelliger Stimme in ihre Gesellschaft aufgenommen, und ihm

Ein Kind gewinnt –
und verliert seine Kindheit?

Am 25. August 1770 teilt Leopold Mozart aus Bologna seiner Frau in Salzburg mit, daß bei Wolfgang der Stimmbruch eingesetzt hat. Mit den Anzeichen der Pubertät geht nun eine Kindheit zu Ende, die vielleicht nie gelebt werden konnte. Wolfgang befindet sich mit dem Vater auf der ersten von drei ITALIENREISEN, zu der sie ohne Mutter und Schwester am 13. Dezember 1769 aufgebrochen waren. Dieser Italienaufenthalt wird gut fünfzehn Monate dauern, und die Hauptstationen der Reise sind Mailand, Bologna, Florenz, Rom, Neapel; dann wieder Rom, Bologna und Mailand.

Durch mehrere Auszeichnungen wird der vierzehnjährige Wolfgang auf dieser Reise innerhalb von sechs Monaten zum höchstdekorierten Musiker seiner Zeit. Am 5. Juli 1770 wird ihm in Rom von Papst Clemens XIV. der Orden vom Goldenen Sporn verliehen, der in diesem Grade zuletzt im Jahre 1574 durch Papst Gregor XIII. an Orlando di Lasso vergeben worden war. Von nun an dürfte sich Mozart Ritter nennen, wie Gluck es seit 1756 tut. Gluck und Dittersdorf hatten den Orden als erwachsene Männer erhalten, allerdings nicht im gleichen hohen Grade wie Mozart. Der Orden existierte in zwei Graden, dem vatikanischen und dem lateranischen. Die höhere Stufe konnte nur vom Papst verliehen, die niedere Stufe des Ordens konnte erworben werden.

Mozart läßt sich in Italien noch als *cavaliere* anreden, doch wird er später den Titel eines Ritters nicht führen, und 1777 wird er auch das Goldene Kreuz am Roten Band endgültig ablegen, nachdem sich ein Herr Langenmantel in Augsburg darüber lustig gemacht hat.

Wertvoller als der Orden sind wahrscheinlich die anderen beiden Auszeichnungen, welche dem jungen Mozart die allgemeine Anerkennung als Komponist einbringen. Kurz vor seinem fünfzehnten Geburtstag ernennt ihn die Accademia filarmonica von Verona zu ihrem Ehrenkapellmeister. Mozart ist zu diesem Zeitpunkt bereits drei Monate Mitglied der Accademia von Bologna. Obwohl deren Statuten für die Aufnahme ein Mindestalter von zwanzig Jahren vorschrieben, wurde Mozart zur Prüfung zugelassen. In strenger Klausur bearbeitete er am 9. Oktober eine

das Patent als Accademico Philarmonico überreicht. Es ist solches aber mit allen nötigen umständen und vorausgegangener Prüffung geschehen. Er muste nämlich den 9ten octb: nachmittag um 4 Uhr auf dem accademischen Saal erscheinen; alda gab ihm der Princeps accademiæ und die 2 Censores /: die alle alte Capellmeister sind :/ in gegenwart aller Mittglieder eine antiphona aus einem antiphonario vor, die er in einem Nebenzimmer, wohin ihn der Pedellus führte und die thüre zuschloss, 4 Stimmig setzen muste. Nachdem er solche fertig hatte, wurde solche von den Censoribus und allen Capellmeistern und Compositoribus untersucht, und alsdann darüber Votiert, welches durch weis und schwarze Kugeln geschieht.

da nun alle Kugeln weis waren; so wurde er geruffen, und alle Klatschten bey seinem Eintritte mit den Händen und wünschten ihm glück; nachdem ihm vorher der Princeps accademiæ im Nahmen der Gesellschaft die aufnahme angekündigt hatte. Er bedankte sich, und dann war es vorbey. H: Prinsechi und ich waren unterdessen auf einer andern Seyte des Saals in der accademischen Biblioteck eingesperrt. alle verwunderten sich, daß er es so geschwind fertig hatte, da manche 3 Stunde mit einer Antiphona von 3 zeihlen zugebracht. NB du must aber wissen, daß es nichts leichtes ist, indem diese Art der Composition viele sachen ausschlüsset die man nicht darinne machen darf, und das man ihm vorhero gesagt hat. Er hatte es in einer starken halben stunde fertig. Das Patent überbrachte uns alsdann der Pedellus ins haus. Es ist lateinisch, und sind unter anderen diese Worte darinne: – – testamur Dominum Wolfgangum Amadeum etc: – – Sub die 9 Mensis octobris anni 1770 inter Accademiæ nostrae Magistros Compositores adscriptum fuiße etc: – es macht ihm dieses um so mehr Ehre, als die accademia schon über 100 Jahre alt ist und ausser dem P: Martino und anderen ansehnlichen Leuten Italiens auch die ansehnlichsten Männer anderer Nationen Mittglieder dieser accademiæ Bonnoniensis sind.

a.a.O., S. 396.

14. April 1770

du wirst vielleicht oft mit dem berühmten Miserere in Rom gehört haben, welches so hoch geachtet ist, daß den Musicis der Capellen unter der excommunication verbotten ist eine stimme davon. aus der Capelle weg zu tragen, zu Copieren, oder iemanden zu geben. Allein, wir haben es schon. der Wolfg: hat es schon aufgeschrieben, und wir würden es in diesem Briefe nach Salzb: geschickt haben, wenn unsere Gegenwarth, es zu machen, nicht nothwendig wäre; allein die Art der production muß mehr dabey thun, als die Composition selbst, folglich werden wir es mit uns nach hause bringen, und weil es eine der Geheimnisse von Rom ist, so wollen wir es nicht in andere Hände lassen, ut non incurremus mediate vel immediate in Censuram Ecclesiæ.

a.a.O., S. 334 f.

19. Mai 1770

da wir den Articul wegen dem Miserere gelesen, haben wir alle beyde hell lachen müssen. Es ist desswegen gar nicht die mündeste sorge. Man macht ander Orts mehr daraus. ganz Rom weis es; und selbst der Pabst weis es, daß der Wolfg: das Miserere geschrieben. Es ist gar nichts zu beförchten: es hat ihm vielmehr grosse Ehre gemacht, wie du in kurzem hören wirst.

a.a.O., S. 349.

Antiphone im strengen Satz. Während andere, erwachsene Komponisten für diese Arbeit mehrere Stunden benötigten, wurde Wolfgang damit laut Prüfungsprotokoll in einer knappen Stunde fertig. Wolfgangs Leistung konnte nicht gänzlich den gestellten Anforderungen der Akademie genügen, handelte es sich doch um eine Satztechnik, die als Stilübung bereits der Vergangenheit angehörte, so daß Mozart dafür kaum vorbereitet war. Zwar hatte er bei Padre Martini, der mit seiner umfassenden Bibliothek und seinem profunden Wissen in ganz Europa als musikalische Autorität galt, einige Unterrichtsstunden genossen, doch dürfte es dabei nicht nur um Schulbeispiele gegangen sein.

Neben Mozarts Prüfungsarbeit existiert noch eine fehlerlose Fassung von Padre Martini, die Wolfgang sich abgeschrieben hat. Wahrscheinlich wollte der Mönch dem Knaben zeigen, wie ein solches Lehrstück nach den Regeln der Kunst aussehen müsse, und Mozart hat sich das als gutes Beispiel kopiert. Da seine jugendlichen Leistungen als Musiker schier unbegreiflich sind, stießen sie immer wieder auf Unglauben. So wurde vermutet, daß Padre Martini seine eigene Arbeit bei Mozarts Prüfung untergeschoben habe, um damit seinem Schüler die Aufnahme in die Akademie zu sichern. Ein solcher Verdacht ist aus mehreren Gründen ungerechtfertigt. Zum einen hätte Padre Martini mit einem derartigen Betrug seinen Ruf aufs Spiel gesetzt, und zum anderen geht aus dem Protokoll der Prüfungskommission eindeutig hervor, daß Mozarts Aufgabenlösung *den Umständen entsprechend* – und gemeint ist damit seine Jugend – als genügend beurteilt wurde. Diese Formulierung wäre jedoch für Padre Martinis Musterbeispiel nicht angebracht gewesen. Vor allem aber ist anzunehmen, daß Leopold im Falle einer Unterschiebung das ‚Beweisstück‘, nämlich die Arbeit seines Sohnes, vernichtet hätte. Ganz ohne Zweifel erfolgte Mozarts Aufnahme in die Akademie von Bologna auf ehrliche Weise, und sie ist nur deshalb so unglaublich, weil der Prüfling noch ein Kind war.

Desgleichen sind auch alle Zweifel überflüssig, die gegen Mozarts Beweis seines Gedächtnisses aufgetaucht sind. Am 11. April 1770 hatte Wolfgang in Rom das „Miserere" von Gregorio Allegri gehört. Dieses zweichörige und insgesamt neunstimmige A-capella-Stück galt als eine Art Heiligtum, das nicht abgeschrieben werden durfte. Mozart war jedoch in der Lage, das Werk nach einmaligem Hören aus dem Gedächtnis niederzuschreiben. In Wirklichkeit war Allegris „Miserere" kein so großes Geheimnis, denn es gab mehrere Abschriften. Unter anderen hatte auch Padre Martini eine solche vom Papst erhalten, und 1771 wurde das Werk sogar gedruckt. Trotzdem ist kaum anzunehmen, daß sich Mozart mit der Unterstützung des Mönchs zu einem billigen Ta-

Gott sey gelobt die erste Aufführung der Opera ist den 26ten mit allgemeinen Beyfall vorsich gegangen: und zwey sachen, die in Mayland noch niemals geschehen, sind dabey vorgegangen; nämlich, daß /: wieder alle Gewohnheit der ersten Sera :/ eine Arie der prima Donna ist wiederhollt worden, da man sonst bey der ersten production niemals fora rufft, und zweytens, daß bey fast allen Arien, kaum ein paar Arien delle ultime Parti ausgenommen, nach der Arie ein erstaunliches Händeklatschen und Viva il Maestro, viva il Maestrino ruffen erfolget.

den 27ten sind 2 Arien der prima donna wiederhollt worden: und da es donnerstag war, folglich, da es in den freytag hineingieng, so muste man suchen kurz davon zu kommen, sonst würde auch das Duetto wiederhollt worden seyn, denn der Lerm fieng schon an. Allein die meisten wollten noch zu hauß etwas Essen, und die opera mit 3 balletten dauert seine 6 Starke stund: man wird aber itzt die Ballett abkürzen den sie dauern 2 Starke stund. Wie haben wir nicht gewunschen, daß du und die Nannerl das vergnügen haben könntest die opera zu sehen! – – a.a.O., S. 411.

H: Marcobruni Empfehlt sich, er ist bey mir, und diesen augenblick gehen wir ins Theater, dann den 16ten war die opera und den 17 die Serenata, die so erstaunlich gefahlen, daß man sie heute wieder repetieren muß. Der Erzherzog hat neuerdings 2 Copien angeordnet. alle Cavalier und andere Leute reden uns beständig auf den Strassen an, dem Wolfg: zu gratulieren. Kurz! mir ist Leid, die Serenata des Wolfg: hat die opera von Haße so niedergeschlagen, daß ich es nicht beschreiben kann. deinen Letzten Brief und der Nannerl postscriptum werde mit nächstem beantworten. Ihr werdet Italien mit mehrer vergnügen sehen, als itzt unter diesen abscheulichen Lermen geschehen wäre. addio. wir küssen euch viel 10 000 Mahl ich bin dein alter Mzt. a.a.O., S. 444.

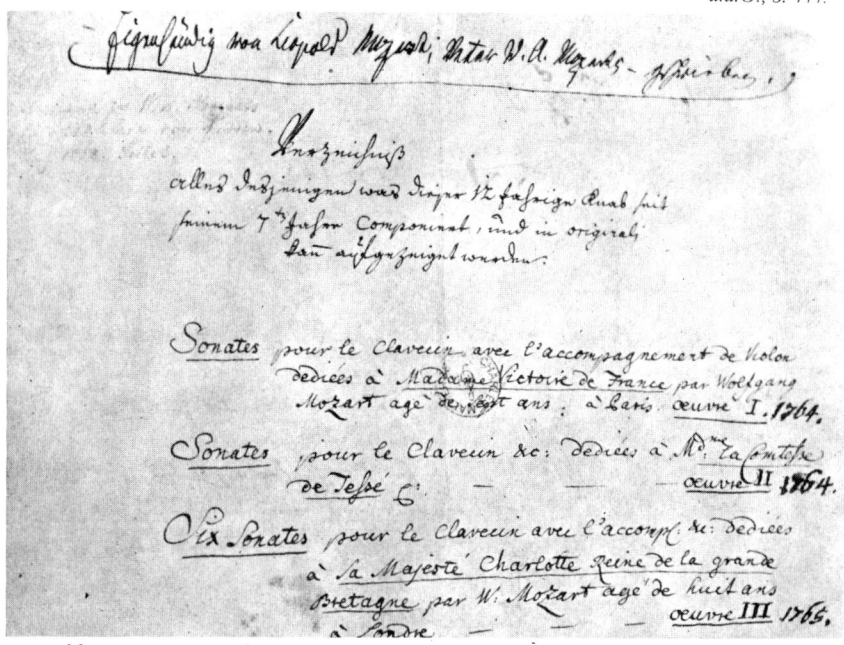

Leopold Mozarts Verzeichnis der Jugendwerke seines Sohnes, Wien 1768

schenspielertrick herabgelassen hat. Angesichts der unzähligen Beweise für Mozarts phänomenales Gedächtnis besteht kein Anlaß, hier die Vortäuschung einer Leistung zu vermuten.

Der eigentliche Erfolg der ersten Italienreise bestand darin, daß Mozart einen Opernauftrag bekam. Mitte März 1770 erhielt er die scrittura für die Oper „Mitridate, Rè di ponto“, die für den Mailänder Karneval bestimmt war, und am 27. Juli wurde ihm das Textbuch ausgehändigt. Die Uraufführung fand fünf Monate später, am 26. Dezember 1770, im Teatro Regio Ducal in Mailand statt. Die Vorstellung, die mit drei Balletteinlagen sechs Stunden dauerte, dirigierte der junge Komponist selbst vom Cembalo aus, und er leitete auch die beiden folgenden Aufführungen vom 27. und 29. Dezember.

Gut zwei Monate später fallen die Entscheidungen für eine zweite und dritte Italienreise. Am 4. März 1771 erhält Mozart einen weiteren Opernkontrakt. Die Oper „Lucio Silla“, die ebenfalls für den Mailänder Karneval bestimmt ist, wird auf den Tag genau zwei Jahre nach „Mitridate“ zur Aufführung kommen und dann fünfundzwanzig weitere Vorstellungen erleben.

Doch vorher ist ein anderer Auftrag zu erledigen, der Ende März 1771 von der Kaiserin Maria Theresia kommt. Im Oktober wird der Erzherzog Ferdinand die Prinzessin Maria Beatrice Ricciarda von Modena heiraten. Zu den Feierlichkeiten, die in Mailand stattfinden, soll Mozart die zweiaktige Serenata teatrale „Ascanio in Alba“ schreiben. Darüber hinaus hat er sich Mitte März in Padua verpflichtet, das Oratorium „La Betulia liberata“ zu komponieren. Mozart nimmt also in einem Monat drei große Aufträge an. Das erinnert an sein letztes Lebensjahr, in dem er auch drei große Aufträge auf einmal annahm.

Für den eben fünfzehn Jahre alt gewordenen Komponisten ist äußerlich ein Höhepunkt seiner Laufbahn erreicht, denn um die Aufträge, die er jetzt erhielt, konnte ihn jeder ältere Kollege nur beneiden. Mozart durfte auch einen gewissen Anspruch auf Anerkennung erheben, denn schon vor der ersten Italienreise, also noch dreizehnjährig, konnte er auf ein Gesamtwerk zurückblicken, das Tausende von Partiturseiten umfaßte. Abgesehen von zahlreichen Kompositionen, die heute als verschollen gelten, zählen die erhaltenen Autographe etwa zweitausend Seiten. Darunter finden sich vier Bühnenwerke, als da sind das geistliche Singspiel „Die Schuldigkeit des ersten Gebots“ mit 199 Seiten, die lateinische Komödie „Apollo und Hyacinth“ mit 156 Seiten, die abendfüllende Oper „La finta semplice“ mit 614 Seiten sowie das Singspiel „Bastien und Bastienne“ mit 117 Seiten. An Kirchenkompositionen hatte Mozart bereits mehrere Messen, Offertorien, Kyries, ein Stabat mater, eine Pas-

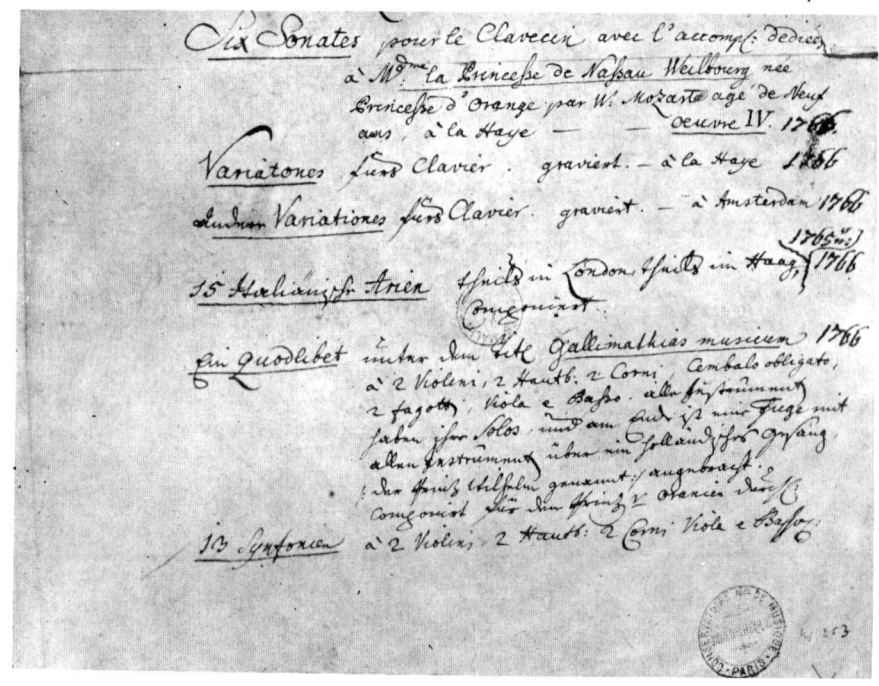

Fortsetzung des Verzeichnisses der Jugendwerke W. A. Mozarts

LEOPOLD MOZART AN MARIA THERESIA HAGENAUER: 1. Februar 1764

Nun sind 4 Sonaten von Mr: Wolfgang Mozart beym stechen. stellen sie sich den Lermen für, den diese Sonaten in der Welt machen werden, wann am Titlblat stehet daß es ein Werk eines Kindes von 7 Jahren ist, und wann man die unglaubigen herausfordert eine Probe diessfals zu unternehmen, wie es bereits geschehen ist, wo er jemand einen Menuet, oder sonst etwas niederschreiben lässt, und dann gleich /: ohne das Clavier zu berühren :/ den Bass, und wenn man will auch das 2te Violin darunter setzet. Sie werden seiner Zeit hören wie gut diese Sonaten sind; ein Andante ist dabey von einem ganz sonderbaren gôut. Und ich kann ihnen sagen liebste Frau Hagenauerin, daß Gott täglich neue Wunder an diesem Kinde wirket, bis wir /: wenn Gott will :/ nach Hause kommen, ist er im Stande Hofdienste zu verrichten. Er accompagniert wirk: allezeit bey öffent: Concerten. Er transponirt so gar à prima vista die Arien beym accompagniren; und aller Orten legt man ihm bald Ital: bald französ: Stücke vor, die er vom blat-weg spielet. – – Briefe I, S. 126.

LEOPOLD MOZART AN LORENZ HAGENAUER: 30. Januar 1768

die Hauptmaxime dieser leute war alle Gelegenheit uns zu sehen und die Wissenschafft des Wolfgangerl einzusehen, sorgfältigst zu vermeiden: und Warum? – – – damit sie bey den so vielen fällen, da sie gefragt würden, ob sie den Knaben gehört hätten, und was sie davon hielten, allzeit sagen konnten, daß sie ihm nicht gehört haben, und daß es ohnmöglich wahr seyn könnte, ...
Einen von dieser art leute habe ich in das garn bekommen. Wir hatten es mit jemand abgeredet, uns in der Stille Nachricht zu geben wenn er da ist. Er sollte aber dahin

sionskantate sowie zahlreiche Kirchensonaten geschrieben, seine Klavierstücke, Kammermusikwerke und Symphonien zählten um die Hundert; daneben gab es Konzerte, von denen einige Bearbeitungen fremder Vorlagen darstellten.

Schon im September 1768 hatte Leopold während des zweiten Aufenthaltes in WIEN ein Verzeichnis der Werke Wolfgangs angelegt, das mit der Angabe von Seitenzahlen keine wissenschaftliche Genauigkeit anstrebte. Angesichts der Tatsache, daß Wolfgang schon seit sieben Jahren eifrig komponierte, kam Leopolds Bestandsaufnahme reichlich spät zustande. Sie markiert den Zeitpunkt, an dem der Vater erkannte, daß sein Wunderkind nur in zweiter Linie ein Virtuose am Klavier war und daß in erster Linie ein Komponist in ihm steckte. Vom ersten Augenblick an, da Wolfgangs fast unheimliche musikalische Begabung offenbar geworden war, hatte sich Leopold auf die pianistischen Leistungen des Knaben konzentriert. Wenn das Kind nebenher auch noch komponierte, dann war das eine willkommene Abrundung für seinen Ruf als Wunderkind.

Selbstverständlich ließ Leopold Wolfgangs erste Sonaten für Klavier und Violine in Paris und London als Opus I und II stechen, um sie zwei Damen des Hochadels zu widmen. Dies geschah jedoch auf eigene Kosten und keineswegs mit der Hoffnung auf Kompositionsaufträge. Es ging einzig darum, dem jungen Pianisten den Weg auf jedes nur mögliche Konzertpodium zu ebnen. Auch als der elfjährige Knabe für offizielle Anlässe in Salzburg in wenigen Monaten ein Oratorium (KV 35), eine Passionskantate (KV 42/35a) und sein erstes Opernwerk, „Apollo und Hyacinth" (KV 38), komponierte, scheint Leopold immer noch nicht begriffen zu haben, daß es bei Wolfgang den Komponisten zu fördern galt und weniger den Pianisten. Denn die Mitte September angetretene Reise nach Wien diente wieder einmal und immer noch der Absicht, Wolfgang als Virtuosen vorzuführen. Aber inzwischen wurde aus dem Sechsjährigen ein Zwölfjähriger, und die Sensation der ersten Wienreise wiederholte sich nicht. Ohnehin war man schon überall gewesen, und jeder Auftritt war nur ein Versuch, frühere Erfolge zu wiederholen. Das gelang jedoch nicht, und wie so oft witterte Leopold Intrigen, weil er zu spät erkannte, daß mit der Kindheit seines Sohnes auch das Geschäft mit dem Wunderkind zu Ende ging. Obwohl Wolfgang seine Laufbahn als Opernkomponist längst angetreten hatte, bedurfte es eines Anstoßes von seiten des Kaisers, damit Leopold endlich der Richtung folgte, die sein Sohn längst eingeschlagen hatte.

Nachdem die Mozarts am 15. September 1767 in Wien eingetroffen waren, wurden sie dort vorerst einmal durch eine Blatternepidemie verkommen, um dieser Person ein recht ausserordentlichs schweres Concert zu überbringen welches man dem Wolfgangerl vorlegen sollte. wir kammen also dazu: und er hatte hiemit die gelegenheit sein concert von dem Wolfgangerl so wekspielen zu hören, als wüste er es auswendig. Das erstaunen dieses Compositors und Clavieristen, seine ausdrücke und redensarten deren er sich bey seiner verwunderung bedienet gab uns alles zu verstehen was ich Ihnen oben schon gesagt habe. und letztlich sagte er: ich kan als ein Ehrlicher Mann nichts mehr sagen, als das dieser Knabe der gröste Mann ist, welcher dermahlen in der Welt lebt. Es war unmöglich zu glauben. – – – Nun um das Puplicum zu überzeugen, was aigentlich an der Sache ist, so habe es auf einmahl auf etwas ganz ausserordentliches ankommen zu lassen mich entschlossen. nämlich er soll eine Opera fürs theater schreiben. – – – a.a.O., S. 256 f.

30. Juli 1768

S.^e Mayestätt sagten unserm Wolfgang: ob er nicht eine opera schreiben möchte, und daß allerhöchstdieselben ihn gerne beym Clavier die Opera dirigiren sehen möchten; S.^e Majestätt liessen solches auch dem Affligio melden, der dann auch solches gegen bezahlung von 100. duccaten mit uns richtig machte. Die opera sollte Anfangs auf Ostern gemacht werden; Allein der Poet war der erste, der es hinderte, indem er, um nur da und dort veränderungen, die nothwendig waren, vorzunehmen, es immer verzögerte, so, daß man der veränderten Arien erst zwey um Ostern von ihm erhalten konnte. Es wurde auf Pfingsten, und dann auf die Zurückkunft S.^{er} Majestätt aus Ungarn vestgesetzet. Allein, hier fiel die Larve vom Gesichte. – – – Dann unter dieser Zeit haben alle Compositores, darunter Gluck eine Hauptperson ist, alles untergraben, um den Fortgang dieser opera zu hindern. Die Sänger wurden aufgeredet, das Orchester aufgehätzet, und alles angewendet um die Aufführung dieser opera einzustellen. Die Sänger, die ohnehin kaum die Noten kennen, und darunter ein und anderer alles gänzlich nach dem Gehöre lernen muß, sollten nun sagen, sie könnten ihre Arien nicht singen, die sie doch vorhero bey uns im Zimmer hörten, begnehmten, applaudirten, und sagten, daß sie ihnen recht wären. das Orchester sollte sich nun nicht gerne von einem Knaben dirigiren lassen etc. und hundert solche Sachen. Entzwischen wurde von einigen ausgesprengt, die Musick seye keinen blauen Teufel werth; Von andern, die Musick seye nicht auf die Worte, und wieder das Metrum geschrieben, indem der Knab nicht genug die jtaliänische Sprache verstehe. – – – Kaum hörte ich dieses, so bewies ich an den ansehnlichten Orten, daß der Musick-Vatter Hasse, und der große Metastasio sich darüber erklären, daß diejenigen Verläumder, die dieses aussprengen zu ihnen kommen sollen, um aus ihren Munde zu hören, daß 30. opern in Wienn aufgeführt worden, die in keinem Stücke der Opera dieses Knaben beykommen, die sie beyde nicht anders als im höchsten Grade bewunderten. Nun hieß es, nicht der Knab, sondern der Vatter hat es gemacht. – – ...

... Affligio schob den Verzug der opera auf die Sänger, und sagte, sie könnten und wollten solche nicht singen; Die Sänger hingegen schoben es auf dem Affligio, und gaben vor, er hätte gesagt, und sich gegen sie erkläret, daß er solche nicht aufführen werde: Sie könnten sich ia ein und anderes ändern lassen. Es soll also aufgeführet werden. a.a.O., S. 270 ff.

14. September 1768

Was die Opera des Wolfgang: anbelangt, kann ich ihnen kurz nichts anderes sagen, als daß die ganze Musick hölle sich empöret hat, um zu verhindern, daß man die Geschicklichkeit eines Kindes nicht sehen soll; Ich kann so gar auf die aufführung. der opera nicht dringen, nach dem man sich verschworen hat, solche, wenn es seyn müsste, ellend aufzuführen und zu verderben. Ich muste die Ankunft des Kaysers erwarten;

trieben und flohen am 23. Oktober über Brünn nach Olmütz. Trotz dieser Vorsichtsmaßnahme erkrankten beide Kinder schwer, und erst nach ihrer Genesung konnte man im Dezember wieder Richtung Wien reisen.

Am 19. Januar findet eine Audienz bei Hof statt, und hier wirft der Kaiser jene Schlinge aus, in der sich Leopold umgehend verfängt. Joseph II. fragt nämlich Wolfgang, ob er nicht Lust habe, eine Oper zu komponieren und selbst zu dirigieren. Zwei Wochen später ist Mozart bereits an der Arbeit und schreibt die komische Oper „La finta semplice". Zugleich setzt Leopold alle Hebel in Bewegung, damit das Werk zur Aufführung kommt. In diesem Moment begreift der Vater zum ersten Mal, daß der Heranwachsende zum Komponisten bestimmt ist. Wahrscheinlich hat Leopold das Steuer zu plötzlich herumgerissen, und mit seinem Übereifer hat er selbst womöglich jene Intrigen in Gang gesetzt, die eine Aufführung von „La finta semplice" in Wien verhindern sollten. Nach anfänglicher Begeisterung der Sänger tauchten plötzlich bei dem Theaterimpresario Giuseppe Affligio Widerstände auf. Schließlich schaltete Leopold den Kaiser selbst ein und überreichte ihm bei einer Audienz eine Beschwerdeschrift. Graf Johann Wenzel Sporck, der für das Theaterwesen verantwortlich war, wurde mit einer Untersuchung beauftragt, doch kam es trotzdem nicht zu einer Aufführung. Vater und Sohn konnten sich in Wien nur mit einer Darbietung des Singspiels „Bastien und Bastienne" bei Dr. Franz Anton Mesmer trösten, das Wolfgang in diesem Sommer geschrieben hatte. Erst im folgenden Jahr wurde „La finta semplice" im Salzburger Hoftheater aufgeführt. Die in Wien erlittene Niederlage stellt die erste wirkliche Krise in Wolfgangs Karriere dar, doch war es im Grunde eine Krise Leopolds. Selten hat er so bittere Briefe geschrieben wie im Spätsommer 1768, und nur noch einmal sollte er eine derartige Enttäuschung erleben, als sich sein Sohn im Jahre 1781 endgültig von ihm befreite. Doch damals in Wien hat Leopold wahrscheinlich nur begriffen, daß es mit dem Wunderkind aus war, und daß man nach Italien reisen müsse, wo der neue Kurs in Richtung Opernkomponist ging. Nicht umsonst durfte Nannerl von nun an keine Reise mehr mitmachen. Mit ihren siebzehn Jahren hatte sie als Wunderkind ohnehin längst ausgedient.

Es ist durchaus kein Zufall, wenn Leopold gerade in dieser Phase des Umbruchs die Werke seines Sohnes auflistete, und wenn er darüber hinaus die Absicht äußerte, über Wolfgang eine Biographie zu schreiben. Eine Biographie ist immer rückblickend und abschließend, und wenn Leopold schon ein Jahr vor Wolfgangs Pubertät zu einer solchen ‚Abrechnung' bereit war, dann wußte er offenbar nicht, daß die eigentliche Biographie seines Sohnes jetzt erst beginnen würde.

sonst würde die Bataille längst ihren Anfang genommen haben. Ich werde nichts un-
terlassen, glauben sie mir, was die Rettung der Ehre meines Kindes erheischet.

a.a.O., S. 278.

MARIANNE V. BERCHTOLD: Frühjahr 1792

... Der Sohn war damahls drey Jahr alt, als der Vater seine siebenjährige Tochter anfieng auf dem Clavier zu unterweisen.

Der Knab zeugte gleich sein von Gott ihm zugeworfenes ausserordentliches Talent. Er unterhielte sich oft lange Zeit bey dem Clavier mit Zusammensuchen der Terzen, welche er immer anstimte, und sein Wohlgefahlen verrieth daß es wohl klang.

In vierten Jahr seines Alters, fieng sein Vatter so zu sagen spielend an ihm auf dem Clavier einige Menuet und Stücke zu lehren. Es kostete so wohl seinem Vatter als diesen Kinde so wenig Mühe, daß es in einer Stunde ein Stück, und in einer halben Stunde eine Menuet so leicht lernte, daß es solches dann ohne Fehler, mit der vollkomsten Nettigkeit, und auf das genaueste auf dem Tact spielte. Es machte solche Vorschritte, daß es mit fünf Jahren schon kleine Stückchen componirte, welche es seinem Vatter vorspielte, der es dann zu Papier setzte.

In sechsten Jahre seines Alters machte der Vatter mit ihm die erste Reise nach München, wo sich beide Kinder beym Churfürsten hören liessen. (die Mozartische Familie bestand in dem Vatter, Mutter, Sohn und Tochter.) Nachdem sie sich drey Wochen alda aufgehalten, kammen sie wieder in Salzburg zurück.

Da sich die Kinder immer mehr auf dem Clavier perfectionirten, so machte die Mozarti-sche Familie den 18ten September 1762 eine Reise über Pasau Linz nach Wien, wo die Kinder sich in wenig Tägen nach ihrer Ankunft bey dem kaisserlichen Hof producirten. machten auch eine kleine Reise nach Prespurg und kammen in Janner 1763 in Salzburg zurück. (Es dauerte über drey Stunden daß sie sich bey beyden kaisserlichen Maystäten aufhielten wo sich nur die grossen Erzherzogen, und Erzherzoginnen befanden. Der Kais-ser Franz sagte unter andern zu dem Sohn es wäre keine Kunst mit alle Fingern zu spielen, aber dieß wäre es erst künstlich, wenn man das Clavier bedeckte. Darauf spielte das Kind gleich mit einem Finger mit der grösten Fertigkeit – ließ sich auch die Claves bedecken und spielte darauf, als wenn er es schon oft genug geübet hätte.)

Den 9ten Juni 1763 machte die Mozartische Familie eine Reise nach München, Augspurg, Ulm, Ludwigsburg, Bruchsal, Schwezingen, Heidlberg, Manheim, Worms, Mainz, Frank-furt an Mayn, Maynz, Coblenz, Bonn, Brühl, Kölln, achen, Lüttig, Tillemonde, Löwen, Brüssel, Mons, Paris. wo sie den 18ten November 1763, ankammen ...

Sie liessen sich in Versailles bey der königlichen Familie hören. auch spielte der Sohn in der Hof Capell in Versailles vor dem ganzen Hof mit allem Beyfahl die orgel.

Sie gaben auch zwey grosse academien in einem privat Saal. nachdem sie sich in Paris 21 Wochen aufhielten

(Paris. der Sohn machte hier seine zwey ersten Werke auf das Clavier. Das erste dedicirte er der Madame Victoire, der zweyten Tochter des Königs, das zweyte dedicirte er der Md: La comtesse de Tessé. er hatte damahls sieben Jahre. beyde Werke sind in paris gestochen. Gleich nach ihrer Ankunft in paris wurden die Kinder, und der Vatter in Kupfer gesto-chen.) reiste die Mozartische Familie den 10ten April 1764. über Calais nach Engllland wo sie den 22ten April in London ankammen. Den 27ten april liessen sich die Kinder bey beyden königlichen Maystätten hören. Den 19ten May, waren sie wieder bey dem König und der Königinn, Der Sohn spielte auch auf des Königs, und alle schätzten sein orgel spielen weit höcher als sein Clavier spielen. Sie gaben den 5ten Juny ein Benefit, oder grosse academie zu ihrem Vortheil. Den 5ten August musten sie ausser der Stadt London in chelsea ein land Haus miethen, damit sich der Vatter von einem gefährlichen Halswehe erhollen konnte, welcher ihm fast an Rande des Todes brachte. (Wäre der Vatter nicht krank geworden, würden sie nach Tunbridge gereist seyn, wo die gröste Noblesse sich da in Bade versammelte.) Da sich der Vater endlich in zwey Monaten vollkommen erhollte, kehrten sie wieder nach London zurück.

Schon früh hatte Wolfgang von sich aus angefangen, am Klavier die Terzen zusammenzusuchen, und bald begann er, Musik aufzuschreiben, die ihm eingefallen war. Als Klavierspieler machte er in kürzester Zeit gewaltige Fortschritte, und so kam es schon im Januar 1762 zur ersten Reise nach München, wo die Kinder dem Kurfürsten Maximilian III. Joseph präsentiert wurden. Noch im selben Jahr, Wolfgang war sechs Jahre alt geworden und Nannerl elf, ging es nach Wien, um die Kinder der Kaiserin Maria Theresia und Kaiser Franz I. vorzuführen, und selbstverständlich wurden auch zahlreiche Kontakte zum Wiener Adel geknüpft. Am 5. Januar 1763 traf die Familie Mozart wieder in Salzburg ein, brach jedoch schon fünf Monate später zur Reise nach Paris und London auf, die dreieinhalb Jahre dauern sollte.

Diese GROSSE REISE ist durch Leopolds Briefe an Lorenz Hagenauer dokumentiert. Endlose, zum Teil beschwerliche Fahrten, zahllose Zwischenstationen und Abstecher, Besuche, Empfänge, Besichtigungen und Konzerte reißen nicht ab, jeder Fürstenhof wird aufgesucht, jeder bedeutende Kapellmeister und Komponist besucht. Da die Reise nicht im Sinne einer Konzerttournee organisiert ist, folgt Leopold jeder sich bietenden Gelegenheit, und Tausende von Kilometern werden zurückgelegt, viele davon vergeblich. Nur der Beginn der Reise durch Süddeutschland geht über München, Augsburg, Ulm, Ludwigsburg, Schwetzingen, Mannheim, Frankfurt, Mainz, Köln und viele andere Stationen zielstrebig in Richtung Paris. Dort gibt es einen längeren Aufenthalt von fünf Monaten, der natürlich Versailles und den Hof Ludwig XV. mit einschließt. Der bedeutende Förderer in Paris ist Baron von Grimm, der den Mozarts die entscheidenden Türen öffnet. Im Frühjahr 1764 zieht es Leopold nach London und vor allem an den Hof von König Georg III. Nicht zuletzt infolge einer schweren Erkrankung Leopolds, die ihn zwingt, mit der Familie London zu verlassen und sechs Wochen nach Chelsea zu gehen, dehnt sich der Englandaufenthalt auf mehr als ein Jahr aus. Im Herbst 1765 und im Frühjahr 1766 reisen die Mozarts dann kreuz und quer durch Belgien und Holland, wo zuerst Wolfgang erkrankt und wo drei Monate später beide Kinder durch Bauchtyphus in Lebensgefahr geraten. Noch einmal geht es im Sommer 1766 nach Versailles und Paris, worauf die Heimreise durch Südfrankreich, die Schweiz und Süddeutschland den ganzen Herbst in Anspruch nimmt. Im November ist man wiederum in München, wo Wolfgang erneut an Gelenkrheumatismus leidet. Ende des Monats ist die Familie wieder in Salzburg, wird sich jedoch schon neun Monate später für die nächste Reise nach Wien rüsten.

(Der Sohn componirte hier 6 Sonaten auf das Clavier, ließ solche stechen und dedicirte sie der Königinn, er war 8 Jahre alt.

Sowohl in Paris als in London, legte man dem Sohn verschiedene schwere Stücke vom Bach, Hendel, Paradies, und andern Meistern vor, und alles spielte er nicht nur allein von Blat wek, sondern mit dem angemessenen Tempo, und Nettigkeit.

London. Da er beym König spielte, so nahme er einen glate Baßstimm, und spielte die schönste Melodie darüber: Der Sohn sang auch Arien mit der grösten Empfindung.

Die Kinder spielten nun auch überall Concert auf zwey Clavier.

bey dieser academie, wurden alle Simphonien von der composition des Sohns gemacht.

Den 29ten Juny war das Benefit zum Nutzen des hospitals, de femmes en couche. Der Vatter ließ seinen Sohn da ein concert auf der Orgel gratis spielen.

Herr Johann Christian Bach lehrmeister der Königin, nahm den Sohn zwischen die Füsse. jener spielte etwelche Tact, dann fuhr der andere fort, und so spielten sie eine ganze Sonaten und wer solches nicht sahe, glaubte es wäre solche allein von einem gespielt.)

Den 25ten october spielten sie wieder beym König und der Königinn.

Den 21ten February 1765. gaben sie wieder zu Ihrem Vortheil ein Benefit. Nachdem sie sich nun bey der grösten Noblesse haben hören lassen, reisten sie den 24ten Juli 1765, von London ab, nach Canterbury Dover, wo sie einen so guten Wind hatten, daß sie die Ueberfahrt nach Calais in 3 1/2 Stunde machten. Von da giengen sie nach Dünkirchen, (Dunckirchen. sahen sie alles Merkwürdige. Lille (Lille. musten sie sich wegen einer Unpässlichkeit des Vatter und Sohns aufhalten). Gent, (gent. spielte der Sohn die orgel beym Bernardinern.) antwerpen (Antwerpen spielte der Sohn die grosse orgel in der Cathetral Kirche.) Mordyk. liessen sich da über einen kleinen Arm des Meer überführen. Von der andern Seite fuhren sie in der Kutsche nach Rotterdam von da auf einem Schiff nach Haag wo sie im September 1765 ankammen. Da die Tochter gleich nach ihrer Ankunft erkrankte so war der Vatter mit seinem Sohn zweymahl allein bey dem Prinzen von oranien. und einmahl bey der Prinzessin seiner Schwester. Da sich die Tochter endlich wieder von einer gefährlichen Tods Krankheit ein wenig erhollte, so überfiehle den 15ten November den Sohn ein gefährliche Krankheit welche ihn vier Wochen in bette hielte. (Wie sich der Sohn von seiner Krankheit gebessert hatte, componirte er 6 Sonaten auf das clavier liesse sie stechen, und dedicirte solche der Prinzessin von Nassau-Weilburg, er war damahls 9 Jahre alt.) nachdem sich die Kinder erst nach 4 Monat wieder Vollkomen erhollten reisten sie zu Ende des Monats Januar 1766 nach Amsterdam, blieben da ein Monat, reisten wieder nach Haag zu dem Instalations Fest des Prinzen von oranien, den 11ten März gehalten wurde. (Haag. componirte der Sohn zu dieser Festivität ein quotlibet auf alle Instrumenten. zweyerley Variationes für das Clavier einige Arien für die Prinzessin.) spielten öfters bey dem Prinzen. nachdem sie sich wieder 5 Wochen in Haag aufhielten, reisten sie wieder über harlem (Harlem. spielte der Sohn die grosse orgel.) nach amsterdam, utrecht, Rotterdam, mordeck, Antwerpen. Mecheln, Brüssel, Valencienes nach paris wo sie zu Ende April 1766. ankammen.

(Seit ihrem aufenthalt in paris waren sie zweymahl in Versailles.) Sie hielten sich in Paris zwey Monat auf. Den 9ten Jully 1766 verliessen sie Paris, begaben sich nach dijon (Dijon blieben sie 14 Tag.) Lyon, (Lyon. 4 Wochen.) genève (genève 3 Wochen.) Lausanne (Lausane hielten sie sich wegen den Prinz louis von Wirtenberg 8 Täge auf.) Bern, Zürch (Zürch blieben sie 14 Täge.) über Winterthur nach Schaffhausen, donauöschingen. (donauöschingen machten 14 Täge, täglich Musick beym Fürst von Fürstenberg.) Moßkirch, Ulm, dillingen. (dillingen. liessen sich die Kinder beym Fürsten hören.) Augspurg, München, wo sich die Kinder wieder beym Churfürsten hören liessen. (München. Der Sohn muste beym Churfürsten ein Thema zu papier setzen und solches ausführen, welches ihm der Churfürst vorsang. Er that solches in gegenwart des Churfürsten ohne ein Clavier, oder violin zu gebrauchen. wie er damit fertig war, spielte er es, so wohl der Churfürst als die andern so solches hörten waren voll erstaunen.) kammen nach einer vierthalb jährigen Reise zu Ende des Monats November 1766. glücklich in Salzburg an ...

Deutsch: „Dok.", S. 398 ff. (Briefe IV, S. 186 ff.).

Im Grunde ist es unvorstellbar, was zu Ende des Jahres 1766 hinter dem zehnjährigen Wolfgang und seiner fünfzehnjährigen Schwester liegt. Tausende von Kilometern, Hunderte von Konzerten, Begegnungen mit zahllosen Menschen, großartige Erfolge, endlose Strapazen und mehrere zum Teil schwere Krankheiten. In den Jahren 1762 bis 1767 waren die Kinder zweimal lebensgefährlich erkrankt, und Wolfgang hatte außer den rheumatischen Erkrankungen immer wieder Katarrhe oder Anginen. Das bedeutete für ihn oft wochenlanges Aussetzen vom Üben oder Komponieren, und für den Vater bedeutete es Einnahmeverluste, die er in seinen Briefen an Hagenauer auch jeweils genau ausgerechnet hat. Sehr viel Zeit ging ferner durch das Reisen selbst verloren, das damals nicht nur umständlich, sondern auch unbequem war. Die eindrücklichste Reisebeschreibung hat Leopold während der ersten italienischen Reise verfaßt, als er seiner Frau die siebenundzwanzigstündige Fahrt von Neapel nach Rom schilderte, auf der er sich bei einem Unfall auch noch das Bein verletzte. Mozart selbst hat später eine solche Kutschenfahrt beschrieben, die ihn von Salzburg nach München brachte. Gewiß war die private Chaise etwas komfortabler als die gewöhnlichen Postkutschen, aber es ist trotzdem schwerlich anzunehmen, daß es während der Fahrt möglich war, Noten zu schreiben. Außerdem ist es fast ausgeschlossen, daß beide Kinder noch zum Klavierüben kamen; ihre Übungsstunden müssen weitgehend mit ihren Auftritten identisch gewesen sein. So beispielsweise in London, wo Leopold in der Presse bekanntgab, daß seine Kinder täglich von 12 bis 15 Uhr zu hören seien. Man muß davon ausgehen, daß der kleine Mozart mit seiner Schwester fast jeden Tag irgendwo auftrat, sofern sie nicht krank waren oder in der Kutsche saßen, um die nächste Station ihrer Reise zu erreichen. Insgesamt ist es äußerst erstaunlich, daß der Knabe Mozart auf all seinen Reisen und neben allen Verpflichtungen auch noch zum Komponieren kam, und es erhebt sich die Frage, ob der Vater das komponierende Kind nicht eher behindert hat, indem er es jahrelang als Virtuosen durch Europa führte.

Ein unübersehbarer Vorteil der Reisen war allerdings durch die Weitung von Wolfgangs musikalischem Horizont gegeben, lernte er doch alle Stilrichtungen seiner Zeit kennen. Allein das Mannheimer Orchester oder die Begegnung mit Johann Christian Bach in London dürften auf den jungen Mozart nachhaltig eingewirkt haben. Trotzdem ist es nur bedingt richtig, wenn man die Einflüsse anderer Komponisten in Mozarts Frühwerken aufspüren will. Denn die Stärke Mozarts bestand nicht darin, sich fremde Einflüsse anzueignen, sondern sie zu verarbeiten und zu überwinden. Dasselbe gilt übrigens in ganz erheblichem Maße für den Einfluß, dem er von seiten seines Vaters ausgesetzt war.

Hr. Leopold Mozart aus der Reichsstadt Augspurg. Ist Violinist und Anführer des Orche-
sters. Er componirt für die Kirche und für die Kammer. Er ist den 14ten Wintermonat 1719
gebohren, und trat bald nach abgelegten Studien der Weltweißheit und Rechtsgelahrtheit
im Jahre 1743. in die Hochfürstl. Dienste. Er hat sich in allen Arten der Composition
bekannt gemacht, doch aber keine Musik in den Druck gegeben, und nur im Jahre 1740.
6 Sonaten à 3. selbst im Kupfer radieret; meistens nur um eine Uebung in der Radierkunst
zu machen. Im Heumonate 1756. gab er seine Violinschule heraus.
Von den Hrn. Mozards in Handschriften bekannt gewordenen Compositionen sind hauptsächlich viele contrapunctische und andere Kirchensachen zu merken; ferner eine grosse
Anzahl von Synfonien theils nur à 4. theils aber mit allen nur immer gewöhnlichen Instrumenten; ingleichen über dreißig grosse Serenaten, darinnen für verschiedne Instrumente
Solos angebracht sind. Er hat ausserdem viele Concerte, sonderlich für die Flötraversiere,
Oboe, das Fagott, Waldhorn, die Trompete etc. unzählige Trios und Divertimenti für unterschiedliche Instrumente; auch zwölf Oratorien und eine Menge von theatralischen Sachen, sogar Pantomimen, und besonders gewisse Gelegenheits-Musiken verfertiget, als:
eine Soldatenmusik mit Trompeten, Paucken, Trommeln und Pfeiffen, nebst den gewöhnlichen Instrumenten; eine türkische Musik; eine Musik mit einem stählernen Clavier; und
endlich eine Schlittenfahrtmusik mit fünf Schlittengeläuth; von Märschen, sogenannten
Nachtstücken, und viele hundert Menuetten, Opertänzen, und dergleichen kleinern Stük-
ken nicht zu reden.   *III. Band, 3. Stück, S. 184 f.*

LEOPOLD MOZART AN SEINE TOCHTER: *Ende November 1784*

*überhaupts hatte ich allzeit mein ganzes Augenmerk auf die Erziehung und ausbil-
dung meiner Kinder, gute Sitten und wissenschaft, ein aufgeklärter guter Menschenverstand und geschicklichkeit ist N°: 1. Geld und vermögen ist in iedes vernünftigen
Menschen augen erst N°: 2. – das erste bleibt und kann dem Menschen niemand nehmen, das Zweyte kann man verschwenden, verlieren, darum betrogen werden etc:*
                                                            Briefe III, S. 349.

LEOPOLD MOZART AN LORENZ HAGENAUER: *10. November 1766*

*Gott hat meinen Kindern solche Talente gegeben, die, ohne an die Schuldigkeit eines
Vatters zu gedenken, mich reitzen würde, alles der guten Erziehung derselben aufzu-
opfern. jeder augenblick, den ich verliehre, ist auf ewig verlohren. und wenn ich je-
mahls gewust habe, wie kostbar die Zeit für die Jugend ist, so weis ich es itzt. Sie
wissen daß meine Kinder zur arbeit gewohnt sind: sollten sie aus Entschuldigung daß
eines das andre verhindert sich an müssige Stunden gewöhnen, so würde mein ganzes
gebäude über den Haufen fallen; die gewohnheit ist eine eyserne Pfoad. und sie wissen
auch selbst wie viel meine Kinder, sonderlich der Wolfgangerl zu lernen hat. – – –*
                                                            Briefe I, S. 232.

LEOPOLD MOZART, VIOLINSCHULE

Es ist nothwendig, daß ein Anfänger, bevor der Lehrmeister ihm die Geige in die Hände
läßt, nicht nur das Gegenwärtige, sondern auch die beyde folgende Hauptstücke dem
Gedächtnisse vollkommen einpräge: da widrigenfalls, wenn der lehrbegierige Schüler gleich
nach der Violin die beyden Hände strecket; ein und anderes Stücke geschwind nach dem
Gehör abzuspielen erlernet; den Grund nur obenhin beschauet, und mit Unbedacht über
die ersten Regeln weg siehet, er alsdann auch das Versäumte gewiß nimmermehr nachholet,
und folglich sich selbst dadurch in dem Weg stehet.
                    Leopold Mozart: „Gründliche Violinschule", Augsburg 1789, S. 20.

Leopolds künstlerischer Einfluß auf den Knaben ist immer über-schätzt worden, weil nach einer Erklärung für das DAS WUNDERKIND gesucht wurde. Selbstverständlich hat der Vater die frühen Kompositio-nen Wolfgangs korrigiert und nach seinem Dafürhalten satztechnisch verbessert. Doch dürfte er damit schon in den ersten Jahren alle Hände voll zu tun gehabt haben. Denn als Wolfgang dreizehn Jahre alt war, hatte er bereits mehr komponiert als der Vater in seinem ganzen Leben. Aber auch qualitativ hatte er den Vater längst überholt. Das wird sofort deutlich, wenn man die Jugendwerke Wolfgangs mit den ‚reifen‘ Pro-duktionen Leopolds vergleicht. Es ist bekannt, daß Leopold seinen Sohn immer wieder ermahnte, das sogenannte *Populare* nicht zu ver-gessen. Was er darunter verstand, hat er mit seinen eigenen Komposi-tionen dokumentiert. Sie sind Gebrauchsmusik mit instrumentalen Ef-fekten und ohne höhere Ansprüche. Die „Schlittenfahrt", der „Soldatenmarsch" oder die „Bauernhochzeit", die nach Leopolds An-weisung mit Jauchzen und Pistolenschüssen aufzuführen war, zeigen, welches ‚Vorbild‘ der junge Mozart in seinem komponierenden Vater hatte. Selbst Leopolds Messen und Litaneien sind Gebrauchsmusik im besten Sinne. Daher ist es unergiebig, nach dem Einfluß des Vaters auf den Sohn zu suchen, vielmehr wäre festzustellen, wo sich der Jüngere dem Älteren entzieht und über ihn hinauswächst.

Leopolds Bedeutung als Lehrer war sicher groß, doch bei Wolfgang dürfte sie das Komponieren betreffend am geringsten gewesen sein. Sowohl Wolfgang als auch Nannerl haben nie eine Schule besucht, ihr einziger Lehrer in allen Fächern hieß Leopold. Ihm ist es hoch anzurech-nen, daß die Kinder eine möglichst breitgefächerte Allgemeinbildung erhielten. Neben den Selbstverständlichkeiten von Lesen, Schreiben und Rechnen müssen sie auch einen guten Unterricht in Geographie und Fremdsprachen genossen haben. Leopold scheint also keineswegs einseitig gewesen zu sein, was sicher ein Glück war, denn Einseitigkeit ist die große Gefahr für jedes Wunderkind.

Andererseits jedoch ist Einseitigkeit geradezu die Voraussetzung für ein Wunderkind: das macht den Traum von einer solchen Kindheit zum Alptraum. Besonders wenn es darum geht, ein Instrument zu erlernen, sei es nun das Klavier oder die Geige, dann ist tägliches und stunden-langes Üben unerläßlich, und hochbegabte Kinder können innerhalb von vier bis fünf Jahren eine gewisse Meisterschaft erlangen. Gleichzei-tig müssen sie aber auf sehr vieles andere verzichten, auf Spiele und Spielkameraden und eben auf eine gründliche Ausbildung in anderen Fächern. Die Beherrschung eines Instruments ist ohne Technik nicht möglich, und diese Technik wird in der Regel auf ganz methodischen

Ueberhaupts soll man einem Anfänger nichts Hartes vorlegen, bevor er nicht das Leichte rein wegspielen kann. Man soll ihm ferner keine Menueten oder andere melodische Stücke geben, die ihm leicht in dem Gedächtnisse bleiben: sondern man lasse ihn anfangs Mittelstimmen von Concerten, wo Pausen darinn sind, oder auch fugirte und mit einem Worte solche Stücke vor sich nehmen, die er mit genauer Beobachtung alles dessen, was ihm zu wissen nothwendig ist, abspielen und folglich zu Tage legen muß, ob er die ihm vorgetragene Regeln verstehe oder nicht. Widrigenfalls wird er sichs angewöhnen, alles nach dem Gehör auf Gerathe wohl abzuspielen. *a.a.O., S. 32.*

Leopold Mozarts Eintragungen im Notenbuch seiner Tochter:
Diese vorgehende 8 Menuet hat der Wolfgangerl im 4. Jahr gelernet.
Diesen Menuet hat d. Wolfgangerl auch im Vierten Jahr seines alters gelernet.
Dieß Allegro hat d. Wolfgangerl im 4ten Jahre gelernet.

Dieß Stück hat der Wolfgangerl den 24ten Januarii 1761, 3 Täge vor seinem 5ten Jahr nachts um 9 uhr bis halbe 10 uhr gelernet
Diesen Menuet und Trio hat der Wolfgangerl den 26ten Januarii einen Tag vor seinem 5ten Jahr um halbe 10 Uhr nachts in einer halben Stunde gelernet. *Briefe I, S. 48.*

Leopold Mozart an Lorenz Hagenauer: *16. Oktober 1762*
Nun sind wir schon aller Orten im Ruff. und als ich alleine den 10ᵗ in der opera war, hörte ich den Erzherzog Leopold aus seiner Loge in eine andere hinüber eine Menge sachen erzehlen, daß ein Knab in Wienn seye, der so trefflich das Clavier spielte etc. etc: selbigen abend noch um 11 uhr erhielt ich befehl den 12ᵗᵉⁿ nach schönbrunn zu kommen. den andern tag aber erhielt ich neuen Befehl den 13ᵗᵉⁿ dahin zu gehen, weil am 12ᵗᵉⁿ das fest Maximilian, folglich ein unruhiger gallatag war, dann, wie ich höre, will man die Kinder gelegentlich hören. Hauptsächlich erstaunet alles ob dem Bueben, und ich habe noch niemand gehört, der nicht sagt, daß es unbegreiflich seye.
a.a.O., S. 51 f.

11. Juni 1763

Das Neueste ist, daß, um uns zu unterhalten, wir auf die Orgel gegangen, und ich dem Wolferl das Pedal erkläret habe. Davon er dann gleich stante pede die Probe abgeleget, den schammel hinweg gerückt, und stehend preambulirt und das pedal dazu getreten, und zwar so, als wenn er schon viele Monate geübt hätte. *a.a.O., S. 71.*

Wegen erlernt. Leopold Mozarts „Gründliche Violinschule" ist ein Musterbeispiel dafür, wie ein Unterricht am Instrument aufzubauen ist, und wie einzelne Probleme herausgelöst und gesondert behandelt werden können. Obwohl Leopold in erster Linie Violinist war, läßt sich anhand seines Lehrbuches durchaus ablesen, wie er beim Klavierunterricht seiner Kinder vorgegangen sein mag. Dem Titel seiner Veröffentlichung folgend war er sicher zuerst einmal gründlich, und aus dem Aufbau ist zu ersehen, daß er auch methodisch vorging. Leider verschwindet Mozarts Schwester immer im Schatten ihres jüngeren Bruders, und doch ist sie es, die wirklich ein Wunderkind war. Wie Wolfgang wird sie schon ziemlich früh ihren ersten Unterricht vom Vater erhalten haben, und bei großer Begabung und mit außerordentlichem Fleiß gelang es ihr, mit elf Jahren eine perfekte Pianistin zu sein. Unter allen Instrumentalisten, die als Wunderkinder bekanntgeworden sind, gehört Nannerl damit bereits zu den ganz wenigen, die schon mit zehn Jahren Aufsehen erregen. Diesem Ereignis gingen mehrere Jahre intensivster Arbeit voraus, und gerade eine solche Rechnung geht bei Wolfgang nicht auf. Nach den Eintragungen Leopolds in das Notenbuch seiner Tochter hat Wolfgang wahrscheinlich Ende 1760 die ersten kleinen Klavierstücke gelernt. Der erste datierte Eintrag des Vaters stammt vom 24. Januar 1761, und so läßt sich ablesen, auf welchem Stand der kleine Pianist an seinem fünften Geburtstag war. Um diese Zeit stand er am Anfang, und das Erstaunliche ist nun, daß sein erster Auftritt als Wunderkind genau ein Jahr später beim Kurfürsten in München stattfand. Selbstverständlich kann Leopold den Entschluß zu dieser Präsentation nicht erst am Tag der Abreise, also am 12. Januar 1762, gefaßt haben. Daraus·geht eindeutig hervor, daß Mozart weniger als zwölf Monate gebraucht hat, um eine gewisse Konzertreife zu erlangen. Diese kann nicht allzu bescheiden gewesen sein, denn sonst hätte Leopold kaum noch im selben Jahr die Reise nach Wien mit der Vorführung seiner Kinder am kaiserlichen Hof gewagt. Und wiederum ein halbes Jahr später wurde immerhin die große Reise nach Deutschland, Frankreich, England und in die Schweiz angetreten. Allein ein nüchterner Blick auf das Kalendarium verschlägt einem den Atem. Mozart beginnt seine ersten ernsthaften Klavierübungen kurz vor seinem fünften Geburtstag, und schon ein Jahr später tritt er seine Reisen als bewunderter Pianist durch ganz Europa an. Mit Recht darf man daher glauben, daß bei der Rückkehr des Zehnjährigen kein Salzburger Musiker mehr wagte, mit dem Knaben in Konkurrenz zu treten.

Das sechste Lebensjahr, in dem Mozart seine ersten gewaltigen Fortschritte machte, dürfte entscheidend gewesen sein, und es entschied

Genug ist es; daß mein Mädl eine der geschicktesten Spilerinnen in Europa ist, wenn sie gleich nur 12. Jahre hat, und daß mein Bub, Kurz zu sagen, alles in diesem seinen 8. jährigen Alter weis, was man von einem Manne von 40. Jahren forderen kann. mit kurzem: wer es nicht sieht und hört, kann es nicht glauben. a.a.O., S. 154.

MARIANNE VON BERCHTOLD: 1792

von exerciren auf dem Klavier wie er einmahl über 7 Jahre hatte weis ich gar nichts. da er immer vor dem leuten Phantasiren, concerte und vom blat wek spielen muste, war dieses sein ganzes exercicium. Briefe IV, S. 203.

JOHANN ANDREAS SCHACHTNER: 24. April 1792

Einsmals gieng ich mit Hrn. Papa nach dem Donnerstag-Amte zu ihnen nach Hause, wir traffen den 4jährigen Wolfgängerl in der Beschäftigung mit der Feder an:
Papa: was machst du?
Wolfg: ein Concert fürs Clavier, der erste Theil ist bald fertig.
Papa: lass sehen. Wolfg: ist noch nicht fertig.
Papa: lass sehen, das muss was saubers seyn.
Der Papa nahm ihms weg, und zeigte mir ein Geschmire von Noten, die meistentheils über ausgewischte Dintendolken geschrieben waren. /: NB: Der kleine Wolfgangerl tauchte die Feder, aus Unverstand, allemal bis auf den Grund des Dintenfasses ein, daher musste ihm, so bald er damit aufs Papier kamm ein Dintendolken entfallen, aber er war gleich entschlossen, fuhr mit der flachen Hand drüber hin, und wischte es auseinander, und schrieb wieder drauf fort :/ Wir lachten anfänglich über dieses scheinbare galimathias, aber der Papa fieng hernach seine Betrachtung über die Hauptsache, über die Noten, über die Composition an, er hieng lange Zeit steif mit seiner Betrachtung an dem Blate. endlich fielen seine Thränen, Thränen der Bewunderung und Freude aus seinen Augen, sehen sie Hr. Schachtner, sagte [er], wie alles richtig und regelmässig gesetzt ist, nur ists nicht zu brauchen, weil es so ausserordentlich schwer ist, dass es kein Mensch zu spielen im Stande wäre. Der Wolfgangerl fiel ein: drum ists ein Concert, man muss so lange exerciren, bis man es treffen kann, sehen Sie, so muss es gehen. er spielte, konnte aber auch just so viel herauswirgen, dass wir kennen konnten, wo er aus wollte. Er hatte damals den Begriff, das Concert spielen und Mirakel wirken einerley seyn müsse.
Noch Eins:
Gnädige Frau! sie wissen sich zu erinnern, dass ich eine sehr gute Geige habe, die weiland Wolfgangerl, wegen seinem sanften und vollen Ton immer Buttergeige nannte. Einsmals, bald nachdem sie von Wien zurückkammen geigte er darauf, und konnte meine Geige nicht genug loben, nach ein oder zween Tagen kam ich wieder ihn zu besuchen, und traf ihn, als er sich eben mit seiner eigenen Geige unterhielt an, sogleich sprach er: Was machet ihre Buttergeige? geigte dann wieder in seiner Phantasie fort, endlich dacht er ein bischen nach, und sagte zu mir, Hr. Schachtner, ihre Geige ist um einen halben 4^{tel} Ton tiefer gestimmt als meine da, wenn Sie sie doch so gestimmt liessen, wie sie war, als ich das letzte mal drauf spielte. ich lachte darüber, aber Papa, der das ausserordentliche Tönegefühl und Gedächtniß dieses Kindes kannte, bath mich meine Geige zu hohlen, und zu sehen, ob er recht hätte, ich thats, und richtig wars.

auch über Leopolds Einfluß als Lehrer. Der Knabe muß seinem Vater ein methodisches Vorgehen geradezu unmöglich gemacht haben, denn innerhalb eines Jahres ist für das stundenlange Üben von Tonleitern, gebrochenen Akkorden, Terzen, Sexten und Trillern erschreckend wenig Zeit. Leopold kann in dieser kurzen Zeit kaum die Rolle eines aufbauenden Klavierlehrers gespielt haben. Vielmehr wird er wie ein Geburtshelfer und voller Erstaunen vor dem gestanden haben, was sich da in atemberaubender Geschwindigkeit entwickelte. So schnell, wie Mozart lernte, kann der beste Lehrer nicht unterrichten. Leopold war sicher ein guter Musiker und ein gründlicher Lehrer, aber ganz eindeutig war sein kleiner Sohn von Anfang an der Bessere und vor allem der Schnellere. Wenn der Vater betont hat, daß er seine Kinder immer wieder zur Arbeit angetrieben habe, dann bleibt im Falle Wolfgangs doch die Frage, ob nicht er die wirklich treibende Kraft war. Nannerl hat es 1792 so ausgedrückt, daß sowohl für den Vater als auch für das Kind die Stunden am Klavier ein müheloses Spiel gewesen seien. Der Bericht des Hoftrompeters Andreas Schachtner, welcher die ersten Auskünfte über das Wunderkind enthält, liest sich weniger nüchtern und in vielen Punkten wie eine rührende Geschichte. Blickt man jedoch von den an Wunder grenzenden Leistungen des ‚späten‘ Mozart auf das Wunderkind zurück, so enthüllt Schachtners Erzählung etwas Entscheidendes: Mozart war schneller. Er konnte bereits alles, bevor man es ihm beibrachte. Zu erklären ist das kaum, und es läßt sich höchstens ahnen durch das Genie des Komponisten Mozart. Offenbar hat er sich nicht über die Technik dem Klavier genähert. Normalerweise ist es die Technik, welche die Musik ermöglicht. Erst wenn die Fähigkeiten der Finger und die Anforderungen des Instrumentes zur Deckung kommen, ist der Weg zum Musikmachen geebnet. Mozarts Weg kann nur der umgekehrte gewesen sein. Nicht die Technik schuf bei ihm die Möglichkeit zu musizieren, sondern der Wille zur Musik schuf sich die Technik. Daraus erklärt sich teilweise der spätere Mozart als Kritiker anderer Musiker. Besonders wenn Mozart Pianisten kritisierte, bemängelte er immer wieder die fehlende Leichtigkeit. Für ihn war es eine Selbstverständlichkeit, daß man nie hören darf, wie schwer ein Stück eigentlich ist. So leicht wie ihm alles fiel, verlangte er es auch von anderen. Wahrscheinlich war er aus diesen Gründen auch gar kein so guter Lehrer. Er kam ja nicht vom Instrument zur Musik, sondern er kam von der Musik zum Instrument. Und wenn er immer wieder Probleme hatte, Schüler zu bekommen oder zu behalten, dann lag es wohl daran, daß ihm die Fähigkeiten seines Vaters fehlten, nämlich Gründlichkeit und ein methodisch-didaktisches Vorgehen. Dies kam, weil er selbst in seiner Jugend nicht zu

Einige Zeit vor diesen, die nächsten Tage, als sie von Wien zurückkammen, und Wolfgang
eine kleine Geige, die er als Geschenk zu Wien kriegte, mitbrachte, kamm unser ehemalige
sehr gute Geiger Hr. Wenzl seel. der ein Anfänger in der Composition war, er brachte 6
Trio mit, die er in Abwesenheit des Hrn. Papa verfertigt hatte, und bath Papa um eine
Erinnerung hierüber, wir spielten diese Trio, der Papa spielte mit der Viola den Bass, der
Wenzl das erste Violin, und ich sollte das 2te spielen, Wolfgangerl bath, dass er das 2te Violin
spielen dörfte, der Papa aber verwies ihm seine närrische Bitte, weil er nicht die geringste
Anweisung in dem Violin hatte, und Papa glaubte, dass er nicht [das] mindeste zu leisten
im Stande wäre. Wolfgang sagte, um ein 2tes Violin zu spielen braucht es ia wohl nicht, erst
gelernt zu haben, und als Papa drauf bestand, dass er gleich fortgehen, und uns nicht weiter
beunruhigen sollte, fieng Wolfgang an bitterlich zu weinen und trollte sich mit seinem
Geigerl weg. Ich bath, dass man ihn mit mir möchte spielen lassen, endlich sagte Papa, geig
mit Hrn. Schachtner, aber so still, dass man dich nicht hört, sonst musst du fort, das
geschah. Wolfgang geigte mit mir, bald bemerkte ich mit Erstaunen, dass ich da ganz
überflüssig seye, ich legte still meine Geige weg, und sah ihren Hrn. Papa an, dem bey
dieser Scene die Thränen der Bewunderung und des Trostes über die Wangen rollten, und
so spielte er alle 6 Trio. Als wir fertig waren wurde Wolfgang durch unsren Beyfall so
kühn, dass er behauptete auch das 1 Violin spielen zu können. Wir machten zum Spasse
einen Versuch, und wir mussten uns fast zu Tode lachen, als er auch diess, wiewohl mit
lauter unrechten und unregelmässigen Applicaturen doch so spielte, dass [er] doch nie ganz
stecken blieb.   *Nohl: „Mozart's Leben". S. 10 ff.; Deutsch: „Dok.", S. 396 f.*

LEOPOLD MOZART AN SEINE FRAU: *5. Januar 1771*
*Wenn man mir vor ungefehr 15 oder 18 Jahren, da Lampugnani in Engelland und
Melchior Chiesa in Italien so vieles geschrieben, und ich ihre Opera Arien und Sinfonien gesehen, damals gesagt hätte, diese Männer werden der Musick deines Sohnes
dienen und wenn er vom Clavier weggehet, hinsitzen und seine Musik accompagnieren
müssen, so würde ich einen solchen als einen Narren ins Narrenspittal verwiesen haben.*   *Briefe I, S. 414.*

MOZART AN SEINEN VATER: *25. Oktober 1777*
*Nun addio. ich küsse dem papa nochmahlen die hände, und meine schwester umarme
ich, und allen guten freünden und freündinen empfehle ich mich, und auf das heisel
nun begieb ich mich, und einen dreck vielleicht scheisse ich, und der nähmliche narr
bleibe ich, Wolfgang et Amadeus Mozartich, augspurg den 25 octobrich, 1700 Sieben-
zigich.*   *Briefe II, S. 85.*

LEOPOLD MOZART AN JOHANN JAKOB LOTTER: *9. Februar 1756*
*übrigens benachrichte, daß den 27 Januarii abends um 8 uhr die meinige mit einem
Buben zwar glücklich entbunden worden. die Nachgeburt aber hat man ihr wegneh-
men müssen. Sie war folglich erstaunlich schwach. Itzt aber /: Gott sey dank :/ befinden sich kind und Mutter gut. Sie empfehlt sich beyderseyts. der Bub heißt Joannes
Chrisostomus, Wolfgang, Gottlieb.*   *Briefe I, S. 34.*

LEOPOLD MOZART AN JOHANN JAKOB LOTTER: *26. Januar 1756*
*Ich schreibe in Eyle, denn theils die opern bey Hofe, theils die Scolaren Theil andere
Umstände hindern mich. die meinige wird bald ihre Reise antretten.*   *Briefe I, S. 31.*

den Wunderkindern zählte, die wegen ihres unablässigen Übens, verbunden mit dem gleichzeitigen Verzicht auf viele Vergnügungen, eigentlich bedauernswert sind. Mozart war kein Dressurprodukt seines Vaters, das sich mit saurem Fleiß seine Fähigkeiten erworben hat. Den Preis der Kindheit, mit dem sonst das Wunderkind erkauft wird, hat Mozart nicht gezahlt. Der Musiker in dem Kind Mozart, der später als Komponist offenbar werden sollte, war jene Kraft, die das klavierspielende Kind darüber unterrichtete, was zu tun war, um über alle technischen Schwierigkeiten hinweg der Musik zum Klingen zu verhelfen. Insofern war Mozart wahrscheinlich weder am Klavier noch auf der Geige ein Instrumentalist, sondern er war ein Musiker, der sich das Instrument im Handumdrehen unterwarf. Darum fehlt in seiner Kindheit auch jeder Hinweis auf eine einseitige und damit einengende Spezialisierung. Er sang, spielte Klavier und Violine und komponierte. Es war der Sog der großen Klavierkonzerte, der späten Symphonien und der reifen Opern, die, noch ungeschrieben, den Knaben Mozart nach oben rissen, über den Vater und über alle anderen hinaus. Das Wunderkind Mozart war nur ein Schatten. Es war der Schatten, den das Genie des Komponisten Mozart vorauswarf.

Aus seinen ersten Lebensjahren ist nichts bekannt, und doch ist anzunehmen, daß schon das Kleinkind auf die Musik, von der es täglich umgeben war, in besonderer Weise reagiert hat. Der Vater hat darüber leider nichts vermerkt. Das erste Dokument über Mozarts Leben ist die Eintragung ins Taufbuch der Salzburger Dompfarrei. Der Neugeborene wurde auf die Vornamen Johannes Chrysostomus Wolfgang Theophil getauft. Die italienische Form Amadeo hat Mozart nur in Italien geführt, und Amadé nannte er sich ab 1777 aufgrund seiner Parisreise. In seinen Briefen hat er sich (richtig gezählt) nur viermal Amadeus genannt, und dann im Scherz oder um des Reimes willen.

Von den sechs Kindern, die Anna Maria Mozart vor Wolfgang ihrem Mann geboren hatte, war nur Nannerl am Leben geblieben, die am 30. Juli 1751 zur Welt gekommen war. Die anderen Kinder hatten entsprechend der hohen Kindersterblichkeit nur wenige Tage oder Wochen gelebt.

Wolfgang wurde am 27. Januar 1756 um acht Uhr abends geboren. Die Hoffnungen, die in das Leben dieses Kindes gesetzt wurden, waren gering. An diesem Abend konnte niemand ahnen, welches Leben da begann, auch Leopold nicht, der einen Tag zuvor die Niederkunft seiner Frau angekündigt hatte. Der Brief ging nach Augsburg, in die Geburtsstadt Leopolds, und enthielt die nüchterne Mitteilung: *Die meinige wird bald ihre Reise antretten.*

Mozart im Alter von sieben Jahren in einem Galakostüm,
das Kaiserin Maria Theresia ihm geschenkt hatte. Ölgemälde von Pietro Antonio
Lorenzoni (um 1763)

Mozart war kein Genie –
sondern ein Medium

Die Begriffe Genie und Medium sind beinahe so unfaßbar wie das, was sie jeweils bezeichnen. Da beide ins Transzendente weisen, müssen sie eigentlich bei jeder Anwendung neu definiert werden, zumal sie im Laufe der Geschichte einen erheblichen Bedeutungswandel durchgemacht haben. In der griechischen Antike ist nach Platons Enthusiasmuslehre der Dichter selbst ohne jede Begabung. Er ist vielmehr *„des Gottes voll und von Sinnen"*, und was er als Dichter sagt, stammt nicht von ihm, sondern von dem Gott, der durch ihn spricht. In dieser Vorstellung kommen die Begriffe Genie und Medium noch weitgehend zur Deckung, sofern das Medium als ein Vermittelndes verstanden wird.

Dieser Geniebegriff taucht in der Renaissance wieder auf, und das Genie ist der von Gott Besessene oder vom Dämon Getriebene. In jedem Fall erscheint es als eine Offenbarung des Metaphysischen. Doch schon in der Barockzeit wird das Geniale mehr und mehr als eine besondere menschliche Eigenschaft gesehen. Das Genie besitzt als sein ganz persönliches Eigentum eine göttliche Schöpferkraft, ist also von Gott unabhängig und wird schließlich selber zum Gott. Von da aus ist der Schritt zum Prometheus-Genie klein, und er wird im Sturm und Drang vollzogen. Jetzt schafft der überragende Mensch im Kampf mit Gott und Schicksal und im Ringen mit dem eigenen Menschsein das ganz persönliche und ihn allein auszeichnende Kunstwerk. Während vorher der Gott, das Göttliche, der Genius oder der Dämon die eigentlichen Schöpferkräfte waren, tritt nun das Individuum aufgrund seiner außerordentlichen Begabung in die eigene volle Verantwortung. Dieser Wandel des Geniebegriffs ist ein historischer Vorgang, und Mozarts Leben fällt genau in die Übergangsphase, in der das Genie vom Gottbegnadeten zum überragend Begabten wird. Mit Beethoven erscheint innerhalb der Musikgeschichte das erste Prometheus-Genie. Da dieses nicht mehr mit Gott, sondern nur noch mit dem Schicksal zu tun hat, und da es ferner alles seiner besonderen Begabung verdankt, ist es im Gegensatz zu dem von Gott besessenen Genie erklärbar.

Bei Mozart scheint sich für Erklärungsversuche solcher Art seine un-

22. Januar 1800

Mozarts überreiche Phantasie war schon in den Kinderjahren, wo sie in gemeinen Menschen noch schlummert, so wach, so lebhaft, vollendete das, was sie einmal ergriffen hatte, schon so, daß man sich nichts Sonderbareres, und in gewissem Betracht, Rührenderes denken kann, als die schwärmerischen Schöpfungen derselben, welche, da der kleine Mensch noch so gar wenig von der wirklichen Welt wußte, himmelweit von dieser entfernt waren. *„Allgemeine Musikalische Zeitung", Leipzig.*

Aus Karoline Pichlers Erinnerungen: 1843-44

Mozart und Haydn, die ich wohl kannte, waren Menschen, in deren persönlichem Umgange sich durchaus keine andere hervorragende Geisteskraft und beinahe keinerlei Art von Geistesbildung, von wissenschaftlicher oder höherer Richtung zeigte. Alltägliche Sinnesart, platte Scherze, und bei dem ersten ein leichtsinniges Leben, war alles, wodurch sie sich im Umgange kundgaben, und welche Tiefen, welche Welten von Fantasie, Harmonie, Melodie und Gefühl lagen doch in dieser unscheinbaren Hülle verborgen!

Pichler: „Denkwürdigkeiten aus meinem Leben", Wien 1844; München 1914, Bd. I, S. 293.

Mozart an seinen Vater: 22. Dezember 1781

– alle tage früh um 6 uhr kommt mein friseur und weckt mich. – bis 7 uhr bin ich ganz angezogen. – dann schreib ich bis 10 uhr. – um 10 uhr habe ich die Stunde bey der fr: v: Trattner, um 11 uhr bei der gräfin Rumbeck, Jede giebt mir für 12 lectionen 6 Dukkaten. – und dahin gehe ich alle tage – ausgenommen sie schicken – welches mir niemalen lieb ist. Briefe III, S. 187.

Mozart an seine Frau: 11. Juni 1791

– Ich kann Dir nicht sagen was ich darum geben würde, wenn ich anstatt hier zu sitzen bey Dir in Baaden wäre. – Aus lauter langer Weile habe ich heute von der Oper eine Arie componirt – Briefe IV, S. 136.

Ende Juni oder Anfang Juli 1791

NB. Grüße mir den Snai – ich laß ihn fragen wie's ihm geht? – wie einem Ochsen halt, er soll fleißig schreiben daß ich meine Sachen bekomme – adjeu. Beym Primus bey dem braven Mann petschiere ich diesen Brief. a.a.O., S. 143.

2. Juli 1791

Ich bitte dich sage dem Süssmayer dem Dalketen buben, er soll mir vom ersten Ackt, von der Introduction an bis zum Finale, meine Spart schicken, damit ich instrumentiren kann. gut wäre es, wenn ers heute noch zusammen machte, damit es mit dem ersten Wagen morgen früh abgehet, so bekomme ich es doch gleich zu Mittag.

a.a.O., S. 144.

3. Juli

– ich danke für das überschickte finale und kleider, …
Ich hoffe Süssmayer wird nicht vergessen daß was ich ihm herausgelegt, auch gleich zu schreiben – auch hoffe ich mir heute die Stücke von meiner Partitur / so ich verlanget / zu erhalten. – a.a.O., S. 145.

5. Juli

Süssmayer soll mir doch N.° 4 und 5 von meiner schrift schicken – auch was ich sonst begehrt habe, und soll mich im Arsch lecken. – a.a.O., S. 146.

gewöhnliche Kindheit anzubieten, weil sie Schritt für Schritt eine einzigartige Begabung erkennbar werden läßt. Es wurde jedoch bereits gezeigt, daß Mozarts Entwicklung nicht in erklärbaren Schritten vor sich ging, sondern daß es sich um einen Vorgang der Enthüllung handelte. Auch hier ist die kausale Sichtweise einseitig, denn im Gegensatz zu Mozart gab es zahlreiche Wunderkinder, die ihr Kindheitsversprechen im Erwachsenenalter nicht einlösten. Das Genie Mozart war also nicht die notwendige Folge des Wunderkindes, sondern das Wunderkind war – unter Auslassung des Zeitfaktors – eine Folge von Mozarts Genie.

Überhaupt ist die Geniefrage völlig falsch gestellt, solange in den Kategorien von Produzent und Produkt gedacht wird. Dabei wird nämlich das Genie vorausgesetzt und sein Werk als eine Folge angesehen. Der Sachverhalt ist aber genau umgekehrt: nicht das Genie macht das Werk, sondern das Werk macht das Genie. Zum Genie wird jemand erst durch sein Werk, und ohne Werk gibt es kein Genie. Daher ist es auch sinnlos, im Privatleben eines Genialen nach Besonderheiten zu suchen, die sein Schaffen erklären könnten.

In Mozarts Privatleben findet sich nun tatsächlich nichts, was auf ein Genie hindeuten würde. Aus Mozarts Briefen wird über weite Strecken nicht einmal klar, welchen Beruf er hatte. Wenn er beispielsweise erzählt, daß er am Morgen zwei Stunden lang geschrieben hat und daß er anschließend zwei Schüler hatte, dann könnte diese Mitteilung ebensogut von einem Lehrer stammen.

Am Beispiel der „Zauberflöte" läßt sich erkennen, wie wenig und selten Mozart über seine Werke schreibt. Aus der Entstehungszeit dieser Oper sind 17 Briefe an seine Frau erhalten, und nur in sechs von diesen wird die „Zauberflöte" erwähnt. Der Leser erfährt nicht einmal, um welche Oper es sich handelt. Glücklicherweise konnte auch bis heute nicht herausgefunden werden, welche Arie der „Zauberflöte" Mozart aus Langeweile geschrieben hat. Mozarts Briefe erwecken den Eindruck, daß die größte Nebensächlichkeit in seinem Leben das Komponieren war. Vor allem darüber, wie sich der Schaffensvorgang bei ihm vollzogen hat, schweigt Mozart. Ein einziger Brief, der davon eine Ausnahme bildet, gehört unter ‚Zweifelhaftes' und da, wo seine Sprache biedermeierlich blumig wird, sogar unter ‚Falsches'. Die Frage nach Mozarts Genie kann daher nicht an seine Person gestellt werden, sie muß an sein Werk gerichtet werden. Dabei kann es nicht darum gehen, Mozarts Genie in einen der herkömmlichen Geniebegriffe zu pressen, sondern es soll der Versuch gewagt werden, für Mozart einen eigenen, neuen und nur auf ihn zutreffenden Geniebegriff zu entwickeln.

Bei dem Versuch, über Musik zu sprechen, besteht nun die Gefahr,

Nun wünsche ich nichts als daß meine Sachen schon in Ordnung wären, nur um wieder bey Dir zu seyn, Du kannst nicht glauben wie mir die ganze Zeit her die Zeit lang um Dich war! – ich kann Dir meine Empfindung nicht erklären, es ist eine gewisse Leere – die mir halt wehe thut, – ein gewisses Sehnen, welches nie befriediget wird, folglich nie aufhört – immer fortdauert, ja von Tag zu Tag wächst; – wenn ich denke wie lustig und kindisch wir in Baaden beysammen waren – und welch traurige, langweilige Stunden ich hier verlebe – es freuet mich auch meine Arbeit nicht, weil, gewohnt bisweilen auszusetzen und mit Dir ein paar Worte zu sprechen, dieses Vergnügen nun leider eine Unmöglichkeit ist – gehe ich ans Klavier und singe etwas aus der Oper, so muß ich gleich aufhören – es macht mir zu viel Empfindung – Basta! –

a.a.O., S. 150.

MOZART AN SEINEN VATER: *8. November 1777*

Ich kann nicht Poetisch schreiben; ich bin kein dichter. ich kann die redensarten nicht so künstlich eintheilen, daß sie schatten und licht geben; ich bin kein mahler. ich kann sogar durchs deüten und durch Pantomime meine gesinnungen und gedancken nicht ausdrücken; ich bin kein tanzer. ich kan es aber durch töne; ich bin ein Musikus.

Briefe II, S. 110 f.

Cosi fan tutte: Teile der Ersten Arie der Fiordiligi

daß Hilfsvorstellungen herangezogen werden, um musikalische Vorgänge in Begriffe zu übersetzen. Die häufigsten sind Gefühlsregungen, Naturerlebnisse oder Farbeindrücke. Da Musik nun einmal unsichtbar ist, kann sie weder hell noch dunkel sein, und auch die einzelnen Tonarten können sich nicht mit bestimmten Farben verbinden. Ferner hat Musik nicht die Fähigkeit, heiter oder traurig zu sein – sie kann höchstens den Hörer heiter oder traurig stimmen. Alle Erlebnisse dieser Art sagen nichts über die Musik selbst und sprechen nur darüber, was die Musik ausgelöst hat. Sie sind individuell und daher unverbindlich.

Am ehesten sind noch Raumvorstellungen geeignet, über Musik konkrete Aussagen zu machen, weil es rein physikalisch richtig ist, von hohen und tiefen Tönen zu sprechen. Sinnfällig wird dies bereits durch die menschliche Stimme, deren hohe Register durch Kopftöne bestimmt sind, während die tiefen Register mit Brusttönen arbeiten. Aber auch die herkömmlichen Orchesterinstrumente deuten durch Volumen und Gewicht auf den Gegensatz von oben und unten hin, wofür ein Vergleich zwischen Geige und Kontrabaß oder Piccoloflöte und Kontrafagott völlig genügt. Die Welt der Töne hat ein Oben und ein Unten, und daher muß eine Komposition als erstes und nüchtern darauf untersucht werden, wo es mit den Tönen hinauf- beziehungsweise hinuntergeht.

Um in der Folge eine größtmögliche Allgemeinverständlichkeit zu erzielen, werden aus MOZARTS WERK vor allem bekannte Beispiele gewählt, und es wird darauf verzichtet, Ausnahmen zu erörtern, mit denen Mozart von seinen eigenen Regeln abweicht. In „Così fan tutte" hat Mozart mit Fiordiligis Felsenarie der menschlichen Stimme auffallend große Sprünge zugemutet. Eine naturalistische Auslegung des Arienbeginns würde dahingehen, daß Mozart mit musikalischen Intervallen die enorme Höhe eines Felsens sichtbar oder besser hörbar machen wollte. Dem widerspricht jedoch der Fortgang der Arie, denn bald ist von Felsen keine Rede mehr, und es heißt, daß *nur der Tod die Zuneigung des Herzens umstimmen könne*. Genau hier greift Mozart aber zu ganz ähnlichen Intervallen, und es scheint eher so, daß in der Zuneigung (*affetto*) das Motto der Arie zu suchen ist und nicht im Felsen (*scoglio*).

Welches nun Mozarts Absicht war, soll an dieser Stelle noch nicht entschieden werden, und es bleibt offen, ob hier ein Naturalist die Höhe eines Felsens zeichnete oder ob ein ‚Psychologe' die Gefühlsregungen einer liebenden Frau in Intervallspannungen umgesetzt hat.

Die letzte Szene der „Zauberflöte" enthält ein besonders sinnfälliges Beispiel für die Richtungen Oben und Unten. Nachdem die Königin der Nacht mit ihrem Gefolge in den Tempel eingedrungen ist, wird sie zu-

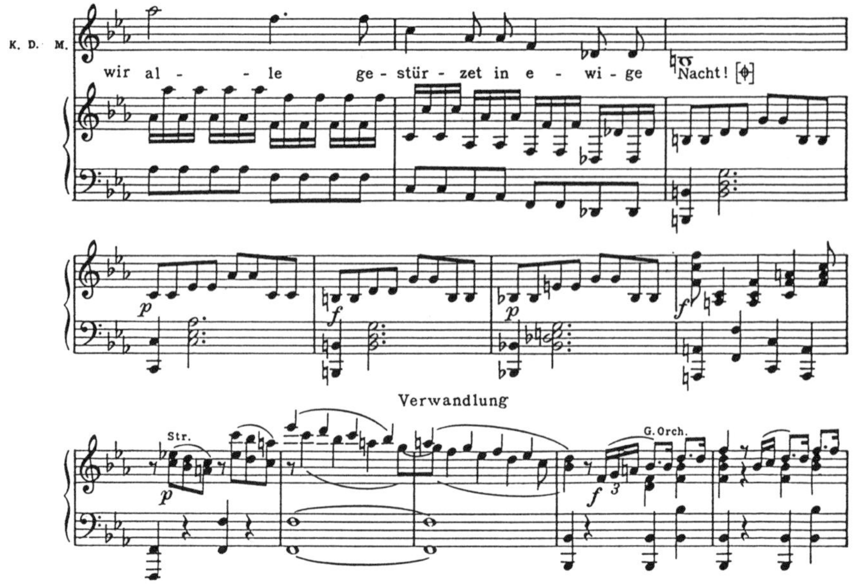
K. D. M.
wir al - - le ge - stür - zet in e - wi - ge Nacht! [𝄌]
p
f
Verwandlung
Str.
G. Orch.
3

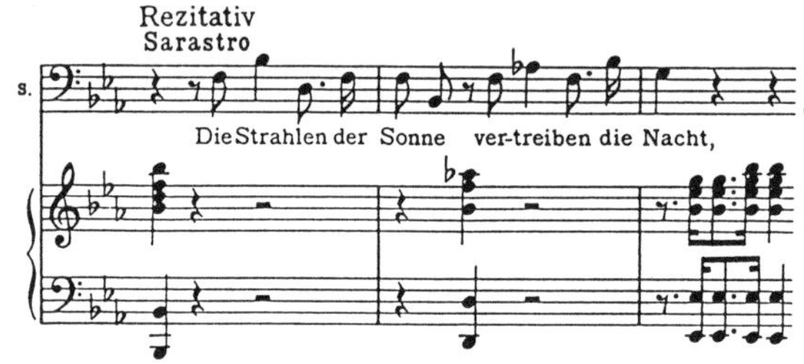
Rezitativ
Sarastro
S.
Die Strahlen der Sonne ver-treiben die Nacht,

Die Zauberflöte: Finale II

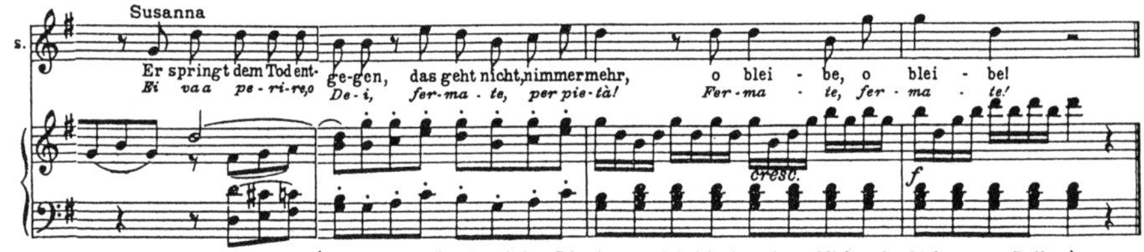
Susanna
S.
Er springt dem Tod ent-gegen, das geht nicht, nimmermehr, o blei - be, o blei - be!
Ei va a pe-ri-re,o De-i, fer-ma - te, per pie-tà! Fer-ma - te, fer - ma - te!
cresc.
f

(Susanna stößt einen hohen Schrei aus; setzt sich einen Augenblick und geht dann zum Balkon)

Figaros Hochzeit: Duett Susanna und Cherubino

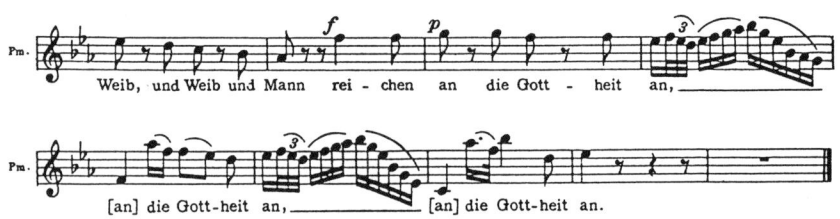

Pm.
f
p
3
Weib, und Weib und Mann rei - chen an die Gott - heit an,

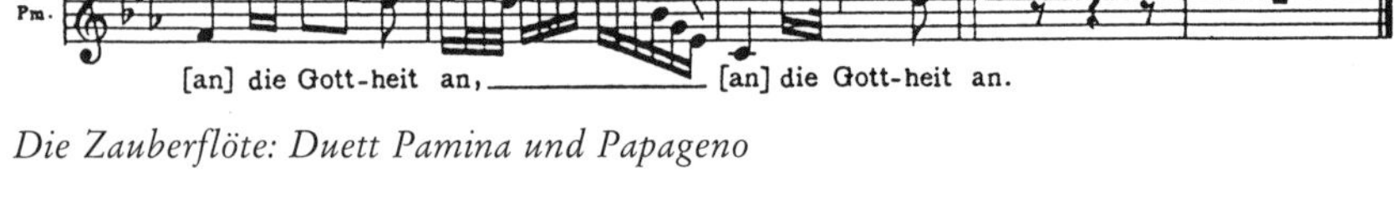
Pm.
3
[an] die Gott-heit an, [an] die Gott-heit an.

Die Zauberflöte: Duett Pamina und Papageno

rückgeschlagen und der Text sagt, daß *alle in finstere Nacht gestürzt* werden. Mozarts musikalische Darstellung dieses Vorganges ist von größter Einfachheit. Er beschränkt sich auf einen verminderten und einen f-moll-Akkord, die er mit vollem Orchester von oben nach unten zerlegt. Doch schon die nächsten vier Takte stellen den wohl genialsten Umweg dar, um von f-moll nach F-Dur zu gelangen. Innerhalb von nicht einmal zehn Takten hat sich die ganze Bühne in eine Sonne zu verwandeln, und es ist gar nicht einmal nötig, dies zu sehen. In dem kurzen Zwischenspiel ist deutlich zu hören, daß eine radikale Wandlung vorgeht. Allerdings folgen auf die abstürzende Bewegung zwei musikalische Aufgänge, die sehr verschieden sind. Der erste geht mit einem Piano ins Legato über, während der zweite aus punktierten Akkorden besteht, die an den Beginn der Oper erinnern. Der erste Eindruck verleitet dazu, die erste Phase mit einem Sonnenaufgang zu verbinden und die zweite dem Auftritt Sarastros zuzuordnen. Dann stünden, wie in der Felsenarie, wiederum eine naturalistische und eine psychologische Bedeutung nebeneinander.

In „Figaros Hochzeit" gibt es eine besonders interessante Stelle: Das kleine Duett, in dem Susanna sich verzweifelt bemüht, Cherubino von einem Sprung aus dem Fenster zurückzuhalten, endet mit zwei Takten, die von der eigentlichen Nummer auffallend abweichen. Nachdem das ganze Stück pianissimo und in Achtelbewegungen ablief, schließt es plötzlich mit einem auffahrenden crescendo zum Forte und einer durch Sechzehntel gesteigerten Bewegung. Da kurz vorher Cherubinos Sprung aus dem Fenster erfolgte, hätte ein ‚Tonmaler' eigentlich das genaue Gegenteil von Mozarts Musik schreiben müssen, nämlich eine rasche Bewegung aller Stimmen in die untere Oktave. Mozart tut aber etwas anderes, er beschreibt nicht den Sprung, und die auffahrende Streicherfigur kann daher nur zu Susannas Aufregung gehören.

Als letztes Beispiel sei ein Takt aus der „Zauberflöte" angeführt, der darauf hindeutet, daß mit den Richtungen Aufwärts und Abwärts noch ganz andere Vorstellungen verbunden werden können. Wenn sich Pamina und Papageno in ihrem Duett darüber einig sind, daß *Mann und Weib an die Gottheit reichen*, dann singt Pamina eine Figur, die oberflächlich gesehen eine Koloratur ist. Soll sie jedoch dem Inhalt des Textes entsprechen, dann kann sie als eine Geste nach oben, also in Richtung Gott verstanden werden, die sich zu einer Art ‚Verbeugung' oder ‚Kniefall' wendet.

Diese wenigen Musikbeispiele zeigen bereits, daß es nicht möglich ist, Mozarts Musik aus einer einzigen Sichtweise zu deuten, und dabei ging es bisher nur um die einfachste Frage, die an ein Musikstück

Figaros Hochzeit: Arie der Susanna, 4. Akt

MOZART AN SEINE SCHWESTER: 20. April 1782

– Baron van suiten zu dem ich alle Sonntage gehe, hat mir alle Werke des händls und Sebastian Bach /: nachdem ich sie ihm durchgespiellt :/ nach hause gegeben. – als die konstanze die fugen hörte, ward sie ganz verliebt darein; – sie will nichts als fugen hören, besonders aber /: in diesem fach :/ nichts als Händl und Bach; – weil sie mich nun öfters aus dem kopfe fugen spiellen gehört hat, so fragte sie mich ob ich noch keine aufgeschrieben hätte? – und als ich ihr Nein sagte. – so zankte sie mich recht sehr daß ich eben das künstlichste und schönste in der Musick nicht schreiben wollte; und gab mit bitten nicht nach, bis ich ihr eine fuge aufsezte, und so ward sie. –

Briefe III, S. 202 f.

J. S. Bach: Das Wohltemperierte Klavier I, Präludium Nr. 1

J. S. Bach: Zweistimmige Inventionen, Nr. 2

überhaupt gerichtet werden kann, nämlich um die nach Oben und Unten. Diese Kategorien sind aber die Grundvoraussetzung für Musik, denn erst mit einem Aufwärts oder Abwärts beginnt Musik. Andernfalls bliebe es bei einer fixierten Tonhöhe, und ein einzelner Ton ist eben noch keine Musik. Die Frage, ob es in Mozarts Musik nach oben oder nach unten geht, muß also durch ein *Wie* präzisiert werden. Dies führt zu einer Untersuchung von Mozarts Melodie- oder Themenbildung.

Die Grundlagen der tonalen Musik sind der Dreiklang und die Tonleiter, und einige Takte der zweiten Arie Susannas aus „Figaros Hochzeit" zeigen, daß beide zum Baustein einer melodischen Phrase werden können. Die Begriffspaare Dreiklang/Tonleiter und Harmonie/Melodie haben also ganz verschiedene Bedeutungen, da ein melodisches Gebilde sowohl Dreiklang als auch Tonleiter enthalten kann. Entsprechend ist die Harmonie kein einzelner Akkord, sondern sie erhält erst ihre Funktion durch eine Reihe von Akkorden. Die frühe Geschichte der tonalen Musik von den Anfängen der Mehrstimmigkeit bis hin zu Johann Sebastian Bach war eine schrittweise Entdeckung und Eroberung des harmonischen Materials. Von der Einstimmigkeit ausgehend wurde zuerst die Quinte und später die Terz entdeckt, wodurch der Dreiklang in seiner einfachen Art gegeben war, doch galt die Terz keineswegs von vornherein als Konsonanz. Mit den ersten Dreiklängen war auch das spätere System von Dur und Moll noch nicht gefunden, und erst nach und nach wurden die Tongeschlechter Dur und Moll zum Mittelpunkt des musikalischen Empfindens. So weit stand die Musikgeschichte unter dem Zeichen der Harmoniefindung. Mit Johann Sebastian Bach erreichte dieser Vorgang einen Höhepunkt, indem die strenge Polyphonie und die absolute Vorherrschaft des Harmonischen erreicht wurden. Der Begriff Polyphonie bezeichnet die Selbständigkeit der einzelnen Stimmen und ist insofern verwirrend. Denn die einzelne Stimme erhält ihre Selbständigkeit nur, indem sie sich vollständig dem Diktat der Harmonie unterwirft. Allein dadurch sind Kanon und Fuge überhaupt möglich.

Im ersten Präludium von Bachs „Wohltemperiertem Klavier" erscheint die Harmonie in ihrer reinsten Form und begnügt sich mit der Ausbreitung von Kadenzen. Ganz im Gegensatz dazu bringt etwa die zweite Invention ein Thema, das kanonisch verarbeitet werden kann. Das ist jedoch nur möglich, weil dieses Thema einen vollkommen harmonischen Ursprung hat. Entsprechend sind viele Passagen bei Bach, die wie Tonleitersequenzen klingen, in Wirklichkeit nur ausgefüllte Dreiklänge, was der Anfang des Doppelkonzertes in d-moll für zwei Violinen mit seiner nachfolgenden Septakkord-Kette zeigt. Im melodischen Ablauf verbirgt sich das harmonische Gerüst, und an diesem orientiert sich

Figaros Hochzeit: Ouvertüre

L. van Beethoven: Violinkonzert, 1. Satz

L. van Beethoven: 3. Symphonie, Hauptthema

L. van Beethoven: 5. Symphonie, 1. Satz

Richard Wagner: Tristan und Isolde, Einleitung

auch eine zweite Stimme. Die Unabhängigkeit der einzelnen Stimme in der polyphonen Musik ist somit nur scheinbar, denn alle Stimmen sind gleichermaßen abhängig vom harmonischen Kern. Ihrer Wurzel nach ist die Polyphonie völlig homophon, und der bei Bach erreichte Höhepunkt besteht in der unumschränkten Herrschaft der Harmonie.

Auch bei Mozart gibt es musikalische Figuren, die einen ähnlichen Aufbau haben wie das barocke Fugenthema. So ist der Beginn der „Figaro"-Ouvertüre nichts anderes als ein dreimaliger Anlauf auf den Grundakkord D-Dur. In Takt 1 erscheint, durch zwei Wechselnoten aufgelockert, der Grundton, über dem in Takt 2 und 3 der D-Dur-Dreiklang entsteht. In den folgenden drei Takten wird sodann mit einer Wendung über die Dominante A-Dur der Grundton wieder angestrebt, und danach erst beginnt die eigentliche Ouvertüre. Die Unterschiede etwa zu Bach sind folgende: Mozarts Linie ist durch Pausen aufgelockert und weniger streng; sie ist verspielt. Sodann liegt eine Steigerung vor, indem jeder der drei Anläufe die doppelte Länge des vorhergehenden hat. Vor allem aber ist das ganze Gebilde nicht als ein Thema behandelt und hat nur den Stellenwert eines kurzen Präludierens. Insofern ist es weder Thema noch Melodie, und schon hier deutet sich etwas an, was bei Beethoven klar zutage treten wird.

Der melodische Vorgang emanzipiert sich vom Diktat der Harmonie. Wenn Beethoven ein Thema baut, dann bedient er sich entweder der Tonleiter oder des Akkordes, der in dem Fall elementar und ohne jedes Ornament eingesetzt wird. Der Unterschied wird sofort ersichtlich, wenn die Kopfthemen des Violinkonzertes und der 3. Symphonie verglichen werden. Im ersten Fall kommt der schrittweise Tonleiterverlauf zum Tragen, während im zweiten Fall ein einfacher Dreiklang zugrundeliegt. Dieses Zurückgehen auf die klaren Grundformen führt bei Beethoven zu zweierlei: Einerseits kann sich das aus dem Akkord gebildete Thema auf Motivlänge verkürzen, wie das im ersten Satz der 5. Symphonie geschieht, oder aber es kann sich zur breit angelegten Melodie entwickeln; so etwa in der 9. Symphonie mit dem Thema *„Freude, schöner Götterfunken"*.

Bei Franz Schubert findet der Drang zum Melodischen dann im Lied eine angemessene Form. Im Laufe der Romantik wird sich die Melodie immer mehr über das harmonische Material erheben, und durch Einbeziehung der Chromatik wird die Kadenz ihre zentrale Funktion verlieren. Dieser Vorgang ist bei Richard Wagner beendet, in dessen Spätwerk die endlose Melodie zum freien Herrscher über den ganzen Quintenzirkel wird. Mit dem Tristan-Akkord, der kaum noch harmonisch analysiert werden kann, ist dann die Gleichberechtigung aller zwölf Halbtöne vor-

das Kleine ist Groß, wenn es natürlich – flüssend und leicht geschrieben und gründlich gesetzt ist. Es so zu machen ist schwerer als alle die den meisten unverständliche Künstliche Harmonische progressionen, und schwer auszuführende Melodyen.

Briefe II, S. 444.

Mozart: Symphonie g-moll, 1. Satz

Die Zauberflöte: Arie des Tamino

Mozart: Klavierkonzert KV 467, 2. Satz

bereitet, und damit die endgültige Auflösung der Tonalität eingeleitet. Aufgrund des Überblicks ist nun erkennbar, an welcher Stelle Mozarts Musik steht. Zwischen der Barockmusik mit ihrer streng harmonischen Themenbildung und der Romantik mit ihrer befreiten Melodik befindet sich Mozart an einem Übergang, der es nicht mehr erlaubt, von Themen zu sprechen, und der es noch nicht erlaubt, von Melodie zu reden. An diesem Punkt der Entwicklung mußte daher die Kunst des Fugenschreibens verlorengehen oder aufgegeben werden.

Im folgenden kann nur eine Variante von Mozarts Themenbildung behandelt werden, da eine Analyse des gesamten Werkes den vorliegenden Rahmen sprengen würde. Das erste Thema von Mozarts g-moll-Symphonie beginnt nicht einmal mit dem Grundton, sondern mit dem akkordfremden Ton *es"*. Dieses hat jedoch nur Vorhaltcharakter und spielt dreimal hintereinander die Quinte auf dem Ton *d"* an. Diese kleine Figur hat weder Themen- noch Melodiecharakter, sie bereitet spielerisch etwas vor. Das eigentliche Ereignis liegt in dem nachfolgenden Sextsprung nach oben. Durch das kleine Vorspiel erhält der Sprung aufs *b"* eine gewisse Leichtigkeit; gleichzeitig kommt die Spannung des Intervalls zur Geltung, indem der Ton *b"* als Höhepunkt zum längsten der ganzen Phrase wird. Genauso spielerisch, wie die Spannung aufgebaut wurde, läuft sie nun in einer leichten Bewegung nach unten ab, wobei eine neue Spannung entsteht, weil es nicht zur Auflösung in die Grundtonart kommt. Auf der neuen Stufe *c"* kann daher dasselbe Spiel noch einmal beginnen.

Verblüffende Ähnlichkeit hat damit Taminos Bildnisarie aus der „Zauberflöte". Wenn auch kaum so spielerisch, bringt das Orchestervorspiel doch zwei Anläufe und mit dem dritten erreicht der Sänger das *g'*, also wiederum die Sexte. Hier wird ebenfalls die Spannung des Intervalls gehalten, um sich nach dem längsten Ton der Phrase abwärts zu lösen, und auch diesmal wird dann von der vierten Stufe die Phrase wiederholt. Entsprechend wird auch im langsamen Satz des C-Dur-Klavierkonzertes KV 467 der Spannungspunkt mit drei Schritten nach oben erreicht und dann nach einem kurzen Halt spielerisch verlassen. Überraschenderweise taucht in allen diesen Themenbildungen die Zahl Drei auf. Sowohl bei den instrumentalen Beispielen als auch bei den vokalen fällt darüber hinaus zweierlei auf. Erstens steht ein spannungsreiches Intervall im Mittelpunkt, welches zuerst vorbereitet und dann ‚gefüllt' oder gelöst und ‚erfüllt' wird. Zweitens aber, und das ist der wichtigere Aspekt, entsprechen die Phrasen ihrer Länge nach einem ruhigen menschlichen Atem mit Einatmungs- und Ausatmungsvorgang. Mit dieser Phrasenlänge befindet sich Mozart in einem Gleichgewicht

Die Entführung aus dem Serail: 2. Arie des Belmonte

GIOACCHINO ROSSINI:

Die Deutschen sind von jeher die großen Harmoniker, wir Italiener die großen Melodiker in der Tonkunst gewesen; seitdem sie im Norden aber Mozart hervorgebracht haben, sind wir Südländer auf unserm eigenen Felde geschlagen, denn dieser Mann erhebt sich über beide Nationen: er vereinigt mit dem ganzen Zauber der Cantilene Italiens die ganze Gemütstiefe Deutschlands, wie sie in der so genial und reich entwickelten Harmonie seiner zusammenwirkenden Stimmen hervortritt. *Äußerung gegenüber Emil Naumann. 1867.*

RICHARD STRAUSS:

Fast unmittelbar [auf Bach] folgt das Wunder Mozart mit der Vollendung und absoluten Idealisierung der Melodie der menschlichen Stimme – ich möchte sie die Platonsche „Idee" und „Urbilder" nennen, nicht zu erkennen mit dem Auge, nicht zu erfassen mit dem Verstande, als Göttlichstes nur von dem Gefühl zu ahnen, dem das Ohr sie „einzuatmen" gewährt. Die Mozartsche Melodie ist – losgelöst von jeder irdischen Gestalt – das Ding an sich, schwebt gleich Platons Eros zwischen Himmel und Erde, zwischen sterblich und unsterblich – befreit vom „Willen" –, tiefstes Eindringen der künstlerischen Phantasie, des Unbewußten, in letzte Geheimnisse, ins Reich der „Urbilder". *Strauss: „Betrachtungen und Erinnerungen". Zürich 1949, S. 92.*

STENDHAL:

Mozart ist ein Erfinder in jeder Hinsicht und im vollsten Sinne des Wortes. Er ist niemandem ähnlich, während Rossini doch immer ein bißchen Cimarosa, Guglielmi, Haydn und wer weiß wer ist. Die Musik kann jede erdenkbare Weiterentwicklung haben, und man wird doch immer mit Staunen bemerken, daß Mozart an das Ziel gekommen ist, dahin alle Wege führen. Was also das Technische seiner Kunst anbelangt, so wird er darin ebensowenig übertroffen werden wie Tizian in der Wahrheit und Kraft der Farbe oder wie Racine in der Schönheit seiner Verse. Was das Seelische anbelangt, so wird Mozart nie aufhören, alle zärtlichen und träumerischen Gemüter im Sturmwetter seines Genies mit sich fortzureißen und mit rührenden und wehmutsvollen Bildern zu erfüllen. Bisweilen ist die Kraft seiner Musik so groß, daß einem die Seele durch das Grenzenlose der heraufbeschworenen Vision urplötzlich von tiefster Schwermut ergriffen wird und sich darein verliert. *Stendhal: „Vie de Rossini", Paris 1824; siehe Arthur Schurig: „W. A. Mozart". Bd. I, S. 12.*

zwischen Barock und Romantik. Allein schon die Fuge duldet kein Innehalten und keine Pause. Sie hat ihren ersten Ruhepunkt dann, wenn das Stück in den Schlußakkord mündet. Hinzu kommt, daß durch die Überlagerung der Stimmen jeder Spannungsabbau von einem neuen Spannungsaufbau überdeckt wird. Insofern haben sogar die Pausen bei Mozart eine besondere Bedeutung, die sie vor und nach ihm nie erlangt haben. Es sei nur an die Arie des Belmonte aus der „Entführung aus dem Serail" erinnert, in der Pause und Herzschlag übereinstimmen.

Insgesamt bleibt für Mozarts Musik nun dieses festzuhalten: Sie steht musikgeschichtlich genau an dem Übergang vom harmonischen zum melodischen Denken. Mozarts Musik ist das freie Spiel zwischen Harmonie und Melodie, wobei seine Melodik weder unter den strengen Begriff Thema noch unter den freien Begriff Melodie einzuordnen ist. Damit bedeutet Mozart eine Wende innerhalb der abendländischen Musikgeschichte. Liebhaber der Barockmusik mögen diesen Wendepunkt als ein Ende ansehen, während er für Wagner-Verehrer einen Beginn darstellen kann. In Wirklichkeit aber ist Mozarts Musik ein einzigartiger Höhepunkt, weil die harmonischen und melodischen Kräfte in ihr ein vollkommenes Gleichgewicht finden. Außerdem haben die Phrasenlängen jenes genaue Verhältnis zum menschlichen Atem, woraus übrigens die übersichtliche Länge von Mozarts Werken resultiert. Da sie im Ansatz mit faßbaren Größen arbeiten, ergibt sich auch im ganzen eine überschaubare Größe. Die „himmlischen Längen" bei Bruckner oder die gigantischen Ausmaße der Wagner-Opern sind nur deshalb möglich geworden, weil die Melodie alle Fesseln der Harmonie abgeworfen hatte.

An dieser Stelle sei nun der Begriff Medium in der ursprünglichen Bedeutung des Wortes gebraucht. Ein Medium ist das ‚in der Mitte Befindliche', und innerhalb der abendländischen Musik stand Mozart genau in der Mitte. Aus dieser Mitte bezieht seine Musik das Vermittelnde, was eine genauere Definition des Wortes Medium ist. Wie kein anderer Komponist ist Mozart allgemeinverständlich. Seine Musik erreicht jeden Menschen, gleich welcher Rasse, welcher Nationalität, welcher Bildungsschicht oder welcher Altersstufe er angehört.

Es bleibt die Frage, ob Mozart im letzten Sinne des Wortes ein Medium war, ob er also ein Mensch war, der etwas entgegennahm und weitergab, für das er nur als Vermittler verantwortlich war. Wie bereits bemerkt, lebte Mozart zu einer Zeit, da der Geniebegriff seine Umkehrung erfuhr. Dieser Wandel wird an den anderen beiden Klassikern Haydn und Beethoven deutlich. Während Haydn liebenswürdig und unverbindlich bleibt, bricht bei Beethoven das persönliche Ringen mit

MOZART AN ABBÉ JOSEPH BULLINGER: *7. August 1778*

– machen sie ihr möglichstes, daß die Musick bald einen arsch bekommt – denn das ist das nothwendigste; einen kopf hat sie izt – das ist eben das unglück! –

Briefe II, S. 440.

MOZART AN SEINE MUTTER: *31. Januar 1778*

Und das Concert spar ich mir nach Paris,
Dort schmier ichs her gleich auf den ersten Schiß.   *Briefe II, S. 246.*

MOZART AN SEINEN VATER: *28. Februar 1778*

gestern war ich beym Raff, und bracht ihm eine aria die ich diese täge für ihn geschrieben habe ... ich habe ihm gesagt, er soll mir aufrichtig sagen, wenn sie ihm nicht taugt, oder nicht gefällt; ich will ihm die arie ändern wie er will, oder auch eine andere machen. behüte gott, hat er gesagt, die aria muß bleiben, denn sie ist sehr schön, nur ein wenig bitte ich sie, kürzen sie sie mirs ab, denn ich bin izt nimmer so im stande zu Souteniren. von herzen gern, so viell sie wollen, habe ich geantwortet; ich habe sie mit fleis etwas länger gemacht, denn wegschneiden kann man allzeit, aber dazusezen nicht so leicht.   *Briefe II, S. 304.*

MOZART AN SEINEN VATER: *9. Juli 1778*

– die Sinfonie fand allem beyfall – und legros ist so damit zufrieden, das er sagt das seye seine beste Sinfonie – das Andante hat aber nicht das glück gehabt, ihn zufrieden zu stellen – er sagt es seye zu viell modulation darin – und zu lang – das kamm aber ·daher, weil die zuhörer vergessen hatten einen so starcken und anhaltenden lärmen mit händeklatschen zu machen, wie bey den Ersten und lezten stück – denn das andante hat von mir, von allen kennern, liebhabern, und meisten zuhörern, den grösten beyfall – es ist just das Contraire was le gros sagt – es ist ganz natürlich – und kurz. – um ihn aber / und wie er behaupt mehrere / zu befriedigen, habe ich ein anders gemacht – jedes in seiner art ist recht – denn es hat jedes einen andern Caractére – das lezte gefällt mir aber noch besser –   *Briefe II, S. 398.*

MOZART AN SEINEN VATER: *30. Dezember 1780*

– Nun muß ich schliessen, den ich ich muß über hals und kopf schreiben – komponirt ist schon alles – aber geschrieben noch nicht –   *Briefe III, S. 78.*

MOZART AN SEINE SCHWESTER: *24. August 1771*

oben unser ist ein violinist, unter unser auch einer, neben unser ein singmeister der lection gibt, in dem lezten Zimmer gegen unser ist ein hautboist. daß ist lustig zum Componiern! giebt einen viell gedancken.   *Briefe I, S. 432.*

Werk und Schicksal durch. Das war der Übergang vom Zeitstil zum Personalstil. Während die Unterschiede zwischen einem Telemann und einem Vivaldi nur von einem Kenner erkannt werden, ist der Unterschied zwischen einem Brahms und einem Wagner ganz offensichtlich. Mozart steht am Übergang vom Allgemeingültigen zum Individuellen. Diese Grenzstellung macht seine Musik auch so schwer interpretierbar. Sie kann in völliger Leichtigkeit und Glätte aufgefaßt werden, und sie kann auf dämonische Tiefen ausgelotet werden. Aber im Grunde wird ihr beides nicht gerecht, weil sie beides ist und beides zugleich ist, und so ist Mozart der unerklärlichste von allen Komponisten überhaupt. Das einzige, was annähernd erklärt werden kann, ist der Punkt, worin Mozarts Unerklärlichkeit liegt. Sie liegt in den Vorgängen seines Schaffens.

Das Schaffen eines Genies ist grundsätzlich durch drei Phasen bestimmt. Die erste ist jene der Vorbereitung, also der Zeitraum zwischen Entschluß und Ausführung. Die zweite ist die Ausführung selbst, und die dritte ist gegeben, wenn an einem ausgeführten Werk weiter gefeilt, verändert und verbessert wird.

Diese dritte Phase entfällt in MOZARTS SCHAFFEN ganz. Was er einmal aufgeschrieben hat, das ist für ihn fertig, und keiner Verbesserung bedürftig. Wenn Mozart jemals nachträglich in ein Werk eingegriffen hat, dann waren das immer Veränderungen, aber nie Verbesserungen. Sehr häufig hat er auf Wunsch von Sängern Arien umgeschrieben, aber dabei ging es nie darum, eine für Mozart bessere Lösung zu finden. Es ging nur darum, den Sänger zufriedenzustellen. Auch wenn Mozart einen ganzen Symphoniesatz neu schrieb, geschah das nicht, weil er sich verbessern wollte. Es war eine Sache, die von außen gewünscht wurde, und indem Mozart dem nachkam, war sie für ihn erledigt. Die wohl entscheidendste Veränderung, welche er je vorgenommen hat, war seine Umarbeitung des „Don Giovanni" für die Wiener Aufführung. Gerade an diesem Beispiel erhebt sich die Frage, ob Mozart im dramaturgischen Sinne ein künstlerisches Gewissen hatte. Mozarts Gewissen war in erster Linie musikalischer Natur, und beide Schlüsse des „Don Giovanni" sind guter Mozart. Alles andere sind Dramaturgieprobleme.

Da es bei Mozart eine Phase der Verbesserung nicht gibt, war der schöpferische Vorgang für ein Werk mit der Niederschrift jeweils abgeschlossen. Während bei Beethoven der Entstehungsprozeß eines Stückes mit dem Aufschreiben Hand in Hand ging, was bei einzelnen Werken oft über Jahre dauerte und ständig neue Lösungen brachte, begann Mozart mit dem Aufschreiben in der Regel erst dann, wenn er den ganzen Satz fertig im Kopf hatte. In diesem Augenblick gab es kein

*die 2 ouverturen und sinfonie Concertante hat mir der Le gros abkauft; – er meint er
hat es allein, es ist aber nicht wahr; ich hab sie noch frisch in meinen kopf, und werde
sie, sobald ich nach hause komme, wieder aufsetzen; –*   Briefe II, S. 492.

Nissen:

Bey dieser Gelegenheit, als Mozart für die Strinasacchi eine Sonate componirte und bey
ihrer Akademie spielte, gab er den stärksten Beweiss von seinem ausserordentlichen Gedächtnisse. ...
Mozart hatte zwar ihre Partie geschrieben, fand aber bey seinem vielem Lectiongeben nicht
Zeit für die seinige. Bey der Production spielte er die Sonate mit ihr, zum höchsten Ent-
zücken des Publicums über Composition und Vortrag. Kaiser Joseph, der von seiner Loge
herab auf's Theater lorgnirte, glaubte zu sehen, dass er keine Noten vor sich hätte, liess ihn
kommen, um die Partitur zu sehen, und war erstaunt, auf seinem Papiere nichts als Tact-
striche zu finden.
„Haben Sie es wieder einmal darauf ankommen lassen?" sagte der Kaiser. Ew. Majestät – ja,
antwortete Mozart, es ist aber doch keine Note ausgeblieben.   a.a.O., S. 481 ff.

Mozart an seine Mutter: 2. November 1771

*Heute ist die Opera des Hasse; weil aber der Papa nicht ausgeht, kann ich nicht hinein.
Zum Glück weiß ich schier alle Arien auswendig, und also kann ich sie zu Hause in
meinen Gedanken hören und sehen.*   Briefe I, S. 448 f.

Niemetschek:

Mozart schrieb alles mit einer Leichtigkeit und Geschwindigkeit, die wohl beym ersten
Anblick Flüchtigkeit oder Eile scheinen konnte; auch kam er nie während des Schreibens
zum Klavier. Seine Imagination stellte ihm das ganze Werk, wenn es empfangen war, deutlich und lebhaft dar. Die große Kenntniß des Satzes erleichterte ihm den Ueberblick der
gesamten Harmonie. Selten trift man in seinen Konzeptpartituren ausgebesserte oder über-
strichene Stellen an. Daraus folgt nicht, daß er seine Arbeiten nur hingeworfen habe. In
seinem Kopfe lag das Werk immer schon vollendet, ehe er sich zum Schreibpulte setzte.   a.a.O., S. 54.

Mozart an seinen Vater: 1. August 1781

*Nun hat mir vorgestern der Junge Stephani ein Buch zu schreiben gegeben.
... – mich freuet es so, das Buch zu schreiben, daß schon die erste aria von der Cavalieri, und die vom adamberger und das terzett welches den Ersten Ackt schliesst, fertig
sind. die zeit ist kurz, das ist wahr; denn im halben 7:*[ber] *soll es schon aufgeführt
werden; –*   Briefe III, S. 143.

Suchen und Überlegen mehr, und Mozart schrieb schnell und praktisch fehlerlos. Für diesen Vorgang benötigte er auch keinerlei Konzentration, und Ablenkung war ihm sogar willkommen. Musik in der Nachbarschaft, der Gesang des Vogels oder die Erzählungen seiner Frau störten ihn keineswegs. Sein Niederschreiben einer Partitur war im Grunde nichts anderes als ein Abschreiben, indem er nur noch das zu Papier brachte, was in ihm bereits fertig war. Der schöpferische Akt war für Mozart also bereits abgeschlossen, wenn er zu Papier und Feder griff.

Dies muß jedoch eine ganz besondere Art von Gedächtnis vorausgesetzt haben, denn mit dem Einfall, der Erfindung oder der Ausarbeitung eines Stückes war nur die eine Hälfte gegeben, und die andere bestand darin, das Entstandene zu behalten. Ganz sicher hat Mozart während des Komponierens nicht noch das Komponierte auswendiggelernt, vielmehr war es sofort gespeichert und vollständig verfügbar. Erfinden und Behalten muß bei ihm ein einziger, nicht zerlegbarer Vorgang gewesen sein. Daher war er beispielsweise in der Lage, zu einer Violinsonate einzig den Solopart aufzuschreiben und später den Klavierpart auswendig zu spielen. In diesem Zusammenhang erscheint das Wort ,auswendig' bereits fehl am Platze, weil Mozart nichts auswendiglernen mußte, und das galt nicht nur für seine eigene Musik.

Da Musik in der Zeit verläuft, beansprucht auch das Erinnern von Musik Zeit, wobei es allerdings möglich ist, innerlich den zeitlichen Vorgang zu beschleunigen und damit zu verkürzen. Soll Musik ohne den Ablauf von Zeit erinnert werden, so kann das nur visuell geschehen, indem das vollständige Notenbild innerlich gesehen wird. Doch ist auch das bei einer mehrseitigen und vielstimmigen Partitur nicht möglich. Trotzdem war Mozart fähig, ganze Sätze oder Werke auf Anhieb präsent zu haben. Seine besondere Art von Gedächtnis war offenbar nicht zeitlichen Abläufen unterworfen, und genau das scheint auch bei seiner Art zu komponieren der Fall gewesen zu sein. Die Vorstellung, Mozart habe tagelang innerlich etwas ausgearbeitet, um es dann in wenigen Stunden zu Papier zu bringen, wird nämlich durch zahlreiche Situationen seines Lebens widerlegt. Diese zeigen, daß die Zeit zwischen dem Beginn einer Komposition und ihrer Niederschrift oft deutlich kürzer war als die Niederschrift selbst. Manchmal scheint diese Kompositionszeit sogar bei einem Grenzwert nahe Null gelegen zu haben. Diese Tatsache ist selbstverständlich nur dort ablesbar, wo Mozart wortgebundene Musik schrieb, Musik also, die er erst dann beginnen konnte, wenn er den Text erhalten hatte.

Eine solche Situation schildert er seinem Vater am 1. August 1781, wenn er berichtet, daß zwei Tage nach Empfang des Textbuches zur

ich habe die aria ex A vom adamberger, die von der Cavallieri ex B, und das Terzett in einem Tage Componirt – und in anderthalb tägen geschrieben. –   a.a.O., S. 165.

LEOPOLD MOZART AN SEINE FRAU: 18. Dezember 1772

Gestern Nachts ist erst der Tenor angekommen, und heute hat der Wolfg: 2 Arien für ihn gemacht, und hat ihm noch 2 zu machen. Sontag den 20ᵗᵉⁿ ist die zweyte probe, Erchtag den 22 die dritte Probe, Mittwoch den 23 die Hauptprobe. donnerstag und freytag nichts, am Samstag den 26 die erste opera, mit Gott, eben an dem tag, da ihr diesen Brief erhaltet. dies schreibe ich bey der Nacht um 11 uhr, da der Wolfg: eben die 2ᵗᵉ Tenor Arie fertig hat.   Briefe I, S. 467.

LEOPOLD MOZART AN LORENZ HAGENAUER: 30. Juli 1768

Ich ließ den nächsten besten Theil der Wercke des Metastasio nehmen, daß Buch öffnen, die erste Aria, die in die hände fiel dem Wolfgang: vorlegen; er ergrief die Feder, und schrieb, ohne sich zu bedencken, in Gegenwart vieler Personen von Ansehen, die Musick dazu mit vielen Instrumenten in der erstaunlichsten Geschwindigkeit. Dieses that er beym Capellmeister Bono, beym Abbate Metastasio, beym Hasse und bey tit: Herzogen von Braganza und Fürsten von Caunitz.   Briefe I, S. 271.

MOZART AN SEINEN VATER: 31. Oktober 1783

– Dienstag als den 4:ᵗᵉⁿ Novembr werde ich hier im theater academie geben. – und weil ich keine einzige Simphonie bey mir habe, so schreibe ich über hals und kopf an einer Neuen, welche bis dahin fertig seyn muß. –   Briefe III, S. 291.

LEOPOLD MOZART AN SEINE TOCHTER: 16. Februar 1785

Das Concert war unvergleichlich, das Orchester vortrefflich, außer den Synfonien sang eine Sängerin vom welschen Theater 2 Arien. dan war ein neues vortreffliches Clavier Concert vom Wolfgang, wo der Copist, da wir ankamen noch daran abschrieb, und dein Bruder das Rondeau noch nicht einmahl durchzuspielen Zeit hatte, weil er die Copiatur übersehen mußte.   Briefe III, S. 373.

MOZART AN SEINE SCHWESTER: 20. April 1782

– hier schicke ich dir ein Præludio und eine dreystimmige fuge, – das ist eben die Ursache warum ich dir nicht gleich geantwortet, weil ich – wegen des mühsammen kleinen Noten schreiben nicht habe eher fertig werden können. – es ist ungeschickt geschrieben. – das Præludio gehört vorher, dann folgt die fuge darauf. – die ursache aber war, weil ich die fuge schon gemacht hatte, und sie, unterdessen daß ich das Præludium ausdachte, abgeschrieben. – Ich wünsche nur, daß du es lesen kannst, weil es gar so klein geschrieben ist, und dann – daß es dir gefallen möge. –
Briefe III, S. 202.

MOZART AN SEINEN VATER: 13. Oktober 1781

Nun wegen dem text von der opera. – was des Stephani seine arbeit anbelangt, so haben sie freylich recht. – doch ist die Poesie dem karackter des dummen, groben und boshaften osmin ganz angemessen. – und ich weis wohl daß die verseart darinn nicht von den besten ist – doch ist sie so Passend, mit meinen Musikalischen gedanken /: die schon vorher in meinem kopf herumspatzierten :/ übereins gekommen, daß sie mir nothwendig gefallen musste; – und ich wollte wetten daß man bey dessen aufführung – nichts vermissen wird. – was die in dem Stück selbst sich befindende Poesie betrift, könnte ich sie wirklich nicht verrachten. – die aria von belmont; o wie ängstlich etc: könnte fast für die Musick nicht besser geschrieben seyn. – das hui, und kummer ruht

„Entführung aus dem Serail" bereits drei Nummern komponiert waren. In einem späteren Brief vom 6. Oktober äußert er sich genauer, indem er angibt, daß diese Nummern an einem Tag komponiert und in anderthalb Tagen aufgeschrieben wurden. Das Textbuch hatte Mozart am 30. Juli bekommen, und da der erste Akt 23 Tage später fertig war, ist ersichtlich, daß er mit seinen Zeitangaben keineswegs untertrieben haben kann, zumal er die drei genannten Nummern schon am 7. August der Gräfin Thun vorgespielt hat. Auch bei „Ascanio in Alba" ist erwiesen, daß Mozart für die ganze Komposition allerhöchstens 23 Tage gebraucht hat. Leopold spricht sogar von nur 12 Tagen. Auf jeden Fall hat Mozart das Libretto am 29. August 1771 erhalten, und die Proben begannen bereits Mitte September.

Ein besonderer Fall von Zeitdruck entstand bei der Komposition des „Lucio Silla" im Dezember 1772. Der Hauptdarsteller für diese Oper war erkrankt, und der Tenor Bassano Morgnoni traf erst neun Tage vor der Premiere in Mailand ein. Da Mozart grundsätzlich erst dann für einen Sänger schrieb, wenn er dessen stimmliche Fähigkeiten kannte, mußte er jetzt in kürzester Zeit vier Arien für Morgnoni komponieren, und 24 Stunden nach Ankunft des Sängers waren zwei davon fertig und zu Papier gebracht. Allein das Aufschreiben wird mehrere Stunden in Anspruch genommen haben.

Episoden wie diese stellen nun allerdings in Mozarts Leben weniger die Ausnahme als vielmehr die Regel dar, welche auch noch über seiner letzten Oper „Titus" walten sollte. Aus diesen und unzähligen anderen Beispielen geht hervor, daß Mozart für längere Vorbereitungen oder Überlegungen keine Zeit gehabt hat. Meistens galt es, sofort zu handeln, und handeln hieß komponieren. Zwischen Auftrag und Ablieferung schwindet bei Mozart die Zeit für den schöpferischen Akt häufig auf einen unvorstellbar kleinen Zeitwert. Anders wäre die Gesamtdauer seines Werkes mit seiner Lebensdauer auch gar nicht in Einklang zu bringen. Dafür, daß Mozart eigentlich ‚nebenbei' komponierte, gibt es einige Berichte, die sich anekdotisch ausnehmen und doch dem Kern nach wahr sein müssen, denn gemessen am Werk hatte Mozart kaum Zeit für Vergnügungen wie Kegeln oder Billardspielen und vieles andere. Er hatte aber dafür genau die Zeit, die er zum Komponieren nicht brauchte. Neben allen Anekdoten hat Mozart das treffendste Zeugnis selbst geliefert. Am 20. April 1782 schreibt er seiner Schwester, daß er während der Abschrift einer Fuge das dazugehörige Präludium komponiert habe, und er entschuldigt sich, weil aus diesem Grund Fuge und Präludium in falscher Reihenfolge stehen. Diese Geschichte ist eigentlich unglaubwürdig, doch wenn es einen Komponisten gibt, dem sie zuzu-

*in meinem schoos /: denn der kummer – kann nicht ruhen :/ ausgenommen, ist die aria
auch nicht schlecht; besonders der Erste theil. – und ich weis nicht – bey einer opera
muß schlechterdings die Poesie der Musick gehorsame Tochter seyn. –*

Briefe III, S. 167.

„Don Giovanni": Duett Zerlina und Don Giovanni

„Don Giovanni": Finale II

NIEMETSCHEK:

Der Monarch der im Grunde von der neuen tiefeindringenden Musik* entzückt war, sagte
doch zu Mozart: „Gewaltig viel Noten, lieber Mozart!" „Gerade so viel, Eure Majestät, als
nöthig ist!" versetzte dieser mit jenem edlen Stolze und der Freymüthigkeit, die großen
Geistern so gut anstehet.

a.a.O., S. 22 f.

* „Die Entführung aus dem Serail".

GEORGES DE SAINT-FOIX:

Mozart ist vielleicht das Wesen, in dem die reine Schöpferkraft am vollsten Mensch geworden ist. Sie lebt und webt in ihm bis in die letzten Winkel seines Herzens und Hirns. Sie
kam nicht zu ihm – wie zu Rembrandt oder Beethoven – im Laufe seines Lebens, als Folge
einer äußeren oder inneren gewaltigen Krise. In ihm war das phänomenale Können von
Kindheit an da. Es machte ihn blind und taub gegen alles, was in seinem musizierenden
Gemüt nicht irgendeine Saite anschlug.

Saint-Foix: „W. A. Mozart. Sa vie musicale et son œuvre …"; siehe Schurig, a.a.O., S. 18.

GOTTFRIED WILHELM LEIBNIZ:

Musik ist eine geheime arithmetische Übung des unbewußt zählenden Geistes. Denn dieser
vollbringt allerhand an schwierigen oder unmerklichen Perzeptionen, die er durch genau
unterscheidende Apperzeption nicht zu fassen vermag. Jene irren nämlich, die meinen, daß

trauen ist, dann ist es Mozart. Komponieren war für ihn offensichtlich keine Arbeit, jedenfalls keine, die Konzentration oder gar Anstrengung verlangte. Es scheint vielmehr, daß es sich um eine Art Schleusenvorgang handelte, bei dem die Musik gewissermaßen vorhanden war und Mozart zur Verfügung stand. Der gewöhnliche Ablauf für Vokalkompositionen ist nun der, daß ein Komponist einen Text so lange in sich bewegt, bis ihm eine Melodie dazu einfällt. Genau das trifft bei Mozart nicht zu, denn für ihn gab es kein ‚So lange‘ und seine Musik war niemals etwas, das zum Text ‚dazu‘-kam. Das alte Motto „prima la musica e poi le parole" bekommt hier einen ganz neuen Sinn. Mozart hatte die Musik a priori zur Verfügung, und sie entstand nicht neben oder zu einem Text, sondern sie ergriff den Text und gab ihm überhaupt jene Qualitäten, die er von sich aus noch gar nicht hatte.

In Mozarts „Don Giovanni" wird an zwei Stellen jemand darum gebeten, dem anderen die Hand zu geben. Die erste ist Don Giovannis Versprechen an Zerlina „Là ci darem la mano", und die zweite die Aufforderung des Komturs an Giovanni „dammi la mano in pegno". Beide Sätze stehen in völlig verschiedenen Situationen und zielen auf etwas Gegenteiliges hin. Beim ersten Satz handelt es sich um ein Eheversprechen, während der zweite Giovannis Ende ankündigt. Einmal geht es um die Liebe und das andere Mal um den Tod. Welche Bedeutung nun Mozarts Musik hat, wird sofort deutlich, wenn die Stellen ausgetauscht werden, denn vom Sprachrhythmus her ist es durchaus möglich, den ersten Satz mit der Musik des zweiten zu verbinden und umgekehrt. Mozarts Musik macht etwas einmal Gesagtes nicht mehr auswechselbar, und erstaunlicherweise gelingt ihm das mit den einfachsten Mitteln, die sich denken lassen. Für die Phrase des Komturs genügt ihm sogar ein einfacher g-moll-Akkord, dem kein einziges harmoniefremdes Intervall hinzugefügt ist. Der Grundsatz „prima la musica e poi le parole" bestätigt sich, denn der g-moll-Akkord als solcher ist gewissermaßen eine freie Ware, über die jedermann verfügen kann, der ein Klavier im Haus hat. Eine Anekdote erzählt, daß der Kaiser einst gesagt hätte: „Zu viele Noten, Mozart", und die Antwort des Komponisten soll gelautet haben: „nicht mehr als nötig, Majestät". Selbst wenn das in Wirklichkeit nicht stattgefunden hat, so entspricht es doch zutiefst der Wahrheit. Eines der Geheimnisse Mozarts scheint darin zu liegen, daß er mit dem Einfachsten das Beste erreicht. Das sind Lösungen, auf die jedes Kind kommen könnte, und zu denen der Weise nur auf der höchsten Stufe der Erkenntnis findet.

Mozart hat sich nie zuwenig gedacht, dann wäre sein Werk so harmlos wie das Haydns geblieben. Und er hat sich nie zuviel gedacht, sonst

in der Seele nichts vorfallen könnte, dessen sie nicht voll bewußt ist. Wenn auch die Seele unmerklich zählt, so verspürt sie doch die Wirkung des unmerklichen Zählens, sei es das daraus resultierende Wohlbehagen bei Konsonanzen, oder das Mißbehagen bei Dissonanzen.

Leibniz: „Epistola", S. 241.

JOHANNES KEPLER:

Harmonien zwischen je zwei Planeten		Scheinbare tägliche Bewegungen				Harmonien bei den einzelnen Planeten für sich			
Diverg.	Konverg.			′	″		′	″	
a 1	*b* 1	Saturn.	Aphel	1	46. *a*	Zwischen	1	48 ⎱ 4	Große
			Perihel	2	15. *b*	und	2	15 ⎰ 5	Terz
d 3	*c* 2	Jupiter.	Aphel	4	30. *c*	Zwischen	4	35 ⎱ 5	Kleine
			Perihel	5	30. *d*	und	5	30 ⎰ 6	Terz
c 1	*d* 5								
f 8	*e* 24	Mars.	Aphel	26	14. *e*	Zwischen	25	21 ⎱ 2	Quint
			Perihel	38	1. *f*	und	38	1 ⎰ 3	
e 5	*f* 2								
h 12	*g* 3	Erde.	Aphel	57	3. *g*	Zwischen	57	28 ⎱ 15	Halbton
			Perihel	61	18. *h*	und	61	18 ⎰ 16	
g 3	*h* 5								
k 5	*i* 8	Venus.	Aphel	94	50. *i*	Zwischen	94	50 ⎱ 24	Diesis
			Perihel	97	37. *k*	und	98	47 ⎰ 25	
i 1	*k* 3								
m 4	*l* 5	Merkur.	Aphel	164	0. *l*	Zwischen	164	0 ⎱ 5	Oktav mit
			Perihel	384	0. *m*	und	394	0 ⎰ 12	kleiner Terz

Kepler: „Weltharmonik", deutsche Ausgabe, München 1939, S. 301.

Daß nun zwischen diesen extremen scheinbaren Bewegungen der einzelnen Planeten Harmonien und melodische Intervalle bestehen, das hätte ich im voraus aus den oben angeführten Proportionen der Tagesbögen auf dem Exzenter entnehmen können, da ich bemerkte, daß daselbst allenthalben Hälften von harmonischen Porportionen zutage treten, und wußte, daß die Proportion der scheinbaren Bewegungen gleich dem Doppelten der Proportion der Bewegungen auf dem Exzenter ist. *a.a.O., S. 301.*

Vergleicht man nun aber die extremen Bewegungen je zweier Planeten miteinander, so bricht sofort auf den ersten Blick die Sonne der Harmonien in aller Klarheit hervor, mag man die extremen divergenten oder die konvergenten gegeneinander halten. Denn zwischen den konvergenten Bewegungen des Saturn und des Jupiter besteht aufs genaueste die doppelte Proportion oder die Oktav, zwischen den divergenten ein wenig mehr als die dreifache, d.i. die Oktav mit der Quint. *a.a.O., S. 302.*

wäre er wie Beethoven mit einem „Fidelio" steckengeblieben. Wahrscheinlich hat er überhaupt nicht gedacht, sondern ist einer Intuition gefolgt, die Kindlichkeit und Weisheit zugleich einschloß und die nie irreging. Mozarts Leben stand unter dem Diktat der Musik, und es bleibt noch zu fragen, wer oder was dieses Diktat ausübte. An dieser Stelle verhilft das Freimaurertum wenigstens zu einer Ahnung, wenn auch zu keiner vollständigen Erklärung. Das Gedankengut der Freimaurer geht auf die Dombauhütten des Mittelalters zurück und bezieht von dort seine Symbole. Maß, Zahl und Ordnung als Grundlagen der Architektur wurden als greifbare Größen zum Sinnbild der unbegreiflichen kosmischen Ordnung. Durch seine Tempelarbeit, die zugleich auf Selbsterkenntnis ausgerichtet war, stellte sich der Freimaurer wieder unter die Ordnung des großen Weltenbaumeisters. Die von diesem geschaffene kosmische Ordnung sollte in Gesellschaft und Staat entsprechend verwirklicht werden. Dabei spielte die Zahlensymbolik eine wesentliche Rolle, weil Zahlen unter anderem auch Proportionen darstellen. Eben das tun sie aber auch in der Musik, denn jedes Intervall läßt sich durch einfache gerade Zahlen ausdrücken. So liegt bei Teilung einer Saite die Oktave bei 1/2 der Saitenlänge, die Quinte bei 2/3, die Quarte bei 3/4, die große Terz bei 4/5 und die kleine bei 5/6. Die Schwingungsverhältnisse liegen dabei genau umgekehrt, folglich hat die Oktave die doppelte Schwingungszahl des Grundtons. Nun enthält jeder natürlich erzeugte Ton eine Reihe von Obertönen, aus denen sich die musikalischen Intervalle ableiten lassen. Drei der ersten fünf Obertöne ergeben dabei den Dur-Dreiklang. Insofern ist in jedem einzelnen Ton eine Zahlenordnung vorhanden, die das Grundmaterial der tonalen Musik bestimmt, nämlich Dreiklang und Tonleiter. Bei allen Berechnungen ergibt sich eine minimale Ungenauigkeit, die als Komma bezeichnet wird.

Johannes Kepler hat in seiner „Weltharmonik" von 1619 nicht nur geometrische und architektonische Gebilde auf ihre Zahlenverhältnisse untersucht, sondern er hat vor allem die Ordnung des Planetensystems berechnet. Da die Planetenbahnen elliptisch sind, ergibt sich ein sonnennächster (Perihel) und ein sonnenfernster Punkt (Aphel). Keplers Berechnungen beziehen sich auf die scheinbaren Planetenbewegungen, auf jene also, die man von der Sonne aus sehen würde. Dabei hat jeder Planet eine kleinste und eine größte Winkelgeschwindigkeit, welche Kepler ins Verhältnis setzt: beim Mars ergibt sich eine Quinte, beim Saturn eine große Terz, beim Jupiter eine kleine Terz und bei der Erde ein Halbton. Aber auch ein Vergleich je zweier Planeten in ihren extremen Bewegungen bringt Zahlen zutage, die mit den musikalischen Intervallen weitgehend übereinstimmen. Merkwürdigerweise stößt auch

Harmonien aller Planeten oder Gesamtharmonien
im Durgeschlecht.

		Daß ♄ mitklingt.					Daß c mitklingt.		
			In der tiefsten Stimmung:	höchsten Stimmung:				In der tiefsten Stimmung:	höchsten Stimmung:
☿	e^7		380' 20"			☿	e^7	380' 20"	
	$♭^7$		285 15	292' 48"			c^7	304 16	312' 21"
	g^6		228 12	234 16			g^6	228 12	234 16
	e^6		190 10	195 14			e^6	190 10	195 14
Venus	e^5		95 5	97 37		Venus	e^5	95 5	97 37
Erde	g^4		57 3	58 34		Erde	g^4	57 3	58 34
♂	$♭^4$		35 39	36 36		♂	c^4	38 2	39 3
	g^3		28 32	29 17			g^3	28 32	29 17
♃	$♭^1$			4 34		♃	c^1	4 45	4 53
♄	$♭$		2 14			♄	G	1 47	1 49
	G		1 47	1 49					

Kepler, a.a.O., S. 312

Die astronomische Erfahrung bezeugt somit, daß es Gesamtharmonien aller Bewegungen geben kann, und zwar in beiden Geschlechtern Dur und Moll und bei jedem Geschlecht in doppelter Form oder (wenn man so sagen darf) in doppelter Tonart. *a.a.O., S. 313.*

MARIANNE VON BERCHTOLD: 1792

Er war so bald er beym Clavier sasse ganz Meister, er bemerkte bey der Vollständigsten Musick den kleinsten Mißthon, und sagte gleich auf welchen instrument der Fehler geschahe, ja, so gar welcher ton es hätte seyn sollen. über das kleinste Geräusch bey einer Musick wurde er aufgebracht. kurz, so lange die Musick dauert war er ganz Musick, so bald sie geendet, s a h e man wieder das K i n d. *Briefe IV, S. 198.*

SOPHIE HAIBEL: 1828

Er war immer guter Laune, aber selbst in der besten sehr nachdenkend, einem dabey scharf ins Auge blickend, auf Alles, es mochte heiter oder traurig seyn, überlegt antwortend, und doch schien er dabey an ganz etwas tiefdenkend zu arbeiten. Selbst wenn er sich in der Frühe die Hände wusch, ging er dabey im Zimmer auf und ab, blieb nie ruhig stehen, schlug dabey eine Ferse an die andere und war immer nachdenkend. Bey Tische nahm er oft eine Ecke seiner Serviette, drehte sie fest zusammen, fuhr sich damit unter der Nase herum und schien in seinem Nachdenken Nichts davon zu wissen, und öfters machte er dabey noch eine Grimasse mit dem Munde. In seinen Unterhaltungen war er für eine jede neue sehr passionirt, wie für's Reiten und auch für Billard. Um ihn vom Umgange misslicher Art abzuhalten, versuchte seine Frau geduldig Alles mit ihm. Auch sonst war er immer in Bewegung mit Händen und Füssen, spielte immer mit Etwas, z.B. mit seinem Chapeau, Taschen, Uhrband, Tischen, Stühlen gleichsam Clavier. *Nissen: a.a.O., S. 627 f.*

Kepler auf jene Abweichungen, die in der Musik als Komma bekannt sind. Die Summe von Keplers Untersuchungen liegt in der Feststellung, daß es zwischen allen Planeten Konstellationen geben kann, die einer Gesamtharmonie gleichkommen. Der Gedanke, daß es eine Sphärenharmonie gibt, ist zu allen Zeiten aufgetaucht, doch war Kepler der erste, welcher versucht hat, diesem Begriff wissenschaftlich näherzukommen. Erstaunlich ist dabei, daß er zu Dur- und Moll-Akkorden gelangt. Es könnte also sein, daß der musikalische Dreiklang eine Grundformel darstellt, durch welche die sichtbare Ordnung der Welt hörbar wird. Damit wäre die innere Übereinstimmung der drei großen M, Mathematik, Mystik und Musik, gegeben. In diesem Sinne war Mozart der größte unter den Freimaurern; nicht sie brachten ihm eine Offenbarung, sondern seine Musik offenbarte in der reinsten Form jene Gesetzmäßigkeiten, um die es den Freimaurern ging.

Mozarts Musik zeichnet sich durch Einfachheit aus. Es ist eine Einfachheit, die immer wieder auf die Grundformen des musikalischen Materials zurückgreift. Doch Mozart kennt nicht die höhere Mathematik eines Bach, bei dem das Harmonische eine strenge Vorherrschaft ausübt. Mozart kennt auch nicht das Grübeln eines Beethoven, der in seinen späten Streichquartetten das musikalische Material unter seinen persönlichen Willen beugt. Mozart spielt, und in diesem Spiel war er ein Kind und ein König im Reich der Töne. Beethoven war taub und hörte trotzdem, was beweist, daß Musik keine Sache des äußeren Ohres ist. Und selbst wenn Mozart ein deformiertes Ohr gehabt hat, mit seinem inneren Ohr war er den Gesetzen der Musik und der Ordnung des Kosmos näher als jeder andere. Der Anteil des Allgemeingültigen und die persönliche menschliche Sprache halten sich in Mozarts Musik die Waage. Deshalb erreicht sie jeden und geht an keinem vorbei. Sie ist eine Versöhnung zwischen Mensch und Kosmos. In diesen Dimensionen geht sie weit über den Menschen Mozart hinaus und kann nicht aus seinem Charakter abgeleitet werden. Sie ist weder heiter noch dämonisch, sondern beides zugleich, weil sie Weite und Tiefe miteinander verbindet. Die Frage, ob Mozart naiv war und immer ein Kind blieb, oder ob er ein wissender Künstler war, wird unerheblich, weil sie mit Begriffen zu tun hat, die Mozarts Musik nicht erklären können.

Der Mensch Mozart trat hinter sein Werk zurück, und sein Leben bleibt deshalb so undurchsichtig, weil er selbst so durchsichtig war. Natürlich hat er gelebt, und auf den ersten Blick hat er gelebt wie jeder andere. Aber aufgrund seines Werkes kann er nicht gelebt haben wie jeder andere, und er selbst scheint das nicht einmal bemerkt zu haben. Weil er spielte und nicht rechnete, löste sich sein Werk von ihm mühe-

JOSEPH LANGE: 1808

Nie war Mozart weniger in seinen Gesprächen und Handlungen als ein großer Mann zu
erkennen, als wenn er gerade mit einem wichtigen Werke beschäftigt war. Dann sprach er
nicht nur verwirrt durcheinander, sondern machte mitunter Späße einer Art, die man an
ihm nicht gewohnt war, ja er vernachlässigte sich sogar absichtlich in seinem Betragen.
Dabei schien er doch über nichts zu brüten und zu denken. Entweder verbarg er vorsätz-
lich aus nicht zu enthüllenden Ursachen seine innere Anstrengung unter äußerer Frivolität,
oder er gefiel sich darin, die göttlichen Ideen seiner Musik mit den Einfällen platter Alltäg-
lichkeit in scharfen Kontrast zu bringen und durch eine Art von Selbstironie sich zu
ergötzen.   *Joseph Lange: „Selbstbiographie", S. 46.*

LUDWIG TIECK: 1855

In überraschender Weise sollte Ludwig's Anerkennung Mozart's belohnt werden. Als er
eines Abends, es war im Jahre 1789, seiner Gewohnheit nach lange vor dem Anfange der
Vorstellung die halbdunkeln, noch leeren Räume des Theaters betrat, erblickte er im Orchester einen ihm unbekannten Mann. Er war klein, rasch, beweglich und blöden Auges,
eine unansehnliche Figur in grauem Überrock. Er ging von einem Notenpult zum andern,
und schien die aufgelegten Musikalien eifrig durchzusehen. Ludwig begann sogleich ein
Gespräch anzuknüpfen. Man unterhielt sich vom Orchester, vom Theater, der Oper, dem
Geschmacke des Publicums. Unbefangen sprach er seine Ansichten aus, aber mit der höchsten Bewunderung von den Opern Mozarts. „Sie hören also Mozarts Opern oft und lieben
sie?" fragte der Unbekannte, „Das ist ja recht schön von Ihnen, junger Mann." Man setzte
die Unterhaltung noch eine Zeit lang fort, der Zuschauerraum füllte sich allmählig, endlich
wurde der Fremde von der Bühne her abgerufen. Seine Reden hatten Ludwig eigenthüm-
lich berührt, er forschte nach. Es war Mozart selbst gewesen. ...

Rudolf Köpke: „Ludwig Tieck, Erinnerungen aus dem Leben des Dichters ...", Band I, S. 86 f.

los und selbstverständlich. Neben den Menschen Johann Gottlieb Mozart trat Note für Note und im Verlauf von dreißig Jahren jener Wolfgang Amadeus Mozart, der noch heute als ein Medium zwischen Menschen aller Kontinente vermittelt. Vielleicht erscheint es unzulässig, den einen Mozart vom anderen zu trennen, und doch haben sich beide getrennt. Das Werk ist durch den Menschen hindurchgekommen wie durch eine offene Tür, oder wie durch ein Fenster, durch das Licht in unsere Welt schien. Das Fenster zerbrach, aber das Licht scheint weiter. Am Morgen des 5. Dezember 1791 war die Trennung vollzogen. Johann Gottlieb Mozart war tot. Wolfgang Amadeus Mozart aber ist nie gestorben.

Literatur

Abert, Hermann: siehe Jahn: *W. A. Mozart*. 5. Auflage.

Angermüller, Rudolph und Wolfgang Rehm: *Vorwort* zur Partitur *„La finta semplice"*. Neue Mozart-Ausgabe, Serie II/5/2, Kassel etc. 1983.

Bär, Carl: *Mozart. Krankheit – Tod – Begräbnis.* Salzburg 1966; 2., vermehrte Auflage, Salzburg 1972.

Bauer, Wilhelm A. und Otto Erich Deutsch: *Mozart. Briefe und Aufzeichnungen. Gesamtausgabe.* Bd. I-IV Text, Bd. V-VI Kommentar, Bd. VII Register. Kassel etc. 1962-1975.

Blom, Eric: *Mozart.* Zürich 1954; englische Originalausgabe: *Mozart.* London 1935.

Born, Gunthard: *Mozarts Musiksprache. Schlüssel zu Leben und Werk.* München 1985.

Bory, Robert: *Wolfgang Amadeus Mozart. Sein Leben und sein Werk in Bildern.* Genf 1948 (1958).

Braunbehrens, Volkmar: *Mozart in Wien.* München/Zürich 1986.

Briellmann, Alfred: *„Hochschätzbareste Gnädige Frau Baronin!" Ein bisher unveröffentlichter Brief Mozarts aus der Paul Sacher Stiftung Basel.* In: Mozart-Jahrbuch 1987/88, Kassel etc. 1988.

Carr, Francis: *Mozart und Constanze.* Stuttgart 1986; englische Originalausgabe: *Mozart and Constanze.* London 1983.

Chailley, Jacques: *Die Symbolik in der „Zauberflöte".* In: Mozart-Jahrbuch 1967, Salzburg 1968.

Cloeter, Hermine: *Die Grabstätte W. A. Mozarts auf dem St. Marxer Friedhof in Wien.* Wien 1931; 2. erweiterte Auflage, Wien 1941; Wien 1956.

Croll, Gerhard: *Vorwort* zur Partitur *„Die Entführung aus dem Serail".* Neue Mozart-Ausgabe, Serie II/5/12, Kassel etc. 1982.

Dalchow, Johannes und Gunther Duda und Dieter Kerner: *W. A. Mozart. Die Dokumentation seines Todes.* Pähl 1966; – *Mozarts Tod.* 1791-1971. Pähl 1971.

Da Ponte, Lorenzo: *Geschichte meines Lebens. Memoiren eines Venezianers.* Tübingen 1969; italienische Originalausgabe: *Memorie di Lorenzo da Ponte. da Ceneda. Scritte da esso.* New York 1823.

Davies, Peter J.: *Mozart's Illnesses and Death.* Musical Times Nr. 125, Okt. 1984.

Deiters, Hermann: siehe Jahn: *W. A. Mozart.* 3. Auflage.

Deutsch, Otto Erich: *Mozart. Die Dokumente seines Lebens.* Kassel etc. 1961; – *Addenda und Corrigenda* (Eibl). Kassel etc. 1978; – *Mozart und die Wiener Logen.* Wien 1932; – *Die Legende von Mozarts Vergiftung.* In: Mozart-Jahrbuch 1964, Salzburg 1965; – siehe auch: Bauer.

Duda, Gunther: siehe Dalchow.

Eibl, Joseph Heinz: *Wolfgang Amadeus Mozart. Chronik eines Lebens.* Kassel etc. 1965; – *Süßmayr und Constanze.* In: Mozart-Jahrbuch 1976/77, Salzburg 1978; – siehe auch Deutsch: *Dokumente. Addenda und Corrigenda.*

Einstein, Alfred: *Mozart. Sein Charakter – Sein Werk.* Geänderte und ergänzte 2. Auflage, Zürich 1953; 4. Auflage, Kassel etc. 1960; 5. Auflage, Frankfurt am Main 1968; Englische Originalausgabe: *Mozart. His charakter – His work.* London 1946; – siehe auch Köchel.

Fischer, Wilhelm: *Selbstzeugnisse Mozarts für die Aufführungsweise seiner Werke.* In: Mozart-Jahrbuch 1955, Salzburg 1956.

Finscher, Ludwig: *Vorwort* zur Partitur *„Le nozze di Figaro".* Neue Mozart-Ausgabe, Serie II/5/16, Kassel etc. 1973.

Gärtner, Heinz: *Mozarts Requiem und die Geschäfte der Constanze M.* München/Wien 1986.

Gerhard, Anselm: *Nicht Gift, sondern Kontrapunkt. Mozarts Requiem und sein Ende.* Neue Zeitschrift für Musik, Nr. 9 September 1989.

Giegling, Franz: *Vorwort* zur Partitur *„La Clemenza di Tito".* Neue Mozart-Ausgabe, Serie II/5/20, Kassel etc. 1970; – siehe auch: Köchel.

Greither, Aloys: *Mozart.* Reinbek 1962; – *Die sieben großen Opern Mozarts. Mit einer Pathographie Mozarts.* Leverkusen 1970.

Gruber, Gernot: *Mozart und die Nachwelt.* Salzburg/Wien 1985; erweiterte Neuausgabe München 1987.

Gruber, Gernot und Alfred Orel: *Vorwort* zur Partitur *„Die Zauberflöte".* Neue Mozart-Ausgabe, Serie II/5/19, Kassel etc. 1970.

Heartz, Daniel: *Vorwort* zur Partitur *„Idomeneo".* Neue Mozart-Ausgabe, Serie II/5/11, Kassel etc. 1972.

Hildesheimer, Wolfgang: *Mozart.* Frankfurt am Main 1977.

Hutchings, Arthur: *Mozart. Der Mensch / Mozart. Der Musiker.* 2 Bde., Baarn 1976. Englische Originalausgabe: *Mozart. The Man / Mozart. The Musician.* London 1976.

Jacob, Heinrich Eduard: *Mozart. Geist – Musik – Schicksal.* Frankfurt am Main 1985.

Jahn, Otto: *W. A. Mozart.* Leipzig 1856; – 3. Auflage, bearbeitet von Hermann Deiters, Leipzig 1889; – 5. Auflage, bearbeitet von Hermann Abert, Leipzig 1919; – 9. Auflage, Leipzig 1978; – 10. Auflage, Leipzig 1983.

Kerner, Dieter: *Krankheiten großer Musiker.* Bd. I, Stuttgart 1963; – siehe auch: Dalchow.

Koch, Richard: *Br. Mozart. Freimaurer und Illuminaten.* Bad Reichenhall 1911.

Köchel, Ludwig Ritter von: *Chronologisch-thematisches Verzeichnis sämtlicher Tonwerke Wolfgang Amade Mozarts ...* Leipzig 1862; – 3. Auflage, bearbeitet von Alfred Einstein, Leipzig 1937; – 6. Auflage, bearbeitet von Franz Giegling, Alexander Weinmann und Gerd Sievers. Wiesbaden 1964.

Köhler, Karl-Heinz: *Mozarts Kompositionsweise – Beobachtungen am Figaro-Autograph.* In: Mozart-Jahrbuch 1967, Salzburg 1968.

Komorzynski, Egon: *Mozart. Sendung und Schicksal.* Berlin 1941; 2. vollständig umgearbeitete Auflage, Wien 1955; – *„Zauberflöte" und „Oberon".* In: Mozart-Jahrbuch 1953, Salzburg 1954; – *„Die Zauberflöte" und „Dschinnistan".* In: Mozart-Jahrbuch 1954, Salzburg 1955.

Landon, H. C. Robbins: *1791 – Mozarts letztes Jahr.* Düsseldorf 1988; englische Originalausgabe: *1791 – Mozart's Last Year.* London 1988.

Langegger, Florian: *Mozart. Vater und Sohn.* Zürich 1978.

Levey, Michael: *Leben und Sterben des Wolfgang Amadé Mozart.* München 1980; englische Originalausgabe: *The Life and Death of Mozart.* London 1971.

Lüthy, Werner: *Mozart und die Tonartencharakteristik.* Phil. Diss. Basel 1931; Straßburg 1931; Baden-Baden 1974.

Massin, Jean und Brigitte: *Wolfgang Amadeus Mozart.* Paris 1959; 2. Auflage, Paris 1970.

Mozart, Constanze: *Briefe, Aufzeichnungen, Dokumente.* siehe: Schurig.

Mozart, *Briefe*: siehe: Deutsch, Müller von Asow und Schiedermair.

Mozart Leopold: *Gründliche Violinschule.* Augsburg 1756; 3. Auflage, Augsburg 1789; davon Faksimile-Nachdruck, Leipzig 1969.

Müller von Asow, Erich Hermann: *Gesamtausgabe der Briefe und Aufzeichnungen der Familie Mozart. Briefe und Aufzeichnungen Wolfgang Amadeus Mozarts.* Berlin 1942; Lindau 1949.

Nettl, Paul: *W. A. Mozart.* Frankfurt/Hamburg 1955; – *Musik und Freimaurerei. Mozart und die königliche Kunst.* Berlin 1932; erweiterte Neuauflage, Esslingen 1956.

Neumayr, Anton: *Musik & Medizin*. Wien 1987; 3. Auflage, Wien 1989.

Niemetschek, Franz Xaver: *Mozarts Biographie in musikalischer Hinsicht, von N.*, anonym, Prag 1797; – *Leben des k.k. Kapellmeisters Wolfgang Gottlieb Mozart nach Originalquellen beschrieben*. Prag 1798; 2. vermehrte Auflage, Prag 1808; Faksimile der 1. Auflage mit den Ergänzungen der 2. Auflage. Prag 1905; Unter neuem Titel: *Ich kannte Mozart. Die einzige Mozart-Biographie von einem Augenzeugen.* München 1984.

Nissen, Georg Nikolaus: *Biographie W. A. Mozarts. Nach Originalbriefen, Sammlungen alles über ihn Geschriebenen, mit vielen neuen Beilagen, Steindrucken, Musikblättern und einem Faksimile. Nach des Verfassers Tod herausgegeben von Constanze, Wittwe von Nissen, früher Wittwe Mozart.* Leipzig 1828; Nachdruck: Hildesheim/Zürich/New York 1964.

Nohl, Ludwig: *Mozart.* Leipzig 1863; 2. vermehrte und verbesserte Auflage: *Mozart's Leben.* Leipzig 1877.

Nottebohm, Gustav: *Mozartiana. Von Mozart herrührende und ihn betreffende, zum großen Teil noch nicht veröffentlichte Schriftstücke.* Leipzig 1880.

Novello, Vincent und Mary: *Eine Wallfahrt zu Mozart.* Die Reisetagebücher von Vincent und Mary Novello aus dem Jahre 1829. Bonn 1959; englische Originalausgabe: *A Mozart Pilgrimage.* London 1955.

Orel, Alfred: siehe: Gruber.

Ortheil, Hanns-Josef: *Mozart im Innern seiner Sprachen.* Frankfurt am Main 1982.

Paumgartner, Bernhard: *Mozart.* Berlin 1927; Zürich 1940.

Plath, Wolfgang und Wolfgang Rehm: *Vorwort zur Partitur „Don Giovanni".* Neue Mozart-Ausgabe, Serie II/5/16, Kassel etc. 1968.

Rehm, Wolfgang: siehe: Angermüller und Plath.

Riehn, Rainer: *Ist die Zauberflöte ein Machwerk?* Musik-Konzepte, Heft 3, München 1978.

Rosenberg, Alfons: *Don Giovanni. Mozarts Oper und Don Juans Gestalt.* München 1968; – *Die Zauberflöte. Geschichte und Deutung von Mozarts Oper.* München 1964; 2. durchgesehene und ergänzte Auflage, München 1972.

Saint-Foix, Georges de: siehe Wyzewa.

Schenk, Erich: *Wolfgang Amadeus Mozart. Eine Biographie.* Wien/Zürich 1955.

Schickling, Dieter: *Einige ungeklärte Fragen zur Geschichte der Requiem-Vollendung.* In: Mozart-Jahrbuch 1976/77, Kassel etc. 1978.

Schiedermair, Ludwig: *Die Briefe W. A. Mozarts und seiner Familie. Erste kritische Gesamtausgabe.* 5 Bde. München/Leipzig 1914; – *Mozart. Sein Leben und seine Werke.* München 1922; 2. umgearbeitete und vermehrte Auflage, Bonn 1948.

Schlichtegroll, Friedrich: *Johannes Chrysostomus Wolfgang Gottlieb Mozart.* In: Nekrolog auf das Jahr 1791; *Mozarts Leben.* Gotah 1793 (und 1798); unveränderter Nachdruck: Graz 1794; Kassel etc. 1954.

Schmidt, Leopold: *W. A. Mozart.* Berlin 1912.

Schneider, Otto: *Mozart in Wirklichkeit.* Wien 1955.

Schrade, Leo: *W. A. Mozart.* Bern 1964.

Schurig, Arthur: *Wolfgang Amadeus Mozart. Sein Leben und sein Werk.* Leipzig 1913 (1923); – *Konstanze Mozart. Briefe, Aufzeichnungen, Dokumente 1782-1842.* Dresden 1922.

Valentin, Erich: *Lübbes Mozart-Lexikon.* Bergisch-Gladbach 1983; 2. überarbeitete Auflage 1985.

Volek, Tomislav: *Über den Ursprung von Mozarts Oper „La Clemenza di Tito".* In: Mozart-Jahrbuch 1959, Salzburg 1960.

Wyzewa, Theodore de und Georges de Saint-Foix: *Wolfgang Amédée Mozart. Sa vie musicale et son œuvre. Essai de biographie critique.* 5 Bde. Bd. 3-5 von Saint-Foix. Paris 1912-1946.

Zimmerschied, Dieter: *Mozartiana aus dem Nachlaß von J. N. Hummel.* In: Mozart-Jahrbuch 1964, Salzburg 1965.